河北省科技计划资助项目（项目编号：142176113D）

促进科技创新研究
——聚焦河北钢铁产业

王大勇　张雪斌　著

北　京
冶　金　工　业　出　版　社
2015

内 容 提 要

本书是河北省科技计划资助项目《河北省钢铁产业技术升级实施方案》（项目编号：142176113D）的主要研究成果。

本书结合河北省总体情况和80家钢铁企业实际，介绍了河北省钢铁产业的发展现状及相关资源情况，分析了河北省钢铁产业目前的差距、面临的六大困境及科技创新中存在的问题，结合国内外钢铁产业技术发展趋势，明确了促进河北省钢铁产业科技创新的指导思想、基本原则、目标和重点任务，对河北省钢铁产业科技创新的主要方向进行了探讨，提出了促进河北省钢铁产业科技创新的保障措施。

本书可供工业主管部门、科技管理部门、研究院所、高等院校、钢铁企业、服务机构等单位的管理人员、技术人员、教师和学生参考。

图书在版编目(CIP)数据

促进科技创新研究：聚焦河北钢铁产业/王大勇，张雪斌著．—北京：冶金工业出版社，2015. 10
ISBN 978-7-5024-7095-1

Ⅰ. ①促… Ⅱ. ①王… ②张… Ⅲ. ①钢铁工业—工业发展—研究—河北省 Ⅳ. ①F426. 31

中国版本图书馆CIP数据核字（2015）第243964号

出 版 人 谭学余
地　　址 北京市东城区嵩祝院北巷39号 邮编 100009 电话 (010)64027926
网　　址 www.cnmip.com.cn 电子信箱 yjcbs@cnmip.com.cn
责任编辑 于昕蕾 美术编辑 吕欣童 版式设计 孙跃红
责任校对 卿文春 责任印制 李玉山
ISBN 978-7-5024-7095-1
冶金工业出版社出版发行；各地新华书店经销；三河市双峰印刷装订有限公司印刷
2015年10月第1版，2015年10月第1次印刷
787mm×1092mm 1/16；19印张；412千字；289页
88.00元

冶金工业出版社 投稿电话 (010)64027932 投稿信箱 tougao@cnmip.com.cn
冶金工业出版社营销中心 电话 (010)64044283 传真 (010)64027893
冶金书店 地址 北京市东四西大街46号(100010) 电话 (010)65289081(兼传真)
冶金工业出版社天猫旗舰店 yjgycbs.tmall.com
（本书如有印装质量问题，本社营销中心负责退换）

课　题　组

课题负责人　王大勇

技术负责人　张雪斌

团队核心成员

陈俊芬　韩灵玲　胡长庆　胡志刚　黄　超

惠文武　李克涵　司佑智　孙中华　田志强

王学诚　王桂梅　吴毅平　张富信　郑应根

省内外专家

郭玉明　詹文宏　张　羽　张玉柱　董兆伟

蒋　栋　张战波　李建新　王　新　石铁铸

姜尚清　任德亮　董慧芹　王立伟　李　煜

宋继宽　祁云东　刘　义　史新辉　张彩东

李会林

前　言

钢铁产业是河北省主要支柱产业，在河北省经济发展中占有重要地位。河北省也是钢铁大省，粗钢产量约占全国的四分之一。

为提高钢铁产业综合竞争力，提升钢铁产业整体技术水平，河北省设立了钢铁产业技术升级专项，对促进钢铁产业技术升级进行了多年探索。河北省科学技术厅2013年提出了编制《河北省钢铁产业技术进步实施方案》的设想，经过与河北钢铁集团、河北省冶金行业协会等单位多次协商，2014年初确定进行《河北省钢铁产业技术升级实施方案》课题研究，目标是提出具有现实指导意义的切实可行的实施方案。

课题由河北省冶金行业协会承担，河北钢铁技术研究总院、北京中冶设备研究设计总院、华北理工大学（原河北联合大学）、上海宝信软件股份有限公司为协作单位，并组成了16人参加的课题组。

课题组确定了研究计划，讨论了课题研究范围，细化了研究内容，进行了人员分工，对《河北省钢铁产业技术升级实施方案》结构进行研究。河北省钢铁产业现状的调查分为四部分：一是河北省钢铁产业的整体情况，二是80家经工业和信息化部公告符合《钢铁行业规范条件》的钢铁企业和经认定的铸造生铁生产企业的情况，三是铁矿资源、煤炭资源、水资源等发展条件的调查，四是国内外技术进展情况的调研。

对河北省整体情况和发展条件的调查，主要是收集各种统计数据、统计报表，查阅相关文献，走访省直有关部门。国内外技术进展情况调研主要是通过公开发表的文献进行分析，参加学术技术会议进行交流，特别是参加了2014年中国钢铁工业协会组织召开的钢铁工业技术创新大会，获得了大量的技术信息。

通过针对企业的调查分别制定了《河北省钢铁企业技术进步情况调查表》和《河北省钢铁企业两化融合发展水平评估调查问卷》，由河北省冶金行业协会发文到有关企业，以调查表和调查问卷形式调查相关情况；同时，课题组抽取部分企业进行了实际调研，走访企业相关人员或进行座谈，掌握了大量的第一手资料。

结合调查资料，课题组以会议、邮件、电话、即时通讯工具等不同形式进行了沟通，对其进行整理分析。

2014 年春，《河北省钢铁产业结构调整方案》（以下简称《调整方案》）经国家批复同意，为贯彻落实《调整方案》，需要出台一系列配套政策文件。为适应这一形势，河北省科学技术厅与课题组协商，决定把课题重点转为制定《关于促进钢铁产业科技创新的实施意见》，这也是河北省钢铁产业实施创新驱动战略的需要。

课题组经过努力，2014 年 8 月提出了《关于促进钢铁产业科技创新的实施意见》初稿。河北省科学技术厅郭玉明副厅长亲自主持对其进行讨论修改，后又向省直有关部门征求意见。

《关于促进钢铁产业科技创新的实施意见》作为《调整方案》的配套政策文件，初稿中目标部分完全采用了《调整方案》提出的目标。在研究过程中，根据国家相关标准、政策的修订情况和河北省实际情况，课题组认为《调整方案》提出的目标已不能适应当前的情况。经过认真的论证分析，提出了新的目标，写入《关于促进钢铁产业科技创新的实施意见》。

在课题研究过程中，使用了国家统计局、工业和信息化部、环境保护部、科学技术部、国家知识产权局、国家发展和改革委员会、河北省统计局、河北省科学技术厅、河北省工业和信息化厅、河北省水利厅、河北省发展和改革委员会等部门的公报、文件、检索平台和公开数据资料，引用了相关的国家标准和河北省地方标准，也引用了一些会议资料，特别是干勇院士在科技创新大会上的技术报告，引用了中国钢铁工业协会《钢铁行业 2015-2025 年技术发展预测》，部分已在书中注明。

在课题研究中，各协作单位的领导给予了大力支持，河北省科技厅高新处多次进行指导，蒋栋、石铁铸、王立伟、彭俊岭、马蕴、魏晓石、郭胜平等提供了各种支持和协助，河北省冶金行业协会秘书处工作人员提供了良好的工作条件和各种方便，在此谨致谢意。

历时一年多的研究，课题组对《关于促进钢铁产业科技创新的实施意见》进行了多达十几次修改，历经十几个版本，最终形成了研究成果稿；本书也几易其稿，根据修改时的具体情况，首先加入了2014年全年的有关数据，2015年3月下旬又重新检索了专利情况，定稿之前又将近期重要资料纳入其中。历尽辛苦，终成正果。在此，谨向团队核心成员和省内外专家，致以深深的谢意！

研究成果必将对促进河北省钢铁产业科技创新发挥重要作用，为河北省钢铁企业科技创新提供有力的政策支持。本书对研究成果进行了较为深入的阐述，可供工业主管部门、科技管理部门、研究院所、高等院校、钢铁企业、服务机构等单位的管理人员、技术人员、教师和学生参考。

欢迎各位读者批评指正，不吝赐教。

作 者

2015年7月

目　录

关于促进钢铁产业科技创新的实施意见

（研究成果稿）

为落实《河北省钢铁产业结构调整方案》，增强我省钢铁产业科技创新能力，推动钢铁产业结构调整和转型升级，实现我省由钢铁大省向钢铁强省转变，特制定本意见。

一、总体要求

（一）指导思想

全面贯彻落实《河北省钢铁产业结构调整方案》，立足我省钢铁产业现有基础，深入实施创新驱动发展战略，在钢铁及其相关产业加强科技研发、成果转化、应用推广、平台建设和环境培育，依靠科技创新，优化产品结构、提高装备水平、延伸产业链条、深化节能减排，为促进我省钢铁产业由大转强、由强升优，实现全省转型升级、绿色崛起提供强有力的内生动力和科技支撑。

河北省钢铁产业科技创新要以提升产业综合竞争力为目标，以提高产业效率为导向，以品种质量为中心，以环境友好为基础，以节能降耗为重点，以工艺装备为载体，以两化融合为助力，延伸产业链，优化产业结构和产品结构，为钢铁产业全面转型升级提供基础和保障。

（二）基本原则

一是企业主体与政府引导相结合。钢铁企业是钢铁产业科技创新和成果转化的主体。企业应根据国家、省产业规划和市场需求，自主确定科技创新方向，自行选择与科研院所、高等院校的合作方式，建立健全符合市场机制的科技投入体系和成果转化体系。各级政府及部门应进一步强化规划、引导、服务和支持作用，制定落实优惠政策，聚集科技创新资源，支持钢铁产业发展。

二是自主创新与技术引进相结合。通过加强自主创新，形成自主知识产权，提高钢铁产业核心竞争力。在坚持自主创新的同时，深化京津冀协同创新与国际合作，构建若干创新共同体，通过技术及工艺装备的引进消化吸收，提高我省钢铁产业技术和装备水平。

三是全面提升与重点突破相结合。根据企业规模、装备、工艺、产品、创新能力等情况，确定适合各企业的科技创新方案，实施好前沿性、特色化、经济型、差异化产品开发战略，全面提升钢铁产业技术水平。坚持抓大促小、梯次推进，对实力强、基础好、技术力量有保证的特大型钢铁企业和特钢企业，在科技资源配置方面给予优先支持，使其迅速成长、实现引领。

四是市场导向与引导用户相结合。钢铁产业科技创新要以市场为导向，以满足用户需要为出发点，重视用户的需求，同时也重视竞争者的产品，在用户需求与竞争者之间求得一种平衡。同时，要重视用户潜在的隐性需求，主动引导用户的观念，引导市场，创造市场。

五是渐进性创新与突变性创新相结合。用户需要对钢铁产品性能的改进，需要钢铁产品的持续改进，自然需要渐进式创新。但用户也需要具有全新功能、全新性能的钢铁材料，也需要突变式创新。

六是主业提升与产业延伸相结合。在提升主业发展质量的同时，引导支持钢材深加工产业、配套产业、钢铁物流、设计研发等生产性服务业发展，延伸产业链，研究开发用户技术和工艺，提高产品适用性，推进钢铁企业从制造型向服务型转变。

七是技术创新与管理创新、知识创新相结合。技术创新和知识创新、现代科技引领的管理创新都是科技创新的组成部分，技术创新应用于企业生产实践，客观要求管理理念、管理方式、管理手段同步进行相应转变，要求新的理论体系的支持。坚持科技与管理双轮驱动，通过树立先进的管理理念，应用先进的管理模式和方法，确保科技创新成果发挥出应有的效益。

（三）发展目标

到 2020 年，钢铁产业科技创新能力和产业整体技术水平得到显著提高，主要技术指标国有钢铁企业要达到国内领先水平，钢铁产业整体技术水平要达到国内先进水平，科技创新体系要基本确立；产品结构要进一步优化，钢材品种多样，板、管、带、型和长材比例合理，适合市场需求；工艺装备水平大幅提升，主体装备达到国内先进水平，节能减排成效显著，能源消耗和污染物排放指标国内先进，推广应用一批能源综合利用和废弃物资源化关键技术，实现钢铁产业与社会和谐共生。

2020 年，35%以上的钢铁企业建立技术中心或研发平台，比 2013 年提高 20 个百分点。其中国家级企业技术中心 5 家，比 2014 年的 2 家（另有冶金机械轧辊企业技术中心 1 家）大幅度提高；钢铁联合企业中高新技术企业要达到 10 家，比 2014 年增加 5 家。钢铁企业研发投入占销售收入的比例平均达到 1.2%以上；1000m^3 及以上高炉产能达到总产能的 80%以上；吨钢综合能耗标准煤 561kg 以下，吨钢耗新水 2.72m^3 以下，水的重复利用率保持在 97%以上，吨钢颗粒物排放量 0.80kg 以下，吨钢二氧化硫排放量 0.80kg 以下，吨钢氮氧化物排放量 1.2kg 以下，冶炼固体废弃物综合利用率达到 100%。

（四）重点任务

一是加强创新主体建设。强化钢铁企业的科技创新主体地位，深化政、产、学、研、用合作，集聚人才、技术、资金等创新要素，在核心产品、重大装备和关键工艺研发上不断取得突破，推进创新成果和专利技术的转化和应用。鼓励钢铁企业主导、参与制修订国家标准、行业标准及地方标准，掌握钢铁产业的技术话语权。

二是搭建各类创新平台。根据河北省钢铁产业布局，依托特大型、大型钢铁联合企业等骨干企业，支持科研单位、高等院校参与联合组建重点实验室、工程技术研究中心和企业技术中心等钢铁产业科技创新平台，充分发挥发挥现代冶金技术重点实验室、钢铁工业节能减排协同创新中心等现有平台的作用，增强钢铁企业创新能力，带动提升全省钢铁产业创新水平。

三是健全科技创新机制。建立健全河北省钢铁产业科技创新机制，特别是动力机制、运行机制、保障机制和扩散机制。

四是完善创新服务体系。依托河北省冶金行业协会，建立河北省钢铁产业生产力促进中心等科技创新公共服务平台，并充分发挥各种现有平台的作用，为钢铁企业提供信息及技术咨询、文献整理、专利申请、成果转化及推广、评价、培训、标准编制、人才交流、国际合作等指导与服务。以省级以上高新技术产业开发区、国家级经济技术开发区、省级以上高新技术产业化基地和特色产业基地等为依托，发挥创新载体作用，优化创新发展环境，服务和支撑钢铁及其关联产业发展。支持高等院校、科研机构和钢铁企业的技术、装备输出。依托服务平台，实现高等院校、科研设计单位、中介机构与河北省钢铁企业技术需求的对接、交流，开展人员培训，共同建立产业技术研发平台。

五是开展国内外合作。实施京津冀钢铁产业科技创新合作，建立京津冀钢铁产业协同创新战略联盟；开展与国家科研机构、高等院校、央企及外省相关机构、重要钢铁企业的合作；开展国际科技交流与合作，提升河北省钢铁产业科技创新能力。

二、主要方向

（一）优化钢铁产品结构

加快高端、优质、高附加值产品研发。根据我省现状和全国用钢需求情况，结合下游装备制造业等用钢产业发展需求，重点推进实施前沿性、特色化、经济型、差异化产品开发战略，在高强、耐腐、耐候等钢种和战略性新兴钢铁材料的研发和工业化生产方面取得重大进展。近期重点开发汽车面板、轴承钢、弹簧钢等汽车用钢，重轨、弹簧钢等铁路和高速铁路用钢，造船及海洋工程用钢，高强度建筑及结构用钢，模具钢、高速工具钢等特种钢，高磁感取向硅钢等电工钢，高级管线用钢等钢种和钒产品，生态钢铁产品，支持开发不锈钢工业线材、大口径铸管、复合钢管和特殊型钢等品种。高级别汽车面板实现工业化生产，具备超高强钢生产能力。在第三代汽车用钢、高级别电工钢和海洋工程用钢等研究与应用方面取得重大突破。

重视传统产品的升级换代。提高普通用途钢材的性能和质量，为延长下游产品寿命、用钢减量化创造条件，带动下游产业链效率提升。积极引导高强度、高抗震性能建筑用钢推广应用，全面淘汰2级螺纹钢，推广应用高强钢筋。推进涂镀产品在家电、汽车和建筑等行业的应用。

（二）提高工艺装备水平

开展钢铁产业新技术、新工艺的应用性和基础性研究。以影响和制约产品开发、质量控制和生产成本的行业共性关键技术和基础性技术为主，与企业生产现场有机结合，力争在非高炉炼铁、高效低成本纯净钢冶炼、低碳冶炼、冶金渣综合利用等关键工艺技术上取得突破，形成具有自主知识产权的核心技术，在部分领域奠定技术领先优势。全面推广新一代可循环钢铁流程工艺等先进工艺技术。

开展钢铁产业前沿装备技术研究。重点研发和推广纯净钢适用和低成本生产工艺、连铸连轧、无头轧制、半无头轧制、热送直轧生产设备、在线热处理工艺装备等；重点提升高端产品企业和特钢企业装备水平。部分先进钢铁企业和特钢企业主要装备达到国际领先或先进水平，其他企业达到国内先进水平。

（三）推广绿色发展（节能减排）技术

以环境友好为导向，研究推广资源、能源高效利用技术。进行特殊矿产和钢铁生产副产物资源综合利用研究，余热余能特别是烧结矿余热、汽化冷却蒸汽等低品位余热和炉渣余热的高效回收利用技术和工艺研发；加快研究固体废弃物高附加值利用技术，实现高炉渣、钢渣、含铁尘泥、氧化铁皮、脱硫脱硝产物及其资源化利用，推广低压余热蒸汽发电和钢渣改性气淬处理技术。开展非常规水资源利用技术研发，实现分质供水、按质用水、循环用水、串联用水，研发节水工艺；支持废水特别是焦化废水的深度处理和回用，提高水的重复利用率，减少甚至杜绝废水排放。加强系统节能研究，从单项节能、技术节能、工艺节能、管理节能向整体综合节能转变，结合节约能源、节约铁矿石、节约辅助材料、节约水资源，从狭义节能向广义节能、系统节能转变，推进资源能源循环利用。

进行钢铁产业大气污染防治基础性研究和应用研究。落实《京津冀及周边地区落实大气污染防治行动计划实施细则》对河北省钢铁产业的要求，重点开展钢铁企业细微颗粒物排放特征及控制最佳实用技术研究、烧结烟气多污染物协同脱除技术和装备研发、钢铁产业消纳社会废弃物技术研发，开展钢铁企业温室气体减排技术研究。

进行钢铁产品生态设计，建立绿色供应链，开展钢铁产品生态足迹、环境足迹核算与评价研究。

（四）延伸拓展产业链条

大力发展钢材深加工产业，面向管道管件、钢木家具、标准件、丝网、铁塔架等后向关联产业，优化剪切配送、冲压焊接等延伸加工工艺，开发公共设计、公共检测和品种优化技术，延伸拓展钢铁产业链。开展用户技术研究，根据产品特点和用户的特定需求，开展热处理、焊接、成型、涂装、防腐等技术研究。

通过产品创新、技术创新，重点发展冶金辅料、物流仓储以及工程服务；大型钢铁企业，可依托第三方专业机构，建设面向供应链的互联网云服务及交易平台，将设计、采购、生产、销售有机衔接，钢铁企业要联合建立电子商务平台。钢材加工配送、物流运输、设计研发、融资贸易等生产性服务业及其他非钢产业主营业务收入占比达到20%以上。

为钢铁产业循环经济模式提供技术支撑。研发钢铁产业与电力、能源、石化、建材等产业的循环经济产业技术，使冶金渣、脱硫产物等固体废弃物和煤焦油可以全部用作建材、耐火材料、复合肥料和精细化学品原料，实现资源的循环利用以及废弃物的再资源化；利用钢铁、焦化生产过程协同资源化处理废轮胎、废塑料等社会大宗废弃物；钢铁企业要向社会提供余热、煤气等，实现钢铁产业钢铁产品生产、能源转换、社会废弃物消纳等三种功能，走出一条钢铁产业循环发展的新路。

（五）推进两化深度融合

应用信息技术改造钢铁产业，实施钢铁产业信息化科技工程，推进工业化和信息化深度融合。

钢铁企业由生产型企业向服务型企业和智能型企业转变，向集研发设计、物流采购、生产控制、经营管理、市场营销为一体的流程工业全链条全系统智能化发展。

钢铁产业两化深度融合方面的科技创新，主要是建设基于网络平台的实时生产信息管理系统，研发烧结（球团）、炼铁、炼钢、连铸、轧钢工艺过程信息横向贯通、全流程高级计划排产和质量一贯制闭环控制技术，物质流、能量流、污染流综合协同优化技术，在线设备诊断、预测与维护技术，过程控制、生产管理、企业营销规划信息纵向融合技术等，强化数据资源的挖掘利用，实现钢铁生产全流程闭环的自动化控制与智能化管理；建立和完善客户个性化订单条件下的基于产品使用特征的钢铁产品标准规范体系，推广以订单为核心、多品种、小批量、快速灵活的柔性生产组织模式，实现钢铁产品的大规模定制生产，满足多品种小批量的订单需求。推进生产管理系统升级，推行日计划生产模式，实现以销定产和产销高度衔接，进行客户订单的全程追踪。

（六）强化管理创新和知识创新

采用信息化管理手段和先进管理模式，开展管理创新，促进钢铁企业管理水平的提升，建立与技术、工艺、装备水平相适应的管理体制，保障科技创新成果的应用。从体系管理、现场管理发展到卓越绩效模式，逐步实现完善的全面质量管理。钢铁企业要建立健全信息资源管理系统，建设生产管理中心、设备管理中心、能源管理中心、计量管理中心、质量管理中心、销售（合同）管理中心等专业化信息系统及其集成系统，推广应用产品在线监测系统、表面质量监测系统、污染物排放在线监测系统，以两化深度融合完善企业管理。

加强知识管理，完善知识管理流程，有效利用知识管理方法和工具，进行知识创新，为社会提供知识资源，为钢铁产业技术创新提供支撑。

三、保障措施

（一）组织保障

成立省钢铁产业科技创新领导小组。由主管副省长任组长，省科技厅厅长任副组长，省科技厅、省发改委、省工信厅、省财政厅、省环保厅、省水利厅、省质监局、省安监局、省国税局、省地税局、省冶金行业协会负责人为成员。负责顶层设计、制定有关政策及规划，统筹推进全省钢铁产业科技创新工作。

领导小组办公室设在省科技厅，负责日常工作。具体职责为组织开展钢铁产业科技创新状况调研，定期发布行业创新动态，分析提出对策建议；组织专家对省钢铁产业技术升级有关项目进行评审、中期检查和验收；指导高等院校、科研院所、设计单位、中介机构深入企业生产一线开展对接服务；指导和帮助企业有针对性地开展科技创新工作等。

设立由省内外钢铁领域知名专家组成的专家指导委员会。定期分析钢铁行业发展动态，提出科技创新重点支持方向和重大研究课题建议，为钢铁企业提供技术指导和咨询服务。

整合科技资源，建立河北省钢铁产业科技创新平台及京津冀钢铁产业科技创新平台，为钢铁企业科技创新活动提供支撑和服务；对示范钢铁企业技术研发、创新平台、科技金融等工作给予重点扶持，示范带动全省钢铁企业科技创新。

（二）政策保障

研究制定支持钢铁企业科技创新的专项政策。着力支持钢铁企业工程技术研究中心和重点实验室建设，对申报成功国家级和省级工程技术研究中心或重点实验室的企业，分别给予1000万元和500万元的后补助奖励。支持钢铁企业申报专利和申请认定高新技术企业，对获得授权的发明专利和通过认定的高新技术企业，每项分别给予10万元和50万元的后补助奖励。注重运用政府采购、税收返还等间接激励方式，支持钢铁企业开发高端、优质、高附加值产品，应用前沿技术和工艺装备。

落实用足现有支持工业发展的政策。加速钢铁企业固定资产折旧；对企业发生的研究开发费用实行所得税前加计扣除；免征国家级技术中心企业和符合国家规定条件的企业科技开发用品进口税，免征鼓励项目进口设备关税；对环境保护、节能节水项目和技术转让等收入减免相关税费；支持钢铁领域高新技术企业享受所得税优惠政策。向钢铁企业开放科研基地和科研基础设施，引导企业把减免税费用于科技创新再投入。

（三）机制保障

建立完善科技创新动力机制、运行机制、保障机制、扩散机制（技术转移机制）。完善科技成果奖励机制，在省科技进步奖中设立钢铁产业科技创新奖；建立钢铁产业、钢铁企业科技创新评价机制，完善评价指标体系，开展科技创新能力评价、科技创新绩效评价、科技创新团队评价、科技创新人才评价和科技创新平台评价；由河北省科技创新领导小组或领导小组办公室对科技创新示范钢铁企业进行定期评价和考核。

（四）资金保障

争取国家资金支持。争取在国家支持下，与科技部共同设立每年额度为10亿元的河北省钢铁产业科技创新专项资金，主要用于落实我省钢铁产业科技创新实施意见所确定的重点任务。依托国家和区域科技资源，发挥协同创新优势，谋划实施一批重大科技项目，积极争取国家科技资金支持。积极筹划项目，申请国家已设立的各项专项资金支持。

加大省市财政资金支持力度。围绕突破制约钢铁产业发展的共性关键技术，采取包括后补助、奖励等在内的多种形式，加大财政资金对钢铁产业科技创新的支持力度。省级财政科技资金、技改资金、大气污染防治资金优先支持钢铁产业科技创新。有条件的市要设立专项扶持资金，对于设立专项扶持资金的市，优先给予省级补助资金。充分发挥现有省级“钢铁产业技术升级专项资金”和“自然科学基金钢铁联合基金”的作用，组织实施好相关科技项目。

吸引金融机构和社会资金投入。鼓励金融机构按照风险可控和商业可持续原则，积极给予河北钢铁产业科技创新授信额度支持，用于重大科技项目建设和成果示范推广。支持有条件的钢铁企业设立科技金融服务公司，增强资本运作能力，吸引社会资金，为全省钢铁行业科技创新提供专业融资支持。编制和发布钢铁产业技术目录或钢铁产业投资指引，引导银行、投资机构、担保机构和社会资金投入，形成多元化投入机制。

（五）人才保障

制定人才引进和培育的激励政策。结合我省人才发展计划，鼓励企业引进高端技术人才及其团队，特别是带项目、带成果、带技术的领军人物，加快建设一批院士工作站和创新平台。对钢铁产业院士工作站一次性给予50万元奖励资金，作为科研启动经费。加强燕山大学、华北理工大学、河北工业职业技术学院等我省本专科院校的钢铁专业学科建设和人才培养。鼓励钢铁企业与大学联合培养、定向培养人才，鼓励有条件的钢铁企业设立博士后科研工作站，鼓励钢铁企业设立高等院校实践基地。对重大技术创新、关键品种研发和新工艺研究、试验、推广等方面取得重大突破和显著成绩的机构和人员，给予专项奖励。

由相关机构组织，为示范钢铁企业提供创新方法、知识产权、企业管理、标准编制等与科技创新和技术进步有关的培训，对科技创新人员进行继续教育。

第一章　河北省钢铁产业发展研究

第一节　河北省钢铁产业现状

河北省钢铁产业在全国占有重要地位，生铁、粗钢产量约占全国总产量的四分之一，钢材超过五分之一；钢铁产业在河北省国民经济中占有重要地位，2014 年工业总产值约占全省的 25%，工业增加值约占全省的 20%。同时，钢铁产业也是河北省能源、水的主要消耗产业，产业能耗量占全省规模以上工业的一半，取水量约占全省工业取水量的 25 %。

河北省具有较为丰富的铁矿石、煤炭、石灰石等资源，但属于水资源严重缺乏地区。

河北省钢铁企业基本为钢铁联合企业，有部分铸造生铁生产企业，还有一些独立轧钢企业。多数钢铁联合企业烧结、球团、炼钢、轧钢工序齐全，少部分企业配套焦化工序，少量企业缺少轧钢工序。

一、河北省钢铁产业在全国的地位

2014 年，全国生铁、粗钢、钢材产量分别达到 711.6 Mt、822.7 Mt 和 1125.6Mt，河北省生铁、粗钢、钢材产量分别为 169.3Mt、185.3 Mt 和 240.0 Mt，分别占全国产量的 23.80%、22.52% 和 21.32%，比上年分别降低 0.22 个百分点、1.67 个百分点和 0.10 个百分点。钢材占全国比例明显低于生铁和粗钢，粗钢产量占全国比例最高的年份是 2012 年，达到 25.19 %。

全国与河北省 2009 ~2014 年生铁、粗钢、钢材等钢铁产品产量及其增长率如表 1-1 和图 1-1 ~ 图 1-5 所示。河北省与全国产量增长趋势基本一致，只是 2014 年河北省生铁、粗钢产量首次出现下降。

表 1-1　河北省钢铁产品产量　(kt)

年度	生铁		粗钢		钢材	
	全国	河北	全国	河北	全国	河北
2009	543748	130849	567842	135363	692432	151345
2010	590218	137054	626654	144588	796274	167572
2011	629690	154424	683265	164507	881313	192268
2012	657905	163502	716542	180484	951861	209952
2013	708970	170276	779041	188496	1067622	228616
2014	711599	169326	822698	185303	1125572	239952

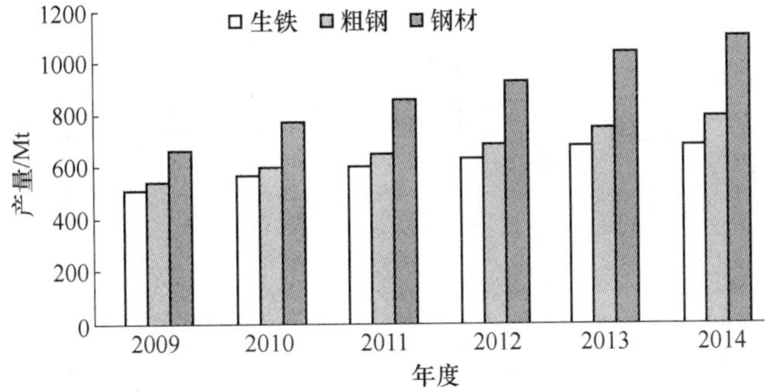

图 1-1　全国钢铁产品产量

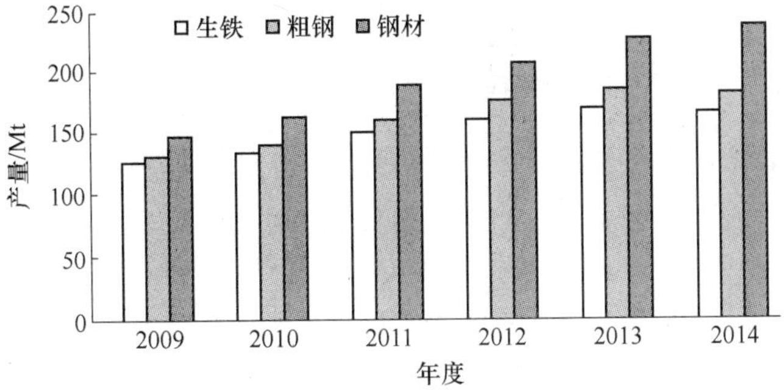

图 1-2　河北省钢铁产品产量

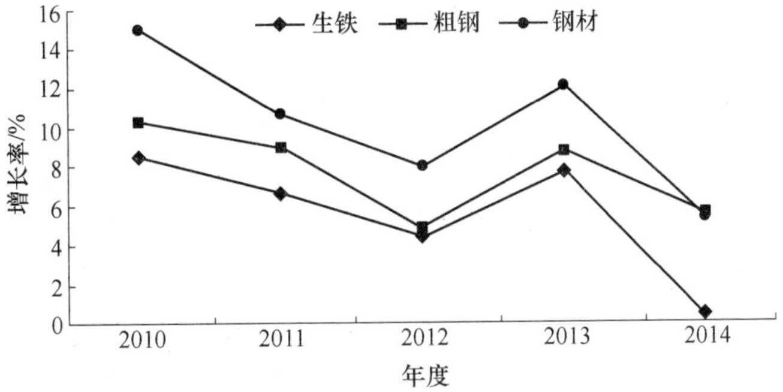

图 1-3　全国钢铁产品产量增长率折线图

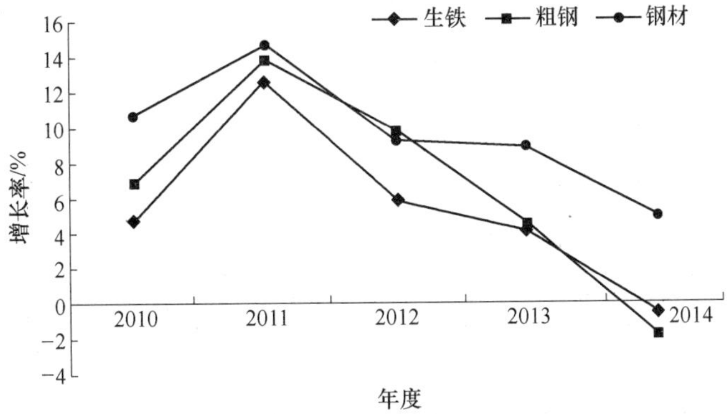

图 1-4　河北省钢铁产品产量增长率折线图

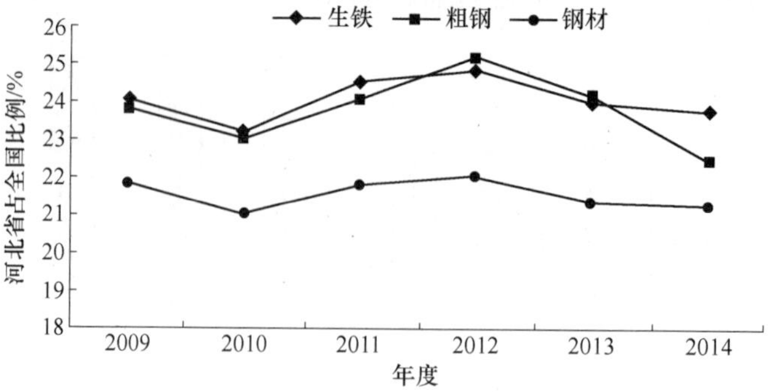

图 1-5 河北省钢铁产品产量占全国的比例

二、钢铁产业在河北省国民经济中的地位

钢铁产业是河北省重要支柱产业，销售产值和工业增加值虽然逐年增长，但占全省比例却逐年下降。2009~2014 年，钢铁工业销售产值、工业增加值、利税、利润占全省工业的相应比例分别由 31.69%、26.77%、18.60% 和 19.38% 下降到 24.66%、19.19%、8.68%和 8.67%，5 年间分别降低了 7.03 个百分点、7.58 个百分点、9.92 个百分点和 10.72 个百分点，也从一个侧面说明河北省整体工业结构调整取得了较好的成效。

2009~2014 年，河北省全省工业及钢铁工业销售产值、工业增加值、利税、利润情况如表 1-2 和图 1-6~图 1-9 所示，钢铁工业占全省比例如图 1-10 所示。

2009~2014 年，钢铁工业销售产值、工业增加值增长率、利税、利润基本低于全省（2009 年工业增加值和 2014 年利润、利税除外），钢铁工业增加值占全省工业增加值的比例比销售产值占全省工业的比例低 4~6 个百分点，钢铁工业利税、利润占全省工业的比例基本持平。

表 1-2 河北省全省工业及钢铁工业销售产值、工业增加值、利税、利润

年 度		2009	2010	2011	2012	2013	2014
销售产值/亿元	全省工业	23249.9	30687.5	38862.9	42062.6	45134.8	46582.9
	钢铁工业	7367.2	8897.1	11263.1	11665.6	11901.1	11485.3
工业增加值/亿元	全省工业	6310.2	8182.8	10509.4	11069.6	11711.1	11758.3
	钢铁工业	1689.2	2052.1	2444.7	2411.4	2401.3	2256.3
利税/亿元	全省工业	2125.9	2860.5	3596.3	3795.1	4097.1	3962.5
	钢铁工业	395.5	353.8	403.9	339.9	303.0	344.1
利润/亿元	全省工业	1256.2	1754.5	2255.5	2296.9	2560.9	2421.7
	钢铁工业	243.5	211.5	244.4	153.5	163.6	209.8

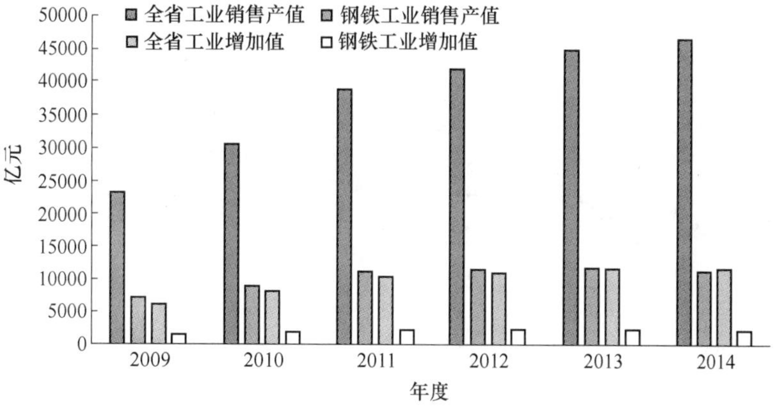

图 1-6 全省工业和钢铁工业销售产值及工业增加值

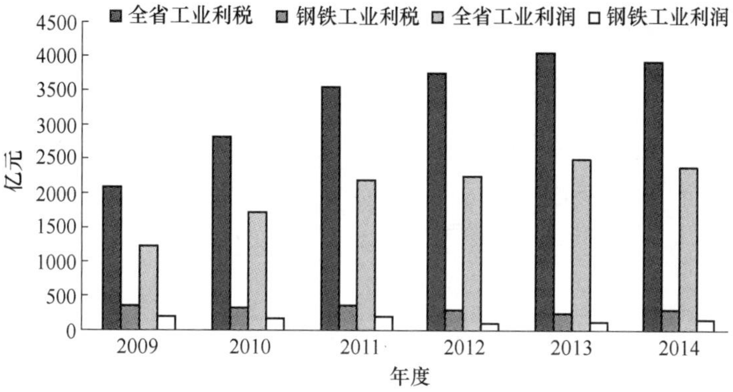

图 1-7 全省工业和钢铁工业利税及利润

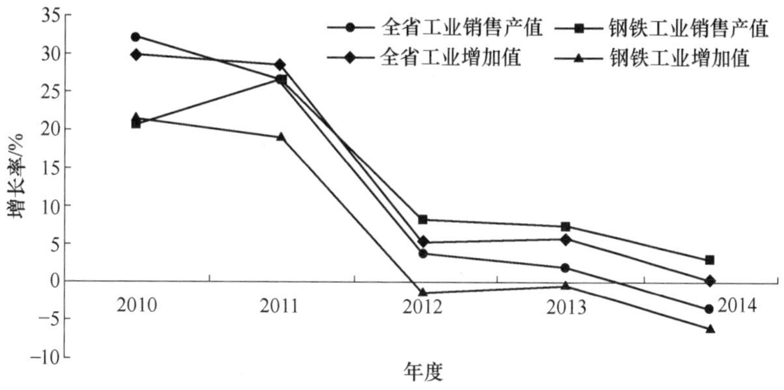

图 1-8 全省工业和钢铁工业销售产值及工业增加值增长率

2009~2014 年，全省工业和钢铁产业工业增加值率均处于下降趋势，钢铁工业增加值率低于全省工业 4~6 个百分点，如图 1-11 所示。

钢铁产业在河北省整个工业体系中比例虽然处于下降趋势，但其本身处于增长状态，在河北省工业体系中仍然具有举足轻重的位置。

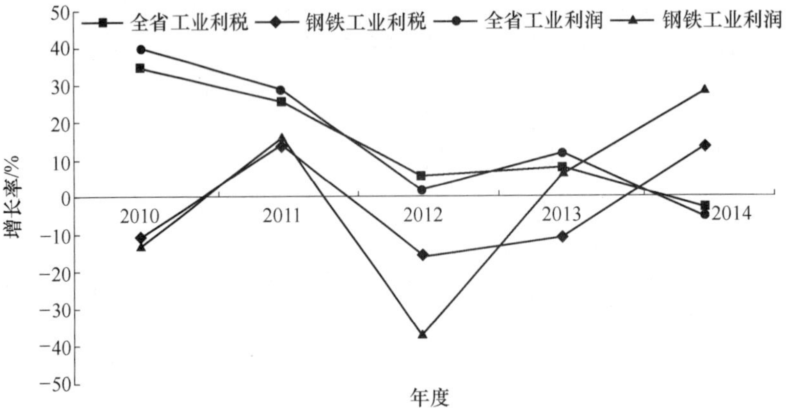

图 1-9 全省工业和钢铁工业利税及利润增长率

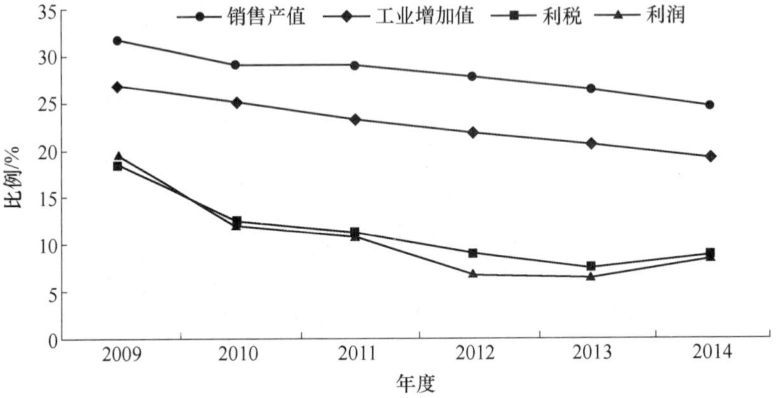

图 1-10 钢铁工业占全省工业的比例折线图

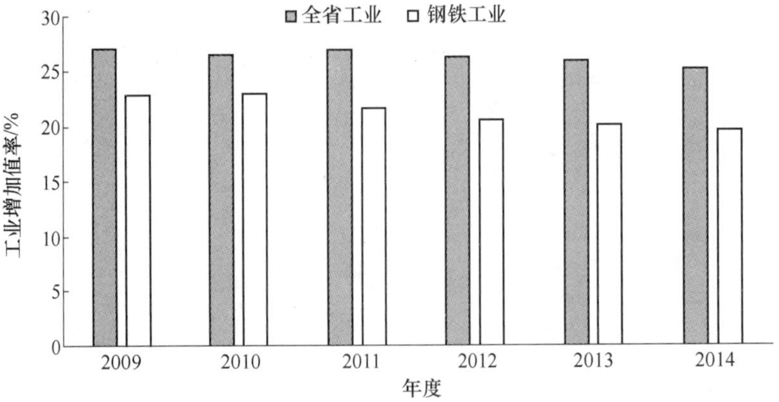

图 1-11 工业增加值率

三、河北省钢铁企业及其产能分布

研究中调查了河北省 80 家钢铁企业，为工业和信息化部公告的符合《钢铁行业规范条件》的钢铁企业和铸造生铁生产企业，其中烧结（球团）、炼铁、炼钢、轧钢工序齐全的钢铁企业有 68 家，占 85.00%；缺少轧钢工序的钢铁企业有 12 家，占 15.00%。建有配套焦化工序的企业有 10 家，占 12.50%。

（一）炼铁产能分布

80 家钢铁企业中，企业多数集中于炼铁产能 1000～10000kt，炼铁产能规模集中于 2000～10000kt，如表 1-3 和图 1-12、图 1-13 所示。产能范围含下限不含上限（下同）。

表 1-3　80 家钢铁企业生铁产能

规　模	企业数量	生铁生产能力/kt
1000kt 以下	6	4150
1000～2000kt	22	33573
2000～3000kt	24	61330
3000～5000kt	13	48880
5000～10000kt	13	96210
10000kt 以上	2	22750
合　计	80	266890

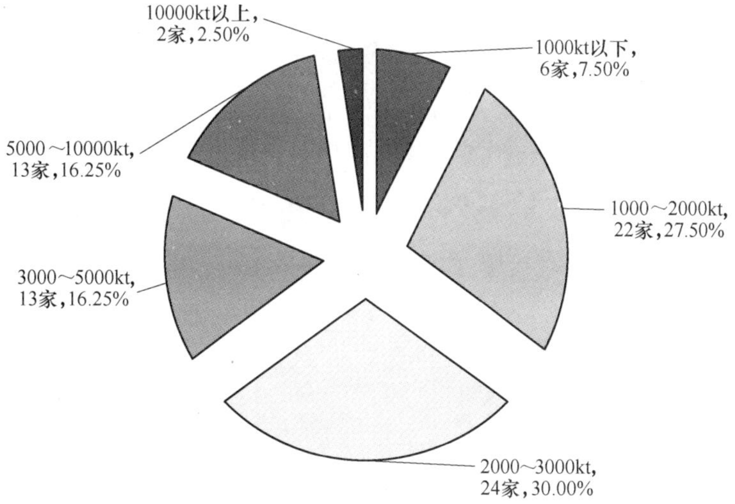

图 1-12　80 家钢铁企业炼铁产能企业数量分布

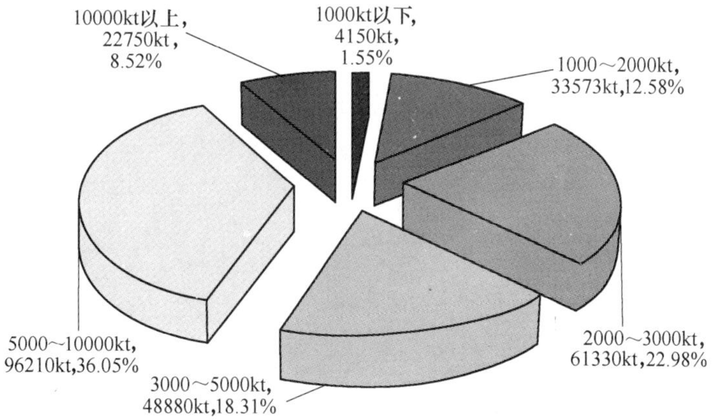

图 1-13　80 家钢铁企业炼铁产能规模分布

（二）炼钢产能分布

80家钢铁企业中，企业多数集中于炼钢产能1000~10000kt，炼钢产能规模集中于2000~10000kt，如表1-4和图1-14、图1-15所示。

表1-4 80家钢铁企业粗钢生产能力

规　模	企业数量	粗钢生产能力/kt
1000kt以下	4	2070
1000~2000kt	22	33720
2000~3000kt	20	48900
3000~5000kt	18	64610
5000~10000kt	15	112270
10000kt以上	1	10560
合　计	80	272130

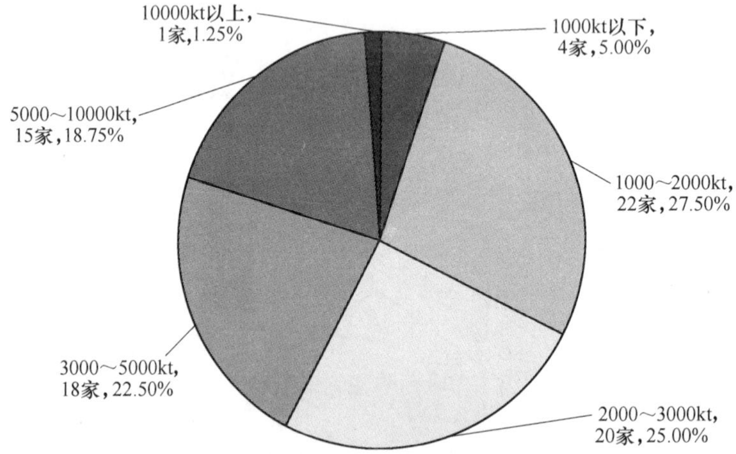

图1-14 80家钢铁企业炼钢产能企业数量分布

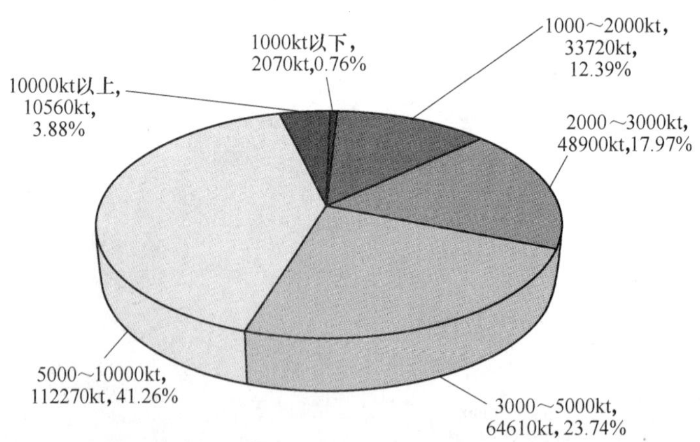

图1-15 80家钢铁企业炼钢产能规模分布

（三）轧钢产能分布

80 家钢铁企业中，具有轧钢工序的企业有 68 家。企业数量分布较为分散，生产能力集中于3000~5000kt 和5000~10000kt，占59.93%，如表1-5 和图1-16、图1-17所示。

表1-5 80 家钢铁企业轧钢生产能力

规 模	企业数量	生产能力/kt
1000kt 以下	8	4600
1000~2000kt	18	25320
2000~3000kt	12	29300
3000~5000kt	18	63400
5000~10000kt	10	76700
10000kt 以上	2	34480
合 计	68	233800

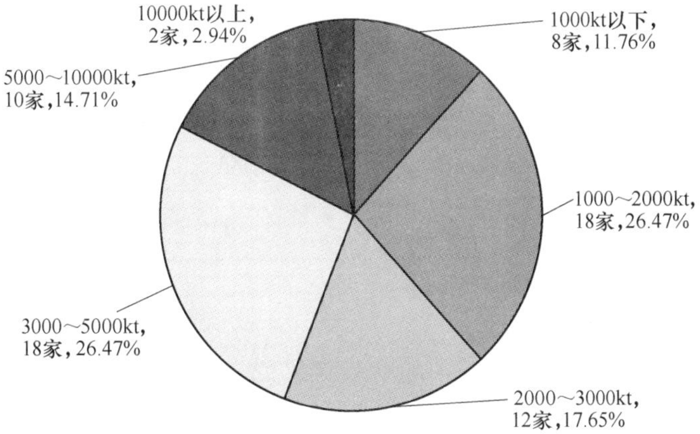

图1-16 80 家钢铁企业轧钢产能企业数量分布

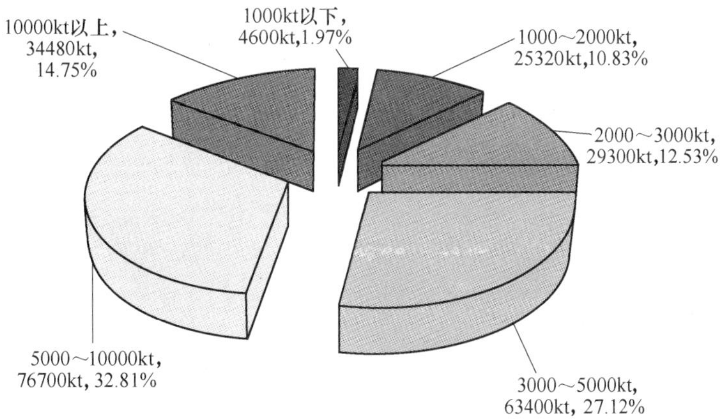

图1-17 80 家钢铁企业轧钢产能规模分布

（四）钢铁企业地域分布

2014 年底，河北省设 11 个设区市，另有省管辛集、定州两市。衡水市、定州市无钢铁联合企业。

80 家钢铁企业及产能在各市的分布如表 1-6 和图 1-18～图 1-21 所示。2014 年产量分布如表 1-7 和图 1-22～图 1-24 所示。

表 1-6 河北省钢铁企业分布

地 区	企业数量	生铁产能/kt	粗钢产能/kt
石家庄	2	13570	9240
唐 山	37	133500	142360
秦皇岛	6	20270	20290
邯 郸	21	51370	50750
邢 台	3	7560	7530
保 定	1	1110	1350
张家口	1	7420	6600
承 德	4	12950	15590
沧 州	1	6880	5400
廊 坊	3	8670	9420
辛 集	1	3590	3600
合 计	80	266890	272130

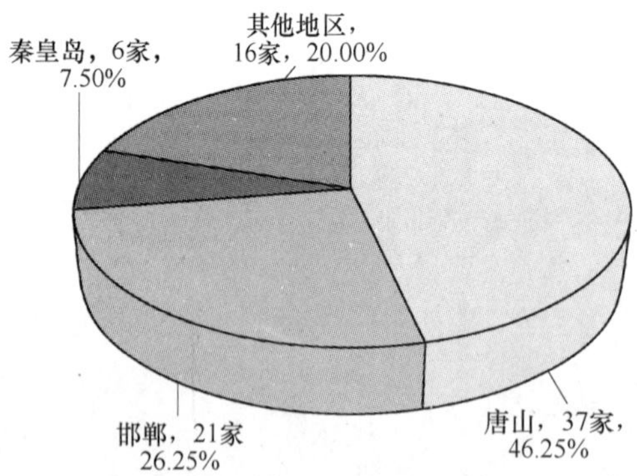

图 1-18 80 家钢铁企业地域分布

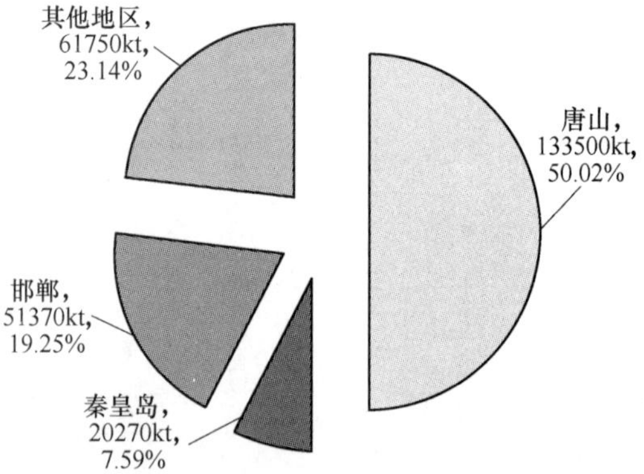

图 1-19 80 家钢铁企业炼铁产能地域分布

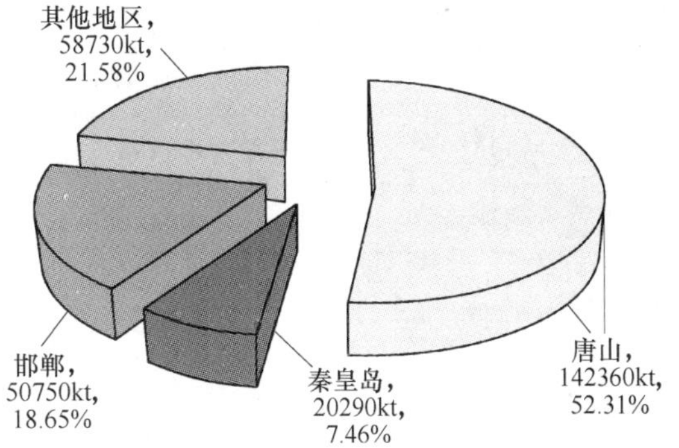

图 1-20　80 家钢铁企业炼钢产能地域分布

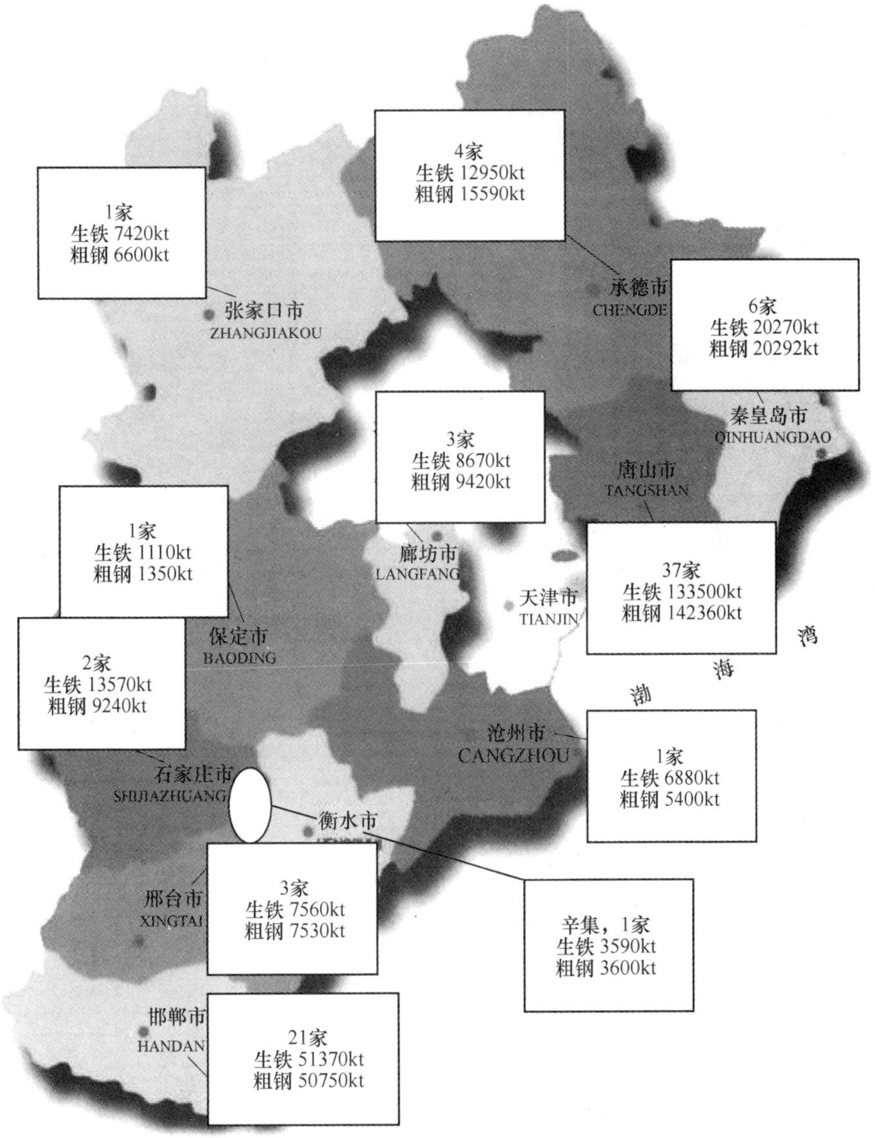

图 1-21　80 家钢铁企业行政区划分布

表 1-7 河北省 2014 年钢铁产品产量行政区划分布

地 区	生铁/kt	粗钢/kt	钢材/kt
石家庄	14515	14299	14034
唐 山	82867	81573	104843
秦皇岛	6166	7293	6498
邯 郸	37369	43228	53457
邢 台	5131	5029	6598
保 定	1051	1122	404
张家口	6823	6581	6297
承 德	13112	12670	11708
沧 州	7399	8287	11098
廊 坊	5029	5218	21852
衡 水	72	4	3163

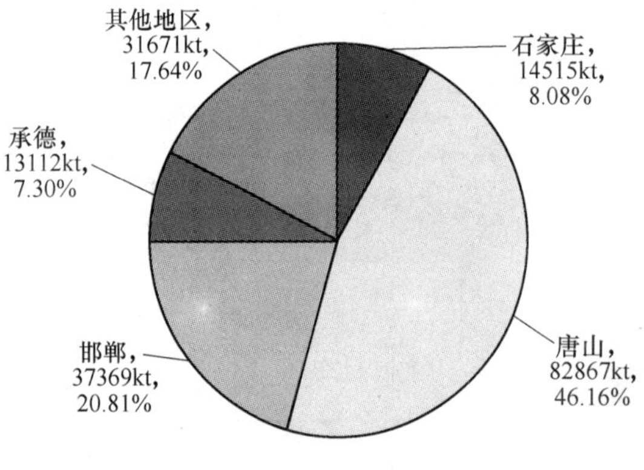

图 1-22 2014 年河北省生铁产量行政区划分布

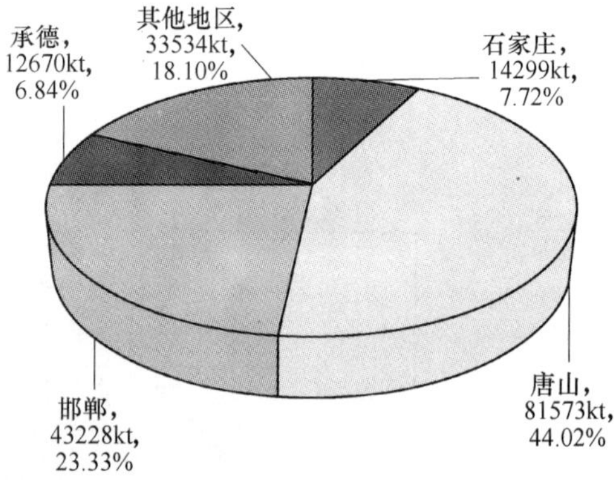

图 1-23 2014 年河北省粗钢产量行政区划分布

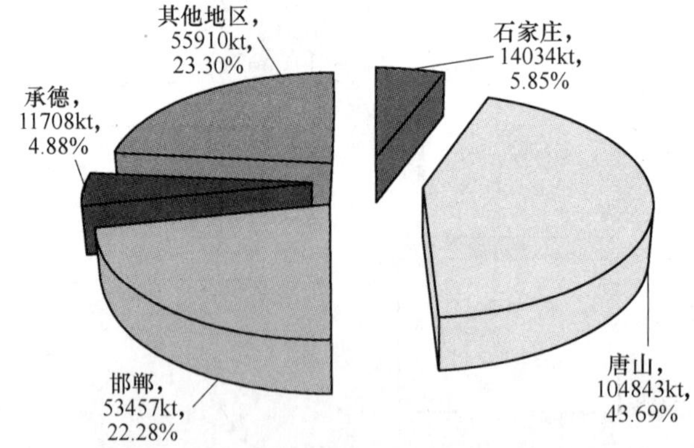

图 1-24 2014 年河北省钢材产量行政区划分布

四、河北省钢铁产品品种

（一）钢种

1. 生产钢种

普通质量、优质和特殊质量的三大类钢种河北省钢铁产业均有生产，以非合金钢和低合金钢为主，亦生产部分合金钢。河北钢铁产业生产钢种较为齐全，碳素结构钢占有相当的比例。液化石油气瓶用钢、工业链条用钢、锚链钢、冷镦钢等也有生产。

2013 年，河北省生产的合金钢、低合金钢、非合金钢如图 1-25 所示。

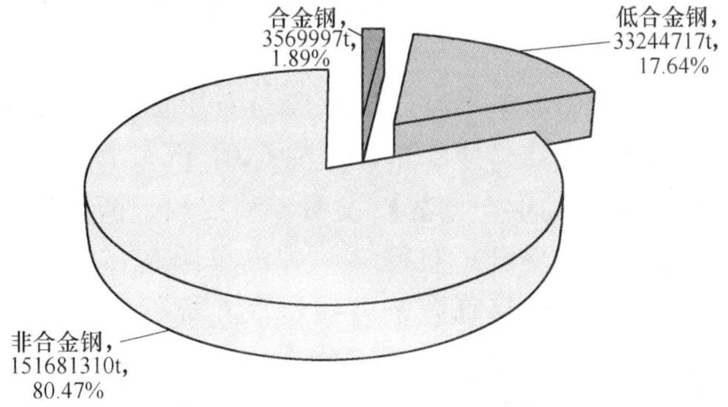

图 1-25 河北省 2013 年钢种比例

2013 年，河北省钢铁产业报送合金钢产量的钢铁企业只有 8 家，报送低合金钢产量的钢铁企业只有 12 家。另外，承德建龙和以生产轧辊毛坯、机械配件用钢为主的紫山特钢，也在开发特殊钢品种。

2. 钢种开发

近年来，在汽车用钢、电工钢、模具钢、高速钢等产品开发、生产上，河北省钢铁产业迈开了步伐，河北钢铁集团石钢公司、唐钢公司、邯钢公司和河北省首钢迁安钢铁有限责任公司、河冶科技股份有限公司、河北文丰钢铁有限公司等企业均有突破。

河北省一些钢铁企业，申请了电工钢生产方面的发明专利。2015 年 3 月下旬，以“电工钢”为检索词检索到的国家知识产权局公布的发明专利申请共有 261 件，其中河北省 14 件（其中 2 件分别为河北工业大学和保定天威 2 家非钢铁产业单位申请）。

河北钢铁股份有限公司唐山分公司 2013 年 8 月 29 日提出了《生产冷轧无取向电工钢的退火工艺》发明专利申请；河北钢铁股份有限公司邯郸分公司 2012 年 7 月 6 日提出了《一种非传统薄板坯连铸连轧生产无取向电工钢的热轧方法》发明专利申请，2012 年 4 月 5 日提出了《一种无取向电工钢专用双层覆盖剂的添加与换渣操作方法》发明专利申请；河北省首钢迁安钢铁有限责任公司提出了 7 件电工钢发明专利申请，如 2013 年 8 月 20 日，提出了《一种提高高硅无取向电工钢轧制成材率的方法》发明专利申请，2013 年 11 月 6 日提出了《无取向电工钢的生产方法》发明专利申请，2012 年 4 月 10 日提出了《一种无取向电工钢深脱硫的方法》发明专利申请。

国家知识产权局公布的涉及电工钢的发明专利授权共有167件，其中河北省2件，分别为2014年7月30日公告授权的河北钢铁股份有限公司邯郸分公司《一种无取向电工钢专用双层覆盖剂的添加与换渣操作方法》和2012年4月10日公告授权的河北省首钢迁安钢铁有限责任公司《一种高磁导率级取向电工钢带氮含量的控制方法》。

以“汽车板”为检索词检索到的国家知识产权局公布的发明专利申请104件，其中河北省3件（钢铁企业2件，轧辊制造企业1件），分别是河北省首钢迁安钢铁有限责任公司2013年11月5日提出的《汽车板连铸用超低碳钢、低碳钢结晶器保护渣及其制备方法》发明专利申请、河北钢铁股份有限公司邯郸分公司2016年6月18日提出的《一种280MPa级汽车结构用钢的连退生产方法》发明专利申请和中钢集团邢台机械轧辊有限公司2010年9月26日提出的《汽车板冷轧工作辊及其制造方法》发明专利申请。

在汽车钢方面，2009~2014年，河北钢铁股份有限公司唐山分公司（河北钢铁集团唐钢公司）获得《薄规格高延伸率热轧酸洗610L汽车大梁钢带的生产工艺》和《一种超高强度汽车结构钢及其生产方法》发明专利授权，河北钢铁股份有限公司邯郸分公司（河北钢铁集团邯郸公司）获得《一种汽车用高强塑积的低合金高强钢冷轧板的生产工艺》《汽车结构件用低合金高强钢冷轧板的稳定化连续退火工艺》和《一种280MPa级汽车结构用钢的连退生产方法》3项发明专利授权；河北钢铁股份有限公司承德分公司《屈服强度达700MPa的汽车厢体用带钢及其轧制方法》《一种超高强热轧汽车结构用钢及制备方法》和河北钢铁股份有限公司唐山分公司《一种热轧酸洗汽车大梁钢带的生产方法》提出了发明专利申请。

河冶科技股份有限公司作为模具钢、高速钢生产专业厂家，2009~2014年提出了《粉末冶金高速钢的制备方法、炉外精炼方法及精炼剂》《等径钢锭电渣重熔用分体结晶器》《高硬高韧冷热兼作模具钢及其生产方法》《高性能喷射钢的制造方法》《定量检测高V高速钢中MC碳化物的方法》《大截面刀具用高速钢》《高性能喷射钢的制造方法》《丝锥专用3V高速钢及其制备工艺》等12件发明专利申请，并获得了《无水组合式电渣重熔底水箱》《高韧高耐磨滚刀用高速钢及其制备方法》《高速钢退火方法》《高硬度高耐磨粉末冶金高速钢》等4项发明专利授权。河北文丰钢铁有限公司发明专利《利用转炉—连铸方式生产模具钢的工艺》2014年11月26日被公告授权。

弹簧钢方面，河北钢铁集团石钢公司《保淬透性高强度低温韧性弹簧钢》发明专利2014年10月1日被公告授权。

在管线钢方面，河北钢铁集团邯钢公司开发了低成本高强韧性X70管线钢和低成本高强韧性X80管线钢，并提出了发明专利申请。

（二）钢材品种

河北省钢铁工业22大类钢材均有生产，板材、管材、带材、型材、长材结构逐步趋于合理。2014年产品结构如图1-26所示。

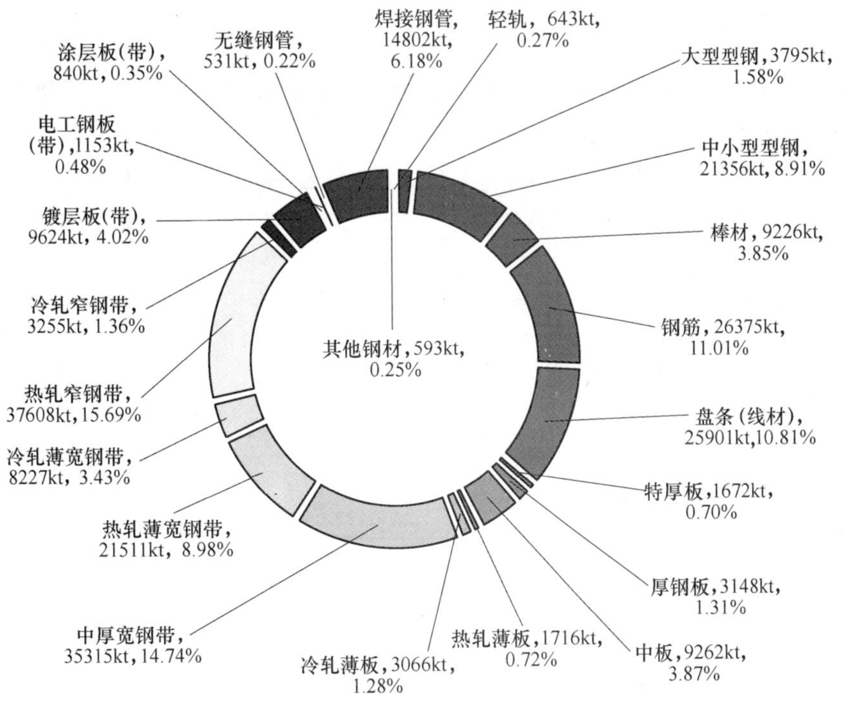

图 1-26　2014 年河北省钢材品种结构

近年来，河北省钢材品种均有小幅度变化。2014 年，河北省钢材品种中，板带比为 56.93%，大型型钢、中小型型钢、棒材、线材占比 36.16%，管材占比 6.40%，其他钢材占比 0.25%；具体品种中，热轧窄带钢占 15.69%，中宽厚钢带占 14.74%，钢筋占 11.01%，盘条（线材）占 10.81%，热轧薄宽钢带占 8.98%，中小型型钢占 8.91%，焊接钢管占 6.18%，中板占 3.87%，棒材占 3.85%。占比 5%以上的品种有 9 个，占全部钢材的 87.90%。

在镀锌板生产方面，河北钢铁股份有限公司发明专利《一种热基高强度镀锌板及生产方法》2011 年 6 月 22 日被公告授权，河北钢铁股份有限公司邯郸分公司发明专利《一种用铝镇静钢生产无锌花镀锌板 DX54D+Z 的方法》2013 年 12 月 18 日被公告授权。河北钢铁股份有限公司邯郸分公司、唐山分公司提出了《低合金高强钢镀锌板及其生产方法》《结构用冷基超高强度镀锌板及其生产方法》《一种冷基高强度镀锌板及生产方法》《800MPa 级中碳高硅冷轧镀锌板及其制备方法》《一种 Nb、Ti 复合超深冲用镀锌板及生产方法》等 6 件发明专利申请。

在中厚板方面，普阳钢铁、文丰钢铁、德龙钢铁等分工协作，分别生产不同规格的钢材；河北钢铁集团邯钢公司开发了中厚板材汽车车轮用钢 380CL。

在薄板、超薄板方面，河北钢铁集团石钢公司开发了高屈强比超细晶 MR 钢超薄板；河北钢铁集团唐钢公司开发了中薄板坯连铸连轧生产液化石油气瓶用钢及薄板坯连铸连轧生产的 75Cr 热轧板卷、超薄卷板。

（三）新产品产值率

河北省钢铁产业每年都有新产品生产，但新产品产值率相对较低。2009~2014 年新产品产值率及变化情况如表 1-8 和图 1-27 所示。

表 1-8 河北省钢铁产业新产品产值率

年　度	2009	2010	2011	2012	2013	2014
新产品产值率/%	4.51	4.55	2.05	2.04	2.54	2.76

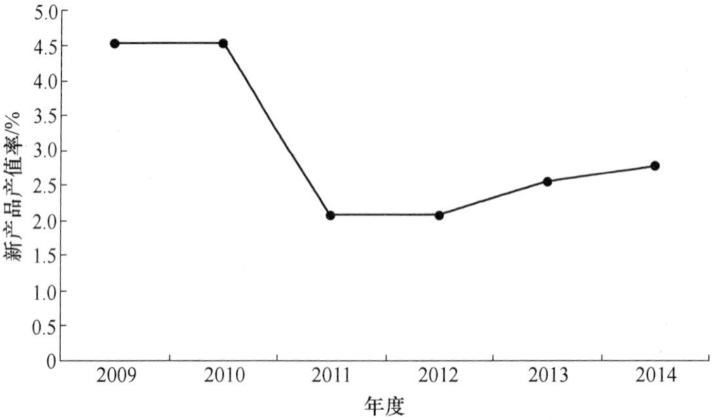

图 1-27 河北省钢铁产业新产品产值率变化

（四）河北钢铁集团的作用

河北钢铁集团 2008 年组建以来，倾力打造精品板材、优质建材、特殊用钢、特色钒钛四大基地，大力开发精品板材、优质宽厚板、精密镀锡板、高品质特殊钢等 8 个产品系列。重点研发高技术含量、高附加值、高市场占有率的“三高”产品和新型钢铁材料，以适应钢铁材料“高强度、长寿命、耐腐蚀、轻量化”的新趋势。以“三高一新”带动集团品牌的高端化、普通产品的精品化，抢占市场份额。引进与自主创新相结合，大力提升产品研发能力，现已具备核岛级系列钢板、汽车钢板、海洋工程用钢等钢种的生产能力，国内多个重大项目如“西气东输”、鸟巢、三峡工程、绕月工程等都有河北钢铁集团产品参与其中。

五、河北省钢铁产业装备

河北省钢铁产业经过前一个时期的淘汰落后产能工作，现已不存在落后产能。工艺装备两极分化现象严重，既有 5500m^3 高炉、300t 转炉、300m^2 以上烧结机等先进装备，也有 420m^3 高炉、90m^2 烧结机、30t 转炉存在。部分企业质量检验装备具有国际先进水平，也有部分企业处于相对落后状态。

（一）烧结机

河北省经工业和信息化部公告符合《钢铁行业规范条件》企业和铸造生铁生产企

业共 80 家，共有烧结机 254 台，总烧结面积为 40265m^2，烧结矿生产能力为 428436kt。烧结机台数、烧结面积、烧结矿生产能力按烧结机规格分布情况如表 1-9 和图 1-28～图 1-30 所示。

80 家钢铁企业烧结机集中于 90～180m^{2}和 180～300m^{2}两个规格范围内，其数量占 89.76%，烧结面积占 82.58%，生产能力占 84.04%（规格含下限不含上限，下同）。

表 1-9 80 家钢铁企业烧结机情况

规 格	台 数	面积/m^2	生产能力/kt
90m^{2}以下	8	372	5090
90～180m^2	144	15910	179350
180～300m^2	84	17328	180720
300m^{2}以上	18	6655	63280
合 计	254	40265	428436

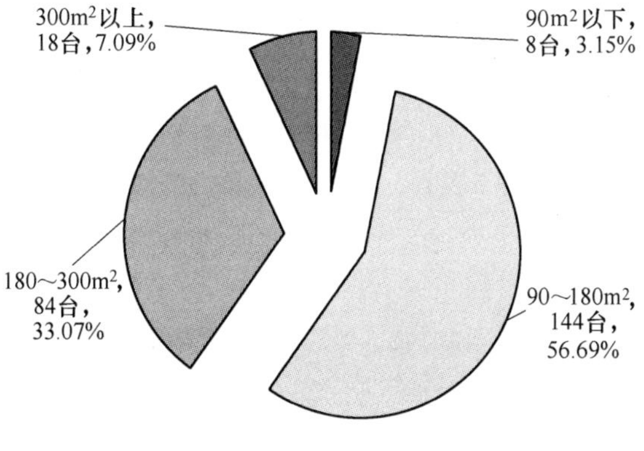

图 1-28 80 家钢铁企业烧结机数量分布

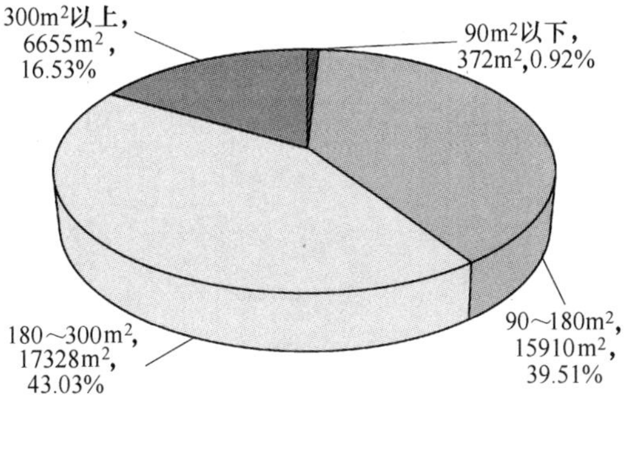

图 1-29 80 家钢铁企业烧结机烧结面积分布

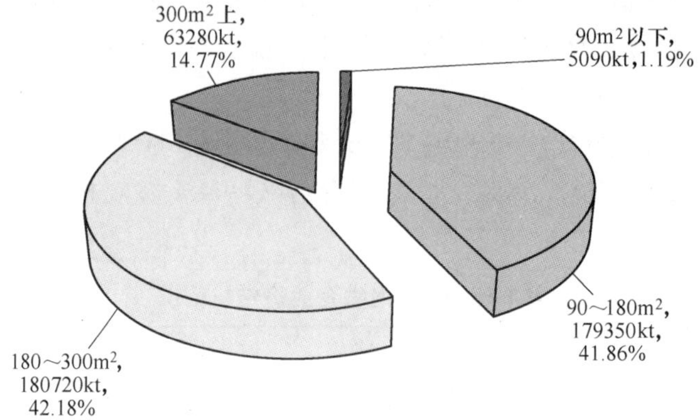

图 1-30 80 家钢铁企业烧结矿生产能力分布

（二）球团矿生产设备

80 家钢铁企业球团矿生产设备有竖炉、链箅机-回转窑和带式焙烧机，以竖炉为主。各种球团矿生产设备数量和生产能力如表 1-10 和图 1-31、图 1-32 所示。

表 1-10 80 家钢铁企业球团矿生产设备情况

设备类型	数 量	生产能力/kt
竖 炉	117	63800
链箅机-回转窑	10	11800
带式焙烧机	1	4000
总 计	128	79600

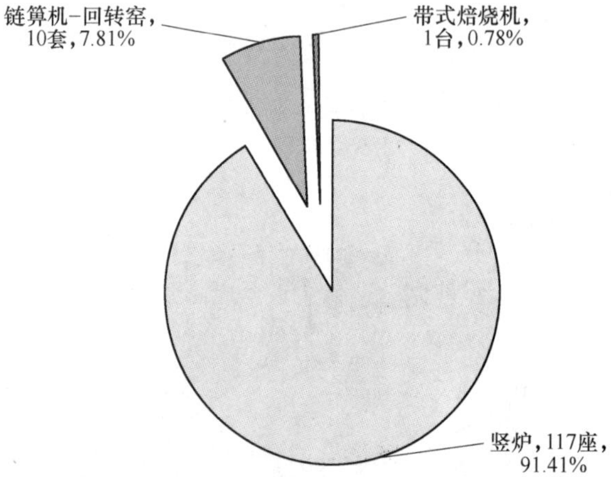

图 1-31 80 家钢铁企业球团矿生产设备数量

球团矿生产以竖炉为主，面积为 10～14m²，设备数量占 91.41%，生产能力占 80.15%。链箅机-回转窑和带式焙烧机单体设备生产能力明显高于竖炉，特别是带式焙烧机，虽然设备数量只占 0.78%，但其生产能力占到 5.03%，是数量所占比例的 6.45 倍。

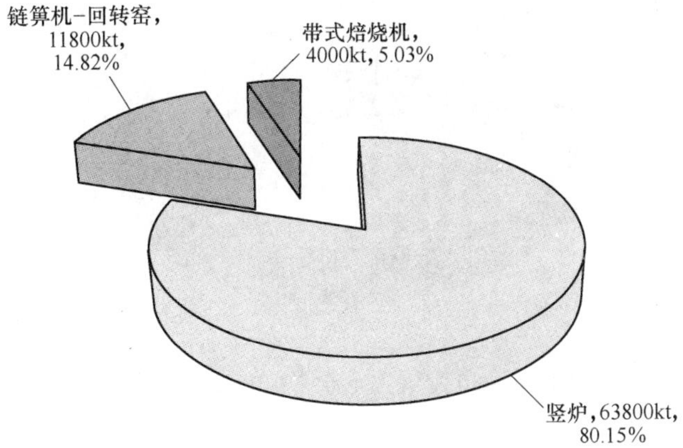

图 1-32 80 家钢铁企业球团矿生产设备生产能力分布

（三）高炉

统计的河北省 80 家钢铁企业，共有 400m^{3}以上高炉 314 座，生产能力 262764kt。其中 1000m^{3}以上高炉 142 座，占 45.22%；有效容积 207620m^3，占 69.65%；炼铁产能 116271kt，占 62.30%。

高炉数量、容积和生产能力情况分别如表 1-11 和图 1-33～图 1-35 所示。

表 1-11 80 家钢铁企业高炉情况

规格范围	数量	总容积/m^3	生产能力/kt
400～1000m^3（不含）	172	90450	100622
1000～2000m^3（不含）	117	136200	109393
2000m^{3}及以上	25	71420	56878
合　计	314	298070	266893

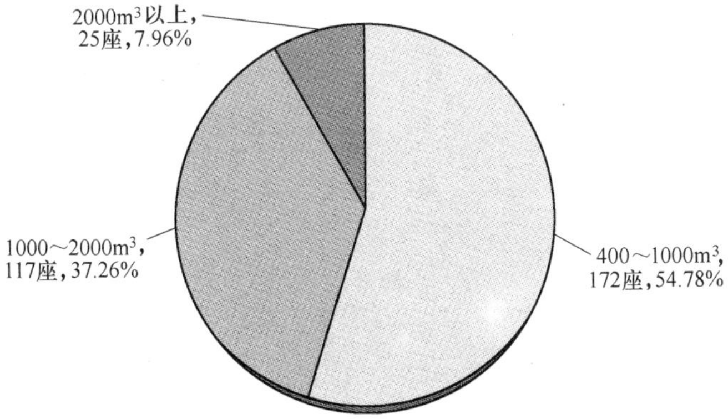

图 1-33 80 家钢铁企业高炉数量分布

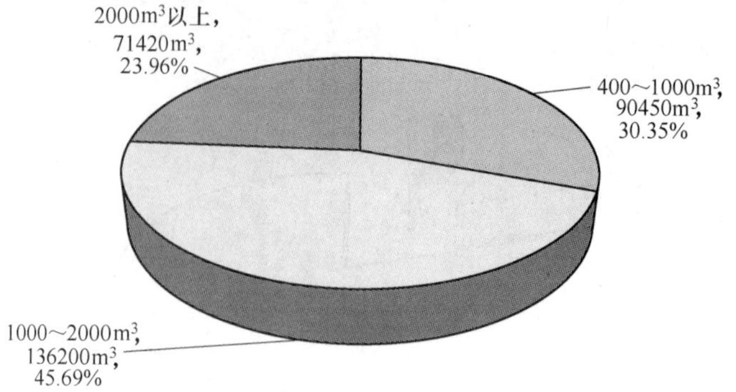

图 1-34 80 家钢铁企业高炉有效容积分布

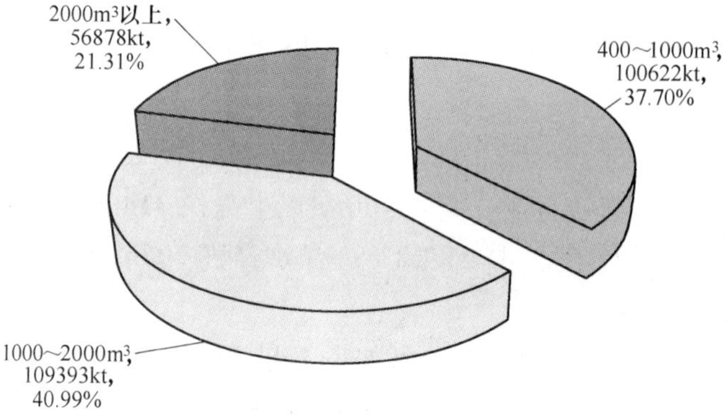

图 1-35 80 家钢铁企业高炉生产能力分布

（四）炼钢设备

80 家钢铁企业共有转炉 279 座、电炉 4 座，共 289 座。电炉公称吨位分别为 100t ×1 座、70t×2 座、60t×1 座。炼钢总生产能力为 272130kt。炼钢设备数量、公称吨位和生产能力如表 1-12 和图 1-36～图 1-38 所示。

表 1-12 80 家钢铁企业炼钢设备情况

设备及规格范围	数 量	公称吨位/t	生产能力/kt
30～60t（不含）	98	4562	68130
60～100t（不含）	62	4295	51320
100～200t（不含）	102	12990	129220
200t 及以上	10	2470	22060
脱磷提钒转炉	7	540	—
电 炉	4	300	1400
总 计	279	25217	272130

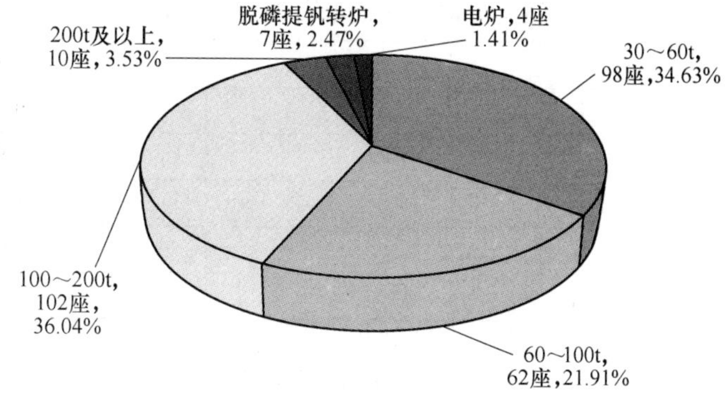

图 1-36　80 家钢铁企业炼钢设备数量分布

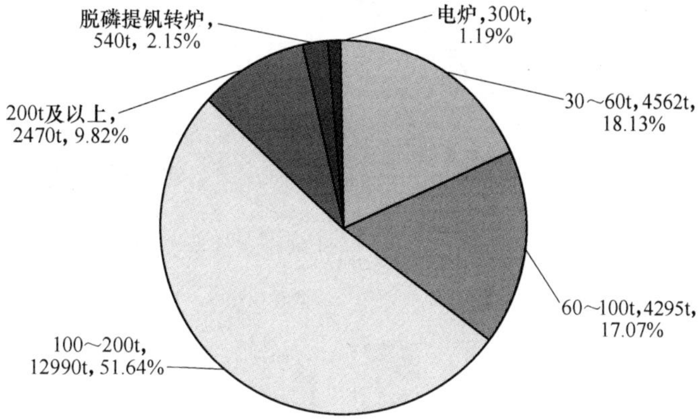

图 1-37　80 家钢铁企业炼钢设备公称吨位分布

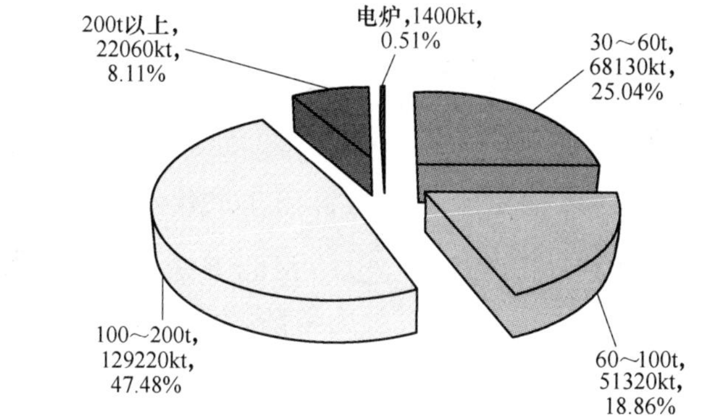

图 1-38　80 家钢铁企业炼钢设备生产能力分布

精炼设备主要有 LF、VD、VOD、RH 等。连铸设备有板坯、矩形坯等各种类型的连铸机。

（五）轧钢设备

80 家钢铁企业共有轧钢生产线 229 条，钢材生产能力 233800kt。轧钢生产线数量和产能分布如表 1-13 和图 1-39、图 1-40 所示。

表 1-13 80 家钢铁企业轧钢生产线情况

生产线	数 量	产能/kt
棒材、线材、型材生产线	130	94180
热轧板带生产线	81	126170
冷轧板带生产线	13	13150
焊管生产线	5	300
总 计	229	233800

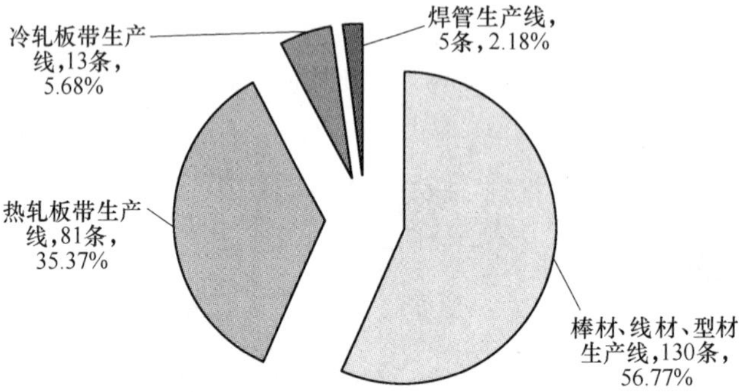

图 1-39 80 家钢铁企业轧钢生产线数量分布

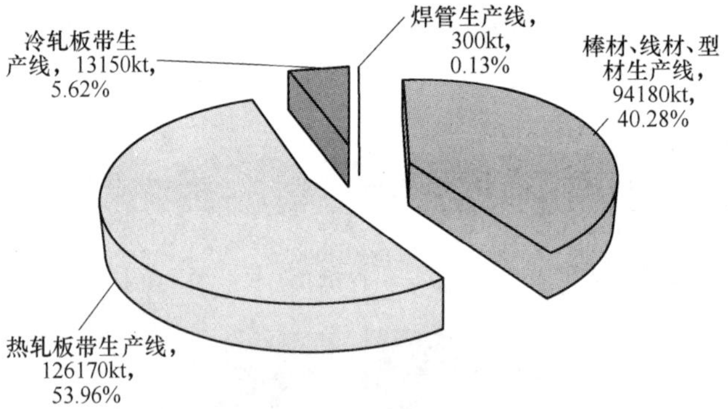

图 1-40 80 家钢铁企业轧钢生产线产能分布

河北省钢铁企业中，具有焦化工序的主要有河北钢铁集团唐钢公司、邯钢公司、宣钢公司、承钢公司和新兴铸管、邢钢、唐山港陆、河北敬业、国义钢铁、经安钢铁等。

六、工艺

河北省钢铁企业基本为烧结—高炉—转炉—轧钢长流程工艺，少量企业具有电炉—轧钢工艺，如河北钢铁集团石钢公司、永洋钢铁、紫山特钢建发公司等。

河北省钢铁产业工艺已实现了连续化，基本实现了自动化。连铸坯热送热装、连铸连轧等工艺已有实例，如河北钢铁集团邯钢公司薄板坯连铸连轧生产线。

部分企业具备钢水精炼设备，根据钢种要求进行不同工艺的精炼。

轧钢工艺均为一火成材的连轧工艺，河北钢铁集团唐钢公司、邯钢公司等企业，具有冷轧薄板、涂镀板生产线。

首钢京唐公司“新一代可循环钢铁流程”项目被纳入“十一五”国家科技支撑计划，在低成本高效化洁净钢生产、钢铁流程资源高效利用及清洁生产、钢铁生产流程能源转换以及先进钢铁材料生产等方面攻克了一批共性关键技术，并通过系统集成技术创新构建了新一代可循环钢铁流程，对我国钢铁工业具有重要技术引领和示范作用。

七、能源消耗

（一）能源消耗总量

本书中能耗数据如无特别注明，均指标准煤（29.27MJ/kg）。

河北省钢铁工业规模宏大，耗能量多，在工业行业中居第一位。2014 年，其能耗为 105.0Mt，占全省能源消费总量 293.20Mt 的 35.81%，占规模以上工业企业能耗 203.4Mt 的 51.60%，占六大高耗能行业能耗 185.3Mt 的 56.65%。河北省全省能源消费总量、规模以上工业和主要六大耗能行业能源消耗量如表 1-14 和图 1-41 所示，能耗增长情况如图 1-42 所示，钢铁工业能耗所占全省、规模以上工业企业能耗和六大高耗能行业能耗的比例如图 1-43 所示。

表 1-14 河北省工业能源消耗量 (Mt)

年 度	2009	2010	2011	2012	2013	2014
全省能源消费总量	254.2	275.3	295.0	302.5	311.7	293.20
规模以上工业企业	171.6	181.2	200	204.6	209	203.4
六大高耗能行业	153.7	162.9	180.9	185.7	189.8	185.3
煤炭开采和洗选业	7.9	8.7	9.4	9.4	9.1	9.1
石油加工、炼焦和核燃料加工业	5.9	6.3	7.8	8.1	8.3	7.0
化学原料和化学制品制造业	10.1	9.9	10.8	11.2	12.4	13
非金属矿物制品业	10.9	11.2	13.1	11.9	11.2	11.1
黑色金属冶炼和压延加工业	84.7	88.1	99.1	104.2	107.7	105
电力、热力生产和供应业	34.2	38.8	40.7	40.8	41.1	40.2

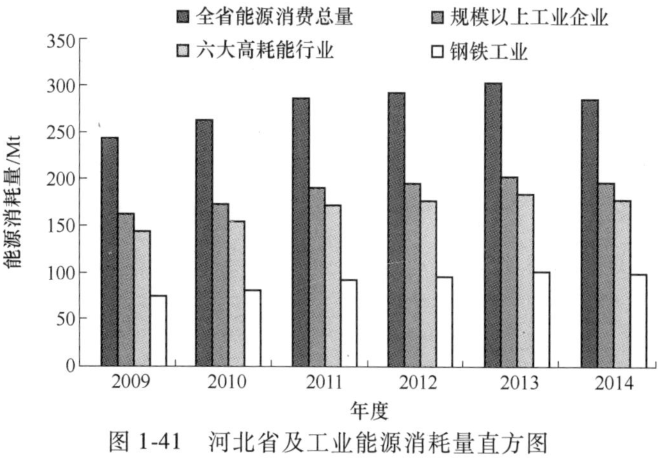

图 1-41 河北省及工业能源消耗量直方图

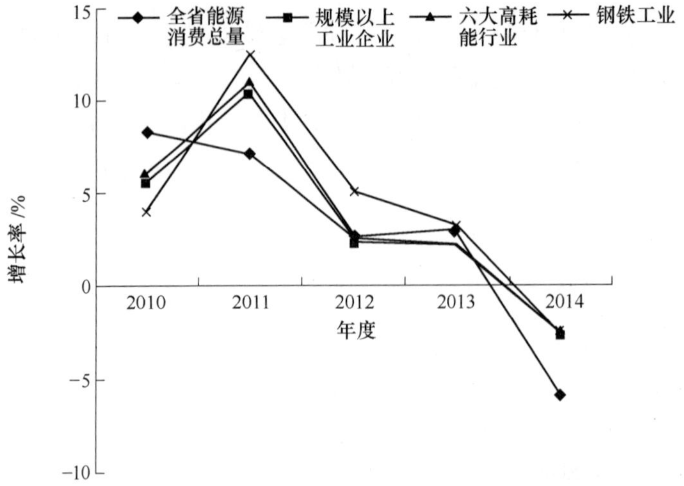

图 1-42 河北省及工业能源消耗量增长率折线图

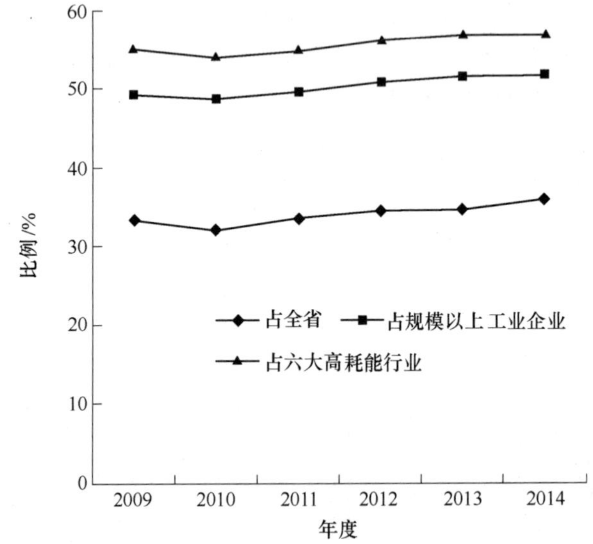

图 1-43 河北省钢铁工业能源消耗量所占比例折线图

（二）重点钢铁企业能耗指标

1. 综合能耗指标

2005~2014 年，河北省冶金行业协会统计的河北省重点钢铁企业综合能耗指标如表 1-15 和图 1-44 所示，其变化趋势如图 1-45、图 1-46 所示。

表 1-15 河北省重点钢铁企业综合能耗指标

年 度	吨钢综合能耗/$kg \cdot t^{-1}$	吨钢可比能耗/$kg \cdot t^{-1}$	吨钢电耗/$kW \cdot h \cdot t^{-1}$
2006	647.54	663.58	418.87
2007	637.48	628.11	383.78
2008	621.05	617.07	396.63

续表 1-15

年　度	吨钢综合能耗/kg·t^{-1}	吨钢可比能耗/kg·t^{-1}	吨钢电耗/kW·h·t^{-1}
2009	610.38	605.85	406.74
2010	603.94	597.44	403.27
2011	602.43	572.98	400.92
2012	587.52	568.55	414.62
2013	582.84	555.67	399.35
2014	584.27	560.51	460.03

注：数据从 2006 年开始，电折标系数改为 0.1229kg/(kW·h)，故未对 2005 年以前数据进行统计计算。

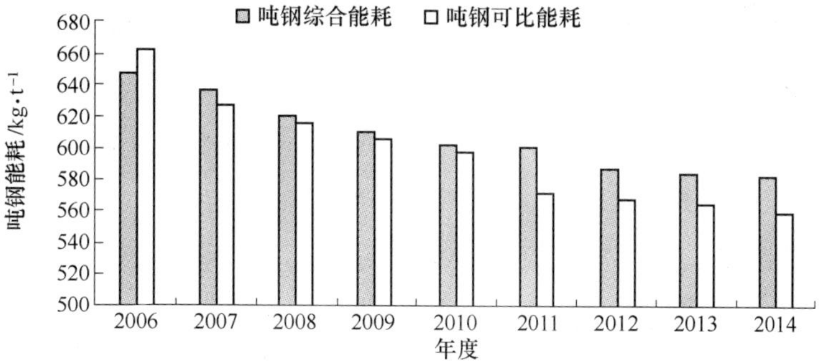

图 1-44　河北省重点钢铁企业吨钢综合能耗直方图

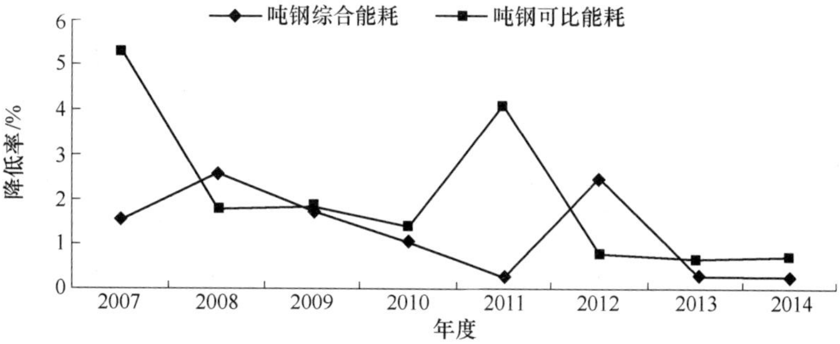

图 1-45　河北省重点钢铁企业吨钢综合能耗和吨钢可比能耗降低率

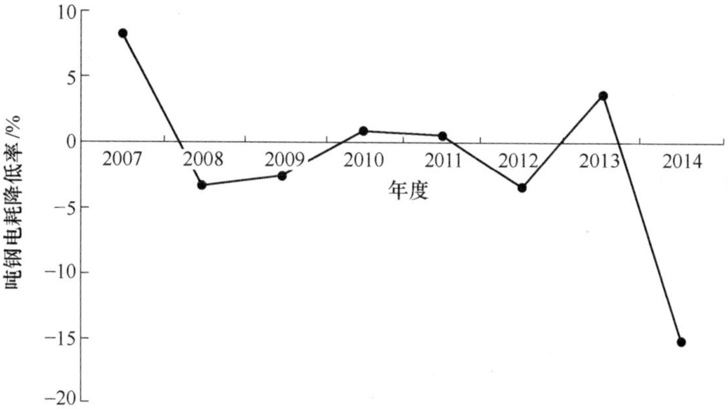

图 1-46　河北省重点钢铁企业吨钢电耗降低率

河北省重点钢铁企业吨钢综合能耗基本处于下降趋势，但降低率波动较大。2014 年，吨钢综合能耗和吨钢可比能耗均有小幅回升，是 9 年来的首次回升，应引起特别注意。

吨钢电耗波浪式起伏，其变化率有极强的跳跃性。

2. 工序能耗指标

2006~2014 年，河北省冶金行业协会统计的重点钢铁企业工序能耗见表 1-16，其变化趋势如图 1-47~图 1-50 所示。

表 1-16 河北省重点钢铁企业工序能耗 (kg/t)

年 度	焦化工序	烧结工序	炼铁工序	转炉工序	轧钢工序
2006	131.33	57.78	442.63	17.98	56.47
2007	128.26	55.62	442.50	12.84	52.75
2008	123.47	54.38	432.69	8.76	52.18
2009	127.23	55.54	409.87	7.89	49.70
2010	111.64	51.47	402.77	-1.50	48.15
2011	114.64	51.79	410.56	-4.52	50.50
2012	106.13	49.47	398.53	-6.89	47.30
2013	104.29	49.00	400.61	-8.49	48.11
2014	114.22	50.28	401.70	-9.65	49.24

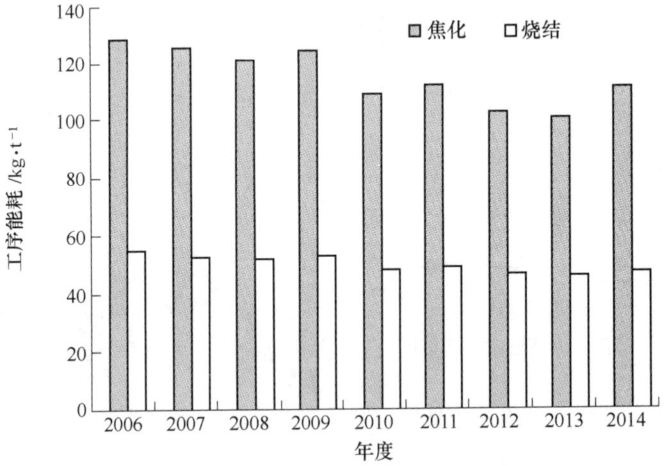

图 1-47 焦化、烧结工序能耗直方图

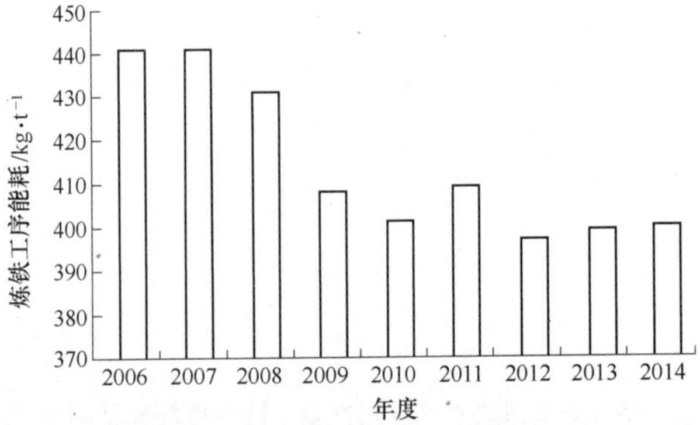

图 1-48 炼铁工序能耗直方图

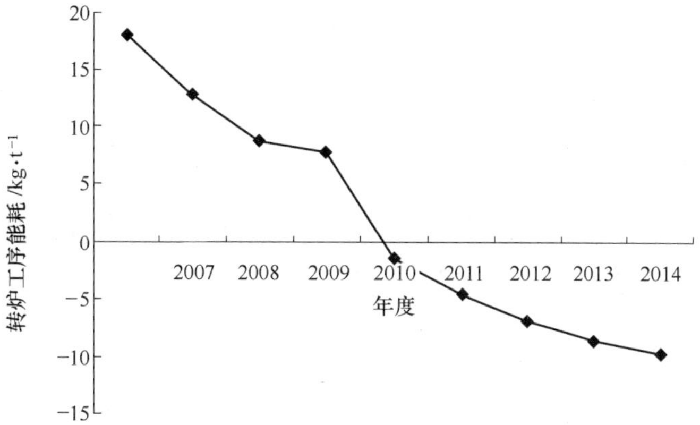

图 1-49 转炉工序能耗折线图

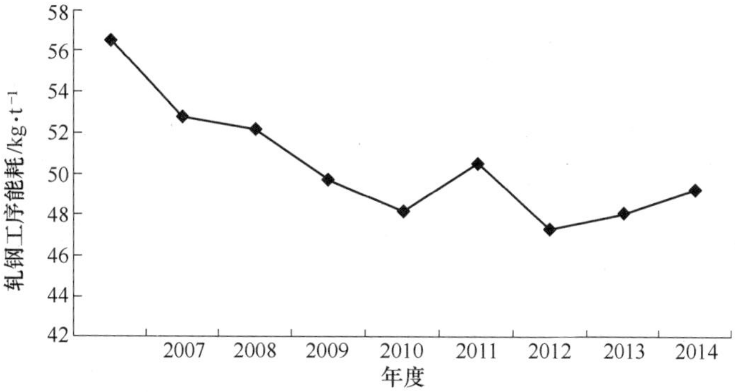

图 1-50 轧钢工序能耗折线图

2009~2014 年，河北省典型钢铁企业（河北钢铁集团各子公司和邢钢、新兴铸管）转炉煤气平均回收量（标准状态体积，下同）在 65.40~117.44m^3/t 之间，最大回收量为 151.78m^3/t；前期上升趋势明显，后期较为平稳。2013 年最低回收量明显下降是因为该企业煤气发电出现严重设备事故，导致煤气发电停车近 4 个月。吨钢转炉煤气回收量如表 1-17 和图 1-51 所示。煤气量均为标准状态体积。

表 1-17 吨钢转炉煤气回收量 (m^3/t)

年 度	2009	2010	2011	2012	2013	2014
平均回收量	65.40	74.74	103.14	116.72	112.24	117.44
最大回收量	83.62	98.94	123.14	151.78	141.50	138.97
最小回收量	41.54	30.77	73.61	83.64	40.16	97.51

（三）全省统计指标

河北省统计部门统计的涉及钢铁产业能耗的指标如表 1-18 和图 1-52、图 1-53 所示，其中炼焦工序单位能耗为全省独立焦化企业和钢铁企业焦化工序数值，比河北省冶金行业协会统计数据更为广泛；电炉炼钢工序能耗、轧钢工序电力消耗指标河北省冶金行业协会未列入统计范围。其他指标统计企业范围与河北省冶金行业协会亦不相同，两者存在一定的差距。

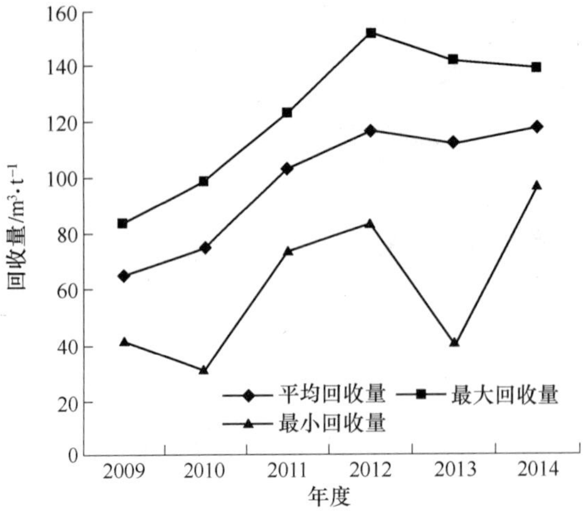

图 1-51 河北省典型钢铁企业转炉煤气回收量

表 1-18 全省钢铁工业能耗统计指标

年 度	2008	2009	2010	2011	2012	2013	2014
炼焦工序单位能耗/kg · t^{-1}	163.74	151.54	138.42	133.12	130.02	123.95	119.53
吨钢综合能耗/kg · t^{-1}	604.58	565.43	562.49	571.81	571.55	558.39	549.64
吨钢耗电/kW · h · t^{-1}	388.63	391.58	405.07	419.67	418.45	423.06	419.93
炼铁工序单位能耗/kg · t^{-1}	434.67	407.37	403.48	397.50	397.76	398.73	400.07
烧结工序单位能耗/kg · t^{-1}	53.53	50.50	48.89	46.48	47.48	46.36	46.20
转炉炼钢工序单位能耗/kg · t^{-1}	9.69	5.24	2.36			-6.01	-8.55
电炉炼钢工序单位能耗/kg · t^{-1}	89.80	151.28	125.42	125.99	139.38	125.77	
电炉炼钢综合电力消耗/kW · h · t^{-1}	423.20	583.98	505.61	430.65	410.15	393.81	
轧钢工序单位能耗/kg · t^{-1}	60.17	54.90	52.31	51.96	51.17	51.63	51.09
轧钢工序电力消耗/kW · h · t^{-1}	78.32	77.38	78.87	80.78	81.58	82.39	81.95

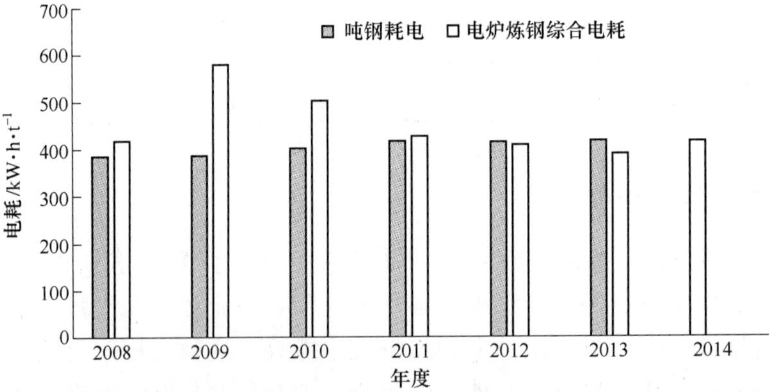

图 1-52 全省钢铁工业单位电耗统计

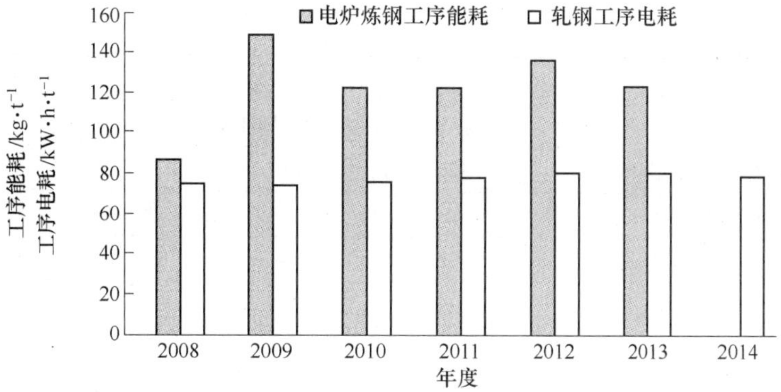

图 1-53 全省钢铁工业电炉工序能耗与轧钢工序电耗

从指标数值上看，全省钢铁工业统计能耗指标和河北省冶金行业协会重点钢铁企业统计能耗指标有一定的差别，这主要是由统计范围不同造成的。

（四）主要节能技术措施

河北省钢铁产业重视节能工作，节能技术措施比较到位。如烧结机多数采取了厚料层烧结；高炉普遍喷吹煤粉，2014 年全省重点钢铁企业喷煤比达到 145.47kg/t，使入炉焦比降低到 375.22kg/t；高炉普遍装备了 TRT（炉顶余压发电装置）或 BPRT（高炉鼓风机余压透平同步驱动装置，约占 12%）；富裕煤气一般用来产生蒸汽推动汽轮发电机组发电，河北钢铁集团邯钢公司采用了全高炉煤气 CCPP（燃气-蒸汽联合循环发电）；约 50%的烧结机回收烧结矿余热，单独或与转炉汽化冷却蒸汽、轧钢加热炉汽化冷却蒸汽等共同发电；轧钢加热炉普遍采用双蓄热技术和连铸坯热送热装，少量企业应用了在线热处理技术；多数钢铁企业建设了转炉煤气柜，转炉煤气回收量逐步提高。

八、水资源

钢铁产业是河北省主要耗水工业产业之一。2013 年，河北省工业用水量分别为 2523hm^3，2013 年和 2014 年规模以上工业用水量分别为 2329.30hm^3 和 2261.77hm^3，钢铁工业（黑色金属冶炼及压延加工业）用水量分别为 646.23hm^3 和 625.78hm^3。2013 年钢铁工业用水量占全省工业用水量的 25.61%，占规模以上工业用水量的 27.24%，居各工业行业之首位。2013 年、2014 年河北省主要用水行业取水用水情况详见表 1-19 和图 1-54、图 1-55。

表 1-19 河北省六大耗水行业用水量表

类 别	2013 年		2014 年	
	企业数量	用水量/hm^3	企业数量	用水量/hm^3
规模以上工业企业	12095	2329.30	13449	2261.77
煤炭开采和洗选业	152	93.87	176	86.44
石油加工、炼焦和核燃料加工业	136	61.38	143	53.49

续表 1-19

类　别	2013 年		2014 年	
	企业数量	用水量/hm^3	企业数量	用水量/hm^3
化学原料和化学制品制造业	825	132.00	912	137.00
非金属矿物制品业	1026	53.30	1139	39.14
黑色金属冶炼和压延加工业	706	646.23	749	625.78
电力、热力生产和供应业	273	324.45	291	317.66
黑色金属矿采选业	718	253.40	728	243.90
非金属矿采选业	64	415.78	88	418.21
其他行业	8194	348.89	9223	340.15

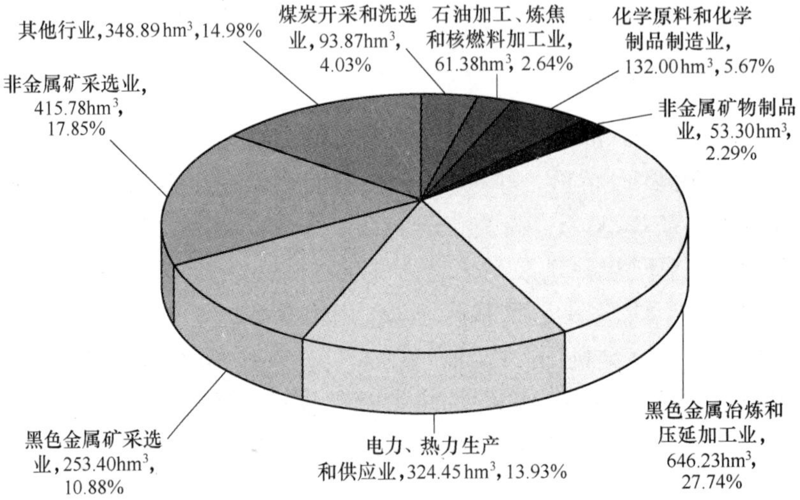

图 1-54　2013 年主要用水行业取水量比例

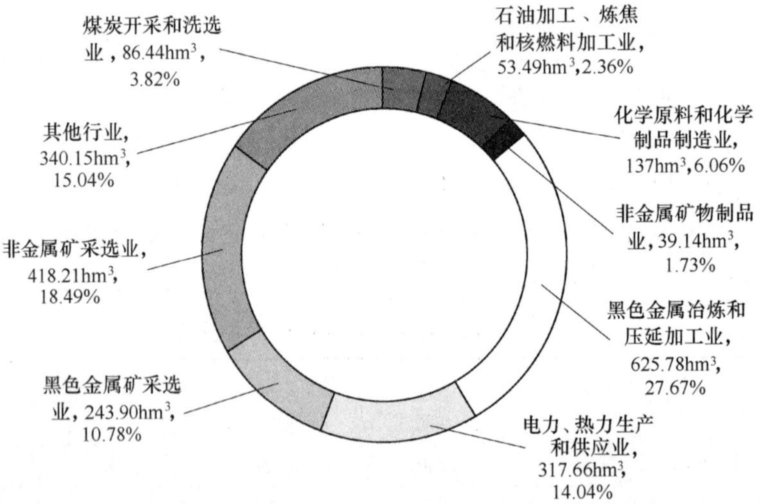

图 1-55　2014 年主要用水行业取水量比例

2005~2014 年，河北省冶金行业协会统计的重点钢铁企业及 2008~2014 年全省钢铁工业吨钢取新水量如表 1-20 和图 1-56 所示。两者之差主要是由统计范围不同所造成的。

表 1-20 吨钢取新水量 （m^3/t）

年度	2005	2006	2007	2008	2009	2010	2011	2012	2013	2014
重点	5.22	4.17	4.09	3.95	3.70	3.52	3.35	3.28	3.14	3.05
全省				3.15	3.00	3.04	2.97	2.96	2.87	2.80

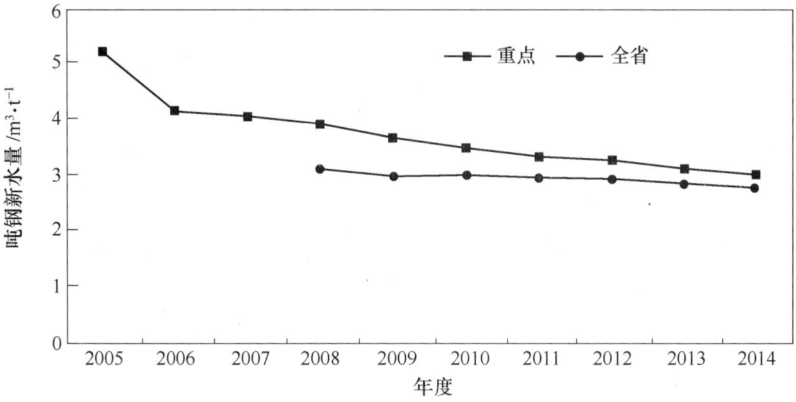

图 1-56 吨钢取水量

河北省钢铁企业多取用地下水，少数有条件的企业以地表水或城市污水处理厂出水（城市中水）为水源。一般在各生产工序建设了简单水处理和重复利用设施，水的重复利用率较高，但在水系统集成优化方面基本没有突破。

九、污染物排放与环境保护

钢铁企业主要污染物有水污染物、大气污染物和固体废弃物。水污染物主要有化学需氧量、氨氮、挥发酚、氰化物、悬浮物和石油类，其中化学需氧量、氨氮、挥发酚、氰化物主要产生于焦化工序，对于河北省钢铁产业中处于多数的没有焦化工序的钢铁企业其水污染物主要是悬浮物和石油类；大气污染物主要有二氧化硫、氮氧化物、烟尘和工业粉尘，二氧化硫主要产生于烧结工序，另外还有放散的可燃气体；固体废弃物主要有高炉渣、钢渣、尘泥、脱硫产物。

（一）水污染物

2009~2014 年，河北省典型钢铁企业吨钢废水排放量在 0.689~1.120m^3/t 之间，吨钢化学需氧量（COD）排放量在 32.89~94.59g/t 之间，吨钢悬浮物在 28.10~63.67g/t 之间，吨钢石油类排放量在 1.43~3.05g/t 之间。河北省典型钢铁企业吨钢废水及水污染物排放情况详见表 1-21 和图 1-57、图 1-58。

表 1-21 河北省典型钢铁企业吨钢废水及水污染物排放量

年 度	2009	2010	2011	2012	2013	2014
废水/$m^3 \cdot t^{-1}$	1.120	1.064	1.101	0.891	0.689	0.803
COD/$g \cdot t^{-1}$	94.59	76.10	78.75	48.10	34.69	32.87
悬浮物/$g \cdot t^{-1}$	58.09	61.53	63.67	44.61	28.10	30.40
石油类/$g \cdot t^{-1}$	2.68	2.94	3.05	2.08	1.43	1.54

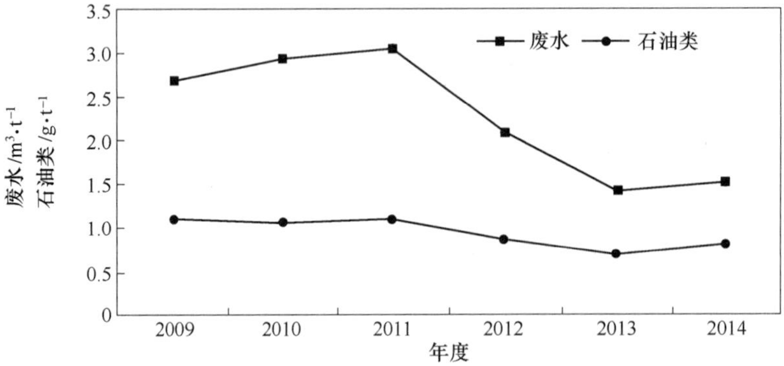

图 1-57 河北省典型钢铁企业吨钢废水和石油类污染物排放量

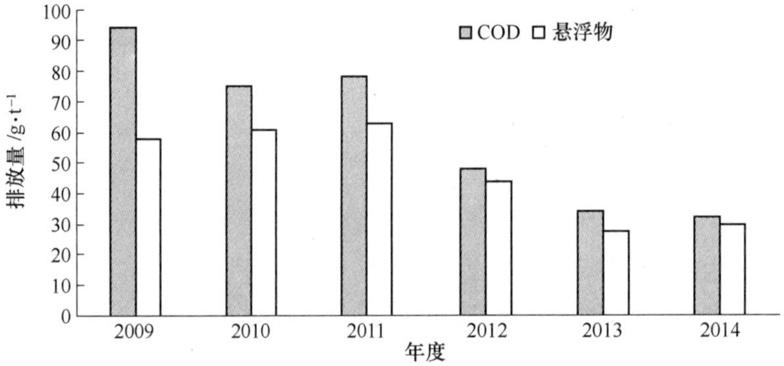

图 1-58 河北省典型钢铁企业吨钢 COD 和悬浮物排放量

（二）大气污染物

2009~2014 年，河北省典型钢铁企业吨钢废气标态排放量 20783~22483m^3/t，前期为逐年上升趋势，2011 年达到峰值，之后波动式下降；吨钢二氧化硫排放量为 0.96~2.07kg/t，吨钢烟尘排放量为 0.22~0.83kg/t，吨钢工业粉尘排放量为 0.46~1.04kg/t。河北省典型钢铁企业吨钢废气及大气污染物排放情况详见表 1-22 和图 1-59、图 1-60。

表 1-22 河北省典型钢铁企业吨钢废气及大气污染物排放量

年 度	2009	2010	2011	2012	2013	2014
废气/$m^3 \cdot t^{-1}$	21443	21727	22483	21386	21535	20783
二氧化硫/$kg \cdot t^{-1}$	2.07	1.73	1.79	1.66	0.96	1.21
烟尘/$kg \cdot t^{-1}$	0.83	0.55	0.57	0.23	0.22	0.22
工业粉尘/$kg \cdot t^{-1}$	1.04	0.84	0.87	0.67	0.46	0.46

注：工业粉尘计算数据不含邢钢。

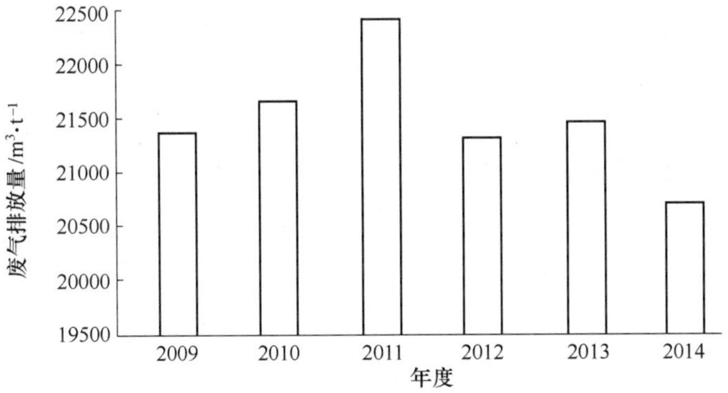

图 1-59　河北省典型钢铁企业吨钢废气排放量

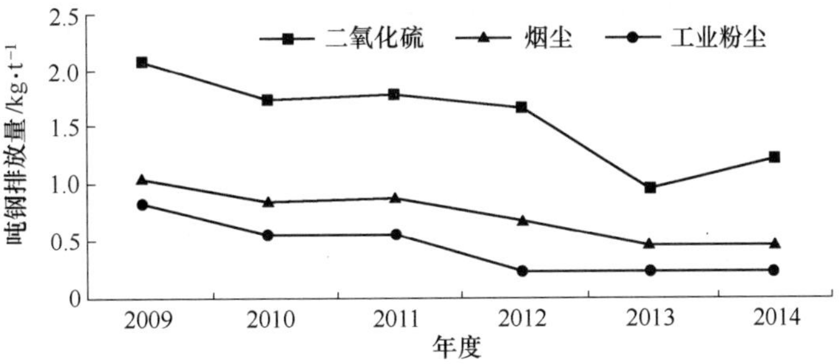

图 1-60　河北省典型钢铁企业吨钢大气污染物排放量

（三）固体废弃物

河北省钢铁产业高炉渣、钢渣、尘泥等固体废弃物基本得到了综合利用。2009～2014 年，高炉渣、钢渣、尘泥综合利用率如表 1-23 和图 1-61 所示。

表 1-23　河北省钢铁产业固体废弃物利用率　（%）

年　度	2009	2010	2011	2012	2013	2014
高炉渣	99.99	97.80	99.97	99.45	99.58	98.52
钢渣	95.53	97.20	97.08	96.83	97.98	98.85
尘泥	99.93	99.25	99.39	99.72	99.64	99.89

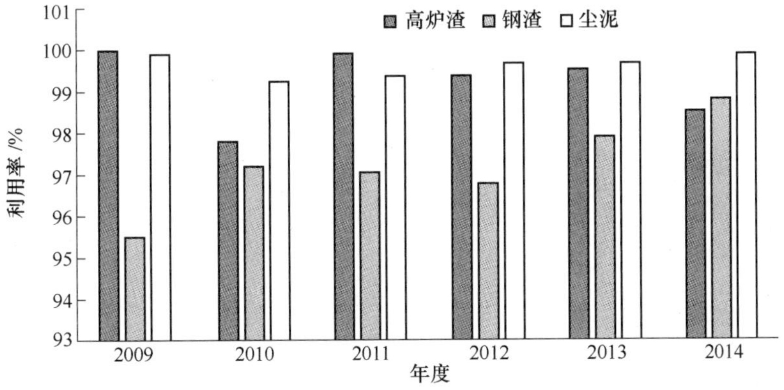

图 1-61　河北省钢铁产业固体废弃物利用率

钢渣综合利用率处于上升趋势，高炉渣、尘泥利用率则有波动。

（四）可燃气体

河北省钢铁产业产生的可燃气体有高炉煤气、转炉煤气和焦炉煤气。焦炉煤气发热量最高，转炉煤气次之，高炉煤气最低；焦炉煤气、高炉煤气发热量较稳定，转炉煤气发热量在吹炼周期内波动很大，但回收到转炉煤气柜后，出柜煤气发热量较为平稳。

由于各种原因，河北省钢铁产业可燃气体还存在着不同程度的放散。2009~2014年，可燃气体利用和放散情况如表1-24和图1-62所示。

表1-24 河北省钢铁产业可燃气体利用率 （%）

年 度	2009	2010	2011	2012	2013	2014
高炉煤气利用率	96.4	96.74	97.66	97.67	96.72	98.66
焦炉煤气利用率	99.16	99.39	99.69	99.52	98.27	99.26
转炉煤气利用率	82.29	89.18	96.08	93.78	95.76	94.26

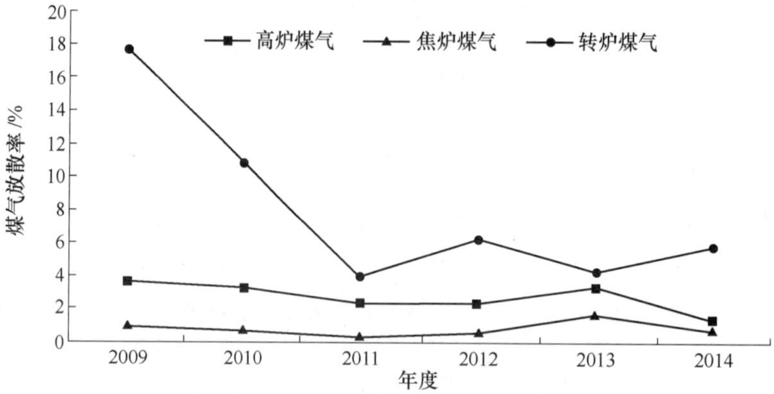

图1-62 河北省钢铁产业可燃气体放散率

焦炉煤气利用情况最好，而转炉煤气放散较多。目前，煤气利用方式一是作为轧钢加热炉、烧结机点火器、球团竖炉等工业燃料，二是作为烧锅炉燃料产生蒸汽发电。另外，部分企业焦炉煤气作为城市煤气供给居民使用，也有用于生产LNG（液化天然气）者。

（五）环保设施

河北省钢铁产业重视环境保护工作，配置了多种污染物治理设施。目前，各钢铁企业正在按照环境保护部环保备案要求进行整改。

钢铁企业各工序均建立了水处理和重复利用设施，45%的企业建立了企业综合污水处理厂，20%的企业进行了污水深度处理，达到废水零排放。

烧结机基本配备了脱硫装置，类型多样，二氧化硫排放浓度基本达到国家标准和河北省地方标准的规定，但基本没有配置二噁英、氮氧化物脱除设施。

除转炉煤气外，多数烟气、煤气除尘设施为干式除尘，随着国家钢铁工业污染物排放标准的实施，很多钢铁企业正在对除尘设施进行改造。

十、两化融合

河北省钢铁企业两化融合水平相差很大，根据对82家钢铁企业的调查，行业总体处于单项覆盖向集成提升过渡阶段，基础建设已具备一定水平，单项应用基本成熟，综合集成开始体现一定成效，但协同与创新还未有效开展。国有企业的发展水平高于其他所有制性质的企业，上市企业的发展水平远高于未上市企业。河北省钢铁企业两化融合水平分布如图1-63所示。

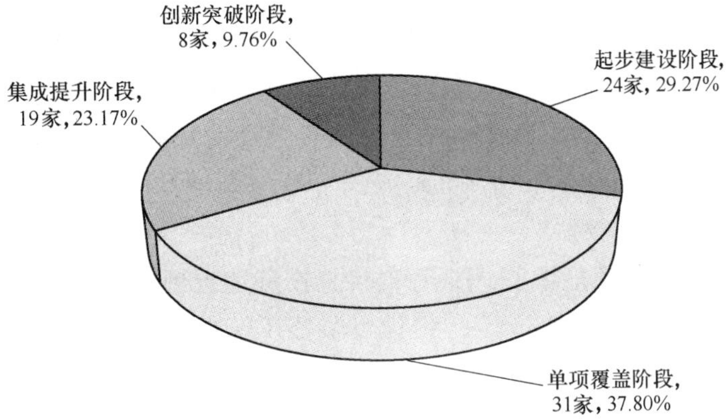

图1-63　河北省钢铁企业两化融合水平分布

两化融合，需要达到集成提升阶段才能开始显现成效。河北省钢铁企业中尚有67.07%的企业没有达到这一阶段，甚至有近三分之一的企业刚刚起步，有些企业只是应用了单一的财务软件或办公自动化软件，有些企业对单一设备进行了自动化控制。

制定企业信息化发展战略和信息化总体规划的企业不足15%；5年累计信息化投入低于2000万元的企业约占55%，达到1亿元以上的企业约16%。河北省钢铁企业信息化投入力度分布如图1-64所示。

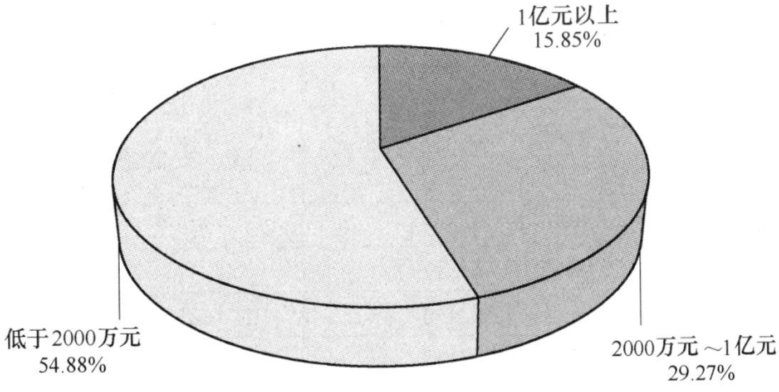

图1-64　河北省钢铁企业信息化投入力度分布

河北省部分钢铁企业建设了作为信息化基础的智能化计量管理系统，如河北钢铁集团唐钢公司、新兴铸管、九江线材等企业。

企业能源管理中心借助于完善的数据采集网络获取生产过程的重要参数和相关能源数据，经过处理、分析并结合对生产工艺过程评估，实时提供在线能源系统平衡信息和调整决策方案，确保能源系统平衡调整的科学性、及时性和合理性，从而提高能源利用水平，实现生产工序用能的优化分配及供应，保证生产及动力工艺系统的稳定性和经济性，并最终实现提高整体能源利用效率的目的。

能源管理中心是钢铁企业整体信息化的一部分。能源管理中心信息系统向企业ERP系统提供能源管理的各种数据；对生产过程所需能源进行优化调配和能源消耗的在线实时监控，确保生产用能的稳定供应；监控能源设备状况、能源设备集中管理与自动化操作。

根据工业和信息化部《钢铁企业能源管理中心建设实施方案》（2009年版），3000kt以上规模的钢铁企业应建立能源管理中心。2009~2013年，河北省30家钢铁企业获得能源管理中心建设示范项目中央财政资金补助，占全国276家企业能源管理中心的10.87%，占全国钢铁行业91家能源管理中心的32.97%，占河北省52家企业能源管理中心的57.69%。

河北省钢铁企业30家能源管理中心项目总投资达近到26亿元，财政补助资金超过2.5亿元，项目全部建成投产后，预计可节能1396kt标准煤。河北省钢铁企业能源管理中心建设情况详见表1-25。

表1-25 河北省钢铁企业能源管理中心建设情况

批准年度	单位名称	投资/万元	节能量（标准煤）/kt
2009	邯钢钢铁集团有限公司	12000	166.8
2009	唐山钢铁股份有限公司	15000	35.0
2009	承德钢铁集团有限公司	9541	113.2
2009	邢台钢铁有限责任公司	5130	32.5
2009	唐山国丰钢铁有限公司	15606	66.2
2009	秦皇岛首秦金属材料有限公司	8000	30.0
2010	河北钢铁集团宣钢公司	12700	85.6
2010	河北津西钢铁集团股份有限公司	8523	40.0
2010	河北普阳钢铁有限公司	6200	42.0
2010	新兴铸管股份有限公司	5400	32.4
2010	唐山港陆钢铁有限公司	10769	31.8
2010	河北新金钢铁有限公司	9380	52.0
2010	河北文丰钢铁有限公司	5029	53.2
2011	河北前进钢铁集团有限公司	8287	41.7
2011	武安市文安钢铁有限公司	7426	22.4
2011	辛集市澳森钢铁有限公司	8560	45.0
2011	唐山瑞丰钢铁（集团）有限公司	6990	46.0

续表 1-25

批准年度	单 位 名 称	投资/万元	节能量（标准煤）/kt
2011	唐山中厚板材有限公司	9370	31.6
2012	武安裕华钢铁有限公司	9158	34.2
2012	德龙钢铁有限公司	6500	25.4
2012	河北敬业集团有限责任公司	15218	77.8
2012	河北金鼎重工股份有限公司	6700	17.0
2012	武安明芳钢铁有限公司	8960	22.0
2013	武安烘熔钢铁有限公司	7600	40.0
2013	唐山市东华钢铁企业集团有限公司	6600	41.1
2013	霸州新利钢铁有限公司	6800	27.0
2013	沧州中铁装备制造材料有限公司	8200	51.3
2013	文安县新钢钢铁有限公司	6800	27.3
2013	唐山市德龙钢铁有限公司	6200	31.2
2013	唐山东海钢铁集团有限公司	7200	34.1
合 计		259847	1396.0

从项目建设实际实施经验看，已经建成投运的能源管理中心企业能源平均节约率在2%左右。如河北钢铁集团邯钢公司，年消耗标准煤6491kt，通过能源管理中心建设，每年可节约标准煤168kt，节能率达到2.58%；河北前进钢铁集团有限公司，年消耗标准煤1823kt，通过能源管理中心建设，可以年节约标准煤43kt，节能率达到2.35%。

十一、人力资源

河北省钢铁工业规模宏大，不仅需要技术、装备、原材料和能源的支撑，也需要足够的人力资源来保障。2009~2013年，河北省钢铁产业员工总数在600千人左右，在岗职工520千人~540千人。河北省钢铁产业员工人数构成情况如表1-26和图1-65、图1-66所示。

表 1-26 河北省钢铁产业年末员工人数构成

年 度	职工总数	在岗职工	其中：主业在岗	其他从业人员	离退休人员（含内退）
2009	595013	526170	395862	130308	68843
2010	604852	533358	400110	133249	71494
2011	610012	538397	401937	136460	71615
2012	615011	541948	404308	137639	73063
2013	594957	519814	395765	124049	75143

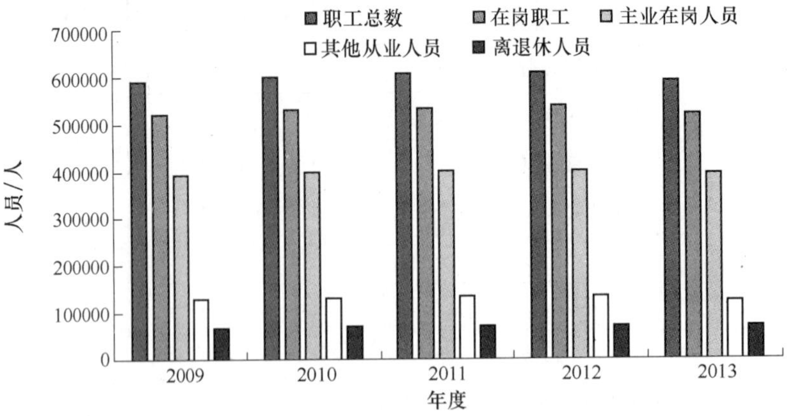

图 1-65 河北省钢铁产业员工人数

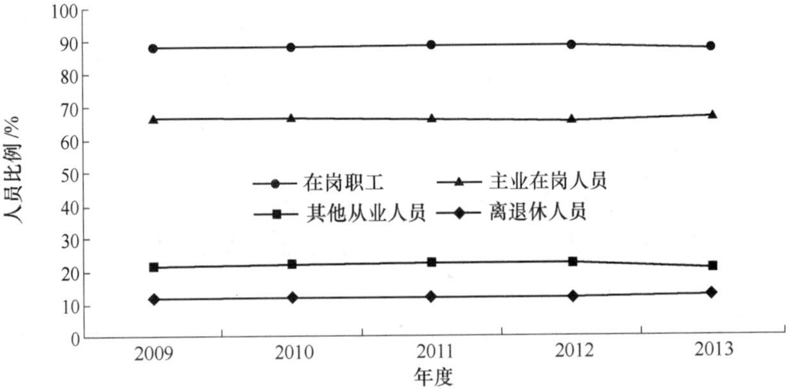

图 1-66 河北省钢铁产业各类人员比例折线图

钢铁产业员工中，管理人员约占 10%，研发人员占 6%～7%，生产人员约占 83%。2009～2013 年，各类人员构成情况如表 1-27 和图 1-67、图 1-68 所示。

表 1-27 河北省钢铁产业岗位结构情况表 （人）

年度	管理人员			研发人员	生产人员
	合计	高级	一般		
2009	51459	5069	46391	31833	442877
2010	52749	5233	47516	32695	447914
2011	54486	5443	49043	33704	450208
2012	55387	5605	49782	34630	451930
2013	55516	5635	49881	36803	427495

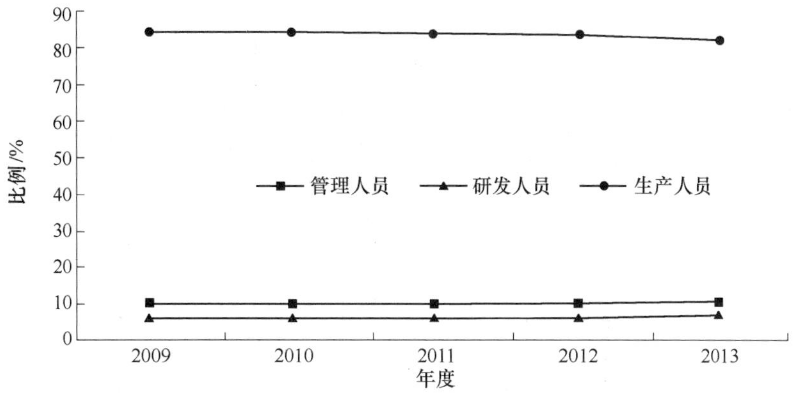

图 1-67 河北省钢铁工业岗位人员比例变化

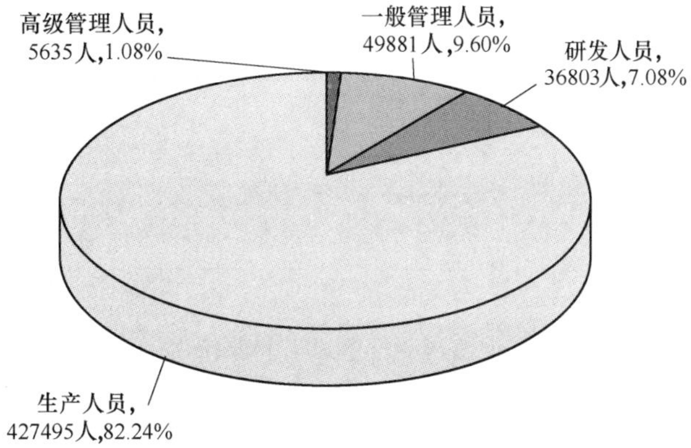

图 1-68 河北省钢铁产业 2013 年岗位结构

生产人员中，技术工人比例为 61%~67%，非技术工人比例为 39%~33%。技术工人中，高级技师、技师和高级工约占 45%，中级工、初级工占 55%。河北省钢铁产业生产人员结构如表 1-28 和图 1-69~图 1-71 所示。

表 1-28 河北省钢铁产业生产人员结构

年度	技术工人						非技术工人	总计
	合计	高级技师	技师	高级工	中级工	初级工		
2009	272591	2037	15279	97566	103013	54695	170286	442877
2010	279140	2195	16035	101273	105305	54332	168774	447914
2011	285387	2296	16748	103818	105169	57356	164821	450208
2012	291405	2486	17670	108508	104215	58525	160526	451930
2013	283899	2736	18682	109652	97768	55061	143596	427495

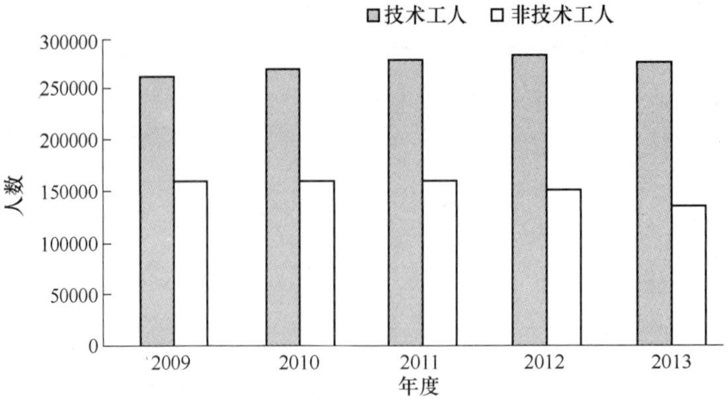

图 1-69 河北省钢铁产业技术工人数和非技术工人数

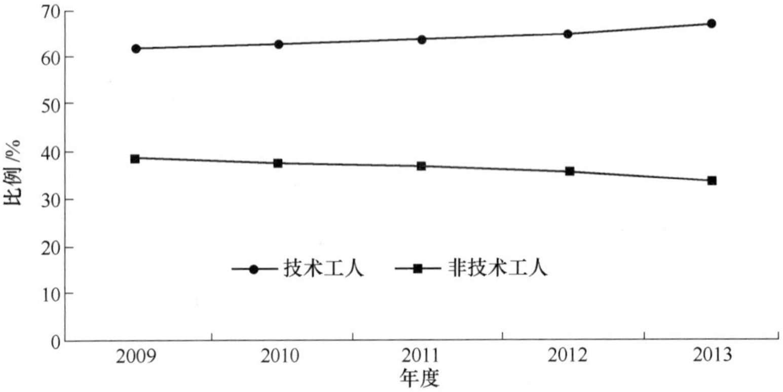

图 1-70 河北省钢铁产业技术工人和非技术工人比例变化

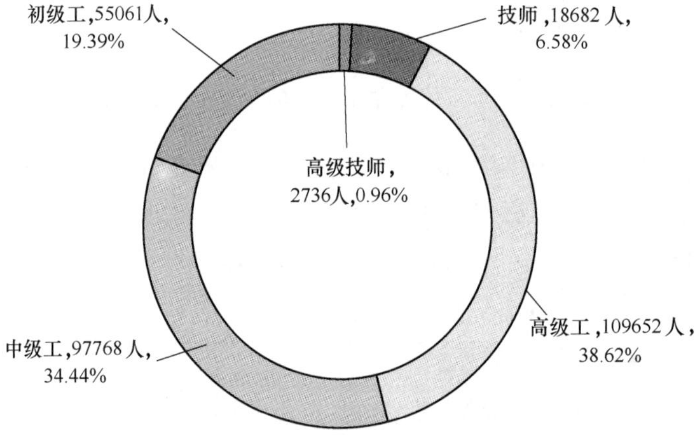

图 1-71 河北省钢铁产业 2013 年技术工人结构

第二节 河北省钢铁产业的差距

河北省粗钢产量已连续 12 年位居全国第一。经过多年发展，河北省已基本淘汰国家规定的落后钢铁产能，部分企业已实现装备大型化和自动化、工艺连续化和节能化，一些装备和工艺已达到国际先进水平，两化融合分别进入不同阶段。

与国内外先进水平相比，河北省钢铁产业在各方面还存在着相应的差距，主要表现在产品品种开发能力弱，省内所需部分品种依赖进口，部分依赖省外生产；装备水平相差较大；部分企业工艺较为落后；节能减排内部差距较大；两化融合尚有很大部分企业仅处于起步阶段和单项应用阶段，不能发挥效益。

一、品种差距

虽然河北省钢铁企业能够生产的钢材品种较多，但部分高端产品仍需进口。开发的新产品较少，且新产品产值率处于下降趋势。

（一）钢材进口情况

河北省 2013 年进口钢材 274.4kt，占全国进口量的 1.95%；2014 年上半年全省进口钢材 123.3kt，同比下降 12.42%。河北省 2014 年上半年进口钢材品种结构如图 1-72 所示。

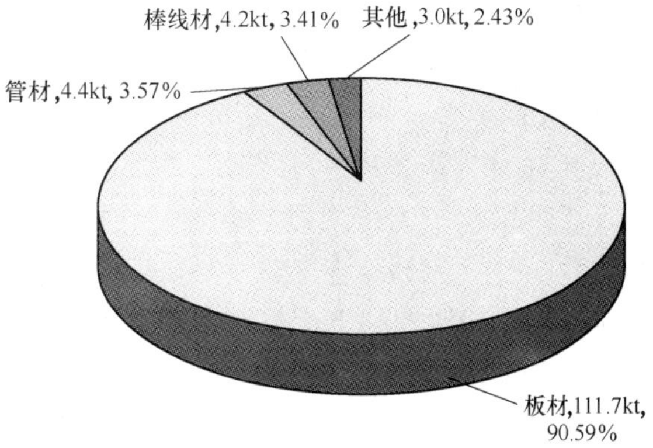

图 1-72　河北省 2014 年上半年进口钢材品种结构

2014 年上半年进口钢材以板材为主，共计进口 111.7kt，占钢材进口总量的 90.59%，管材进口 4.4kt，棒线材进口 4.2kt；板材、管材和棒线材占全省钢材进口总量的比例为 97.62%，板材和管材进口量的回落对钢材整体进口的下降起到了向下拉动作用。进口板材主要是热轧合金板、含硼合金钢板、冷轧合金板、冷轧不锈钢板等，对于高端板材具有一定的依赖性。

目前河北省主要进口国家和地区前三位分别是韩国、欧盟、日本。

（二）部分高端钢材不能生产或不具备批量生产能力

部分高端钢材，河北省没有生产能力或批量生产能力不足，如高级别汽车面板、轴承钢、弹簧钢等汽车用钢，重轨、弹簧钢等铁路和高速铁路用钢，造船及海洋工程用钢，高强度建筑及结构用钢，高磁感取向硅钢等电工钢，高级管线用钢等钢种，不锈钢工业线材，超高强钢等。

大口径铸管、复合钢管和特殊型钢等品种生产企业数量过少，汽车面板尚未具备大规模工业化生产能力。

（三）合金钢、低合金钢比例低

河北省钢铁产品中，非合金钢比例约占 80%，低合金钢比例约占 18%，合金钢比例不到 2%。优质合金钢比例更低，主要集中于河冶科技股份有限公司生产的模具钢和高速工具钢。

2013 年，河北省生产合金钢的钢铁企业只有 8 家，分别是河北钢铁集团唐钢公司、宣钢公司、石钢公司和河冶科技、邢钢、河北永洋和金鼎重工；生产低合金钢的钢铁企业有 12 家，分别是河北钢铁集团唐钢公司、邯钢公司、宣钢公司、承钢公司、石钢公司和河北敬业、普阳钢铁、新兴铸管、文丰钢铁、津西钢铁、崇利制钢、唐山国丰。

（四）钢材品种比例不尽合理

板材、管材、带材、型材和长材比例不尽合理，需根据市场需求，合理调整。

（五）钢铁新材料（钢种）研发力度低

2015 年 3 月下旬，以“电工钢”为检索词检索到的国家知识产权局公布的发明专利申请共有 261 件，其中河北省 14 件（其中 2 件分别为河北工业大学和保定天威 2 家非钢铁产业单位申请），占 5.37%；国家知识产权局公布的涉及电工钢的发明专利授权共有 167 件，其中河北省 2 件，只占 1.20%。

以“汽车板”为检索词检索到的国家知识产权局公布的发明专利申请 104 件，其中河北省 3 件（钢铁企业 2 件，轧辊制造企业 1 件），占 2.88%。

钢铁材料发明专利申请数量和授权数量所占比例极低，与钢铁大省的地位很不相称，也充分证明了河北是钢铁大省而非钢铁强省的现实。

河北省钢铁产业新产品产值率从 2009 年、2010 年的 4.5%左右，降低到 2011 年、2012 年的 2.0%左右，虽然 2013 年、2014 年又回升到 2.8%～2.8%，但回升幅度较小，尚未恢复到 2009 年、2010 年的水平。

二、装备差距

经过前一个时期的淘汰落后产能工作，河北省钢铁产业现已不存在落后产能。但工艺装备两极分化现象严重，既有首钢京唐为代表的具有国际领先水平的钢铁生产装备，也有处于限制级产能下限，或者说落后产能边缘的装备存在。具体来说，既有 $5500m^3$高炉、300t 转炉、$300m^2$以上烧结机等先进装备，也有 $420m^3$高炉、$90m^2$烧结机、30t 转炉存在；既有大面积带式焙烧机，也有燃煤竖炉。

部分企业质量检验装备具有国际先进水平，也有部分企业处于相对落后状态。

烧结机中，$180m^2$以下的限制类烧结机（含为铸造生铁高炉配套的 $90m^2$以下烧结机）数量占 59.84%，烧结面积占 40.43%，生产能力占 43.05%。也就是说，产业政策鼓励类烧结机数量上只占 40%，产能不到 57%。

球团矿生产设备中，传统竖炉设备数量占 90%以上，产能占 80%以上；带式焙烧机和链箅机-回转窑数量不到 20%，产能不到 20%，其中带式焙烧机只有首钢京唐的 1 台。

炼铁高炉中，限制类的 $1000m^3$以下高炉数量约占 55%，有效容积约占 30%，生产能力约占 38%。鼓励类高炉产能仅仅为 62%。

炼钢转炉中，100t 及以上的鼓励类转炉，数量不足 37%，总吨位约占 64%，生产能力不到 53%，基本与限制类转炉平分秋色。

在装备自动化、智能化程度上，河北省钢铁企业之间差距更大。既有达到国际先进水平者，也有基本属于原始状态者。

三、能耗

河北省钢铁产业工序能耗平均值与全国平均水平相差不大，但省内各企业之间差距相当明显。

2010~2014 年，河北省钢铁产业工序能耗平均值、最高值、最低值如表 1-29~表 1-33 和图 1-73~图 1-77 所示。

表 1-29　焦化工序能耗对比

年　度	2010	2011	2012	2013	2014
平均值/$kg \cdot t^{-1}$	111.64	114.64	106.13	104.29	114.22
最高值/$kg \cdot t^{-1}$	143.03	140.85	139.9	147.21	137.38
最低值/$kg \cdot t^{-1}$	93.49	100.97	92.22	80.3	90.67
最大差值/$kg \cdot t^{-1}$	49.54	39.88	47.68	66.91	46.71
限额值/$kg \cdot t^{-1}$	165	165	165	165	150
先进值/$kg \cdot t^{-1}$	125	125	125	125	115
达标率/%	100	100	100	100	100

表 1-30　烧结工序能耗对比

年　度	2010	2011	2012	2013	2014
平均值/$kg \cdot t^{-1}$	51.47	51.79	49.47	49	50.28
最高值/$kg \cdot t^{-1}$	70.35	68.79	58.44	56.66	55.27
最低值/$kg \cdot t^{-1}$	43.07	41.42	43.56	35.39	35.00
最大差值/$kg \cdot t^{-1}$	27.28	27.37	14.88	21.27	20.27
限额值/$kg \cdot t^{-1}$	56	56	56	56	55
先进值/$kg \cdot t^{-1}$	47	47	47	47	45
达标率/%	93.94	90.32	96.77	98.08	97.37

表 1-31　高炉炼铁工序能耗对比

年　度	2010	2011	2012	2013	2014
平均值/$kg \cdot t^{-1}$	402.77	410.56	398.53	400.61	401.7
最高值/$kg \cdot t^{-1}$	514.89	510.33	429.89	432.75	461.37
最低值/$kg \cdot t^{-1}$	356.34	360.78	370.67	365.42	361.97
最大差值/$kg \cdot t^{-1}$	158.55	149.55	59.22	67.33	99.4
限额值/$kg \cdot t^{-1}$	446	446	446	446	435
先进值/$kg \cdot t^{-1}$	380	380	380	380	361
达标率/%	91.67	97.14	100	100	97.96

表 1-32 转炉工序能耗对比

年　度	2010	2011	2012	2013	2014
平均值/kg·t^{-1}	-1.5	-4.52	-9.89	-8.49	-9.65
最高值/kg·t^{-1}	24.98	22.49	22.36	12.23	10.77
最低值/kg·t^{-1}	-15.18	-27.38	-29.39	-30.97	-30.97
最大差值/kg·t^{-1}	40.16	49.87	51.75	43.2	41.74
限额值/kg·t^{-1}	0	0	0	0	-10
先进值/kg·t^{-1}	-20	-20	-20	-20	-30
达标率/%	64.52	90.62	90.91	92.31	47.92

表 1-33 轧钢工序能耗对比

年　度	2010	2011	2012	2013	2014
平均值/kg·t^{-1}	48.15	50.5	47.3	48.11	49.24
最高值/kg·t^{-1}	96.91	77.09	82.26	84.85	84.8
最低值/kg·t^{-1}	27.03	26.91	32.25	30.65	27.53
最大差值/kg·t^{-1}	69.88	50.18	50.01	54.2	57.27

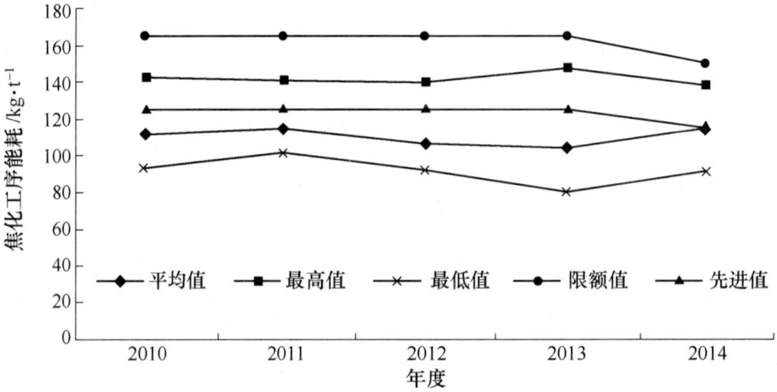

图 1-73 焦化工序能耗对比

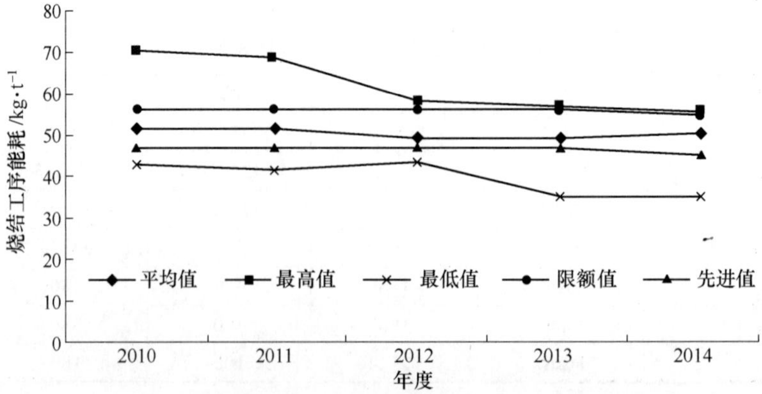

图 1-74 烧结工序能耗对比

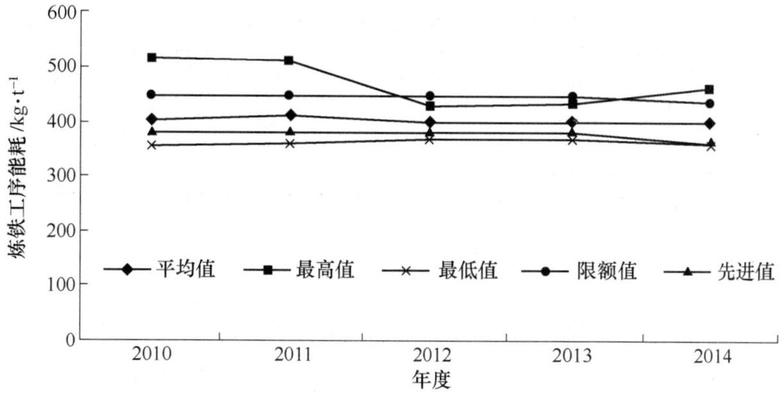

图 1-75　高炉炼铁工序能耗对比

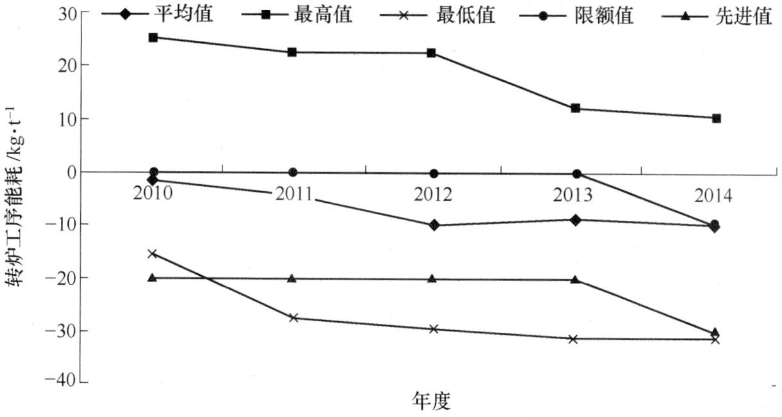

图 1-76　转炉工序能耗对比

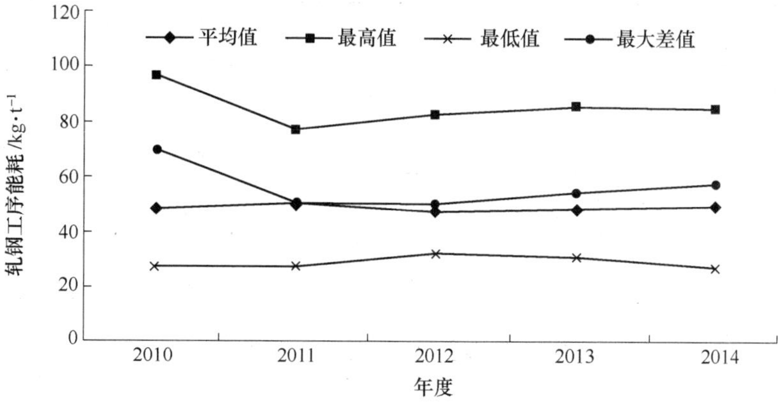

图 1-77　轧钢工序能耗对比

从以上图表可以看出，河北省钢铁产业中各工序先进与落后之间的差距是巨大的，工序能耗年度最大差值比较见表 1-34。

工序能耗最高的企业，达到平均值、达到限额先进值、达到省内最低值，其节能潜力都是非常大的。

表 1-34 工序能耗年度最大差值比较

工 序	焦化	烧结	高炉炼铁	转炉炼钢	轧钢
差值最低值/kg·t^{-1}	39.88	14.88	99.4	40.16	50.01
差值最高值/kg·t^{-1}	66.94	27.28	158.55	51.75	69.88

四、环境保护

环境保护的差距表现在两个方面：一是企业环保设施配置与环境保护部《建成违规项目环保备案条件》规定之间的差距，二是省内企业之间的差距。

从现实情况看，除环评手续完备的首钢京唐之外，河北省各钢铁企业均与环境保护部《建成违规项目环保备案条件》的规定存在着不同程度的差距。特别是大量的企业尚未建设配备深度处理装置的企业综合污水处理厂。

省内钢铁企业之间，环保设施的配置率、设施水平、运行状态、运行效率等都存在着巨大的差距；钢铁企业间吨钢废水及水污染物、吨钢废气及大气污染物排放量差距也是很大的。

（一）吨钢废水及水污染物排放量的差距

河北省典型钢铁企业吨钢废水量、吨钢 COD 排放量、吨钢悬浮物和吨钢石油类排放量平均值、最高值、最低值和最大差值如表 1-35～表 1-38 和图 1-78～图 1-81 所示。各钢铁企业排放若均能达到平均值以下，河北省钢铁产业水污染物排放量将大大降低。

表 1-35 河北省典型钢铁企业吨钢废水排放量对比 （m^3/t）

年 度	平均值	最高值	最低值	最大差值
2009	1.120	2.903	0.213	2.690
2010	1.064	2.845	0.229	2.616
2011	1.101	3.654	0.225	3.429
2012	0.891	1.479	0.135	1.344
2013	0.689	1.108	0.146	0.962
2014	0.803	1.663	0.169	1.494

表 1-36 河北省典型钢铁企业吨钢 COD 对比 （kg/t）

年 度	平均值	最高值	最低值	最大差值
2009	94.59	220.13	15.62	204.51
2010	76.10	178.74	14.42	164.32
2011	78.75	229.52	14.78	214.74
2012	48.10	80.41	12.10	68.31
2013	34.69	53.96	12.61	41.35
2014	32.97	63.70	11.91	51.79

表 1-37　河北省典型钢铁企业吨钢悬浮物对比　(kg/t)

年　度	平均值	最高值	最低值	最大差值
2009	58.09	133.34	15.37	117.97
2010	61.53	109.78	37.97	71.81
2011	63.67	106.70	41.33	65.37
2012	44.61	66.44	21.43	45.01
2013	28.10	50.57	12.13	38.44
2014	30.40	52.91	5.43	47.48

表 1-38　河北省典型钢铁企业吨钢石油类排放量对比　(kg/t)

年　度	平均值	最高值	最低值	最大差值
2009	2.68	5.06	0.11	4.95
2010	2.94	5.45	0.10	5.35
2011	3.05	7.00	0.10	6.90
2012	2.08	4.40	0.07	4.33
2013	1.43	3.42	0.07	3.35
2014	1.54	2.90	0.06	2.84

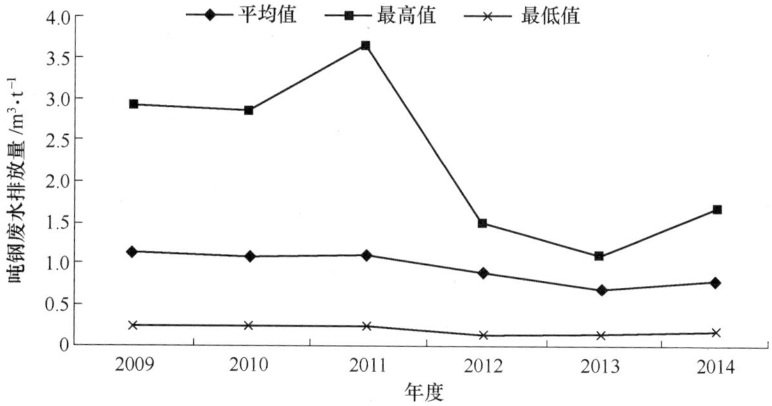

图 1-78　河北省典型钢铁企业吨钢废水排放量对比

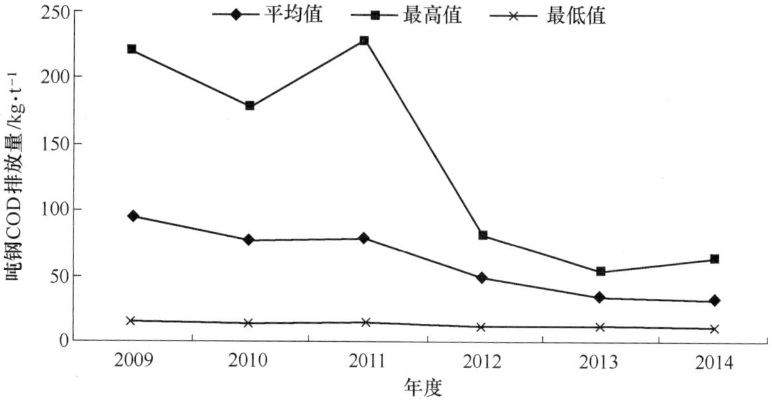

图 1-79　河北省典型钢铁企业吨钢 COD 排放量对比

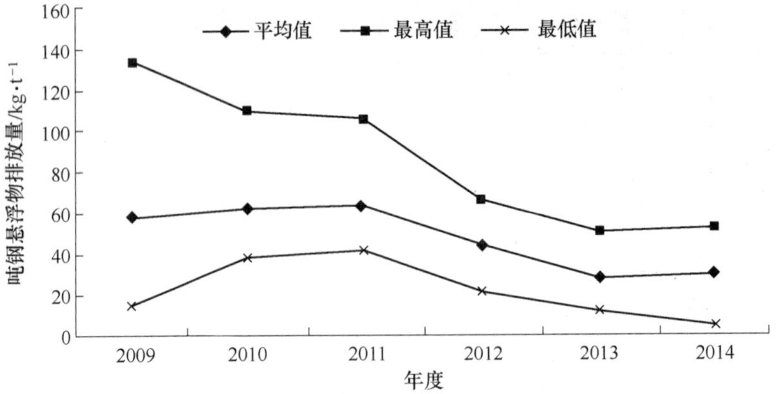

图 1-80 河北省典型钢铁企业吨钢悬浮物排放量对比

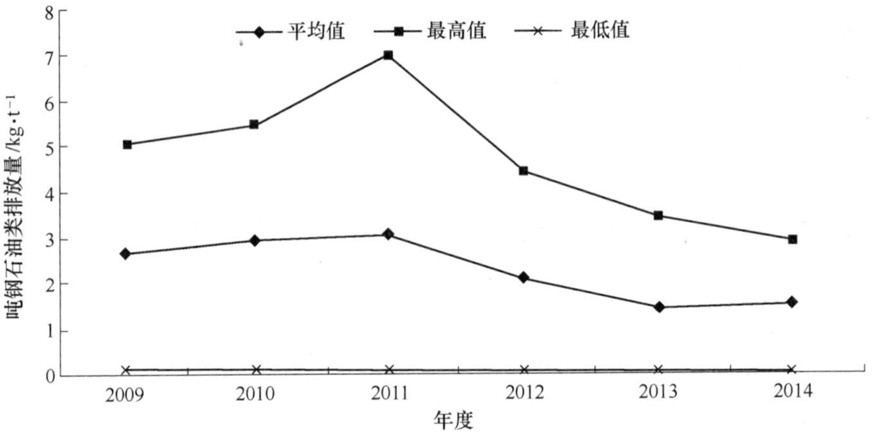

图 1-81 河北省典型钢铁企业吨钢石油类排放量对比

（二）吨钢废气及大气污染物排放量的差距

河北省典型钢铁企业吨钢废气排放量、吨钢二氧化硫排放量、吨钢烟尘排放量和吨钢工业粉尘排放量平均值、最高值、最低值和最大差值如表 1-39～表 1-42 和图 1-82～图 1-85 所示。如果各钢铁企业排放均达到平均值以下，河北省钢铁产业大气污染物排放量将大大降低。

表 1-39 河北省典型钢铁企业吨钢废气排放量对比 （m^3/t）

年 度	平均值	最高值	最低值	最大差值
2009	21443	25094	19796	5298
2010	21727	25496	20465	5031
2011	22483	27749	20363	7386
2012	23625	26274	13485	12789
2013	23988	26137	14626	11511
2014	23224	25044	16871	8173

表 1-40　河北省典型钢铁企业吨钢二氧化硫排放量对比　(kg/t)

年　度	平均值	最高值	最低值	最大差值
2009	2.07	3.17	1.25	1.92
2010	1.73	2.80	0.74	2.06
2011	1.79	3.60	0.72	2.88
2012	1.66	1.93	0.27	1.66
2013	0.96	1.92	0.24	1.68
2014	1.21	2.07	0.20	1.87

表 1-41　河北省典型钢铁企业吨钢烟尘排放量对比　(kg/t)

年　度	平均值	最高值	最低值	最大差值
2009	0.83	1.64	0.28	1.36
2010	0.55	0.75	0.16	0.59
2011	0.57	1.25	0.15	1.10
2012	0.23	0.92	0.13	0.79
2013	0.22	0.59	0.12	0.47
2014	0.22	0.48	0.11	0.37

表 1-42　河北省典型钢铁企业吨钢工业粉尘排放量对比　(kg/t)

年　度	平均值	最高值	最低值	最大差值
2009	1.04	3.11	0.42	2.69
2010	0.84	2.45	0.17	2.28
2011	0.87	3.15	0.16	2.99
2012	0.67	0.97	0.24	0.73
2013	0.46	1.07	0.21	0.86
2014	0.46	1.06	0.17	0.89

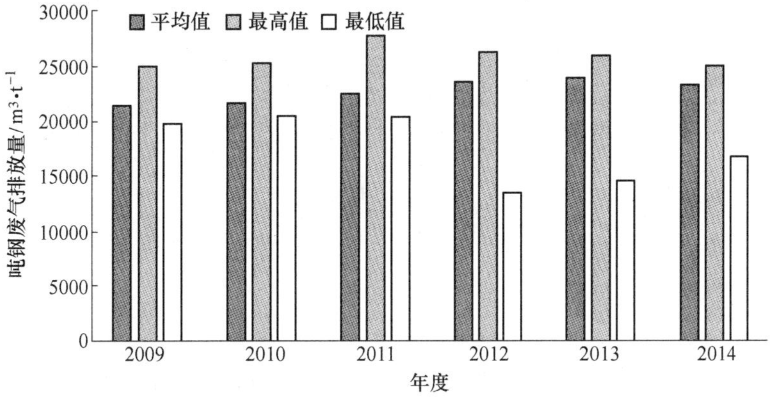

图 1-82　河北省典型钢铁企业吨钢废气排放量对比

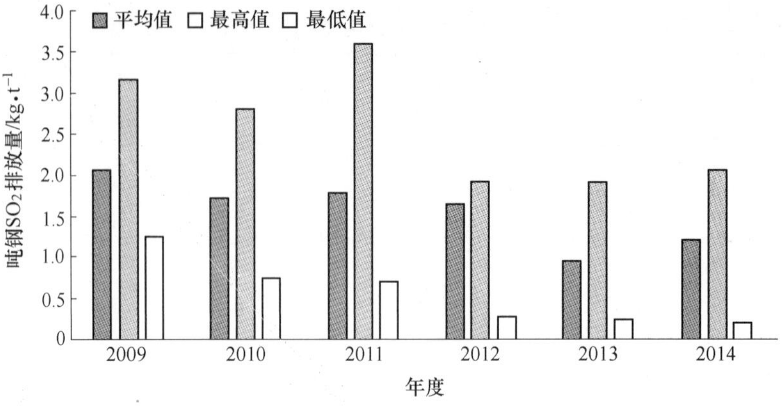

图 1-83 河北省典型钢铁企业吨钢二氧化硫排放量对比

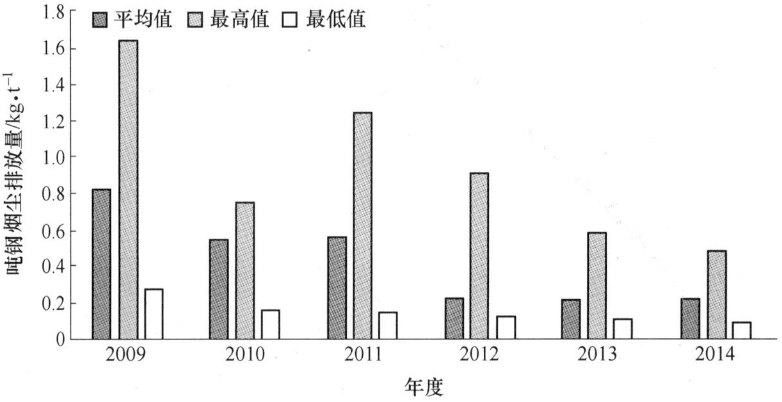

图 1-84 河北省典型钢铁企业吨钢烟尘排放量对比

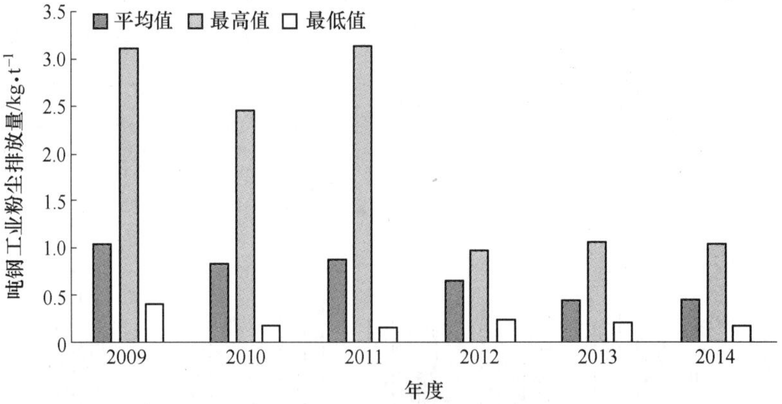

图 1-85 河北省典型钢铁企业吨钢工业粉尘排放量对比

五、两化融合

两化融合是河北省钢铁产业的软肋之一。智能化制造对某些企业来说，属于天方夜谭的神话。这些企业没有建设企业局域网，甚至没有建设企业网站，内部信息传递仍然依靠传统的纸质媒介和电话，有些企业只是应用了单一的财务软件或办公自动化软件，有些企业只是随着装备的建设或购置，配备了基础自动化级和过程控制级自动化系统，对单一设备进行了自动化控制，生产控制级和企业管理级自动化系统均未配备；三分之二以上的钢铁企业没有达到可以显现两化融合效果的集成提升阶段。

在已建设企业信息化系统的钢铁企业中，多数企业未制定企业信息化总体规划，更无企业信息化战略，信息系统建设带有盲目性，各系统多独立运行，存在着信息孤岛和重复投资现象。

河北钢铁产业整体上对企业信息化系统投资力度较小，与两化深度融合的需要相差甚远。

第三节 河北省钢铁产业的发展困境

河北省钢铁产业的发展，受到环境、资源、效益、技术、人才、集中度等方面的制约，在这些方面都面临着困境。

一、环境困境

环绕京津的特殊的地理位置，京津冀协同发展战略的实施对生态和环境的严格要求，修订后的《环境保护法》更加严厉的处罚措施，更严格的污染物排放标准的实施，环境保护部《违规建成项目环保备案条件》的发布，都使河北省钢铁产业面临着更加严重的环境困境。

（一）河北省地理位置

河北省环抱首都北京，地处东经113°27′~119°50′，北纬36°05′~42°40′之间。总面积188.5×10³km²，三面环绕天津市，紧傍渤海，东南部、南部衔山东、河南两省，西倚太行山与山西省为邻，西北部、北部与内蒙古自治区交界，东北部与辽宁省接壤。

河北省地势西北高、东南低，由西北向东南倾斜。地貌复杂多样，高原、山地、丘陵、盆地、平原类型齐全，有坝上高原、燕山和太行山山地、河北平原三大地貌单元。坝上高原地形南高北低，平均海拔1200~1500m，面积15954km²，占河北省总面积的8.5%。燕山和太行山山地，包括中山山地区、低山山地区、丘陵地区和山间盆地4种地貌类型，海拔多在2000m以下，面积90280km²，占河北省总面积的48.1%。河北平原区是华北大平原的一部分，按其成因可分为山前冲洪积平原，中部中湖积平原区和滨海平原区3种地貌类型，全区面积81459km²，占河北省总面积的43.4%。

（二）京津冀协同发展

京津冀地区同属京畿重地，战略地位十分重要。当前区域总人口已超过一亿人，面临着生态环境持续恶化、城镇体系发展失衡、区域与城乡发展差距不断扩大等突出问题。实现京津冀协同发展、创新驱动，推进区域发展体制机制创新，是面向未来打造新型首都经济圈、实现国家发展战略的需要。京津冀空间协同发展、城镇化健康发展对于全国城镇群地区可持续发展具有重要示范意义。

京津冀协同发展，将坚持生态优先为前提，推进产业结构调整，建设绿色、可持续的人居环境。以区域资源环境，特别是水资源、大气环境承载力等为约束，严格划定保障区域可持续发展的生态红线。

京津冀协同发展，将坚持区域一体、协同发展的原则，谋求城镇体系、区域空间、重大基础设施的协同发展与布局。促进城镇功能合理分工，优化城镇规模结构，着力培育区域次中心城市和沿海新开发地区。

京津冀协同发展，将破除阻碍区域人口和要素自由流动的体制壁垒和制度障碍，促进多种形式的跨地区合作。支持冀中南地区、张承地区绿色转型发展的研究。

京津冀协同发展，对自然环境提出了更高的要求，是河北省钢铁产业遇到的强力挑战，甚至可以说是河北省钢铁产业发展最严重的困境。

2013 年 9 月 17 日，环境保护部、国家发展和改革委员会、工业和信息化部、财政部、住房和城乡建设部、国家能源局以环发［2013］104 号文件印发了《京津冀及周边地区落实大气污染防治行动计划实施细则》，以加大京津冀及周边地区大气污染防治工作力度，切实改善环境空气质量。

《实施细则》要求河北省，“到 2017 年底，钢铁产能压缩淘汰 6000 万吨以上，产能控制在国务院批复的《河北省钢铁产业结构调整方案》确定的目标以内”；“电力、钢铁、水泥、有色等企业以及燃煤锅炉，要加快污染治理设施建设与改造，确保按期达标排放”；“到 2017 年底，钢铁、水泥、化工、石化、有色等行业完成清洁生产审核，推进企业清洁生产技术改造。”

按期达标排放，是悬在河北省钢铁产业头顶上的一把达摩克利斯之剑。

南水北调向京津供水主渠，贯穿河北省中南部。确保供水水质安全，是河北省的重要任务。

（三）修订后的《环境保护法》

2014 年 4 月 24 日，第十二届全国人民代表大会常务委员会第八次会议修订的《中华人民共和国环境保护法》于 2015 年 1 月 1 日起施行。

其中第六十条规定：“企业事业单位和其他生产经营者超过污染物排放标准或者超过重点污染物排放总量控制指标排放污染物的，县级以上人民政府环境保护主管部门可以责令其采取限制生产、停产整治等措施；情节严重的，报经有批准权的人民政府批准，责令停业、关闭。”

第五十九条规定了三款内容：“企业事业单位和其他生产经营者违法排放污染物，受到罚款处罚，被责令改正，拒不改正的，依法作出处罚决定的行政机关可以自责令改正之日的次日起，按照原处罚数额按日连续处罚。

前款规定的罚款处罚，依照有关法律法规按照防治污染设施的运行成本、违法行为造成的直接损失或者违法所得等因素确定的规定执行。

地方性法规可以根据环境保护的实际需要，增加第一款规定的按日连续处罚的违法行为的种类。"

"按照原处罚数额按日连续处罚"这一史无前例的规定，为钢铁企业套上了难以挣脱的枷锁。河北省现已有钢铁企业被"按日连续处罚"的实例。

（四）国家钢铁产业污染物排放标准及其特别排放限制

2012年，国家发布了《钢铁烧结、球团工业大气污染物排放标准》（GB 28662—2012）、《炼铁工业大气污染物排放标准》（GB 28663—2012）、《炼钢工业大气污染物排放标准》（GB 28664—2012）、《轧钢工业大气污染物排放标准》（GB 28665—2012），修订发布了《炼焦化学工业污染物排放标准》（GB 16171—2012）（代替 GB 16171—1996）。这些标准均规定，2015年1月1日起现有企业与新建企业执行同一标准，比2014年12月31日前执行的排放标准显著严格。另外，河北省部分地区被国家列入执行特别排放限值地区，新建企业排放标准基础上标准数值又有降低。

烧结球团、炼铁、炼钢、轧钢工序大气污染物排放浓度限值见表1-43～表1-46，其中限值1为现有企业2014年12月31日前执行标准，限值2为新建企业执行标准和原有企业2015年1月1日后执行标准，限值3为特别排放限值。

更为严格的排放限值，必然要求性能更加先进的污染物治理设施和更高的运行效率，也使钢铁生产成本有较大幅度的增加。在产能过剩、市场疲软的现实下，河北省钢铁产业面临的环境困境越来越严峻。根据钢铁工业实际投资情况，达到现有国家环保标准要求，企业吨钢环保设施投资需达到220～250元，占行业平均吨钢生产能力投资约6%～7%；吨钢环保设施运营费用约140元才能达到环保排放标准要求，约占吨钢生产成本的4%～5%。要达到国家新排放标准，吨钢环保投资比例需占总投资的13%，吨钢运营费用要增加到约200元，比目前达标要求还要增加近40%。

表1-43　烧结、球团工序大气污染物排放浓度限值　（mg/m^3）

生产工序或设施	污染物项目	限值1	限值2	限值3
烧结机 球团焙烧设备	颗粒物	80	50	40
	二氧化硫	600	200	180
	氮氧化物（以NO_2计）	500	300	300
	氟化物（以F计）	6.0	4.0	4.0
	二噁英类/$ng\text{-}TEQ \cdot m^{-3}$	1.0	0.5	0.5
烧结机机尾 带式焙烧机机尾 其他生产设备	颗粒物	50	30	30

表 1-44 炼铁工序大气污染物排放浓度限值 （mg/m^3）

生产工序或设施	污染物项目	限值 1	限值 2	限值 3
热风炉	颗粒物	50	20	15
	二氧化硫	100	100	100
	氮氧化物（以 NO_2 计）	300	300	
高炉出铁场	颗粒物	50	25	15
原料系统、煤粉系统、其他生产设施				10

表 1-45 炼钢工序大气污染物排放浓度限值 （mg/m^3）

污染物项目	生产工序或设施	限值 1	限值 2	限值 3
颗粒物	转炉（一次烟气）	100	50	50
	铁水预处理（包括倒灌、扒渣等）、转炉（二次烟气）、电炉、精炼炉	50	20	15
	连铸切割及火焰清理、石灰窑、白云石窑焙烧	50	30	30
	钢渣处理	100	100	100
	其他生产设施	50	20	1.5
二噁英类/ng-TEQ · m^{-3}	电炉	1.0	0.5	0.5
氟化物（以 F 计）	电渣冶金	6.0	5.0	5.0

表 1-46 轧钢工序污染物排放浓度限值 （mg/m^3）

污染物项目	生产工序或设施	限值 1	限值 2	限值 3
颗粒物	热轧精轧机	50	30	20
	废酸再生	30	30	30
	热处理炉、拉矫、精整、抛丸、修磨、焊接机及其他生产设施	30	20	15
二氧化硫	热处理炉	250	150	150
氮氧化物（以 NO_2 计）	热处理炉	350	300	300
氯化氢	酸洗机组	30	20	15
	废酸再生	50	30	30
硫酸雾	酸洗机组	20	10	10
铬酸雾	涂镀层机组、酸洗机组	0.07	0.07	0.07

续表 1-46

污染物项目	生产工序或设施	限值 1	限值 2	限值 3
硝酸雾	酸洗机组	240	150	150
	废酸再生		240	240
氟化物	酸洗机组	9.0	6.0	6.0
	废酸再生		9.0	9.0
碱雾	脱脂	—	10	10
油雾	轧制机组	—	30	20
苯	涂层机组	10	8.0	5.0
甲苯		40	40	25
二甲苯		70	40	40
非甲烷总烃		100	80	50

（五）河北省地方标准《钢铁工业大气污染物排放标准》

根据环境保护标准中污染物排放标准有地方标准的执行地方标准，地方标准与国家标准不同时执行、不交叉执行的规定，河北省钢铁企业大气污染物排放应执行河北省地方标准。

河北省 2011 年制订了《钢铁工业大气污染物排放标准》（DB 13/1461—2011），排放限制显著严于当时的国家相关标准；2015 年 2 月 15 日发布、2015 年 3 月 1 日实施的《钢铁工业大气污染物排放标准》（DB 13/2169—2015）代替了 DB 13/1461—2011，现有企业排放限制基本相当于甚至部分指标严于对应国家标准的特别排放限制，新建企业和特别排放限制部分指标更为严格。《钢铁工业大气污染物排放标准》（DB 13/2169—2015）详见表 1-47～表 1-50。

表 1-47 颗粒物排放限值 （mg/m^3）

生产工序或设施		最高允许排放浓度		
		现有企业①	新建企业②	特别排放限值
烧结（球团）	烧结机头、球团焙烧设备	50	40	40
	烧结机机尾、带式焙烧机机尾以及其他生产设备	30	20	20
高炉炼铁	热风炉	20	20	15
	高炉出铁场	25	15	15
	原料系统、煤粉系统、其他生产设施	25	15	10
炼钢	转炉（一次烟气）	50	50	50
	混铁炉及铁水预处理（包括倒罐、扒渣等）、转炉（二次烟气）、精炼炉	20	15	15
	连铸切割及火焰清理、石灰窑、白云石窑焙烧	30	30	30
	钢渣处理	100	100	100
	其他生产设施	20	20	15
	电炉	20	20	15

续表 1-47

生产工序或设施		最高允许排放浓度		
		现有企业①	新建企业②	特别排放限值
轧钢	精轧机	30	20	20
	热处理炉、拉矫、精整、抛丸、修磨、焊接机及其他生产设施	20	20	15
	废酸再生	30	30	30

①邢台市、邯郸市现有钢铁企业排放标准也参照环境保护部2013年第14号公告中规定的重点控制城市现有企业标准执行。

②邢台市、邯郸市新受理的钢铁环评项目也参照环境保护部2013年第14号公告中规定的新受理的钢铁环评项目标准执行。

表 1-48 二氧化硫排放限值 (mg/m^3)

生产工序或设施		最高允许排放浓度		
		现有企业	新建企业	特别排放限值
烧结（球团）	烧结机头、球团焙烧设备	180	180	160
高炉炼铁	热风炉	80	80	80
炼钢	石灰窑、白云石窑焙烧	80	80	80
轧钢	热处理炉	150	150	100

表 1-49 氮氧化物（以 NO_2 计）排放限值 (mg/m^3)

生产工序或设施		最高允许排放浓度		
		现有企业	新建企业	特别排放限值
烧结（球团）	烧结机头、球团焙烧设备	300		
高炉炼铁	热风炉	300		
炼钢	石灰煅烧窑、白云石窑焙烧	400		
轧钢	热处理炉	300		

表 1-50 其他污染物排放限值 (mg/m^3)

生产工序或设施		污染物项目	最高允许排放浓度		
			现有企业	新建企业	特别排放限值
烧结（球团）	烧结机头、球团焙烧设备	氟化物（以F计）	4.0	4.0	4.0
		二噁英类/ng-TEQ · m^{-3}	0.5	0.5	0.5
		铅及其化合物①	0.9	0.7	0.7

续表 1-50

生产工序或设施		污染物项目	最高允许排放浓度		
			现有企业	新建企业	特别排放限值
炼钢	电炉	二噁英类/ng-TEQ · m^{-3}	0.5	0.5	0.5
	电渣冶金	氟化物（以 F 计）	5.0	5.0	5.0
轧钢	酸洗机组	氯化氢	20	15	15
		硫酸雾	10	10	10
		铬酸雾	0.07	0.07	0.07
		硝酸雾	150	150	150
		氟化物	6.0	6.0	6.0
	废酸再生	氯化氢	30	30	30
		硝酸雾	240	240	240
		氟化物	9.0	9.0	9.0
	涂镀层机组	铬酸雾	0.07	0.07	0.07
		苯②	8.0	5.0	5.0
	涂层机组	甲苯	40	25	25
		二甲苯	40	40	40
		非甲烷总烃	80	50	50
	脱脂	碱雾②	10	10	10
	轧制机组	油雾②	30	20	20

①铅及其化合物限值为参考指标。
②待国家污染物监测方法标准发布后实施。

（六）钢铁工业污染防治技术政策

环境保护部以 2013 年第 31 号公告发布了《钢铁工业污染防治技术政策》，2013 年 5 月 24 日实施。

技术政策为指导性文件，提出了钢铁工业污染防治可采取的技术路线和技术方法，包括清洁生产、水污染防治、大气污染防治、固体废物处置及综合利用、噪声污染防治、二次污染防治、新技术研发等方面的内容；范围包括原料场、烧结（球团）、炼铁、炼钢、轧钢和铁合金等工序的钢铁产品生产过程。

（七）环境保护部《违规建成项目环境备案条件》

环境保护部 2014 年 4 月 18 日以环发［2014］55 号文件印发的《关于在化解产能严重过剩矛盾过程中加强环保管理的通知》附件 2《违规建成项目环境备案条件》，对钢铁企业废气污染防治措施、废水污染防治措施和固废污染防治措施作出了详尽的规定，并对达标排放、总量控制、清洁生产与能源利用、环境管理和运输条件提出了要求。

《违规建成项目环境备案条件》提出的废气污染防治措施是：“原料场建设防风抑尘网或（半）密闭料仓，采用大型筒仓贮煤，城市钢厂及位于沿海、大气污染防治重点区域的企业应采用密闭料场或筒仓；厂内铁精矿、煤、焦炭等大宗物料应采取封闭式皮带运输，需用车辆运输的粉料，应采用密闭措施；各工序原辅材料及产品的转运、筛分、破碎等产尘点配备有效的捕集装置和袋式除尘器；焦炉煤气采用脱硫脱氰净化措施；精煤破碎、焦炭破碎、筛分及转运配备袋式除尘器，装煤、推焦采用大型地面站干式（袋式）净化除尘措施，焦炉配备干法熄焦装置，干熄焦废气配备袋式除尘器；焦化所有装置和储罐、焦炉煤气脱硫再生塔等尾气应配备尾气净化处理设施；烧结机实现全烟气收集并配备四电场除尘器+烟气脱硫脱硝脱二噁英等烟气治理装置，球团焙烧配备静电除尘器+脱硫装置；烧结机尾配备袋式除尘器或电袋复合除尘器或电除尘+布袋除尘器；烧结及球团配料、破碎、筛分、转运系统，球团精矿干燥系统，成品矿槽等各环境除尘系统配备袋式除尘器；高炉煤气应采取净化回收措施；高炉料仓上部、仓下振动给料机、振动筛、称量斗、转运站、中间仓及各皮带转运点应配备袋式除尘器；高炉出铁场铁沟、渣沟需加盖封闭，高炉出铁口、铁沟、渣沟、铁水罐上方等应设捕集罩，并配备袋式或静电除尘器；炼钢工序铁水预处理（包括倒罐、扒渣等）、精炼炉、连铸修磨和火焰切割配备袋式除尘器；转炉一次烟气和煤气净化回收采用 LT 除尘或新型 OG 除尘装置；转炉二次烟气配备烟气捕集装置和袋式除尘器；电炉烟气配备炉内排烟+密闭罩+屋顶罩+袋式除尘器，或导流罩+顶吸罩+袋式除尘器；石灰窑、白云石窑焙烧、原料准备和成品仓配备袋式除尘器；冷轧酸洗机组、废酸再生、脱脂配备湿法喷淋净化或湿法喷淋净化+SCR 净化装置；冷轧轧机、湿平整油雾配备滤网过滤净化装置；彩涂、冷轧硅钢等有机废气配备高温焚烧或催化焚烧装置；轧钢加热炉和热处理炉采用低氮燃烧技术；自备电厂配套安装高效脱硫脱硝除尘装置。”

《违规建成项目环境备案条件》提出的废水污染防治措施是：“焦化废水采用预处理（重力除油法、混凝沉淀法、气浮除油法）+硝化、反硝化生化处理技术，处理后酚氰废水回用，不得外排；高炉煤气洗涤水、高炉冲渣水应沉淀后循环使用；转炉煤气洗涤水应沉淀后循环使用；连铸废水应配备除油+沉淀+过滤装置；热轧直接冷却废水应配备除油+沉淀+过滤，或稀土磁盘处理装置；含油、乳化液废水应配备超滤+曝气（或生化）+沉淀（或过滤）处理装置；酸碱废水应配备中和+曝气+絮凝沉淀处理装置；含铬废水应配备化学还原沉淀+絮凝沉淀处理装置，单独处置，不得外排；烧结、球团、焦化、炼铁、炼钢、轧钢等各主要工序在配备净环和浊环废水处理系统的基础上，还需配备全厂污水处理站并达标排放。”

《违规建成项目环境备案条件》提出的固废污染防治措施是：“全厂各类固体废物做到综合利用或安全妥善处置；危险废物贮存处置应满足《危险废物贮存污染控制标准》（GB 18597—2001）要求；焦炉煤气脱硫废液应提盐后回用或回配炼焦煤，回用过程不得落地；焦油渣、沥青渣、生化污泥应回配炼焦煤，回用过程不得落地；烧结（球团）脱硫渣、高炉渣和预处理后的钢渣应做到综合利用或安全妥善处置。”

在清洁生产与能源利用方面，《违规建成项目环境备案条件》提出了如下要求：“应配备烧结余热回收、高炉煤气余压回收、转炉烟气余热回收等装置”。

在环境管理方面，《违规建成项目环境备案条件》要求：“烧结机头、球团焙烧、焦炉、自备电站排气筒应安装颗粒物、二氧化硫、氮氧化物在线自动监控系统，全厂废水总排口应安装在线自动监控系统，并与地方环保部门联网。”

根据《违规建成项目环境备案条件》提出的防治措施和要求，河北省各钢铁企业需要改造或新建大量的环保设施，需要大量的建设资金投入和相应的运行费用。

二、资源困境

钢铁产业的发展，离不开原料、能源和水，对钢铁产业最重要的资源就是铁矿石、煤炭和水。河北省这三种资源都面临着日益短缺的现实，使得河北省钢铁产业不得不为资源奔忙，这就造成了河北省钢铁产业的资源困境。

（一）铁矿资源

河北省铁矿资源分布广，遍及8个设区市34个县（区），但又相对集中。按资源储量排位，依次为唐山市、张家口市、承德市、邯郸市、秦皇岛市、保定市、石家庄市，其中唐山市资源储量为5500.47Mt，占全省总资源储量的75.87%。截至2007年底，河北省铁矿保有资源储量按行政区统计情况见表1-51。

表1-51 河北省铁矿保有资源储量按行政区统计情况 （kt）

设区市	矿区数	储量	基础储量	资源量	资源储量
石家庄	10	45	1384	29380	30764
唐　山	81	714790	3447592	2052882	5500474
秦皇岛	15	18056	117014	219328	336342
邯　郸	51	67733	130287	109310	239597
邢　台	28	115235	169385	148681	318066
保　定	14	7695	26881	14684	167564
张家口	24	110181	254677	102799	357475
承　德	23	39807	92382	206385	298767
合　计	246	1073542	4239602	2883449	7249049

河北省铁矿石资源富集区按区域可分为邯邢、冀东和张宣地区。各地区铁矿资源储量分布如图1-86所示。

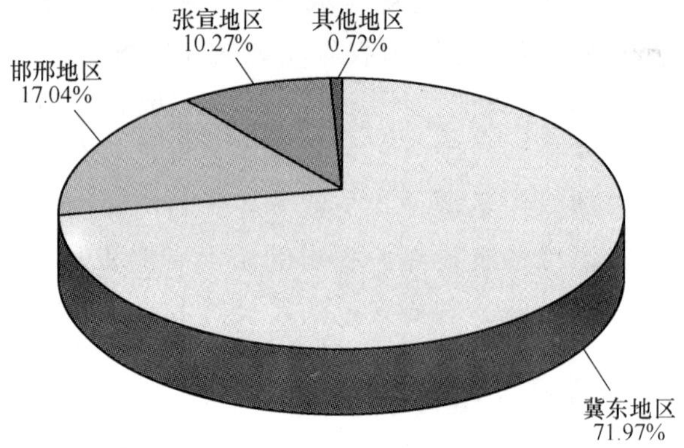

图1-86 河北省铁矿资源分布

截至2013年底，河北省探明铁矿资源储量10818 Mt，保有铁矿资源储量9036 Mt。河北省铁矿资源储量见表1-52。

表1-52 河北省铁矿资源储量 (Mt)

地 区	累计探明储量	保有资源储量
秦皇岛	532	446
唐山	7468	6646
承德	918	708
张家口	588	404
保定	416	331
石家庄	48	38
邢台	372	281
邯郸	477	183
合 计	10818	9036

河北省铁矿资源有以下几个特点：

（1）河北省铁矿石储量大，但品位低，几乎全部是贫矿。

铁矿石品位多为30%左右，属于需选的贫铁矿；富铁资源量很少，仅占总量的0.3%,，保有铁矿石资源几乎都是贫矿。全国铁矿石平均品位32.67%，低于世界平均水平约11个百分点，河北省铁矿石平均品位低于全国，必须经过选矿富集以后才能用于炼铁生产。

河北省铁矿资源分布相对集中，虽然各地市均有分布，但储量相对集中于唐山、承德、邯郸、邢台、张家口五市，特别是唐山市，累计探明储量和保有资源储量分布占全省的69.03%和73.55%。

河北省钢铁工业正是依靠这几个矿区的资源为原料逐步发展，形成了以资源为依托的邯邢、唐山钢铁基地和承德钒钛特种钢基地等产业格局。

（2）矿床类型多，矿石类型复杂。

河北省冀东地区矿床类型主要是磁铁矿中的鞍山式沉积变质型铁矿，邯邢地区以磁铁矿石为主，张宣地区以赤铁矿为主。其中磁铁矿矿石易选，是目前开采利用的主要矿石类型，而承德是四川攀枝花之后我国第二个大型钒钛磁铁矿基地。

（3）大型矿床少，中小矿床多。

矿床多为中、小型矿床，大型矿床少。全省已探明的246处矿产地中，大型矿床只有11处，占4.47%，中型矿床98处，小型矿床137处。

（4）储量占资源总量的比例低，可采储量有限。

河北省铁矿石资源总量为7294.05 Mt，储量占1073.54Mt，约占全省资源总量的14.81%。

2009~2014年，河北省铁矿石原矿产量、铁精粉产量如表1-53和图1-87所示。

表1-53 河北省铁矿石原矿和铁精粉产量及进口铁矿量 （Mt）

年　度	2009	2010	2011	2012	2013	2014
铁矿石原矿	357.89	446.19	594.71	523.57	569.33	566.11
铁精粉	120.43	147.74	177.03	215.94	251.33	245.65
进口铁矿	124.33	119.36	138.23	170.15	186.86	232.64

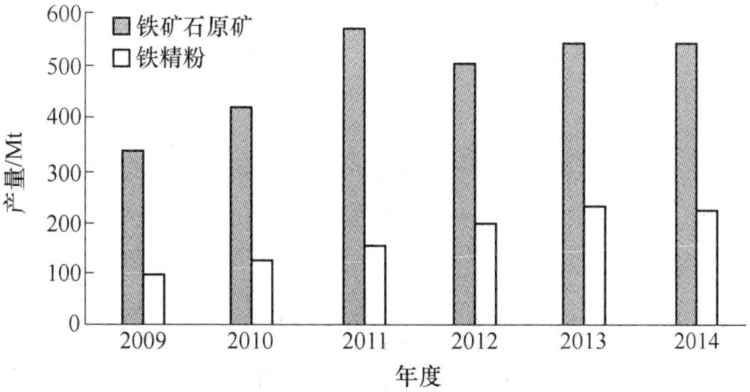

图1-87 河北省铁矿石原矿和铁精粉产量

2014年铁矿石原矿产量地区分布和2013年铁精粉产量地区分布分别如图1-88和图1-89所示，铁矿自给率如图1-90所示。

随着国际铁矿石价格的上扬。2009年之后河北省铁矿石原矿和铁精粉产量增速很快，使得河北省铁矿石自给率迅速提高，加快了本地资源消耗。按照2013年或2014年铁矿石原矿产量569.33 Mt或566.11 Mt计算，河北省保有铁矿石储量将在16年内开采完毕，如果按照前几年的增速，资源枯竭的时间将会更短。届时河北省钢铁产业将形成完全依赖外矿的局面，铁矿石资源困境已经显现。

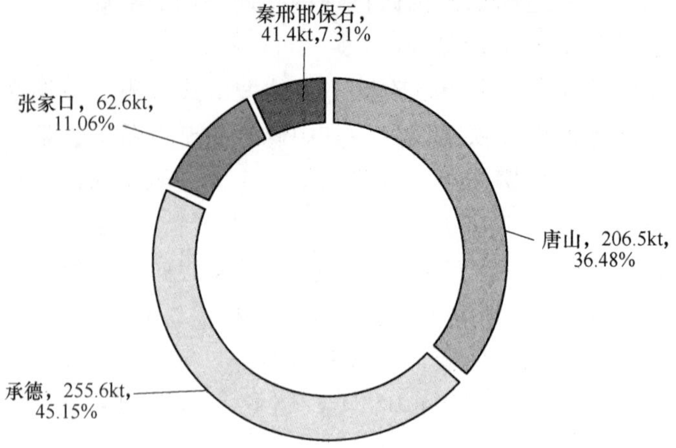

图 1-88 河北省 2014 年铁矿石原矿产量地区分布

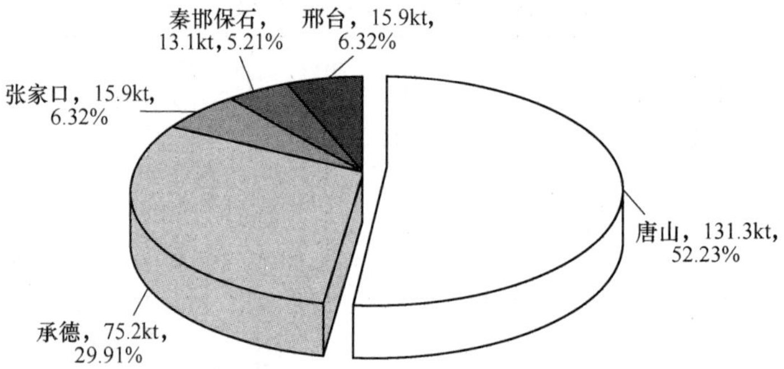

图 1-89 河北省 2013 年铁精粉产量地区分布

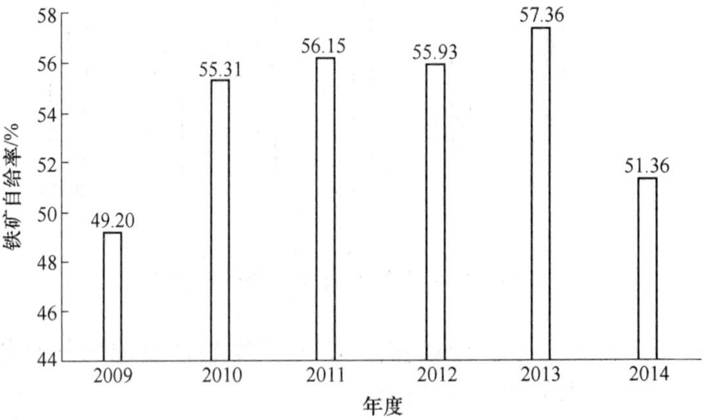

图 1-90 河北省铁矿石自给率

（二）煤炭资源

目前，河北省各个主要煤田和矿区垂直深度 1000m 以浅的煤炭资源分布和赋存情况已基本了解，各地区1000~1200m的煤炭资源已初步了解。未开发利用的煤炭勘查区工作程度偏低，1200m以深的煤炭资源未开展勘查工作。

据河北省21世纪初期矿产资源储量表，全省上表累计查明资源/储量（查明矿产资源，是指经勘查工作已发现的煤炭资源总和）17.6Gt，上表保有（实际有的）资源/储量15.1Gt，其中已建井利用的12.1Gt，未建井利用的1.1Gt，需进一步勘探的1.9Gt。上表保有资源/储量15.1Gt中，可采储量（是指基础储量中的经济可采部分，在预可行性研究、可行性研究或编制年度采掘计划当时，经过了对经济、开采、选冶、环境、法律、市场、社会和政府等诸多因素的研究及相应修改，结果表明在当时是经济可采或已经开采的部分。用扣除了设计、采矿损失的可实际开采数量表述）4.0Gt，基础储量8.9Gt，资源量6.2Gt。

河北省预测1500m以浅预测资源量（潜在矿产资源，是指根据地质依据和物化探异常预测而未经查证的那部分煤炭资源）24.4Gt，其中1000m以浅预测资源量4.2Gt，1000~1200m预测资源量8.5Gt，1500m以浅煤炭资源量39.5Gt。

河北省1200m以浅煤炭资源总量27.8Gt，1200~1500m煤炭资源总量11.7Gt，1500m以浅煤炭资源总量39.5Gt。

河北省煤炭基地有峰峰邯郸矿区、邢台矿区、井陉元氏矿区、保定煤产地、开滦矿区、兴隆矿区、蔚县矿区、下花园矿区及张家口北部煤产地等。

河北省煤炭资源有以下特征：

（1）煤炭资源分布面广且不平衡。

河北省煤炭资源比较丰富，煤炭资源分布很广，但地理分布不平衡。1500m以浅的煤炭资源总量39.5Gt，勘查程度较低的平原地区约占总煤炭资源量的29%，人口稠密、经济发达、高耗能地区的太行山东麓和燕山南麓区，分别约占总煤炭资源量的32%和34%；面积辽阔的北部张家口、承德地区，仅占总煤炭资源量的15%。

（2）未开发利用的资源富集区勘查了解程度低。

平原地区为河北省煤炭资源未开发利用的富集区，但勘探了解程度低，新生界松散层厚，局部地温偏高，煤层埋藏较深，勘探工作难度较大。随着煤矿建井技术和开采技术条件方法技术的突破，将成为河北省煤炭工业的后备接续基地乃至我国东部的大型煤炭工业新基地。

（3）煤炭资源在垂向上分布不均。

可供目前煤矿开采的1000m以浅的煤炭资源量约占总资源量的40%，埋深1000~1200m、1200~1500m的煤炭资源各占总煤炭资源量的30%左右。

（4）煤类齐全、煤质较好。

河北省已探明煤炭储量中，煤类齐全，由褐煤到无烟煤均有分布。炼焦用煤（气煤、肥煤、焦煤、瘦煤）约占67%，居全国第6位，洗精煤产量居全国第一位，为钢铁工业提供了良好的原料和能源。

河北省主要生产低硫、低中灰到中灰、中高热值煤，少数煤矿如保定曲阳一带的小煤矿生产中高、特高硫、低中灰中高热值煤。

（5）利用程度高，开发强度大。

与全国比较，河北省已利用储量偏高，可供进一步勘探的储量偏低，太行山东麓和燕山南麓地区特别突出。

河北省煤炭开发强度很大，特别是太行山东麓和燕山南麓地区，后备接替储量不足，同全国水平相差较大。

（6）开发条件较好。

从煤炭资源赋存的地质条件、水文条件、建井条件等决定煤炭资源开发难易程度的内部条件来分析，河北省的煤炭资源开发有诸多有利因素，特别是煤类条件占有绝对的有利条件。

从煤炭资源开发有关的外部条件分析，河北省地处经济较发达的东部地区，地理位置、交通条件、自然地理、经济发展水平、供水供电条件等，有着得天独厚的优越条件。

河北省煤炭资源也存在着探采比例失调、后备资源不足的问题。

河北省2011~2013年，煤炭产量分别为102Mt、92Mt和93Mt，根据河北省“十二五”能源规划，到“十二五”末，全省煤炭产量稳定在85Mt。

2009~2013年，河北省焦炭产量及河北省钢铁产业炼铁焦炭消耗量、河北省钢铁产业喷煤消耗量如表1-54和图1-91所示。

表1-54 河北省焦炭产量及钢铁产业焦炭、喷煤消耗量 （Mt）

年　度	2009	2010	2011	2012	2013
焦炭产量	48.00	49.88	60.36	66.78	63.96
炼铁焦炭消耗量	50.10	52.47	59.12	62.60	65.19
炼铁喷煤消耗量	16.59	17.38	19.58	20.73	21.59

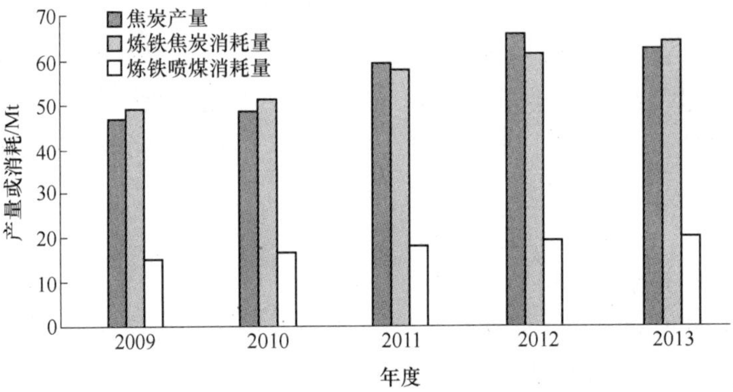

图1-91 河北省焦炭产量及钢铁产业焦炭、喷煤消耗量

可以看出，河北省炼焦能力与钢铁产业炼铁工序焦炭消耗量基本匹配，但考虑到铸造焦、作为烧结工序固体燃料的焦沫等消耗，河北省炼焦产能应该不能满足钢铁产业的需要，钢铁产业需向外省购买焦炭。

按照煤焦比 1.3 计算，2011~2013 年河北省炼铁工序消耗的煤炭量需要的原料煤（洗精煤）分别为 76.86Mt、81.38Mt、84.75Mt，高炉喷煤分别为 19.58Mt、20.73Mt、21.59Mt，不考虑烧结工序，仅炼铁工序分别需要煤炭 96.44Mt、102.11Mt、106.34Mt。而河北省 2011~2013 年煤炭产量分别为 102Mt、92Mt 和 93Mt，其中 2012 年、2013 年煤炭产量全部供给钢铁产业炼铁工序都不能满足其需要。因此，煤炭资源也是制约河北省钢铁产业发展的重要因素，必须依靠外部资源。

（三）水资源

河北省属于严重缺水地区，人均水资源量极低。多年平均（1956~2000 年）水资源总量 20469 hm^3，为全国水资源总量 28412 hm^3的 0.72%。人均、亩均水资源占有量分别为全国的 1/7 和 1/9，远低于国际公认的严重缺水警戒线。水资源缺乏和水环境恶化已成为制约河北省社会经济发展的主要因素。

2002~2013 年十一年间，河北省水资源量更加减少，年均为 15251 hm^3，全省用水量（指地下水、地表水取水量）年均 19689 hm^3，年缺水 4438 hm^3。

河北省工业用水量较为稳定，年用水量保持在 2330~2630 hm^3之间，约占全省用水量的 12.78%；全省年均耗水量 14507 hm^3，工业年均耗水量 1458 hm^3，占全省耗水量的 10.05%；全省年均废水排放量 2010 hm^3，工业年均废水排放量 1071 hm^3，占全省废水排放量的 53.30%。河北省水资源量及取水量详见表 1-55 和图 1-92。河北省耗水量及废水排放量见图 1-93。

从表 1-55 可以看出，除 2012 年全省用水量低于当年水资源量外，其他年份用水量均高于水资源量，河北省基本处于水资源严重超采状态。

表 1-55 河北省水资源量、取水量、耗水量及废水排放量 （hm^3）

年度	水资源量	取水量		耗水量		废水排放量	
		全省	工业	全省	工业	全省	工业
2003	15306	19982	2624	14746	1486	2082	1138
2004	15424	19436	2517	14386	1427	1792	1089
2005	13450	20047	2568	15003	1581	1718	987
2006	10734	20404	2623	15025	1494	1990	1128
2007	11987	20183	2511	14864	1413	1971	1099
2008	16097	19498	2520	14355	1486	1995	1035
2009	14116	19372	2371	14172	1306	2051	1066
2010	13781	19397	2332	14271	1342	1973	990
2011	15729	19597	2572	14367	1517	2149	1059
2012	23553	19533	2522	14402	1493	2194	1157
2013	17586	19129	2523	13988	1491	2193	1035
平均	15251	19689	2517	14507	1458	2010	1071

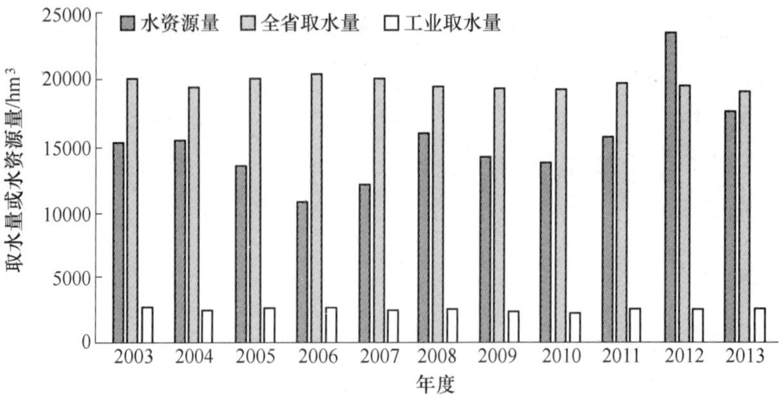

图 1-92 河北省水资源量及取水量

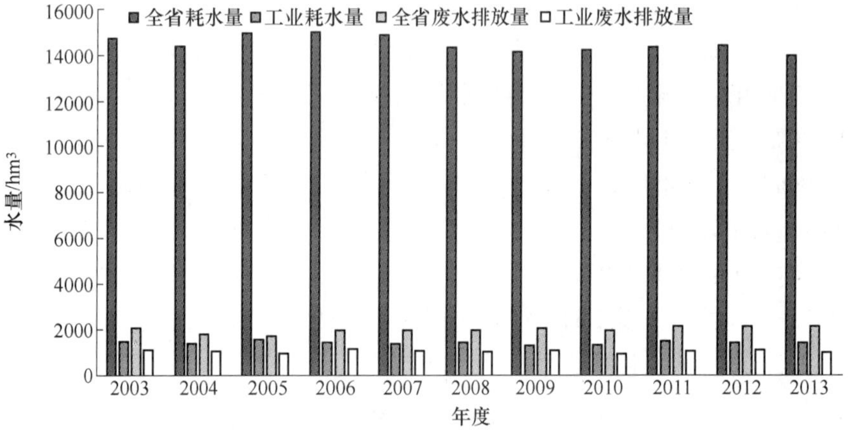

图 1-93 河北省耗水量及废水排放量

2013 年，河北省全省用水量 19982hm^3，工业用水量 2523hm^3，规模以上工业用水量 2329. 30hm^3，钢铁工业（黑色金属冶炼及压延加工业）用水量 646. 23hm^3。钢铁工业用水量占全省用水量的 3. 23%，占全省工业用水量的 25. 61%（水资源公报中用水量相当于工业用水节水术语中的取水量）。

钢铁产业是主要的工业用水产业，取水量占全省工业取水量和规模以上工业取水量的 1/4 以上。

与河北省钢铁产业密切相关的黑色金属矿采选业，2013 年用水量 253. 40hm^3，占全省工业用水量的 10. 04%，占规模以上工业用水量的 10. 88%。黑色金属矿采选业和黑色金属冶炼及压延加工用水量占河北省工业用水量的比例高达 35. 65%，超过 1/3。

在河北省水资源严重缺乏的条件下，用水量如此之大，将使河北省钢铁产业很快面临无水可用的困境。

2014 年 12 月 9 日，河北省人民政府办公厅印发了《河北省水权确权登记办法》，明确“按照政府主导、公平公开，可以持续、留有余量，生活优先、注重生态的原则，科学合理地将县域内可以持续使用的水量分配给取用水单位和个人，对水资源使用权（以下简称‘水权’）进行确权登记。”

“非农生产用水量，为工业、建筑业、采掘业等各用水企业合理用水量之和。各企业合理用水量按近 3 年实际平均用水量、水平衡测试等方式核定，且单位产品取水量不得高于《河北省用水定额》。”

“工业企业通过采用节水技术、实施节水工程节约的水量，经由管辖权的水行政主管部门确认后，可有偿流转。”“工农业生产新增用水，原则上通过水权流转、使用非常规水或新建供水工程解决。”

由此可见，各钢铁企业用水量最多为近三年实际平均用水量，且单位产品取水量不得高于《河北省用水定额》。钢铁企业用水定额指河北省地方标准《河北省用水定额 第 2 部分：工业取水》（DB13/T 1161. 2—2009）确定的定额（标准现已修订，2014 年 12 月 31 日通过审定）。如果因增产需要增加水量，则需从他人手中购买水权，若买不到水权，则只能望水兴叹。

三、效益困境（市场困境）

河北省钢铁工业在全省经济中总量很大，工业销售产值虽然一直在增长，但增速明显低于全省工业，所占比例逐年下降，2009~2014 年，下降了 7. 03 个百分点；工业增加值、利税、利润所占比例也呈下降趋势。

（一）主要经济指标与全省的差距

钢铁工业增加值率、销售利税率、销售利润率，基本处于下降态势（个别年份稍有波动）。

全省工业及钢铁工业增加值率、销售利税率、销售利润率情况如表 1-56 和图 1-94~图 1-96 所示，差距如表 1-57 和图 1-97 所示。

表 1-56　全省工业及钢铁工业增加值率、销售利税率、销售利润率　（%）

年　度		2009	2010	2011	2012	2013	2014
工业增加值率	全省工业	27. 14	26. 66	27. 04	26. 32	25. 95	25. 24
	钢铁工业	22. 93	23. 06	21. 71	20. 67	20. 18	19. 65
销售利税率	全省工业	9. 14	9. 32	9. 25	9. 02	9. 08	8. 51
	钢铁工业	5. 37	3. 98	3. 59	2. 91	2. 55	3. 00
销售利润率	全省工业	5. 40	5. 72	5. 80	5. 46	5. 67	5. 20
	钢铁工业	3. 31	2. 38	2. 17	1. 32	1. 37	1. 83

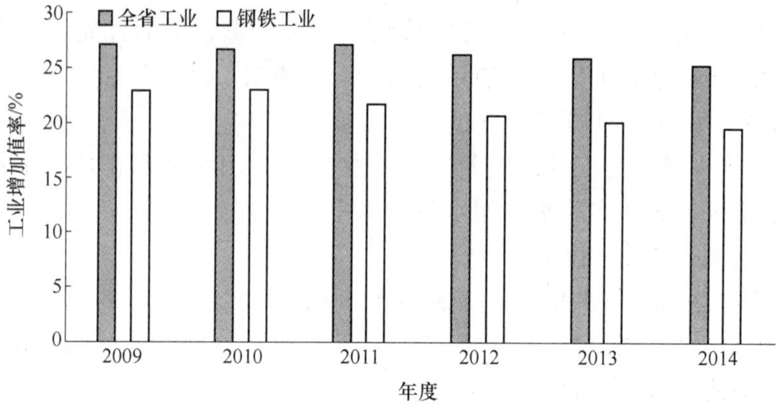

图 1-94 钢铁工业和全省工业增加值率对比

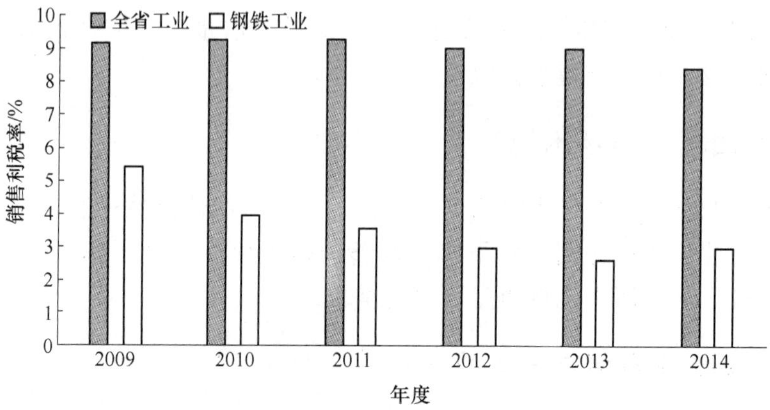

图 1-95 钢铁工业和全省工业销售利税率对比

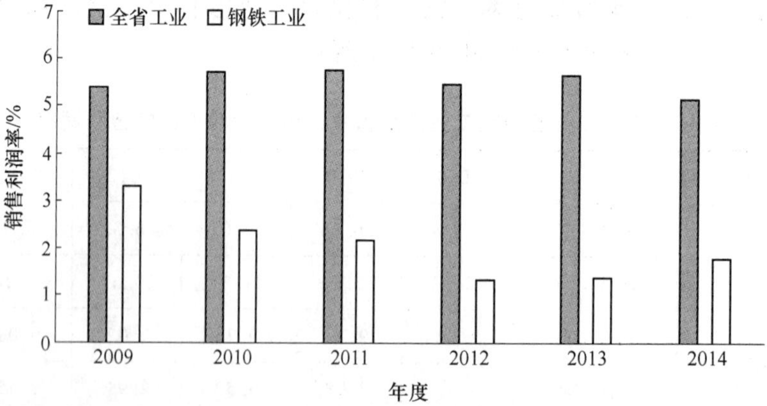

图 1-96 钢铁工业和全省工业销售利润率对比

表 1-57　钢铁工业与全省工业增加值率、销售利税率、销售利润率差距　(%)

年　度	2009	2010	2011	2012	2013	2014
工业增加值率差距	4.21	3.60	5.34	5.65	5.77	5.60
销售利税率差距	3.78	5.34	5.67	6.11	6.53	5.51
销售利润率差距	2.10	3.34	3.63	4.14	4.30	3.37

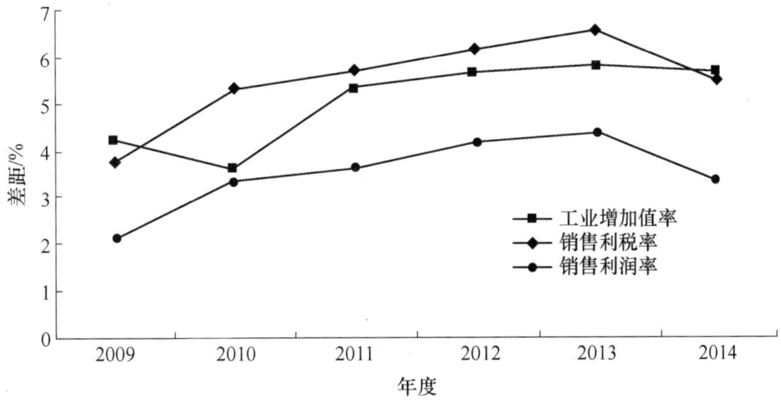

图 1-97　钢铁工业与全省工业增加值率、销售利税率、销售利润率差距

钢铁工业与全省工业增加值率、利税率、利润率差距处于增大趋势，2014 年有所减小。

（二）价格差距

河北省钢材平均价格和出口钢材价格整体上低于全国平均水平，同时由于整体经济形势和全国钢铁产能过剩的影响，近年来钢铁产品市场疲软，钢材价格下滑严重，使得河北省钢铁产业雪上加霜，经济效益困境更加明显。

2009~2014 年，全国及河北省钢材进出口情况见表 1-58，走势和差距情况如图 1-98~图 1-101 所示。

表 1-58　全国及河北省钢材进出口情况

年　度	2009	2010	2011	2012	2013	2014
全国进口量/kt		16429	15629	13621	14130	14510
全国进口金额/M $		20074	21795	17878	17256	18248
河北省进口量/kt		265	241	228	274	251
河北省进口金额/M $		376	345	261	333	303
全国出口量/kt	24577	42447	48970	55602	62445	93926
全国出口金额/M $	22317	36647	51436	51236	53476	71168
河北省出口量/kt	3685	7462	8667	10744	14353	27171
河北省出口金额/M $	2737	5272	7389	8083	9462	15500

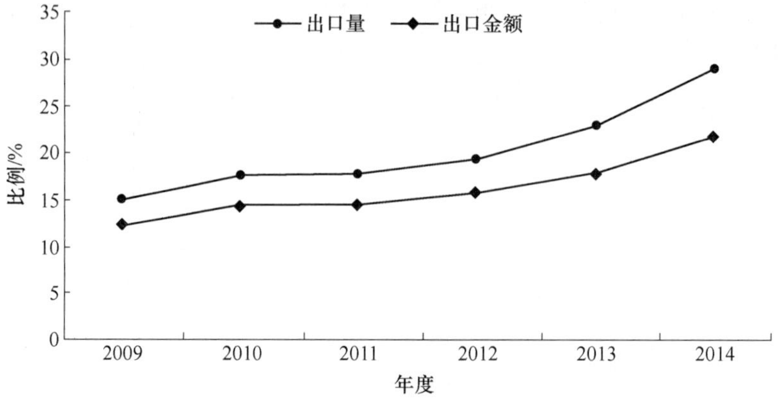

图 1-98 河北省钢材出口占全国比例趋势

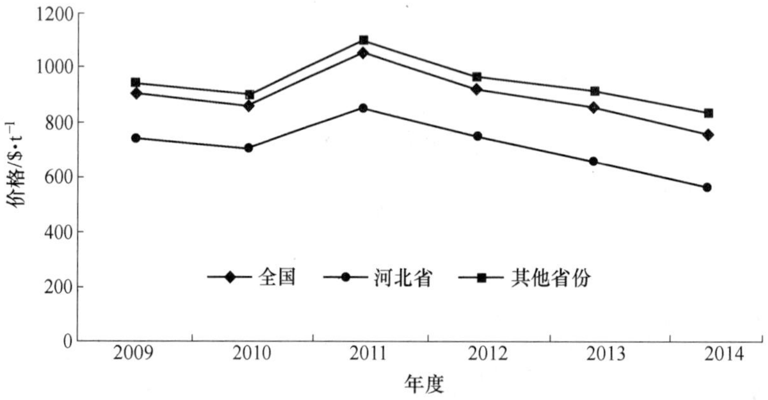

图 1-99 钢材出口价格比较

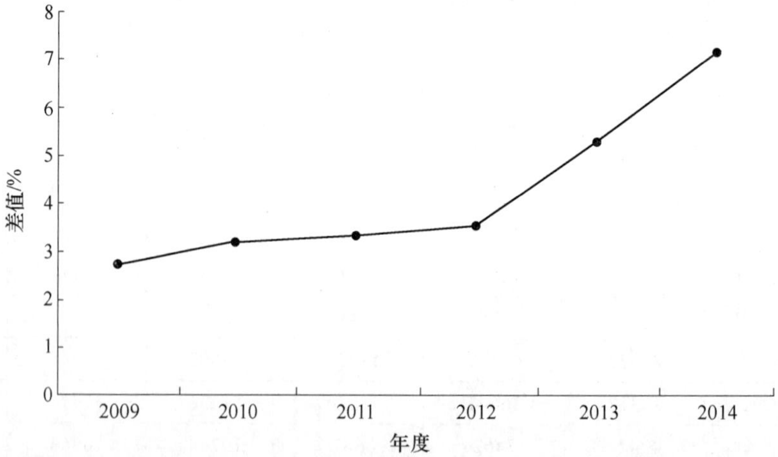

图 1-100 河北省钢材出口量和出口金额占全国比例差值趋势

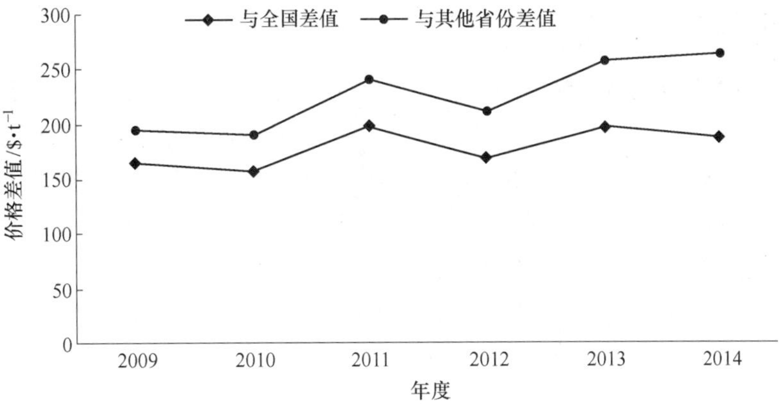

图 1-101 河北省与全国钢材出口价格差值趋势

因销售产值统计的重复性无法修正，国内钢铁产品销售平均价格无法计算，但出口钢材数量和金额具有唯一性，不存在重复计算问题，平均单价计算准确、方便，可用以说明河北省钢铁产品出口价格与全国平均水平、与全国其他省份的差距。既反映了河北省钢材品种质量方面的差距，也说明了河北省钢铁产业效益困境产生的原因。

河北省钢材出口金额占全国的比例明显低于钢材出口量占全国的比例，说明与全国情况相比，河北省出口钢材产品单位价值低，2009～2014 年，差值一直处于扩大的趋势，值得严重关注。

河北省出口钢材平均价格变化规律与全国一致，但出口钢材平均价格与全国相差 157～197 $/t，只有全国当年价格水平的 75%～82%；扣除河北省本身因素，则各方面差距更大，河北省出口钢材平均价格与全国其他省份相差 190～263 $/t，只有全国其他省份当年价格水平的 68%～79%；与当年进口钢材价格相比相差更多，出口价格水平更低，如图 1-102 所示。充分反映了河北省钢铁产品在品种质量方面与全国平均水平（包括河北省在内）、与其他省份和进口钢材的差距。

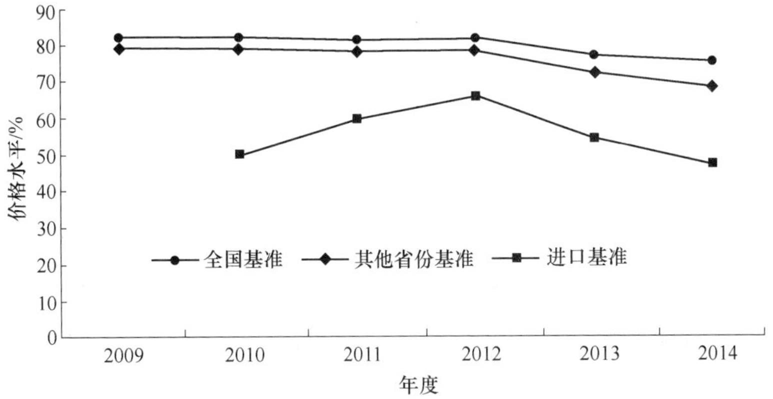

图 1-102 河北省钢材出口平均价格水平

四、产业集中度困境

产业集中通常是指在社会生产过程中，企业规模扩大的过程。它表现为全部企业中仅占很小比例的企业或数量很少的企业，积聚或支配着占很大比例的生产要素。集中又可以分为工业集中与产业集中。工业集中是以整个工业为考察范围，对各个不同产业生产能力分布状况的一种综合反映。产业集中是以某个具体的产业为考察对象，反映产业内资源在不同企业间分布的状况。

集中度即集中的程度，产业集中度是针对特定产业而言的集中度，是用于衡量产业竞争性和垄断性的最常用指标。具体来说，产业集中度是指市场上的某种行业内少数企业的生产量、销售量、资产总额等方面对某一行业的支配程度，它一般是用这几家企业的某一指标（大多数情况下用销售额指标）占该行业总量的百分比来表示。一个企业的市场集中度如何，表明它在市场上的地位高低和对市场支配能力的强弱，是企业形象的重要标志。

钢铁产业是集中度决定发展水平的行业之一，企业规模既是竞争能力、也是综合实力的体现。

近年来，世界著名钢铁调查研究机构——美国世界钢铁动态（WSD，World Steel Dynamics）编制、发布的《全球钢铁企业竞争力排序表》（WSD’s World-Class Steel-maker Rankings）所采用的评价方法逐渐引起了国内有关方面的关注。WSD 于 2007 年 4 月对原有的评价指标体系进行了调整，增加了“规模”指标并占 8%的权重，后将权重调整为 6%。

产业集中度低不利于钢铁企业降低成本，不利于行业资源优化配置，不利于国家宏观调控作用的发挥，不利于增强中国钢铁企业在国际上的话语权；过低的集中度对于钢铁产业的技术创新、关键-共性技术开发，以及研发经费的投入都有着负面影响。对于钢铁产业这种规模经济优先的产业而言，产业集中度偏低会使得钢铁行业自主研发能力薄弱，成为行业可持续发展的瓶颈，“寡占型”的市场结构具有更高的效率，从而也会有更加集中的研发投入和技术创新。

河北省具有冶炼能力的钢铁企业 100 多家，经工业和信息化部公告符合《钢铁行业规范条件》的企业及铸造生铁生产企业 80 家，《河北省钢铁产业结构调整方案》拟保留的具有冶炼能力的钢铁企业 83 家。

2014 年，河北省粗钢产量 185303 kt，粗钢产量前 10 位的钢铁企业如表 1-59 和图 1-103 所示。

表 1-59 河北省 2014 年粗钢产量前 10 位企业及产量

序号	企业名称	粗钢产量/kt	占全省比例/%	占前 10 位比例/%
1	河北钢铁集团	36371.26	19.63	36.17
2	敬业集团	10570.00	5.70	10.51
3	津西钢铁	9116.99	4.92	9.07

续表 1-59

序号	企业名称	粗钢产量/kt	占全省比例/%	占前 10 位比例/%
4	首钢京唐	8665.46	4.68	8.62
5	唐山国丰	8399.60	4.53	8.35
6	沧州中铁	7316.05	3.95	7.28
7	安丰钢铁	6917.20	3.73	6.88
8	瑞丰钢铁	5030.00	2.71	5.00
9	东海特钢	4374.00	2.36	4.35
10	廊坊洸远	3794.30	2.05	3.77
合　计		100554.86	54.27	100.00

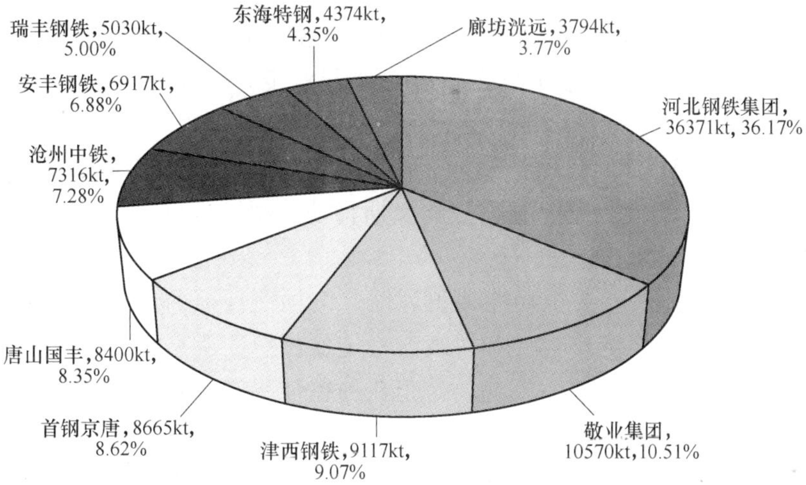

图 1-103 河北省前 10 位企业粗钢产量

河北省粗钢产量超过 5000kt 的钢铁企业有 8 家。第 1 位的河北钢铁集团，粗钢产量 36371.26kt，占全省粗钢产量的 19.63%，占前 10 位企业粗钢产量之和的 36.17%；前 3 位企业产量之和，占全省粗钢产量的 30.25%，不到 1/3；占前 10 位产量之和的 55.75%；前 10 位企业产量之和占全省粗钢产量的 54.27%；前 20 位企业粗钢产量之和，占全省粗钢产量的 70.75%。由此可见，河北省钢铁产业的集中度很低。

虽然 2008 年 6 月，河北钢铁集团组建，以实质性整合为目标，实现了集团效益最大化，以精细化管理之路充分挖掘企业各个环节的潜力，以科技创新大幅提升企业核心竞争力，有计划推进产品结构调整，强调以“技术为主”，适应钢铁材料“高强度、长寿命、耐腐蚀、轻量化”的新趋势，重点研发高技术含量、高附加值、高市场占有率的“三高”产品和新型钢铁材料；通过整合技术资源，组建钢铁研究机构，并投资 4 亿元高标准建设了中试基地；与省科技厅设立总金额超过 5 亿元的“钢铁行业技术升级专项资金”。终于推进了河北钢铁集团整体技术研发水平的跨越式提高，增强了科技创新能力，大大改善了河北钢铁集团产品结构，大大提升了企业核心竞争力。但几个以民营钢铁企业为主组建的钢铁集团，由于集团内部核心企业不突出，且并非市场化结果，加之成员企业多规模偏小，设备小型化，产品结构单一，研发水平薄弱，最终导致“群体性联合重组”“联而不合”。

目前，钢铁企业数目众多，规模比较小的中小型企业多，其产品技术含量和产品档次难以提升，技术基础和研发设施差、创新能力不足、品种中一、产品附加值低的问题依然存在，并已经严重制约了河北省钢铁产业的发展，产业集中度低成为河北省钢铁产业发展的困境之一。

五、战略困境

战略，原意为作战的谋略，是指导战争全局的计划和策略。

“战略与战术乃二个全异之行动。战术是关于战斗诸种行动之指导法，战略乃连系配合各种战斗之谓。战略为作战之根源，即创意定计；战术乃实行战略所要求之手段。”

现在，战略的含义已扩大，指为实现某种目标（如政治、军事、经济或国家利益方面的目标）而制定的大规模、全方位的长期行动计划，也可以说是在一定历史时期指导全局的方略。

企业战略是指企业对有关全局性、长远性、纲领性目标的谋划和决策，即企业为适应未来环境的变化，对生产经营和持续、稳定发展中的全局性、长远性、纲领性目标的谋划和决策。战略是企业的灵魂，是企业的精神所在，在整个现代企业管理中居于核心地位，起着主导的、决定性的作用。

企业战略是表明企业如何达到目标，完成使命的整体谋划，是提出详细行动计划的起点，但又凌驾于任何特定计划的各种细节计划之上。战略反映了企业董事会对于行动、环境和业绩之间的理解，用以企业已确定的使命、愿景、价值观的实现，同时用以指导对所采取行动的决策。

企业战略的本质是企业竞争形势的一种定位，是企业商业模式的一种创新，是企业最高层领导的一种价值观念，是企业管理的一种创新，是企业的一种行动计划。

企业战略具有全局性、长远性、方向性、指导性、竞争性、预见性、风险性、竞争性等特点，对于明确企业的发展方向、发展目标、资源配置、竞争能力和抗风险能力具有重要意义。

根据企业目标层次，企业战略分为总体战略（公司战略）、业务战略和职能战略。职能战略是业务战略的补充和支持，业务战略是企业总体战略的支持。

河北省一些钢铁企业，制定了企业整体战略和/或发展战略，有些企业同时制定了相应的业务战略和职能战略。

河北钢铁集团 2010 年 5 月 5 日同时组建了战略咨询委员会和战略研究院，聘请石启荣、吴溪淳等 17 名钢铁行业著名专家组成了首届战略咨询委员会，是河北省首家钢铁企业战略咨询机构。

河北钢铁集团组建之初，就制定了“以钢为主、多元发展”的企业整体战略；后来又提出了“全面扭亏、全面盈利、全面提升竞争力”的“3 年三步走”的发展战略，提出了“2014 年全面扭亏”战略目标，现在已完全实现。现在，河北钢铁集团又提出了“在全球拥有市场、资源和客户，在全球具有影响力”的愿景，提出了“还原主业先进性”的战略思维，以“根据自己的优势调整结构、切实减轻主业负担、管理模式变革”为内容的战略规划；提出了“外合作和国际化”的发展战略。

邢钢制定了“做精、做专、做强”的战略方针，坚定不移地实施精品战略，走产品专业化之路。不盲目追求规模，不盲目开发钢材品种，坚持生产“精品线材”。在业务战略上，制定了“人是兴企之本，才是企业之源”的人才战略，始终把人才作为企业发展的创业之本、竞争之本、发展之本。快速成长的企业，需要大量的优秀人才；同时也为人才提供了机遇和施展才华的广阔平台。奉行“干成事”的企业核心价值观，关注人才的职业生涯发展，致力于个人职业生涯发展与企业发展目标的融合，并努力为个人的职业生涯发展提供强有力的支持，使人才的能力得到提升，才华得以发挥。以“事业留人、待遇留人、文化留人”为人力资源管理的核心，形成了尊重知识、尊重人才的良好风气，每一个有能力、有抱负、有事业心的人都能在建设邢钢的事业中发挥自己的才智，实现自身价值。

新兴铸管多年来奉行“以钢铁为基础、以铸管为主导”的战略思想，编制了“十二五”战略规划，并制定了“人力资源规划、科技规划、企业文化规划和信息化规划”等四个子规划。

唐山国丰钢铁以“规模适度、突出专精、适应市场、绿色和谐”为发展战略，以“精品立企、诚信兴业”为经营理念；制定和坚持“313341”的人才战略，培养了一大批管理人才、技术人才和技能人才，同时通过客观公正的评价体系对三方面人才实施评价，采用引进一批、培养一批、带动一批的方法，依照忠诚度、素质和创新能力等三个人才界定标准，从企业发展、企业文化、企业环境、企业待遇四个方面留住人才，并通过合理的分配机制和制度满足三方面人才的需求。

唐山瑞丰制定如下整体战略：全力推进“两个转变”，打造优势企业；从单一品种向多元化品种转变和从产品经营向品牌经营转变；在“稳步、务实、创新、发展”八字方针指导下，全力推进企业发展战略，充分发挥公司的比较优势，最终形成“专、精、特、新”瑞丰品牌。

但纵观河北省钢铁企业，制定企业总体战略的屈指可数。有些企业制定了业务战略和职能战略，有些企业战略很不完整，很大一部分企业没有任何战略。特别是民营企业，很多企业所有者没有战略思维，没有专注于企业的发展方向；甚至有些钢铁企业的董事长陷于采购、销售等日常经营工作，扮演了“消防队员”的角色，哪里有事情就匆忙赶赴哪里，去解决一些具体的事务性问题，根本无暇考虑企业的长远发展大计。致使产品没有特色，缺乏自有知识产权的技术，企业没有核心竞争力。

没有战略的钢铁企业，从其成立开始就处于工艺技术装备不完善、不配套，铁、钢、材产量不匹配，生产经营与资源环境不协调的状况，市场条件好时忙于追逐利润，只注重粗放式的规模扩张发展，对于以科技创新推动企业内涵式发展无暇顾及，当市场疲软价格下滑时，对技术升级又有心无力。没有战略、没有发展战略、没有企业整体战略的后果，就是永远落在先行者的后面亦步亦趋。当战略得当的钢铁企业进行产品延伸时，跟随者还在进行工艺技术装备配套；当先行者产业链已经拓宽延伸后，跟随者还在忙于产品定位；当领跑者已把侧重点放在科技创新、技术升级、产业升级上时，跟随者还在为节能减排、环境保护设施的建设忙得焦头烂额。

在充满竞争的时代，在科学技术快速发展的时代，一个没有战略甚至没有规划的钢铁企业，必然不能永葆青春，不能基业长青。

这就是很多河北省钢铁企业面临的战略困境。

相对于钢铁企业的战略困境，河北省钢铁产业至今没有明确的整体战略和发展战略，也没有整体战略规划和发展战略规划，才是涉及河北省钢铁产业健康发展、可持续发展的首要问题。《河北省钢铁产业结构调整方案》虽经国家批复，但其在性质上仍属于执行层面，属于一个战术行动，远未达到战略及战略规划的高度。

六、文化困境

文化指人类在社会历史发展过程中所创造的物质财富和精神财富的总和，经常特指精神财富，如文学、艺术、教育、科学等。

企业文化是企业员工在探索适应外部环境和整合内部资源的过程形成的，得到组织全体成员普遍接受，包括价值观念、行为准则、团队意识、思维方式、工作作风、心理预期和团体归属感等。因一贯运行良好而被认为行之有效，并且被当做感知和思考的途径传递给组织新成员。

企业文化在企业科技创新中有着重要作用，基于知识的企业文化强调通过学习来构建企业的持续竞争优势。学习型企业，就是为了适应外在环境不断变化，通过持续性的学习，使员工、工作团队、企业组织整体之间能有良好的互动，从而强化企业的创新和成长，与工作相结合，引导组织行为改变，以维持并提高核心竞争力的企业。

河北省相当一部分钢铁企业，重视文化建设，使企业文化在企业创新和发展中发挥了重要作用。

河北钢铁集团组建后，2009 年 1 月 20 日即发布了《河北钢铁集团有限公司企业文化实施纲要》。河北钢铁集团邯钢公司从贯彻落实科学发展观的要求出发，致力于满足职工日益增长的精神文化需求，坚持“以人为本”战略，大力加强企业文化建设。依靠强有力的思想政治工作凝聚职工；依靠精心组织丰富多彩的文体活动鼓舞职工；依靠无微不至的关怀温暖职工；依靠创作贴近职工的文艺作品感染职工；依靠全覆盖的文化宣传网络教育培养职工，不仅极大地丰富了职工的文化生活，提升了整体素质，激发了工作热情和创造活力，还进一步增强了企业凝聚力和向心力，促进了邯钢和谐发展。河北钢铁集团石钢公司注重加强企业文化建设，用文化助力提升企业知名度和美誉度，将文化力转变为凝聚力、竞争力、创新力，走专业化、精品化、特色化之路。2014 年 3 月，两子公司双双获得“河北省企业文化建设示范单位”称号。

邢钢形成了集企业愿景、企业使命、企业价值观和价值观体系、企业理念、企业精神、员工行为规范、企业标志为一体的企业文化体系，以企业文化保障实践“致力于精品线材和延伸产品制造，实现多方共赢”和“精心为客户提供精品线材和延伸产品，以较强的盈利能力，打造股东、客户、员工、供应商、社会相互依存的利益共同体”的企业使命，正在逐步把“成为国际领先的精品线材和深加工企业集团”的愿景变为现实。

河北前进钢铁以“尊重资源、精炼价值”的企业使命、“百年前进、前进百年”的企业愿景、“规则成方圆、创新生力量、厚实铸长远”的核心价值观统领企业文化，具有超前思维和宏观把控能力，确保企业保持战略领先，有力促进了企业创新和发展。

唐山瑞丰钢铁以“取之于社会、回馈于社会”的宗旨，实践着“为社会创造财富、为客户创造价值、为员工创造机会”的理念，以企业文化推进企业发展战略，形成“专、精、特、新”瑞丰品牌。

但总体上看河北省钢铁企业在企业文化方面关注度还不够，还存在着相当大的差距。有个别企业的企业文化表述，只有包括“无为而治、多维激励机制、注重培训、职业生涯规划”的人才战略，其表述似乎直接来源于教科书或培训老师讲课内容。

相当一部分企业只有“潜文化”，基本没有形成企业员工普遍接受和认同的核心价值观，企业使命不明确，企业愿景不清晰，没有进行提炼和升华。在企业发展中，没有企业文化的位置，企业文化自然不会为企业发展提供助力。

打开一些钢铁企业的网站，有的首页没有“企业文化”的链接，有的点击链接后出现的却是“资料正在整理中……”的字样。更有甚者，某些企业至今尚未建设企业网站。

而一些所谓建设了企业文化的企业，企业文化只是写在纸上、挂在墙上的“装饰品”，企业员工不知企业愿景为何物，不知企业使命是什么，更不知道企业的核心价值观。另有一些企业，不管企业的实际情况，从书店里选几本书，要求员工学习，领会精神，企业文化显得“另类”。对建立学习型企业，对企业员工的学习、发展，对企业的知识管理，对企业的技术创新、知识创造和管理创新似乎很难起到推进作用。

科技创新，必须有与之相适应的企业文化予以支撑，才能事半功倍，否则只能是事倍功半。

企业文化困境，亟须引起重视。而与其密切相关的河北省钢铁产业的产业文化，至今未见踪影，甚至根本无人提及。

第四节　河北省钢铁产业科技创新存在的问题

在科技创新、技术进步方面，河北省钢铁产业还存在一些问题，主要问题是产业整体创新意识和创新思维缺乏，没有钢铁产业科技创新和技术进步整体规划，科技创新体系不完善、机制不健全，产业整体自主创新能力较差，标准制修订与发展脱节，缺乏科技创新高端人才。

一、产业整体创新意识和创新思维缺乏

创新意识是指根据社会和个体生活发展的需要，引起创造前所未有的事物或观念的动机，并在创造活动中表现出的意向、愿望和设想，是人类意识活动中的一种积极的、富有成果性的表现形式，是人们进行创造活动的出发点和内在动力，也是创造性思维和创新能力的前提。

创新思维或称创造性思维是指对事物间的联系进行前所未有的思考，从而创造出新事物的思维方法，是一切具有崭新内容的思维形式的总和。

创新意识是引起创造性思维的前提和条件，创造性思维是创新意识的必然结果，两者之间具有密不可分的联系。

虽然科技创新是企业发展的基础和决定性因素，但很多河北省钢铁企业所有者及经营者没有认识到这一点。在其意识中，一切以稳为本，很难接受新事物。对于钢铁生产中的新技术、新工艺、新装备具有本能的排斥心理，引进技术、工艺、装备，必先要求看到成功应用的先例，决不做第一个吃螃蟹的人。在这种思想指导下，创新意识、创造性思维都不可能产生，企业科技创新没有原动力。

这些企业在市场形势好时，一味扩大规模，增大生产能力，提高产量，思想上依靠规模效益，走粗放式发展之路；一旦市场疲软，产品滞销，想要改变产品结构时，资金已被占压，也没有能力进行调整。

树立以科技创新求发展的观念，实施创新驱动发展战略，以技术改造、技术升级适应市场，河北省钢铁产业还有很长的路要走。

二、科技创新体系不完善，机制不健全

（一）科技创新体系不完善

科技创新体系由以科学研究为先导的知识创新体系、以标准化为轴心的技术创新体系和以信息化为载体的现代科技引领的管理创新体系三大体系构成，知识社会新环境下三个体系相互渗透，互为支撑，互为动力，推动着科学研究、技术研发、管理与制度创新的新形态。

企业科技创新体系是以政府主导，企业为主体，由企业、政府、科研单位、大专院校、科技工作者和技术中介机构等构成，以促进产业升级、产品结构调整和工业经济增长方式转变为目标，是以新产品、新技术开发并实现产业化为主要内容的开放式系统，主要载体是企业技术中心、行业或区域技术中心和产学研联合创新服务平台。

企业科技创新体系是由组织、规则、资源配置与决策等系统之间相互作用共同构成的有机整体，每一个要素的性质或行为都会影响到整体的性质和行为，系统的每一要素都起着相应的作用，若系统的某一要素有缺陷，失去与其他要素恰当地相互作用的能力，不能完成它特定的功能，就会影响整个系统。

因此企业科技创新体系不只是企业自身的事情，涉及政产学研等多个方面。河北

省钢铁产业国家级企业技术中心和河北省省级企业技术中心数量少，已建立企业技术中心或研发平台的企业不足1/3，与科研单位、大专院校建立紧密联系，真正开展战略性合作的钢铁企业少之又少，且缺少能够真正发挥作用的科技服务机构和科技中介机构，如省级钢铁产业生产力促进中心，科技创新成果转换体制机制不完善。钢铁企业急需的产品、技术、工艺、装备没有合适的机构合作研发，而某些研究单位、高等院校的一些科研成果又束之高阁。

虽然2011年成立了河北省科学技术厅主导的“河北省钢铁产业技术升级指导委员会”，但其人员基本为兼职，其职责是研究提出“十二五”河北省钢铁产业技术升级重点任务和发展目标及专项资金年度重大研究课题建议，对钢铁产业技术升级工作进行科学规划和技术指导，从而进一步提高河北钢铁工业整体技术水平，推进结构调整，改善产业布局。通过钢铁产业技术升级专项的实施，推动钢铁产业在产品、质量、盈利、节能、降耗等方面有一个大的提升，逐渐缩短与国际、国内先进企业之间的差距，技术指标达国内一流水平，为省内其他产业技术升级起到示范引领作用。钢铁产业科技创新体系不完善的问题并没有从根本上得到解决，钢铁企业还没有真正成为科技创新的主体，产学研有机结合的科技创新机制仍待形成，产业链上下游之间的科技创新结合不够紧密，是河北钢铁产业科技创新中亟待解决的一个关键问题。

（二）科技创新机制不健全

在科技创新机制方面，科技创新动力机制、科技创新运行机制、科技创新保障机制和科技创新扩散机制（技术转移机制）和科技创新评价机制均不尽完善。

三、尚无钢铁产业科技创新及技术进步整体规划

2011年11月4日，工业和信息化部印发了《“十二五”产业技术创新规划》。规划范围涵盖原材料、装备制造、消费品、信息产业四个领域，规划期为2011～2015年。

《规划》提出了“企业技术创新能力明显增强。企业技术创新能力建设初显成效，技术水平逐步增强，培育一批具有国际竞争力的大企业集团；规模以上工业企业研究开发经费内部支出占主营业务收入的比例超过1%，一批骨干企业达到10%以上”的具体目标；提出了钢铁产业的重点任务：“重点开发品种结构调整与升级用先进钢铁材料制备技术，重大工程与重大装备用关键钢铁材料，新一代高效、低耗钢铁流程物质流、能量流网络集成优化技术与装备及信息化智能控制技术，钢铁工业污染物排放控制技术和废弃物再资源化、再能源化及物质循环关键技术，钢铁材料低成本、高性能化关键工艺技术，冶金矿产资源领域安全高效开发和资源综合利用技术等。”

河北省工业和信息化厅2011年底制定了《河北省“十二五”企业技术创新规划》，提出了“十二五”末达到“大中型工业企业技术研发投入占主营业务收入比例由0.55%提高到1%，重点骨干企业达到3%以上”的目标。规划提出了钢铁产业

“十二五”技术创新的重点任务：“开发高速铁路弹簧钢、高强度造船板、高层建筑结构钢板、低合金高强度结构钢、高强度汽车用钢、压力容器板、纯净钢及超纯净钢、深冲及超深冲冷轧薄板、硫系易切削钢、新一代特殊用途普碳钢、低碳低硅拉丝用线材等精品线棒材，耐候板、桥梁板、涂镀层钢板、电工钢、工模具钢、高强度机械用钢；油气专用管深加工，机械加工用管，特大口径高压锅炉管等重大工程与重大装备用关键钢铁材料。开发推广污染物排放控制技术和废弃物再资源化、再能源化及物质循环关键技术。推广真空精炼、少渣冶炼等生产技术和关键工序检测与控制技术。”由于规划针对全省工业，总体上比较笼统，对钢铁工业并未展开论述。

河北省制定了以河北钢铁集团为主的《河北省“十二五”钢铁产业技术升级工作实施方案》，但未制定全省性的钢铁产业科技创新和技术进步方面的中长期规划，整体创新体系不健全，致使研究机构和企业研发组织创新目标缺乏前瞻性、系统性。对基础性和关键共性技术课题的投入不足，科研成果转化机制尚不完善，科研成果转化、专利实施方面存在瓶颈。

河北省多数钢铁企业没有制定科技创新战略，也没有长期规划，企业整体管理缺乏战略导向，科技创新没有战略依据，市场导向亦不明确，使企业科技创新缺少顶层设计，没有方向性，导致一些钢铁企业或者不去创新，或者不顾企业实际盲目跟风，技术改造不能真正发挥作用，甚至因为与企业需求不一致而造成负担。

四、产业整体自主创新能力较差

创新能力是运用一切已知信息，包括已有的知识和经验等，产生某种独特、新颖、有社会或个人价值的产品的能力，包括创新意识、创新思维和创新技能等三部分，核心是创新思维。创新能力是技术和各种实践活动领域中不断提供具有经济价值、社会价值、生态价值的新思想、新理论、新方法和新发明的能力，是企业的核心竞争力。

河北省钢铁产业整体自主创新能力较差，主要表现在新产品产值率低、国家和省级技术中心数量少、高新技术企业少、专利特别是发明专利数量相对较少等方面。

（一）新产品产值率低

由于没有形成完善的科技创新体系，资源没有得到优化配置，科研机构、高等院校、企业、政府之间的关系没有完全理顺，加之思想观念上对科技创新没有引起足够的重视，致使河北省钢铁产业整体自主创新能力仍然较差。全省钢铁产业新产品产值率总体较低，开发新产品的企业比例低。2013 年，在河北省冶金行业协会统计的 79 家钢铁企业中，只有 7 家有新产品产值，仅占 8.86%。

（二）国家和省级技术中心少

国家认定的 21 批国家级企业技术中心有 26 家钢铁企业技术中心，河北省只有河北钢铁集团唐钢公司、邯钢公司 2 家；有 2 家钢铁制品企业技术中心，河北省没有；

中钢集团有 4 家国家级企业技术中心，位于河北省的有中钢邢机 1 家。与河北省钢铁产品产量占全国的比例相比，河北省钢铁企业中国家级技术中心少得可怜。

河北省具有冶炼能力的钢铁企业中，河冶科技股份有限公司技术中心、邢台钢铁有限责任公司技术中心、唐山建龙实业有限公司技术中心、宣化钢铁集团有限责任公司技术中心、承德钢铁集团有限公司技术中心、石家庄钢铁有限责任公司技术中心、河北津西钢铁集团股份有限公司技术中心、唐山港陆钢铁有限公司技术中心、德龙钢铁有限公司技术中心、河北敬业集团有限责任公司技术中心、迁安市津唐球墨铸管有限公司技术中心、河北龙凤山铸业有限公司技术中心、唐山国丰钢铁有限公司技术中心、河北津西钢铁集团大方重工科技有限公司技术中心、承德建龙特殊钢有限公司技术中心、唐山瑞丰钢铁（集团）有限公司技术中心等 17 家企业技术中心被认定为省级技术中心。2015 年 6 月 23 日，依托邯郸钢铁集团有限责任公司的河北省冷轧及涂镀层钢板工程技术研究中心和依托新兴铸管股份有限公司的河北省球墨铸铁管工程技术研究中心（与新兴河北工程技术有限公司共建）纳入省级管理序列。

一些大型钢铁企业尚未建立企业技术中心。与钢铁产业相关的秦皇岛秦冶重工有限公司技术中心、秦皇岛首钢长白机械有限责任公司技术中心、沧州市螺旋钢管集团有限公司技术中心、中原管道制造有限公司技术中心等 4 家冶金机械、钢管制造企业技术中心被认定为省级技术中心。

（三）高新技术企业少

2015 年元旦后，河北省钢铁产业有效期内的高新技术企业只有石家庄钢铁有限责任公司（河北钢铁集团石钢公司）、河北津西钢铁集团大方重工科技有限公司、邢台钢铁有限责任公司、河北钢铁集团敬业钢铁有限公司（河北敬业钢铁有限公司）和德龙钢铁有限公司，另有中钢集团邢台机械轧辊有限公司和秦皇岛首钢长白结晶器有限公司等冶金机械企业及巨龙钢管有限公司、华油钢管有限公司、河北龙马钢管制造股份有限公司、河北华洋钢管有限公司、沧州市螺旋钢管集团有限公司、鑫源泰钢管集团有限公司、河北新中联特种钢管有限公司、沧州市鑫宜达钢管集团股份有限公司等钢管生产企业。

在河北省 2014 年第一批新认定无异议的 417 家高新技术企业中，只有德龙钢铁有限公司 1 家钢铁企业；在河北省 2014 年第一批复审无异议的 110 家高新技术企业中，竟无一家钢铁企业。

鉴于企业技术中心在企业科技创新体系中的重要作用，由此也可以看出河北省钢铁产业科技创新的薄弱。

（四）专利数量相对较少

河北省钢铁产业专利申请主要集中在河北钢铁集团和新兴铸管两家国有企业，再就是首钢总公司所属坐落于河北省的企业。

河北钢铁集团和河北省钢铁产业 2009 年 1 月 1 日~2014 年 12 月 31 日国家知识

产权局公告的专利申请与授权情况见表 1-60 和表 1-61。

表 1-60 河北钢铁集团中国专利情况

专利权人检索词	发明公布	发明授权	实用新型	外观设计	总 数
河北钢铁集团	80	56	462	1	599
河北钢铁股份	172	106	598	1	877
唐山钢铁	13	14	105	4	136
邯郸钢铁	0（2）	1（9）	40	0	41
宣化钢铁	22	4	175	0	201
新新钒钛	3	0	2	0	5
石家庄钢铁	1（5）	1（5）	1（22）	0	3
合 计	291	182	1383	6	1862

表 1-61 河北省钢铁企业中国专利情况

专利权人检索词	发明公布	发明授权	实用新型	外观设计	总 数
河北钢铁集团	291	182	1383	6	1862
新兴铸管	292	134	794	10	1230
文丰钢铁	3	14	25	0	42
国丰钢铁	21	11	68	0	100
邢台钢铁+邢钢	17	10	102	0	129
承德建龙	12	10	55	0	77
唐山建龙	14	9	97	0	120
河冶科技	9	5	5	0	19
津西钢铁	0	3	12	0	15
德龙钢铁	12	3	6	0	21
瑞丰钢铁	2	1	17	0	20
唐山港陆	0	0	7	0	7
唐山东华	0	0	5	0	5
河北前进	0	0	4	0	4
紫山特钢	1	0	2	0	3
河北敬业	1	0	1	0	2
唐山前进	2	0	0	0	2
普阳钢铁	1	0	0	0	1
合 计	678	382	2583	16	3659

注：本表不包括首钢位于河北省行政区的企业。

发明公布、发明授权和实用新型企业分布情况如图 1-104～图 1-106。

从图 1-104～图 1-106 中可以看出，河北省钢铁企业专利申请及授权主要集中于河北钢铁集团有限责任公司（河北钢铁股份有限公司）及所属企业和新兴铸管有限责任公司，其他企业总量基本在 15%以下。

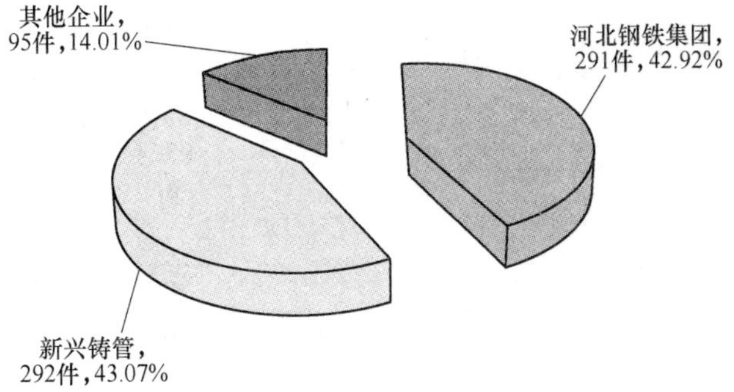

图 1-104　河北省钢铁企业发明公布分布

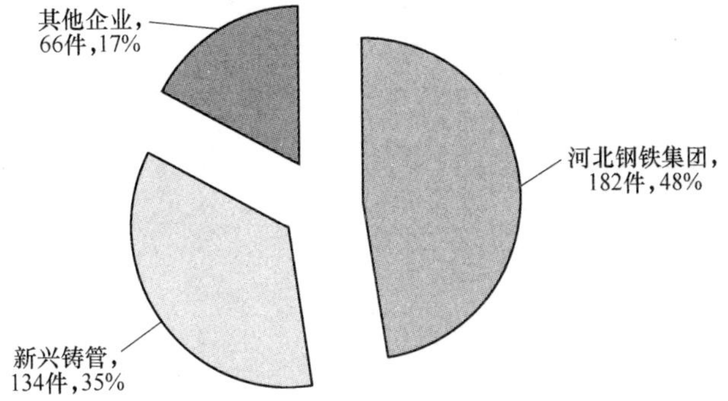

图 1-105　河北省钢铁企业发明授权分布

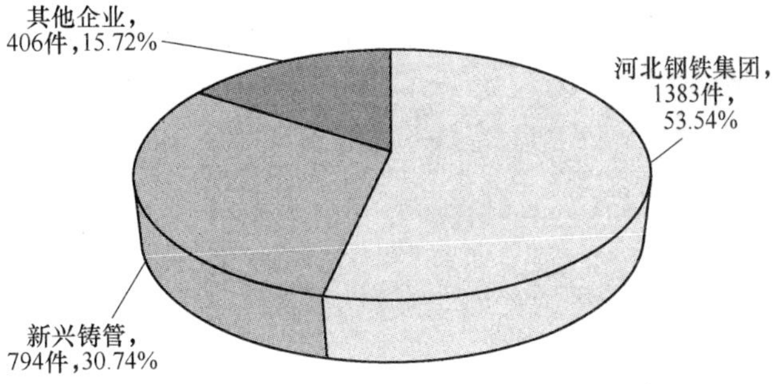

图 1-106　河北省钢铁企业实用新型专利分布

同期国内主要钢铁企业中国专利情况如表 1-62、图 1-107 ~图 1-109 所示。

表 1-62　国内主要钢铁企业中国专利情况

专利权人检索词	发明公布	发明授权	实用新型	外观设计	总 数
宝钢+宝山钢铁	2042	1915	6212	0	10169
鞍钢+鞍山钢铁	1719	992	4197	4	6912
武钢+武汉钢铁	1009	771	3479	19	5278
首　钢	915	627	1008	1	2551

续表 1-62

专利权人检索词	发明公布	发明授权	实用新型	外观设计	总 数
太钢+太原钢铁	594	397	1595	0	2586
山东钢铁+莱芜钢铁+济南钢铁	532	389	1142	0	2063
马钢+马鞍山钢铁	659	254	813	7	1733
河北钢铁集团	291	182	1383	6	1862
新兴铸管	292	134	794	10	1230
沙 钢	99	89	67	0	255
安钢+安阳钢铁	123	59	221	5	408
包钢+包头钢铁	463	40	396	0	899
江苏永钢	244	21	210	0	475
天钢+天铁	40	2	75	3	120
合 计	9022	5872	21592	55	36541

注：本表按发明授权数量排序。

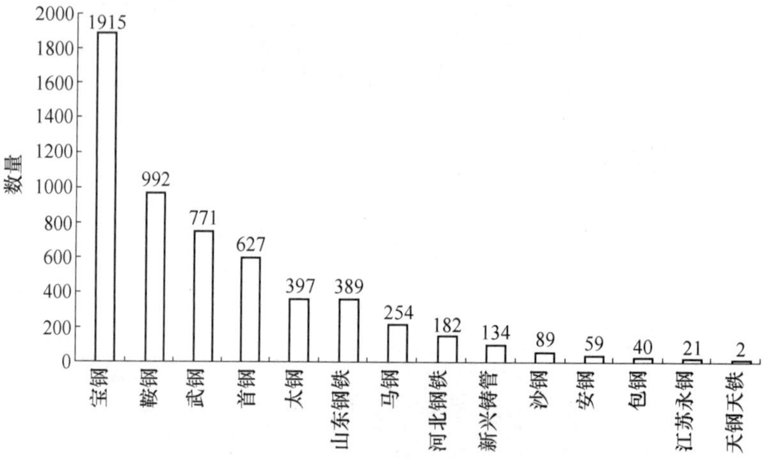

图 1-107 主要钢铁企业中国专利发明授权数量

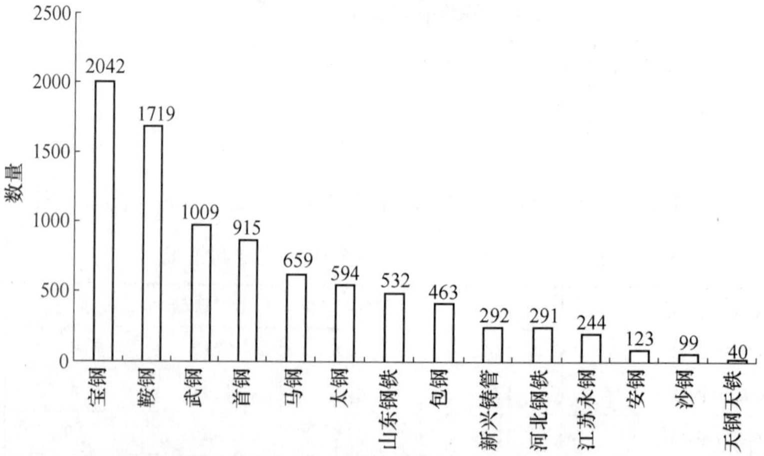

图 1-108 主要钢铁企业中国专利发明公布数量

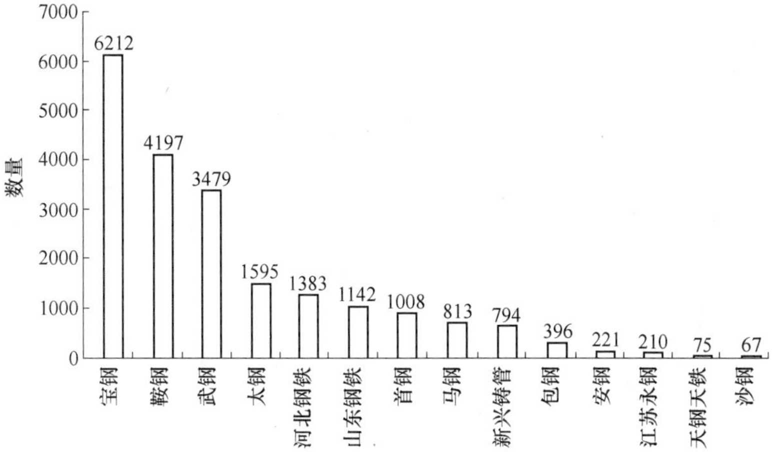

图 1-109 主要钢铁企业中国专利实用新型数量

从表 1-62 可以看出，宝钢、鞍钢、武钢、首钢、太钢、山东钢铁、马钢七个企业（集团）发明授权数量和发明公布数量均超过河北钢铁集团，其中前 5 位企业宝钢、鞍钢、武钢、首钢、太钢专利授权数量超过河北省钢铁企业（首钢所属企业除外），宝钢、鞍钢、武钢、首钢发明公布数量也超过河北省钢铁企业（首钢所属企业除外）。河北钢铁集团和新兴铸管分别位于发明授权数量排行的第 8 位和第 9 位，位于发明公布数量排行的第 10 位和第 9 位。

从专利反映的信息看，河北省钢铁产业科技创新能力与国内主要钢铁企业相比，存在着很大的差距。

（五）高等级科学技术奖获奖数量少

河北省设立了科学技术奖，其中包括技术发明奖和科技进步奖。2009~2014 年六年间，河北省钢铁产业获得技术发明奖三等奖 3 项，分别为 2014 年河北钢铁股份有限公司唐山丰盛分公司“一种超高强度汽车结构钢及其生产方法”、2011 年河北钢铁集团邯郸钢铁集团有限责任公司“一种 CSP 薄板坯生产线冷轧供料的工艺技术”、2010 年河冶科技股份有限公司、中联先进钢铁材料技术有限责任公司“高韧高耐磨冷作模具钢”。

2009~2014 年，河北省钢铁企业、科研单位和高等院校获得的与钢铁产业相关河北省科技进步奖数量情况见表 1-63。

表 1-63 河北省钢铁产业相关科技进步奖获奖数量

年 度	2009	2010	2011	2012	2013	2014	总 计
一等奖	1	1	0	2	0	1	5
二等奖	1	0	1	1	2	1	6
三等奖	8	10	6	13	10	6	53
合 计	10	11	7	16	12	8	64

五、科技创新资金投入不足

从国家层面，对钢铁企业科技创新和技术进步、技术改造的投入多以专项方式与其他行业一起进行，如企业能源管理中心示范项目中央财政资金补助，2009 年、2010 年首先在钢铁产业推行，随后在有色金属、建材、石油化工等行业铺开。2009~2013 年，河北省 30 家钢铁企业的能源管理中心建设示范项目，共投资 25.98 亿元，获得中央财政资金补助 2.41 亿元；一些钢铁企业获得了国家节能项目补助、合同能源管理补助等专项资金支持。

河北省建立了技术改造基金，钢铁企业通过技术改造项目获得了相应的支持。但从河北省钢铁产业整体来看，受经济形势和产能过剩的影响，钢铁产业整体经济效益不佳，在科技创新方面的资金投入较低。企业 R&D 投入占企业销售产值的比例过低，一些钢铁企业甚至基本没有 R&D 投入。

2012 年，河北省研究与试验发展（R&D）经费投入超过 10 亿元的行业大类有 7 个，这 7 个行业的研发费用占全部规模以上工业企业的比例达 78.7%；研究与试验发展（R&D）经费投入强度（与主营业务收入之比）超过 1%的行业大类有 5 个。河北省钢铁产业 R&D 投入 64.35 亿元，位居制造业中各行业之首，但投入强度仅为 0.56%，排在制造业 28 个行业的第 9 位。2012 年全省制造业规模以上工业企业 R&D 经费情况见表 1-64。

表 1-64 2012 年全省制造业规模以上工业企业 R&D 经费情况

行　业	经费/亿元	投入强度/%
汽车制造业	22.29	1.51
医药制造业	11.02	1.48
仪器仪表制造业	0.89	1.27
电气机械及器材制造业	18.44	1.26
专用设备制造业	10.54	0.91
铁路、船舶、航空航天和其他运输设备制造业	3.58	0.89
化学原料及化学制品制造业	13.6	0.68
计算机、通信及其他电子设备制造业	2.09	0.62
黑色金属冶炼及压延加工业	64.35	0.56
化学纤维制造业	0.44	0.55
有色金属冶炼及压延加工业	2.89	0.54
通用设备制造业	5.6	0.53
印刷和记录媒介的复制	0.9	0.44
酒、饮料和精制茶制造业	1.45	0.39
食品制造业	2.63	0.36
非金属矿物制品业	5.86	0.34
纺织服装、服饰业	1.21	0.33

续表 1-64

行　　业	经费/亿元	投入强度/%
橡胶和塑料制品业	2.09	0.22
金属制品业	3.5	0.17
农副食品加工业	1.92	0.1
纺织业	1.37	0.1
皮革、毛皮、羽毛及其制品和制鞋业	0.76	0.08
其他制造业	0.02	0.06
家具制造业	0.07	0.04
石油加工、炼焦及核燃料加工业	0.91	0.04
造纸及纸制品业	0.15	0.03
文教、工美、体育和娱乐用品制造业	0.03	0.02
木材加工及木、竹、藤、棕、草制品业	0.01	0.01
制造业合计	179.33	0.51

2013 年，河北省研究与试验发展（R&D）经费超过 10 亿元的行业大类有 7 个，这 7 个行业经费占全部规模以上工业企业的比例达 76.0%；研究与试验发展（R&D）经费投入强度（与主营业务收入之比）超过 1%的行业大类有 6 个。钢铁产业（黑色金属冶炼及压延加工业 R&D 经费 72.39 亿元，在制造业 31 个行业中依然居首位，但投入强度排名第 14 位，比上年下降 7 位。2013 年全省制造业规模以上工业企业 R&D 经费情况见表 1-65。

表 1-65　2013 年全省制造业规模以上工业企业 R&D 经费情况

行　　业	R&D 经费/亿元	投入强度/%
农副食品加工业	2.13	0.1
食品制造业	2.52	0.3
酒、饮料和精制茶制造业	3.32	0.75
金属制品、机械和设备修理业	0.86	2.51
医药制造业	15.35	1.84
汽车制造业	31.01	1.7
仪器仪表制造业	1.3	1.54
铁路、船舶、航空航天和其他运输设备制造业	6.33	1.44
电气机械和器材制造业	17.81	1.04
计算机、通信和其他电子设备制造业	3.58	0.92
专用设备制造业	11.01	0.86
化学原料和化学制品制造业	15.91	0.69
化学纤维制造业	0.48	0.63
黑色金属冶炼和压延加工业	72.39	0.63
通用设备制造业	6.91	0.57
木材加工和木、竹、藤、棕、草制品业	1.09	0.48

续表 1-65

行业	R&D 经费/亿元	投入强度/%
有色金属冶炼和压延加工业	2.13	0.38
纺织服装、服饰业	1.4	0.35
非金属矿物制品业	6.49	0.34
橡胶和塑料制品业	3.39	0.31
印刷和记录媒介复制业	0.7	0.25
金属制品业	4.48	0.19
其他制造业	0.05	0.16
石油加工、炼焦和核燃料加工业	2.93	0.14
造纸和纸制品业	0.28	0.06
纺织业	0.85	0.05
皮革、毛皮、羽毛及其制品和制鞋业	0.55	0.05
文教、工美、体育和娱乐用品制造业	0.14	0.05
家具制造业	0.07	0.04
烟草制品业	0	0
废弃资源综合利用业	0	0
制造业合计	215.46	0.57

河北省钢铁产业 R&D 投入强度与全国钢铁产业、河北省全省的对比如图 1-110 所示。

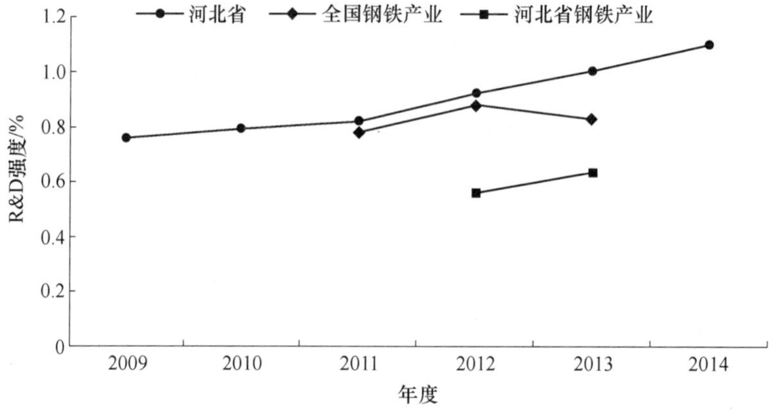

图 1-110 R&D 投入强度对比

六、标准制修订与发展脱节

技术标准是科技创新的基础，科技创新必须以已有的技术和技术标准为基础，没有现行的标准（技术的积累），创新也就失去了平台，失去了起点；科技创新是对原标准的突破，是新技术标准的源泉，是提高技术标准水平的前提，也是新技术标准参与更广范围内竞争的保证；新技术标准是科技创新成果向现实生产力转化的桥梁和载体，加速了技术创新成果扩散的速度，进一步巩固和扩大了技术领先地位和市场份额。

河北省钢铁产业相关单位主导或参与起草的国家标准和行业标准较少，与钢铁大省的地位极不相称。涉及钢铁产业的河北省地方标准数量有限，不能适应钢铁产业发展的需要。

河北省钢铁产业在标准制订和修订方面，与产业发展明显脱节，很多新产品没有行业标准、地方标准，甚至没有企业标准，一些新技术、新工艺没有列入标准制修订计划。2014 年，钢铁行业制订的河北省地方标准仅仅只有《热轧轻型薄壁工字钢》和《钢铁企业节水技术导则》等几项。

在 2015 年工业和信息化部第一批行业标准制修订计划列入的 30 项钢铁行业标准中，河北省钢铁企业只有河北津西钢铁集团股份有限公司与马钢、冶金工业信息标准研究院共同承担了一项一般标准《H 型钢腹板平面度检验平尺》的起草任务，且排在第 3 位。

七、专业人才分布不均衡，缺乏科技创新人才

河北省钢铁产业人才大量集中于高等院校、研究机构、国有企业和上市公司，绝大多数民营钢铁企业技术人才和管理人才严重缺乏。有一年产粗钢 2000kt 的民营钢铁企业，竟无一人能够编制企业能源平衡表；有一企业竟然派出办公室负责编印企业报的人员参加河北省工业和信息化厅组织的企业信息化建设培训。

2009~2013 年，河北省钢铁产业研发人员（包括各种学历从事研发工作的人员）所占比分别为 6.05%、6.13%、6.26%、6.39% 和 7.08%，总体处于上升趋势，但尚未达到全国钢铁行业 2009 年 7.25% 的行业平均水平，与大型企业 2009 年 9.21% 的比例相差更大。

技术工人所占的比例，河北省钢铁产业 2013 年为 66.14%，基本相当于全国钢铁行业 2009 年的平均水平，比大型企业 2009 年低 13.44 个百分点。与全国相比，河北省钢铁产业技术人才和管理人才比例相对较低，且技术人才更集中于高等院校、研究机构、国有企业和上市公司，绝大多数民营钢铁企业技术人才和管理人才严重缺乏。从技术工人层次看，河北省职业教育和技校中钢铁类毕业生也存在着比较严重的流失现象。

环绕京津的地理位置，本来是河北省的优势，但由于各种原因，产生了人才倒流现象，科技创新急需各层次的各类人才，河北省钢铁产业却难以吸引技术人才和管理人才，特别是研发人员等高端人才。

河北省钢铁产业技术人才短缺，科技创新能力较强的高端人才更是其短板。除了客观原因，企业的“人才战略”或者“人才观念”也是一个问题。很多钢铁企业特别是民营钢铁企业，往往会以高薪酬、高待遇去“挖人才”，却忽视了培养自己的人才，忽视给人才创造可以进行创新的环境。结果导致高价挖来的人才留不住，某个企业甚至出现了总经理如“走马灯”，时常更换的怪象，自己又没有培养出可用的人才，“两头落空”。

人才，是河北省钢铁产业科技创新的重要瓶颈。

第二章 国内外钢铁产业技术发展趋势

技术与工艺既有关系又有区别。技术指人类社会为实现社会需要而创造和发展起来的手段、方法和技能的总和；工艺则指劳动者利用生产工具对各种原材料、半成品进行增值加工或处理，最终使之成为制成品的方法与过程。

作为钢铁产业生产力的技术，包括工艺技巧、劳动经验、信息知识和实体工具装备，包括钢铁产业的技术人才、技术设备和技术资料；而制定工艺的原则是技术上的先进性和经济上的合理性。工艺是钢铁产业技术在钢铁生产过程中的具体体现，也是钢铁产业技术用于钢铁生产实践的主要载体。

近年来，国内外钢铁产业技术取得了长足进展，在产品（钢铁材料）、装备、工艺、节能减排、两化融合及其他等方面均有突破，为钢铁产业的发展做出了突出贡献。

十几年来，我国现代钢铁产业技术的主要发展是提出了新一代钢铁生产循环流程新理念，并用于建设和改造钢铁企业；利用现有生产装备在优化工艺技术的基础上，基于高洁净、高均匀性和超细晶钢的理论，高效生产高强韧性钢材；大力促进薄板坯连铸连轧紧凑流程工艺与装备技术的发展；在冶金反应工程、冶金热能工程、冶金物理化学、钢铁冶金、轧制和冶金设备、自动化与信息化方面取得一批理论与技术成果。

我国钢铁产业科技创新的主要方向是加快新一代钢铁流程工艺与装备的进一步深化集成创新和理论创新，结合钢铁企业建设和全面技术改造将其付诸实践；大力开展熔融还原、氢还原、凝固与加工、最优能耗结构和以钢铁企业为核心的生态工业园等一系列钢铁生产最优化的理论和技术研究；同时将产品开发放在突出位置，以满足钢铁企业技术升级和产品更新换代的技术需求。

第一节　产品及钢铁材料

产品由钢铁向材料转型，是钢铁产业产品发展的重要趋势，其实质就是改变产业模式；最终导致重新定义钢铁业，挣脱钢铁的束缚，跳出钢铁看钢铁，以进入或创造一个新的产业；钢铁企业从只卖产品转向卖产品和出售服务同时并重，并最终转向服务是盈利的主要来源，产品不过是服务的载体。

一、国内钢铁产品基本情况

随着国民经济的高速增长及工业化、城镇化等对钢铁材料的日益增长需求，我国钢铁工业以举世空前的速度扩张了规模，钢铁产量迅速增加，钢铁产品质量也有了较大提高。目前除少数大类品种外，其他钢材我国都已能够完全自给，关键钢材产品如汽车用钢、管线钢、硅钢、船板等钢材的产量大幅提高，22 大类钢材品种中有 18 类钢材国内市场占有率达到 95%以上，某些钢材品种包括板材、管材已打入美国、日本、西欧和韩国等市场。钢铁工业品种质量已基本能满足各用钢部门的需求，部分出口钢材品种采用国际标准生产，达到发达国家用户的要求。

由于钢铁生产结构的优化完善和炼钢工艺水平的提高，我国钢材洁净度水平大幅度提高，使转炉钢品种逐步扩大，高速铁路用钢轨钢、汽车用 IF 钢、先进高强度钢板和汽车面板，中高牌号取向和非取向电工钢板，高强度造船板、桥梁板和容器板及 X80 级油气输送管用钢，高品质轴承、齿轮和非调质钢，高强钢丝如帘线钢、弹簧钢丝等许多高品质钢产品，都已在转炉钢铁企业炼钢厂稳定生产，成为近几年来钢铁产品结构优化的主要基础。

与世界钢铁强国相比，我国尚未形成基础性和前瞻性研究、生产技术储备、应用创新研究、引导市场消费的钢铁新材料完整体系，仅能满足当前用户需求。部分高性能的钢铁材料、核心部件和重大装备仍严重依赖进口，关键技术受制于人，大飞机、高速列车、新能源汽车等重点工程和电子信息、节能环保等重要产业需要的一系列关键钢铁材料、技术仍尚未完全突破。如我国一般强度级别的冷轧汽车板品种虽与国际先进水平相当，但钢板表面质量和性能稳定性等仍存在一定的差距；高强度级别冷轧汽车板品种差距很大，抗拉强度 1000MPa 以上的品种基本处于研发阶段，仅有宝钢等少数企业进行了试制及小批量生产。一些高技术含量的高端产品，如高速铁路用车轴、高速铁路用轴承钢、特种耐腐蚀油井管、船用耐蚀钢、工模具钢、高牌号无取向硅钢、高磁感取向硅钢等关键钢材产品仍需进口。

我国钢铁工业高技术含量、高附加值钢铁产品比例明显偏低，相关工艺、装备和产品多为引进创新，缺乏自主创新和原始创新。钢铁工业产能过剩的现状，又使企业间恶性竞争加剧；同质化严重的单一产品结构，又严重挤压了市场空间；自主研发能力不足，使得新兴产业急需的钢材仍依赖进口。

钢铁工业必须抓住我国快速发展的历史机遇，以技术创新为引领，实现全面技术升级，优化产品结构，提高产品质量，面向海洋、能源、交通等我国中长期发展的战略重点领域，自主研发急需的新钢材、新工艺、新技术，满足国家在国家经济建设重点领域对高性能钢铁材料的需求。

二、普通钢技术发展现状

（一）建筑用钢

钢筋是房屋建筑消费最主要的钢材品种。我国建筑行业用钢筋、线材品种基本能够满足国内市场需求。随着绿色建筑的发展和建筑安全性的提高，高强度、功能性钢筋的需求急剧增加。高强度钢筋在国内的推广应用近年来虽有长足进步，但与国外发达国家相比还存在很大差距。美国、英国、日本、德国、俄罗斯等国家及东南亚国家已普遍采用了Ⅲ级钢筋，主筋均采用400MPa级和500MPa级钢筋，有的强度等级甚至达到700MPa级，而国内建筑钢结构用钢主要以Q235、Q345为主。

随着建筑钢结构向大跨度和多层、高层发展，在建筑用钢“减量化”及建筑安全性要求进一步提高的大趋势下，钢结构用钢将向高强度、耐候、耐蚀方向发展。

（二）桥梁用钢

随着钢结构桥梁向大跨度和全焊接结构方向发展，对桥梁结构的安全性、可靠性及使用寿命的要求越来越高，相应地对钢材质量提出了更高的要求，不仅要求其具有高强度以使结构轻量化，且应具有优良的低温韧性、焊接性和耐蚀性等，以使钢结构安全、可靠和长寿。

美国桥梁用钢主要有AASHTOM270、ASTMA709和类似于ASTM牌号的三个标准系列。自20世纪90年代以来，由美国钢铁学会、美国公路管理署、美国海军和米塔尔美国公司联合研究高性能钢，先后开发了HPS50W、HPS70W和HPS100W系列钢种。日本、美国及欧洲分别投入大量资源开发了满足上述要求的高性能桥梁用钢，取得了可观的经济效益和社会效益。

日本桥梁用钢主要向高性能钢方向发展，新日铁和JFE公司相继开发了BHS500及BHS700系列高性能桥梁用钢。对于悬索桥和斜拉桥，减少桥梁结构的自重能显著减少桥梁建设成本，屈服强度为700MPa的高性能桥梁用钢对于这类桥梁的减重非常有效。考虑到梁式桥占桥梁类型的大多数，500MPa将成为高性能桥梁用钢最基本的强度值。

（三）能源用钢

随着世界经济的快速发展，对石油、天然气的需求日益增加，高级别管线钢已成为钢铁工业能源用钢发展的重要方向。管线用钢的抗大变形能力，将成为今后我国管线用钢的研究重点。必须开发性能更好的管线钢，满足-45℃低温韧性要求的管线钢，抗大变形管线钢，深海油气管道钢管，酸性服役钢管等，以应对复杂环境、复合载荷等对管线安全性的挑战。

“矿用可移动式救生舱”是煤矿必须安装的六大系统中紧急避险系统的重要技术装备。救生舱用钢是亟须研发的重点之一。

我国创新了高强韧25%Cr奥氏体钢管成套生产技术，深入研究了韧性过低的物理冶金机理，设计了保障高强韧的新成分，研发了新工艺，解决了晶粒过细和混晶的问题。我国600 ℃锅炉管技术从无到有，发展到全面掌握，现已达到世界领先水平。2008~2013年，我国国产锅炉管国外市场占有率从0%提高到25%，2013年出口128kt。

（四）轨道交通用钢

我国基本形成了主要客运专线网络，高速列车是高速铁路的标志性装备，轮对是高速列车关键零部件之一，其组成主要包括车轮、车轴、齿轮箱、轴承、制动盘等部件。轮对设计技术水平和材料质量要求都很高，加工精度要求严格，制造工艺复杂，属于高技术含量产品。国内现有的普通辗钢车轮和车轴的生产能力，但无法满足未来铁路发展对高铁轮对的市场需求。据铁路部门预测，高速车轮年需求量大约为 28 千片，车轴需求为 10 千~20 千根。国内已投入使用的高速动车组轮对全部进口，尽快实现轮对国产化以满足国内高速铁路发展需要是亟待解决的问题。

近年来，马钢投资 9 亿元上马第三条车轮辗压线已于 2008 年 11 月投产；由晋西集团和太重集团等重点铁路装备生产企业组成的太原铁路装备制造工业园正在加紧规划建设。高速列车轮对的主要零部件（车轮、车轴、轴承）对钢材的洁净度和性能稳定性等要求非常高，目前国内高铁空心轴坯、车轮坯、轴承钢等高品质材料产品关键技术方面仍需攻关。

（五）船舶及海工用钢

海洋工程用钢要求历来最严苛。国际著名的船级社，如挪威船级社、美国船级社以及英国船级社等对各类用钢的生产制造、性能指标、设计使用等均明确了一系列的规范，所在国家的技术规范已经经过大量的基础和应用研究，并得到了广泛的应用。

我国海洋工程项目近年来发展迅速，除关键部位所用大厚度、高强度钢材依赖进口，我国各种级别海洋平台钢已经基本涵盖世界上各大船级社的规范，部分级别钢种已经得到应用。但是，由于我国海洋工程设计比较落后，国产海洋工程用钢的性能并不十分稳定，特别是其使用性能的研究相对脱节和落后，缺少实际使用性能数据，大大制约了高性能海洋平台钢在我国自主设计的海洋平台的应用。

海洋结构在波浪、海潮、风暴及寒冷流冰等严峻的海洋环境中应用，要承受严酷的载荷和复杂的腐蚀环境影响，具备高强度、高韧性、抗疲劳、耐海水腐蚀、抗层状撕裂及良好的可焊性等众多综合性能是对海洋工程用钢的要求。极低温环境、超深作业等需要进一步提高钢铁材料的性能，增加安全与可靠性，抵御各种复杂、苛刻的环境和条件，避免产生生态灾难。

（六）高强度汽车用钢

近年来汽车工业发达国家的汽车用钢技术发展表现在以下几个方面。

1. 高强化

高强度、易成型、高表面质量、高均匀性、高纯净度、微细组织、高精度等是冶金新材料提高质量、改进性能的共同要求，需要通过高纯度精炼、组织精确控制、无缺陷或少缺陷铸造、高精度轧制、高的涂镀控制等新工艺、新技术实现。

2. 高塑化

为了扩大应用范围，必须进一步提高汽车用钢的塑性，即成型性能，以达到高强塑积，需要通过多相、亚稳组织的多层次、多尺度调控技术、动态变形特性与机理、高锰钢的耐延迟开裂特性、亚稳复相组织在焊接热影响区的演变与控制等来实现。

3. 功能化

汽车构件的使用要求不同，对钢材的要求不同，特别是某些构件在轻量化的同时还要提高其各种使用性能，如形状精度、疲劳、焊接、刚度、抗凹痕性，必须根据构件的使用要求和具体工艺要求来开发钢种，不仅达到钢种的力学性能，而且满足构件的功能化要求，如车轮钢必须满足车轮的疲劳寿命要求和闪光对焊的焊接性要求，需要通过高纯度精炼、组织精确控制、无缺陷或少缺陷铸造、高精度轧制、碳当量控制、带状组织控制等来实现。

三、特殊钢技术发展现状

特殊钢是相对于普通钢的一个概念。普通钢包括了大部分碳素钢和部分低合金钢，它是作为建筑、桥梁、船舶、车辆、大型构件、锅炉和压力容器等一般用途的，需要保证强度和塑性，并具有良好焊接性能的钢类。特殊钢则包括了绝大部分合金钢和部分碳素钢，它是具备高强度、高韧度、良好工艺性能和特殊服役性能的，应用在普通钢无法满足要求的特殊场合的钢类，如用于制造机械零件的优质碳素结构钢、作为工具使用的碳素工具钢、和作为高级碳素钢线材使用的钢丝线材等，具备高强度和高韧度、良好焊接性能的、专门用途的高强度低合金钢等。相对于普通钢而言，特殊钢具有品种多样化和性能多样化的特征，4000 多个钢铁材料品种中特殊钢占据了绝大多数。由于特殊钢产品可以具有高强度、高韧度、长寿命、耐高温、抗低温、耐磨损、耐腐蚀等特征，所以应用于制造服役条件要求高的部件。

特殊钢是重大装备制造和国家重点工程建设所需的关键材料，是钢铁材料中的高技术含量产品，其生产和应用代表了一个国家的工业化发展水平，世界钢铁大国在粗钢产量达到一定规模后，其发展的共同点就是特殊钢比例上升。特殊钢占钢产量的比例、特殊钢产品结构、特殊钢质量和特殊钢应用等成为反映一个国家钢铁工业发展水平的重要标志。

特殊钢在各个领域的需求和应用是最为广泛和重要的，几乎所有的服役部位均需要采用高品质特殊钢或合金材料以保证关键零部件的安全可靠性。以航空特殊钢为例，结构减重、耐久性损伤容限设计、长寿命高安全可靠以及符合适航等要求特殊钢的品质进一步提高，锻件向大型化、精密化发展。

近年来，世界特殊钢产量占钢总产量的比例为 9%~10%。工业发达国家的特殊钢产量一般占 15%~20%，其中瑞典比例最高，达到 50%，其次为德国、日本、意大利和韩国，分别占 22.54%、18.81%、17.42%和 13.02%，我国仅为 5%。特殊钢市场是一个不断发展变化的国际性市场。通常日本特殊钢材出口为 4000~5000kt/a，占国内特殊钢材产量的 20%~30%，占世界特殊钢市场份额最大。其他国家，如德国、法国、瑞典、比利时、英国等，也都有较大的国际市场份额。上述 6 个国家在国际市场共计占有 90%份额。特殊钢产业总体发展水平最高的国家是日本，其他一些发达国家在某些特殊钢品种上居领先地位，如瑞典的轴承钢和工模具钢、法国的不锈钢和精密合金、奥地利的工模具钢、美国和英国的高温合金等都处于国际一流水平。

特殊钢扁平材、管材、棒线材、锻材、丝材的专业化生产已成为国外特殊钢行业重要的发展趋势。发达国家的大型综合特殊钢企业、大型钢铁联合企业的下属特殊钢分公司和特殊钢专业性企业，都具备结构紧凑的专业化生产线。国际上先进的特殊钢及其生产技术一是新一代高品质特殊钢不断涌现，品种结构不断调整，以满足社会经济发展对高性能材料的需要；二是特殊钢生产工艺流程日趋专业化、紧凑化和高效率，以降低生产成本和提高钢材质量；三是特殊钢专业化生产技术水平及产品质量不断提高，钢材纯净度、化学成分精确控制度、性能稳定性、表面质量和尺寸精度等控制水平不断提高。

国外特殊钢企业近年来发生了很大变化，特别是欧洲的一些特殊钢企业，过去规模和数量与我国特殊钢企业相似，现在其企业数量已大大减少。经过结构调整，组建了具有较大规模和竞争力的企业集团。

工业化国家形成的特殊钢生产企业结构大体上可以分为下述三种类型。一是大型综合特殊钢公司，一般年钢产量为1000~1500kt，生产的钢种数百个到一千多个，品种大多为长型材（棒线材及部分管材）、锻件、铸件或部分窄带钢，产品规格范围较大。采用铸锭生产的钢材占一定比例；二是大型钢铁联合企业的下属特殊钢厂，拥有高炉—转炉—热轧—冷轧生产流程的大型普通钢厂所属的长型材厂生产合金钢棒材和线材，扁平材厂生产不锈钢等；三是特殊钢专业性企业，钢的年产量在1000kt以下（一般为200~600kt），具有一条结构紧凑的生产线，产品单一（只生产棒线材、锻材、板材或钢管中的一种），市场日趋全球化，如特殊钢板带厂、特殊钢棒线材厂（碳结钢和合金钢）、特殊钢锻件厂、特殊钢钢管厂等。

近年来世界工业发达国家的特殊钢技术发展一是特殊钢性能高级化，二是特殊钢品种规格多样化，三是特殊钢应用研究深入化。

四、普通钢国内外技术发展趋势

（一）钢筋

随着我国城镇化、工业化不断深入，建筑行业标准逐步提升，对建筑安全性、节能减排等方面提出了更高的要求，我国钢筋产品的结构优化方向应朝着低成本、高强度化、功能化方向发展。

1. 向高强度方向发展

为促进建筑钢材升级换代和推进钢材“减量化”，2012年初，工业和信息化部、住房和城乡建设部联合印发了《关于加快应用高强钢筋的指导意见》，明确指出：2015年底，高强钢筋的产量占螺纹钢筋总产量的80%，在建筑工程中使用量达到建筑用钢筋总量的65%以上。

2. 向抗震方向发展

我国属于多震地区，绝大部分地区建筑结构都需要抗震设防。汶川地震等使社会对建筑物的抗震性和牢固性、对房屋建筑的安全性的要求更高，高强抗震钢筋必将迎来快速发展。

3. 向耐腐蚀、耐火方向发展

减少防火涂料和防火包覆的使用，从而减少污染、缩短工期、减少或不必进行防腐维护，节约维护工本，是耐火耐候钢筋的优势所在。使用耐火耐候钢筋，可以节约综合成本20%以上，是一种性能很好的经济类钢材。钢筋的耐腐蚀性能已成为工业化国家的主要研究课题，通过加入耐腐蚀元素或采用涂层、阻锈剂等方法和工艺，可生产出不同强度级别的耐候钢筋和在特殊场合使用的耐腐蚀钢筋。

（二）线材

绿色线材，高强度、高性能线材产品已成为我国线材的发展方向。“十二五”期间，在加快建设“资源节约型、环境友好型”钢铁企业的进程中，线材产品成为环境友好型产品的着力点，推动了线材产品结构调整。

（三）热轧宽带钢

随着建筑行业减量化用钢的要求，根据不同地域对建筑施工安全性的要求，参照国外成熟的经验和做法，用于制作冷弯型钢的热轧宽带钢将向高强度、耐候、耐腐方向发展。同时发展成型性优异的高强及超高强热轧钢板、高耐候结构钢等高强热轧板产品。

（四）中厚板

近几年，我国的高层、超高层及大跨度钢结构建筑的建设进入了快速发展时期。随着钢结构建筑高度的不断增加、跨度的不断增大，一些构件所承受的约束力越来越大、越来越复杂。对钢材的性能和品种规格也提出了更高的要求，建筑用钢板正朝着高性能（高效）的方向发展。

（1）发展高强度建筑用钢板。

采用强度更高的钢板，不仅能够降低施焊难度，而且有利于提高构件焊接节点的可靠性。为满足建筑钢结构的发展需要，强度级别更高的Q390~ Q460级建筑结构用钢板将成为发展趋势。

（2）发展抗震钢板。

为了满足抗震需要，要求钢材具有较低的屈强比，较高的塑性和韧性，从而提高整体结构的延性，增加建筑结构在地震荷载作用下的安全裕度。

（3）发展耐火耐候钢板。

为降低建筑钢结构的维护成本和抗火性能，根据不同建筑结构的需要，应能提供耐候、耐火钢材，使钢材的耐候抗蚀性能成倍提高，在一般气候条件下可裸露使用。在规格品种方面应更为多样化，如厚板和超厚板材等。

（五）型材

随着钢结构建筑推广应用政策与各方面条件的落实，建筑轻量化是必然趋势，随之，经济型材的用量将会持续增加，为此，我国 H 型钢将向着高强度 H 型钢、功能型 H 型钢和经济型 H 型钢方向发展。

（六）涂镀层板

随着建筑行业低成本、产品多样化及绿色环保的需求，涂镀层板将向资源节约、环境友好产品方向发展。镀锌板方面，高强度和超高强度热镀锌板等高质量、高档次产品是镀锌板发展趋势。彩涂板方面，用于建筑行业的薄规格、优良耐蚀性、较高强度的彩涂板是未来彩涂板主要发展方向。

（七）管线钢

目前，国内外油气长输管线钢的研究基本是在美国 API 标准的基础上不断追求强度等级的提高。在油气田内腐蚀中，CO_2/H_2S 腐蚀的后果相当严重，油田油井使用的耐腐蚀钢管采用的基本都是含贵金属较多的合金钢，如 Cr13 马氏体不锈钢、Cr22 双相不锈钢、Cr25 超级双相不锈钢、含 Ni35%以上高 Cr- Ni 不锈钢，Ni 基合金等解决油田管道的 CO_2/H_2S 腐蚀。日本川崎公司最近成功地研制出抗 CO_2腐蚀的钢种用于 CO_2环境及 CO_2和少量 H_2S 的环境。开发优质抗 CO_2/H_2S 腐蚀的高等级管线钢是我国钢铁产品科技创新的主攻方向之一。

国内外已建成的矿浆管道，大多采用石油天然气长输管道用 X 系列的高强度管线钢管，其主要特点是除了具有较高的强度外，还具有较好的韧性和可焊性。但作为矿浆输送用管材，除了应具备以上特点外，还应具有较强的耐磨性。2011 年以前国内外针对矿浆输送专用管材的开发还处于空白阶段。2011 年初，武钢与中煤科工武汉院签订联合开发煤浆管、材技术合作协议，启动了煤浆输送管线用板卷和钢管的开发与生产，武钢、沙钢现已具备批量生产煤浆输送管线用 X65 钢管的能力。

（八）矿用救生舱专用钢

矿业发达国家对矿井事故的应急救援工作十分重视，将救生舱作为地下矿山应急救援工作的重要部分进行了大量的研究。近年来，美国、澳大利亚等国的救生舱生产商加快了煤炭井下救生舱的研究和开发，在关键技术领域处于明显的领先地位。

国外应急救生舱一般为车体式结构，舱体由钢板组成。相对于其他采矿业发达国家，我国对于矿井救生舱的研制起步较晚，相关现场调查、基础试验等数据很少，截至目前，我国还没有一个完整的行业标准，更未开展相关检测检验项目。

（九）轨道交通用钢

国外生产高铁轮对及零部件的厂家主要是日本住友金属公司、意大利鲁奇尼钢铁机械公司、德国波鸿车轮公司（BVV）、法国瓦顿公司、捷克 Bonatrans 公司等。

1. 高铁车轮用钢

日本是高速铁路发展最早的国家。高速车轮一直为高碳碳素钢车轮，采用高强度技术路线。历经40余年的高速运行实践，表现出极高可靠性，且故障率很低。说明车轮与日本高速铁路使用条件的匹配度良好。

欧洲标准则显得刚性，通过详细的技术要求使标准具有极强的可操作性，可以直接用作为产品技术条件。欧洲高速车轮材料采用中碳非合金钢ER7或ER8车轮，特别强调韧性，执行高韧性技术路线。法国TGV20世纪90年代前使用ER7车轮，因剥离、辗宽而造成的返修率较高，显然与强度偏低有关。后来采用了强度较高的ER8车轮，其出发点是在不降低韧性的同时大幅度提高强度，从而提高接触疲劳强度。

日本和欧洲的高速车轮都保持了极高的可靠性。高速铁路因车轮质量问题而发生的行车安全事故仅有德国ICE的颠覆事故一次。事故原因有两方面，一是车轮内部非金属夹杂物导致疲劳裂纹萌生与扩展；二是车轮类型选择不当，车轮为弹性组装车轮，不是整体车轮，疲劳裂纹扩展使车轮完全断裂，导致事故。这一事故说明，冶金质量是影响高速车轮安全性的第一要素，欧洲标准对车轮冶金质量（非金属夹杂物、残余元素、气体含量、超声波探伤等）做出具体而严格的要求。

高速铁路发展的40余年来，车轮生产工艺装备和技术水平发生了重大变化和质的飞跃。总体来说，日本和欧洲高速车轮标准（技术条件）在用钢质量水平、尺寸精度方面的要求具有共同性，而在车轮材料及其性能上的要求存在显著差异。因此，无论借鉴日本标准还是欧洲标准，都能够确保高速车轮的安全性。

2. 高铁车轴用钢

车轴是机车车辆承受动载荷的关键部件，受力状态复杂，疲劳断裂是车轴的普遍失效形式。为了防止其轴颈部位的迅速磨损，还应具备一定的表面硬度。高速列车上普遍采用空心车轴，欧洲和日本在高铁车轴力学性能方面遵循的标准不同，选用的材料也不相同。

采用中碳钢车轴表面感应淬火，是提高疲劳寿命最为经济而有效的方法。日本采用碳素结构钢（S38C）经过调质处理后再沿车轴纵向进行表面高频感应淬火热处理工艺，在淬硬层内获得非常细的马氏体组织，使表面强度显著提高，同时产生压缩残余应力。表层的硬化可以提高车轴的耐磨性和抗冲击性，通过产生的压缩残余应力，能提高车轴的疲劳强度。淬硬层越深，疲劳强度越大，车轴高频淬火强化技术在我国尚未应用。

欧洲采用合金钢车轴常选用25CrMo4钢或30CrNi3钢，以强化技术采用车轴调质热处理，轮座部位喷钼，其余部位采用滚压表面强化。由于喷涂层与基体结合强度小，滚压强化层较浅，对车轴的材质、喷涂及滚压工艺要求较高，成本也较高。

日本高速车轴的原材料成本低，但热处理工艺复杂，工艺参数控制精度高。而欧洲高速车轴的原材料成本高，但热处理工艺相对简单。以目前国内车轴热处理工艺的技术水平，采用欧洲材质和工艺相对容易实现国产化。高频感应淬火热处理工艺还有待进一步研发。

3. 高铁轴承用钢

国外高速列车轴承保持了极高的可靠性。轴承钢冶金质量作为影响高速列车轴承可靠安全性的第一要素受到重视，国外标准，特别是企业技术条件对轴承钢冶金质量（非金属夹杂物、残余元素、气体含量、超声波探伤等）都作出了具体而严格的规定。

日本高速列车轴承材料从高碳铬轴承钢发展为渗碳钢，一直采用高洁净度和高强度路线。历经40多年的新干线高速运用实践，表现出极高的可靠性，且故障率很低，仅出现一次故障，轴承材料与日本高速铁路使用条件匹配度良好。

欧美高速铁路轴承材料采用渗碳钢，特别强调韧性，采用的是高韧性基础上的高强度技术路线，在保证可靠性的基础上，逐渐增加轴承接触疲劳寿命。

低碳钢表面渗碳处理是提高接触疲劳寿命最经济且有效的方法。经过渗碳热处理工艺，淬硬层内获得非常细的马氏体组织，使表面强度显著提高，同时产生压缩残余应力。表层的硬化可以提高轴承的耐磨性和抗冲击性，通过压缩残余应力，可明显提高轴承的接触疲劳强度。目前，高速列车轴承都采用渗碳钢，高速列车轴承控制原材料中Cr/Ni/Mo含量可以降低一定成本，但热处理工艺控制要求较高。渗碳热处理工艺以及渗碳层控制技术乃至轴承设计和制造（结构设计、制造、润滑、密封）工艺技术等还有待进一步研发。

（十）船舶及海工用钢

与世界上先进的船舶制造及海洋工程装备设计制造技术相比，我国还存在很大差距。我国建造的船舶，60%~70%为低技术含量的散货船，高技术含量的钻井船、液化天然气船等很少。在海洋工程装备领域，国外深水钻探最大水深已达3095m，我国1480m。国外已开发油气田最大水深为2743m，我国300m，其中自主开发的装备采油能力不大于200m水深，与国外有近10年的差距。南中国海水深在500~2000m，目前不具备在这种海域进行油气勘探和生产的装备技术。

船舶及海洋工程结构的耐腐蚀性近年来越来越受到关注。近年来，国际海事组织（IMO）先后通过了压载舱涂层防护标准（PSPC）以及货油舱用耐腐蚀钢性能标准（mSC87），使得相关研究工作变得更加紧迫。在压载舱环境下，船板钢经受高温、高湿以及Cl^-的共同侵蚀，尤其在压载舱的潮差部位船板钢发生严重的局部腐蚀。

JFE钢铁开发出了可抑制船舶压载舱涂膜劣化的新型高耐腐蚀性压载舱用钢“JFE-SIP-BT”。由于找到可抑制涂装后涂膜劣化的元素，提高了基于腐蚀生成物的钢材保护性能，可将涂膜膨胀及剥离等，涂膜的劣化速度减慢到原钢材的一半左右。新日铁等通过提高钢材的纯净度，添加Ni、Cu、W、Mo等耐蚀合金元素的方法研制开发的D36货油舱用耐腐蚀钢，将船体结构的使用寿命从15年提高到25年，开发的货油舱用耐腐蚀钢腐蚀速率约为传统钢的1/4。

船舶及海洋工程用钢最主要的需求与技术挑战，在于通过超高强韧实现结构减重，以利于装备制造、运输与建造；兼备耐大气腐蚀减少维护费用、延长寿命周期；以对钢铁结构更安全、更可靠的要求，保障全寿命周期环境负荷及避免环境灾难。

目前急需开发海洋平台结构用高强度、耐腐蚀、耐疲劳、抗环境断裂系列级别及规格尺寸钢板，湿热环境条件下沿海设施用耐大气腐蚀结构钢，耐原油腐蚀及海水腐蚀用货油舱及压水舱用油轮钢。

（十一）高强度汽车用钢

由于世界钢铁强国均投入大量人力物力开展高强度和超高强度钢板的稳定化生产和应用技术研究，新一代汽车高强钢的生产和应用技术已相继成熟。

欧洲安塞洛、日本新日铁和韩国浦项钢铁三家公司属于新型汽车用钢研发生产的先进钢铁企业，品种等级丰富，组织性能稳定并实现了商业化生产。如韩国浦项钢铁充分利用DP钢的高抗凹性，将590MPa级的DP钢（*r*值1.4以上）应用于汽车外板，成功将外板厚度从0.7mm减至0.55mm；通过优化合金成分，镀锌TWIP钢也已经实现了工业生产，并在发展新型的TWIP/TRIP钢。

我国高强韧性汽车板的研发取得了相当的进展，包括Nano-F钢（纳米粒子强化铁素体深冲钢）、DQ-DP钢（深冲双相钢）、FG-TRIP钢（细晶相变诱导塑性钢）、Q&P钢（淬火-配分钢）、MP-BH钢（多相烘烤硬化钢）、TWIP/TRIP钢（孪晶诱导与相变诱导塑性钢）、热成型马氏体钢等。翁宇庆院士和董瀚教授提出的“多相，亚稳，多尺度”高性能钢组织调控理论，对C-Mn钢进行逆相变获得超细组织和一定量残余奥氏体，强塑积明显提高，对于新型汽车钢多相组织（铁素体、贝氏体和马氏体）构成及晶粒超细化控制，以及对亚稳残留奥氏体的稳定性和尺寸的控制，提供了一个更为深刻和全面的理论思路。

目前，1000MPa以上的热成型钢、DP钢、CP钢、TRIP钢、Q&P钢、高扩孔钢等均已经开发并得到应用，在实现高强度的同时，也实现了高塑性、高韧性、好的焊接性、良好弯曲及扩孔性能等，满足了汽车工业快速发展的要求。总的来说，汽车用钢生产正向品种化、高效化、流程专业化、规模效益化、技术质量高级化以及产品深加工方向发展，汽车用钢产品向高品质化方向发展。

五、特殊钢国内外技术发展趋势

高品质主要指：高洁净度、高性能、高均匀度（组织均匀、超细晶粒度及组织精确控制、性能均匀稳定）、高外观质量（高表面质量、高尺寸精度、精细化包装），实现产品高品质化、高端化。

向低成本、高效率和生态型方向发展已成为各国特殊钢企业发展的必由之路，特殊钢生产正向生产高效化、流程专业化、规模效益化、技术质量高级化以及产品深加工方向发展，特钢产品向高品质化方向发展。我国特钢产业的发展战略是提升装备水平，生产高附加值产品；建立“高洁净钢冶炼、精炼—高效率和高均匀凝固（连铸、模铸）—高精度变形（轧制、精密锻造）—在线检测、精整—热处理—深加工”的先进特殊钢生产体系，优先开发、生产市场紧缺的品种。特殊钢产品向高品质的高端化方向发展。

国际特殊钢工艺技术一是生产工艺流程向高效化、连续化方向发展，二是产品质量向高品质化、高性能化方向发展，三是生产环境和产品应用技术向节能环保化方向发展。

日本钢铁企业为改善特殊钢产品的洁净度、化学成分控制精确度、组织均匀性、性能稳定性、尺寸精度和表面质量，配置先进的特殊钢生产线，并开发了少渣冶炼技术、高洁净钢超低氧精炼技术、中间包电磁感应加热技术、高比例等轴晶连铸技术、铸坯凝固末端动态轻压下技术、合金钢连铸专家系统、精密轧制技术、低温精轧技术、控轧控冷技术、超细晶轧制技术、在线热处理、钢材组织精确控制技术等系列界面技术、在线控制技术，保证生产过程工艺参数群控制的本质化稳定，确保特殊钢产品实物质量居于世界领先水平。

发达国家的特殊钢技术发展趋势一是特殊钢性能超级化，二是特殊钢复合化，三是特殊钢材料功能化，四是特殊钢环境协调化，五是特殊钢新材料的计算机设计和性能预报，六是特殊钢材料制备工艺高技术化。

（一）能源工业用高品质特殊钢

能源需求的日益增加，使二氧化碳、二氧化硫和氮氧化物等大气污染物排放量日益增加。为提高煤炭转换效率，我国2000年开始大力发展600℃蒸汽参数超超临界火力发电机组。欧、美等发达国家和地区正在发展700℃蒸汽参数超超临界机组。700 ℃超超临界机组热效率可达至46%以上，比600 ℃超超临界机组42 %的热效率提高4个百分点，可有效减少大气污染物排放，具有重大经济效益和社会效益。

耐热合金材料是700℃超超临界机组的瓶颈。2012年科学技术部“863”计划设立课题支持“700℃超超临界锅炉用高温合金”研发，钢铁研究总院、宝钢等单位开始联合攻关。

核电用钢方面，我国已初步掌握AP1000锻件生产技术，实现了供货，但产品质量仍不稳定；正在研发CAP1400大锻件；宝钢和宝银特种钢管公司合作完成CPR1000传热管试制，抚钢和久立特材合作也在开展AP1000传热管攻关。

欧洲基本形成了中压转子的制造能力，日本三家企业形成了三种代表材料的转子制造能力，美国尚处于实验室验证阶段，已具备了大尺寸耐热合金铸锭的生产能力。

（二）交通装备用高品质特殊钢

汽车排气系统和燃油系统对材料的成型性能要求越来越高。日本近年来在针对排气系统热端部件对材料的性能要求，在原有的排气系统用铁素体不锈钢基础上，开发了一系列新品种，具有优良的高温抗氧化性能、热疲劳性能，同时具有优异的成型性能。

（三）关键通用高品质特殊钢

1. 交通用钢

汽车、机床、家电工业、冶金矿山、风电和铁路车辆等使用的轴承是非常关键的部件。我国生产的关键轴承与日本、欧洲、美国等生产的轴承在使用寿命和可靠性方面存在较大的差距，如国外生产的汽车变速箱中的轴承使用最低寿命是我国同类轴承寿命的5倍。轴承钢最具代表性的钢种为高碳铬轴承钢GCr15和渗碳轴承钢G20CrN12MoA，占轴承钢总产量的90%以上。因此急需开发和研究出高性能、高纯净度和高均匀性的高品质轴承钢，满足重要产业关键轴承用轴承钢的需求。

航空发动机轴承的工作温度可能达到350~500℃，高温轴承要求其材料需要具有很高的表面硬度以提高耐磨性能，同时其芯部应具有良好的断裂韧性、延展性和冲击韧性；腐蚀失效因素也需要考虑。国外第三代航空发动机用轴承钢，新型耐高温、耐蚀高强韧渗碳轴承钢，主要用于制造轴承套圈，在渗碳和热处理后具有高的表面高温硬度、耐磨性能和耐腐蚀性能，同时其芯部仍具有高的韧性和强度。我国已经过试验室和半工业试制两个阶段，试验钢已经获得超高强度、高韧性和高硬度，并成功用于航空发动机齿轮的加工制造。但耐高温、耐蚀高强韧渗碳轴承钢（CSS - 42L）作为航空发动机主轴轴承材料的研究尚未进行。

2. 含氮不锈钢

含氮不锈钢发展的主要趋势一是高强高韧钢，二是以耐蚀性能为主的综合性能优异的不锈钢，三是以节约资源、降低成本为主要目的的经济型不锈钢。

3. 模具钢

模具的制造周期长、成本高、技术含量高，因此模具的长寿命可以说是模具使用厂家尤为关心的首要问题。模具钢的总体发展趋势是高品质化、大型化、制品化、性能个性化及系列化、节约成本化。

为了实现长寿命，就需要模具材料具有高品质的特性；模具向高精度大型化方向发展，对无变形的预硬化塑料模具钢和大规格、大吨位的模具钢的需求不断增加；为了尽可能缩短模具加工周期，减少制造成本，模具制造厂希望模具钢的生产企业能提供经过机加工或热处理的模具钢，模具钢尽量向制品化方向发展，易切削型的模具钢受到欢迎和期待；产品的不断更新对模具钢的性能也提出了更高要求，如工作温度、耐腐蚀性能、切削性能、蚀刻性能、抛光性能等。

目前主要通过高纯净度、高等向性、高均匀性和高耐蚀性等手段措施来研发低成本高性能模具钢品种。粉末冶金工模具钢开辟了一条铸锻工艺难以生产或不能生产超高钒或超高合金含量的工模具钢新品种，成为粉末冶金生产高质量、高性能产品的重要发展方向。

4. 切割线用超高强度钢丝

切割线用超高强度钢丝主要用于单晶硅的切割成型，必须具有高耐磨性能、良好的尺寸精度和足够的长度。合理控制钢的化学成分，提高盘条索氏体化率、细化钢丝索氏体片间距、改善索氏体组织的均匀性是提高切割钢丝强韧性的研究方向。

（四）海洋工程用高品质特殊钢

应用最为广泛的海洋工程用高品质特殊钢主要包括超级奥氏体不锈钢、镍基铁镍基耐蚀合金和高氮奥氏体不锈钢三类，还有一些特殊用途的双相不锈钢和高强度马氏体不锈钢材料，第三代超级奥氏体不锈钢的发展特点主要是N合金化的提高以及Mo元素含量进一步提升至7%左右。

目前世界先进海洋资源开发国家在海洋平台工程中大量使用高耐蚀性能的铁镍基和镍基耐蚀合金作为特殊部位设备的原材料，最典型的几类材料如高牌号耐蚀合金材料广泛应用于相应的平台工程、石化装备制造领域，并且形成了多层次、多梯队的高附加值产品。典型产品种类包括管道及复合管道、热交换器及泵、泵阀及离心机等。

高强度不锈钢以高强高韧、耐腐蚀的特点在海洋工程上有着潜在的用途，例如海洋工程平台耐蚀、高强度螺栓等紧固件，海洋石油开采大型运输舰船、水翼艇、大型舰船螺旋推进器等。大型舰船螺旋推进器用耐海水空泡腐蚀性能优良的高强度不锈钢已成为国内外相关领域最新发展趋势。

（五）军用特殊钢

我国军用装备全面有效提升，军用装备用钢也提出了新的要求，主要有以下七个方面：一是四代战机及未来空天飞机起落架用低体积容量高韧性超高强度钢；二是海洋及空间环境用长寿命、耐蚀高强不锈钢；三是热强性较高、性价比较好的600 ℃使用热强钢部分替代高温合金；四是重载直升机传动系统用超高强度钢；新一代战略导弹固体发动机壳体用超高强度钢；五是战斗部经济型超高强度钢大锭型冶炼、锻造；六是四代主战坦克及新一代通用作战平台装甲及传动系统合金结构钢；七是轻武器减重、长寿枪管用钢。

近年世界军事工业先进国家的特殊钢技术发展趋势一是特殊钢性能高级化，二是特殊钢品种规格多样化，三是特殊钢应用研究深入化。

六、普通钢关键技术发展

（一）建筑桥梁用钢产品技术

1. 600MPa级及以上螺纹钢筋

600MPa级及以上螺纹钢筋发展方向：一是高强屈比、均匀伸长率高的高强抗震钢筋，二是适用于海边建筑等有防腐蚀要求的耐蚀钢筋，三是适用于寒冷地带和低温工程建筑的耐低温钢筋等。

2. 建筑用中厚板

建筑用钢板朝高性能方向发展，重点发展高强度建筑用钢板、抗震钢板、耐火耐候钢板。

3. 建筑用涂镀层板

涂镀层板开始向资源节约型、环境友好型产品方向发展。镀锌板发展趋势是高强度和超高强度热镀锌板等高质量、高档次产品，彩涂板发展趋势是薄规格、高强度、耐腐蚀和加工成型性优良的彩色涂层板和建筑领域使用的以热镀铝锌合金钢板、锌合金化钢板、镀铝合金钢板、电镀锌钢板等为基板的高档次彩涂板及 CRP 彩钢板。

4. 桥梁用钢

高强度级别桥梁用钢一是满足现在桥梁建造技术的需求；二是发展极低碳铁素体+贝氏体桥梁钢，提高钢的强度韧性，同时具有极佳的焊接性能；三是不经涂装就可使用的耐候桥梁钢；四是具有优良疲劳性能的桥梁钢。

（二）能源用钢产品技术

1. 耐 CO_2/H_2S 腐蚀管线钢

耐 CO_2/H_2S 腐蚀管线钢达到常规 X80 级管线钢强度级别，其耐腐蚀性较常规 X80 高出 5~6 倍。

2. 耐磨管线钢

耐磨管线钢发展方向一是强度级别达到 X70、X80 级管线钢级别的，12MPa 下 1∶1体积比砂浆冲蚀磨损 72h 后失厚率低于 0.80mm/a，失重率不能超过 0.70%；二是管道输煤用更高级别的专用耐磨管线钢。

3. 耐磨蚀管线钢

强度和成型性达到对常规 X70、X80 级管线钢要求的，可使其在 10%固体粒子含量的有料输送中实际使用时间较目前常用 X52 级常规管线钢增加 1 倍。

4. 经济型耐腐蚀油井管

强度级别达到 758MPa 的 CO_2+H_2S 及 $CO_2+H_2S+Cl^-$ 耐腐蚀油井管。

5. 高强度耐硫化氢应力腐蚀油井管

在满足相应强度级别产品强韧性的基础上，抗硫化氢应力腐蚀性能达到应力腐蚀门槛值 SSC80%C_{th}以上，力争达到 85%~90%。

6. 海上油井管

除产品力学性能满足 552 ~ 965MPa（对应 80 ~140ksi）相应钢级的要求外，冲击韧性还须达到相应要求，产品耐热性能达到 300~ 400℃下强度损失率小于 20%，产品耐腐蚀性能应达到可抗 $CO_2+H_2S+Cl^-$+微生物侵蚀的综合性能，同时具有足够的抗压溃性能。

7. 救生舱专用高强钢板

符合国家性能标准要求的高强韧性、耐高温的救生舱专用高强钢板。

瞬间耐高温性能：按照美国标准，不低于 1200℃下 3s（用酒精喷灯外焰燃烧），表面无裂纹；良好的高温力学性能，高温强度高，具有良好的焊接性能。

（三）轨道交通用钢产品技术

一是高铁车轮用钢，二是高铁车轴用钢，三是高铁轴承用钢。

（四）船舶及海工用钢产品技术

一是高强度海洋工程用钢，二是大厚度海洋工程用钢，三是高耐蚀海洋工程用钢，四是超低温海洋工程用钢。

（五）高强度汽车用钢产品技术

1. 复合强韧化先进汽车用钢与组织性能调控技术

主要以新型汽车用钢产品开发及相关工艺技术研究为核心目标，开展对高强韧钢的“多相、亚稳、多尺度”组织调控技术、高强韧化的物理冶金原理以及新型成型关键工艺技术研究。重点开发第三代汽车用钢、深冲双相钢、超细晶相变诱导塑性钢纳米贝氏体钢。开展高强韧汽车用钢的材料应用基础特性研究。

2. 超高强度热成型汽车用钢产品技术及新型成型技术研究

掌握提高热成型钢弯曲性能和提高塑韧性的关键技术，掌握锌镀层热成型钢的控制技术，重点研发产品有高强韧性热成型钢、高弯曲性能低氢致断裂敏感性热成型钢、锌镀层热成型钢产品。开发适应于新型高强韧汽车用钢的成型技术及工艺，如连续变截面的形状、性能可控的汽车板制备工艺技术、包括变截面轧制技术、新型辊弯技术、新型液压与气压成型技术等。

3. 高功能化的汽车车轮用钢产品技术

通过钢材成分、组织、洁净度、力学性能对产品制造以及使用的影响，研究合金元素对相变动力学的影响规律，研究不同组织类型及其显微结构对力学性能的影响规律，重点研发产品为轻量化、高强度、高疲劳、高闪光堆焊性能轮毂用钢和轻量化、高强度、高疲劳性能轮辐用钢。

4. V、Ti 合金化作用机理及低成本高强钢制备技术

研究包括：V、Ti 合金化高强钢中第二相粒子析出行为研究及强化机理研究；V、Ti 在高性能板带钢组织调控的作用机理研究；V、Ti 合金化高强韧钢产品开发与性能特征研究，结合不同产品的组织特征和应用特点，掌握不同高强韧钢的力学性能特征，包括力学性能、冷成型性能、焊接性能、耐候性能、耐火性能、耐蚀性能、耐磨性能和抗疲劳性能等。

七、特殊钢关键品种

（一）能源工业用高品质特殊钢

能源工业用高品质特殊钢产品技术重点是 700℃ 超超临界电子汽轮机用耐热合金，主要包括 700℃汽轮机高中压转子用耐热合金材料、700℃汽轮机气缸铸件用材料、叶片和紧固件用材料。

（二）交通装备用高品质特殊钢

交通装备用高品质特殊钢产品研发重点一是汽车排气系统用钢，二是汽车用微合金非调质钢，三是长寿命高性能弹簧钢。

（三）关键通用高品质特殊钢

关键通用高品质特殊钢产品重点研发产品一是高品质高碳铬轴承钢和渗碳轴承钢，二是航空发动机用轴承钢，三是低成本超纯铁素体不锈钢，四是氮合金化高性能奥氏体不锈钢，五是高性能工模具钢，六是高性能特殊钢长材产品（高性能切割钢丝、高性能帘线钢丝和高性能钢绞线钢丝、弹簧钢丝），七是生产成本低并可简化下游加工工艺的钢铁材料（模具消耗低的低成本非调质钢）。

（四）海洋工程用高品质特殊钢

海洋工程用高品质特殊钢主要包括海洋工程用超级奥氏体不锈钢、海洋工程用镍基-铁镍基耐蚀合金、海洋工程高性能无磁钻具用高氮奥氏体不锈钢、海洋工程用高强度耐海水紧固件材料、海洋工程用特种双相不锈钢及耐蚀合金材料和海洋工程用特种高强度不锈钢材料等。

（五）特殊钢新材料数据库与计算平台

在发展特殊钢关键品种的同时，建设特殊钢材料数据共享体系，建立国家特殊钢材料数据库中心（平台）和国家特殊钢材料设计与计算中心（平台），通过依托钢铁新材料数据库平台、钢铁新材料设计与计算平台进行先进钢铁材料新钢种的成分设计、性能优化、应用服役指导等方面的研究。实现材料成分设计、工艺及设备优化以及材料全生命周期中的应用、风险评估和报废评价指导等数据增值应用功能。

（六）军用特殊钢技术

重点研究军用特殊钢合金设计和基础研究，包括微观多尺度分析、微区微量分析和工艺模拟等，研究军用特殊钢超纯净化技术和窄间隙成分控制技术，以及大尺寸铸锭制备和偏析控制技术。军用特殊钢组织控制技术，包括超大规格棒材锻造技术，超大规格锻件制造技术，板材、板形表面质量控制和管材精度控制技术。

第二节 装 备

钢铁生产装备是钢铁生产工艺的载体，生产装备水平决定了钢铁生产流程的效率、质量和原辅材料、能源消耗水平。钢铁生产装备也是钢铁产业两化深度融合的重要载体，其发展也与自动化、智能化和信息化密切相关。

一、国内钢铁生产装备基本情况

近年来，我国钢铁工业迅猛发展，钢铁生产装备及其自动化水平迅速提高。目前世界上最大型、最现代的钢铁生产装备几乎都集中在我国，包括 $5800m^3$ 高炉、$5500m^3$ 高炉、300 t 转炉、5500mm 宽厚板轧机、2250mm 热连轧机和 2180mm 冷连轧机等。

首钢京唐采用新一代可循环钢铁生产工艺流程，主要装备有 7.63m 大型焦炉和 260t/h 干熄焦，$500m^2$ 烧结机和 $504m^2$ 球团带式焙烧机，$5500m^3$ 高炉，300t 转炉及精炼设备（KR、RH、LF、CAS），2250mm 和 1580mm 热连轧机组，2230mm、1700mm 和 1550mm 冷连轧机组。

我国钢铁设计研究单位已具备现代钢铁企业工艺设计和工厂设计能力，重型机械制造企业已具备大型高炉、转炉、连铸机、宽厚板轧机、冷热带钢连轧机的设计与制造能力，高等院校、科研机构在理论与模型、自动控制技术、检测技术、多功能集成装备和信息化等方面的研究、开发与改进取得了重大进步和突破，在某些领域，如宽带钢热连轧机及其控制系统、中厚板轧机、宽带钢冷连轧机等领域的科技成果已达到国际先进水平。

钢铁生产主体装备技术成为我国钢铁工业快速发展的重要支撑力量。“信息化带动工业化”已经成为钢铁生产装备技术发展历程中的一个重要里程碑，装备技术的升级保证了生产的优质高效，并向信息物联网、节能环保和安全等方面发展。

国内钢铁生产装备升级的主要方向一是钢铁生产装备设计制造和生产运行的高效、节能、减排、降耗和安全；二是精度更高、适应性更强的工艺数学模型和控制系统，实现在线检测、自动控制、生产管理和产销服务一体化、智能化；三是钢铁生产全流程的装备信息集成化、物联网化。

我国钢铁主体生产装备技术虽然进步显著，但与国际先进水平相比有差距，某些关键装备和核心技术仍依赖进口。

二、国内钢铁主体生产装备及技术发展现状

（一）炼焦装备

大型焦炉已达到 7m，可靠有效的大型捣固焦炉装备技术投入实际应用。2012 年我国新投产 5.5m 以上捣固焦炉总产能占当年新增产能的 69.9%，至此我国投产的捣固焦炉已超过 370 座，焦炭产能接近 200kt，占 2012 年全国焦炭总产量的 45.1%。国内捣固焦炉的总座数及总产能，均已位居世界第一，焦炉配套机械设备满足了捣固炼焦生产的需要。与国际先进水平相比，我国焦炉装备自动化程度较低，节能环保技术也有差距。

（二）烧结及球团装备

我国建成和投产了一批超大型烧结机，现已投产的最大烧结机规格为 $600m^2$，

$300m^2$以上的烧结机已有相当数量。但现有烧结矿的三分之一仍由$130m^2$以下的烧结机生产，工序能耗较高，余热利用率偏低；小型球团厂和落后的竖炉球团所占的比例很高，低于国际先进水平。

带式烧结机是目前使用最广泛的烧结设备，我国重点钢铁企业 2011 年底有烧结机 474 台，总烧结面积达到 $84913m^2$。我国烧结机基本情况和规格分布如表 2-1 和图 2-1 所示。首钢京唐 $550m^2$烧结机和太钢 $660m^2$烧结机，采用了一系列先进的工艺技术，达到国际一流水平。

表 2-1 我国烧结机基本情况

面积/m^2	90~130	130~660	其　他
台数	105	232	137

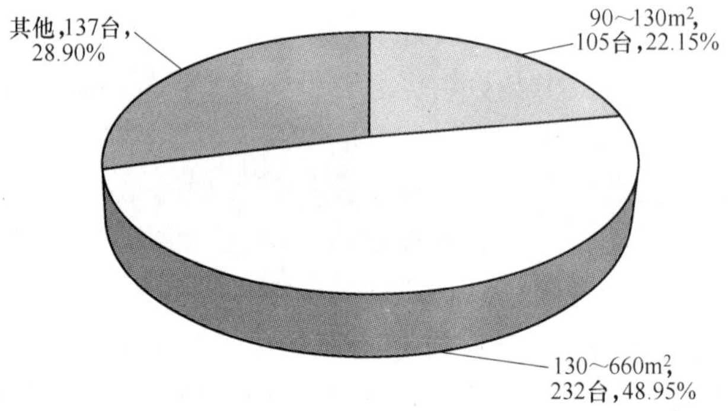

图 2-1 我国烧结机规格分布

大中型烧结机面积在全国烧结机总面积之中已占有明显优势，烧结矿的质量得到了进一步的提高。

球团设备已开始由竖炉升级为链箅机-回转窑和带式焙烧机。首钢京唐带式焙烧机是我国大面积带式焙烧机的成功实践。

（三）炼铁装备

1. 高炉炼铁装备

2012 年底，全国重点钢铁企业 $1000m^3$以上大型高炉 297 座，按有效容积分类，如表 2-2 和图 2-2 所示。

表 2-2 我国 $1000m^3$以上高炉情况

有效容积/m^3	1000~2000	2000~3000	3000~4000	>4000
数量	188	75	19	15

$4000m^3$以上高炉有 15 座，包括宝钢 $4966m^3$高炉、首钢京唐 $5500m^3$高炉和沙钢 $5800m^3$等。高炉冶炼装备以优质、高产、低耗和长寿为目标，向着大型化、自动化、

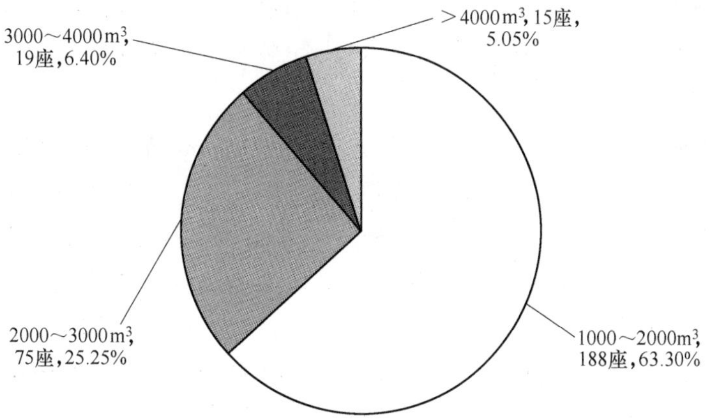

图 2-2 我国大型高炉按容积分布

智能化的方向发展。国内近期新建的高炉已经接近了国际先进水平。

近十年来，我国的高炉炼铁装备实现了现代化和国产化。国产无钟炉顶设备已在 300～5500m³ 范围内的高炉上得到成功应用，提高了布料灵活性，改进了高炉顺行；铜冷却壁被广泛应用于大高炉的炉腹炉腰，解决了这些部位易磨损、寿命短的问题；炉渣处理设备和液压开口机等已成功应用于超大型高炉。高炉炉顶煤气在线分析已广泛应用于大型高炉，高炉料面雷达探尺正在替代传统的机械探尺；高炉炉顶摄像技术得到普遍应用；高炉冷却水高精度温差和热流强度监测技术已开发应用；风口燃烧监测技术正在推广；炉缸侵蚀数学模型已开发应用。

2. 非高炉炼铁装备

非高炉炼铁是钢铁冶金的前沿技术之一，是钢铁工业未来健康可持续发展的重要基础。我国非高炉炼铁装备与技术均较落后，非高炉炼铁装备的产能与效率均低于高炉炼铁，使其难以推广应用，直接还原铁产量占世界直接还原总量的比例低于1%。

（四）炼钢与连铸装备

1. 转炉炼钢装备

到2012年底，我国钢铁企业拥有大约810座转炉，其中100t及以上转炉能力占转炉炼钢总能力超过65%，200t及以上转炉能力占总能力的15%；100t以下的比例小于35%；50t以下的占比已经不到15%。2012年新投产转炉均为100t以上，最大转炉容量达300t。目前100～199t转炉是我国转炉炼钢生产的主力炉型，并且100t以上转炉的产能比例进一步提高，转炉大型化成果明显。

2. 电炉炼钢装备

根据2012年统计数据，我国拥有近360座炼钢电炉。70t及以上电炉能力占电炉炼钢总能力超过52%，其中100t及以上电炉占总能力的近1/3；70t以下电炉炼钢能力占48%以下，其中50t以下电炉炼钢能力比例低于30%。新投产电炉也均为100t

以上，最大电炉容量高达220t。电炉装备水平虽在升级，但仍落后于转炉装备水平。限于当前废钢资源和电力价格的制约，电炉装备水平提升速度仍难以加快。

3. 连铸装备

国内已经投产使用的世界上首台最大可生产ϕ800mm铸坯的连铸机，通过设备改造与工艺研发，生产出了ϕ1000mm特大圆坯，在生产优质碳钢和合金钢特大圆坯供机械等行业特殊需要的管材、锻件等坯料供应方面，发挥了作用。2010年我国自主设计制造的厚度370mm、宽1800mm的特厚板坯连铸机在兴澄特钢公司投产并迅速实现稳产，可生产各类高品质铸坯；2011年新余钢铁公司厚度420mm、宽2400mm的特厚板坯连铸机投入生产。自主设计制造生产的厚480mm、宽3600mm的特大合金钢矩形坯连铸机配备了液压振动、结晶器电磁搅拌、凝固末端轻压下等一系列先进工艺和装备，达到了国际先进水平。国内连铸装备由从小方坯到大方坯、大矩形坯、特大圆坯不断升级，发展电磁搅拌等新技术，引入高性能的保护渣与耐火材料，使生产能力得到持续高速增长。

（五）轧制装备

先进加热、轧制、矫直、在线与离线热处理装备及相应的控制技术已成为我国轧钢生产的主流，促进了轧制过程的高效、高速及稳定生产。

我国轧钢生产线的装备特别是2000年后建成者基本具有国际先进水平。如热轧宽带钢生产线，都有直接轧制、板坯定宽压力机和在线调宽技术、中间坯头尾和边部加热技术、高压水除鳞、热卷箱技术、在线磨辊技术、液压AGC系统、板形控制系统、交流传动系统、高效轧后冷却（包括超快冷）技术、全液压强力卷取机、高质量平整系统和剪切后残余应力控制的横切机组等。

2005年以来，热轧宽带钢生产线的建设采取国内技术总承包，采用自主系统集成式建设，国产化程度大幅度提高。通过消化吸收自主设计制造的轧机，有力促进了热轧宽带钢生产技术与装备的全面国产化。热轧宽带钢的技术进步反映了我国轧钢装备及控制技术的迅速发展。

1. 中厚板轧机

2012年底，我国现有中厚板轧机生产线76套，基本情况如表2-3和图2-3所示。2012年全国产量为68.24Mt，产能利用率约为74%。

表2-3 我国中厚板轧机情况

规格/m	>4	3~4	<3
数量	19	24	33
产能/Mt	30.7	29.5	31.7

2. 热轧宽带钢轧机

2012年底，我国已投产的热轧宽带钢轧机81套，生产能力达到232Mt。按规格分布情况如表2-4和图2-4所示。2012年产量为166.70Mt，产能利用率约为72%。

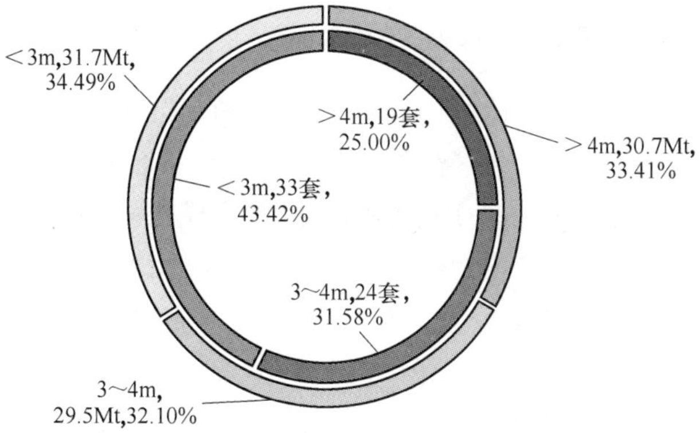

图 2-3 我国中厚板轧机规格和产能分布

表 2-4 热轧宽带钢轧机情况

规格/mm	2000 以上	1700 ~1900	1400~1580	1250
数量	14	36	23	8
产能/Mt	59.9	99.4	58.7	13.7

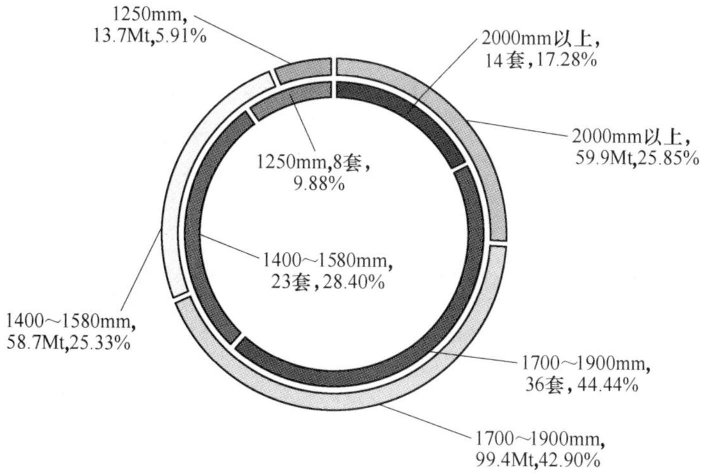

图 2-4 我国热轧宽带钢轧机规格和产能分布

3. 冷轧机

截止到 2012 年 6 月底，全国冷连轧生产线 70 条、可逆式（含单、双机架）冷轧机 148 条，产能约分别为 80.50Mt/a 和 45.00Mt/a。另有约 50 条在建或拟建。2012 年产量为 62.01Mt，产能利用率约为 50%。

4. 无缝管轧机

2012 年底，我国已投产的各类无缝管轧机 592 套，生产能力达到 45.20Mt。2012 年产量为 28.20Mt，产能利用率约为 62.4%。其中，具有世界先进水平的热轧机组 144 套，约占总产能的 62%。天管、宝钢、鞍钢等主要企业产能利用率较高，达到 76 %以上。

三、国外钢铁生产装备技术发展现状

国外现代钢铁冶金技术发展比国内起步要早很多，也积累了较多的经验。目前世界钢铁生产装备研发现状可以概括为绿色节能化、装备智能化、控制仪表精准快速化、设计研制数字化、设备运行高度可靠化、信息集成化。

国外钢铁生产装备发展重视低污染、绿色化。二次能源利用，低耗节能、低污染是国外钢铁生产装备研发的重要参考指标。如意大利达涅利公司和墨西哥 HYL 公司联合开发的新型直接还原铁装备，在保证高效生产的同时，可有效减少 CO_2 和 NO_x 的排放，用水量也大幅减少；在节能方面，研发的新型设备可以将煤气设备及其他合成气气源设备提供的清洁合成气，以补充气的形式融入到还原回路中。日本新日铁也已将生产过程中的能源回收与二次利用列为重要攻关课题。

先进的数学模型和人工智能的应用、逐渐广域化的信息管理与集成系统和生产系统物联网化现状在“两化融合”中叙述。

四、国内外钢铁装备与技术发展趋势

钢铁生产装备现代化支撑了我国钢铁工业的快速发展，这是引进先进装备并再创新、自主集成能力提高和政府引导发挥重要作用的综合效果。但因起步较晚，技术壁垒等众多原因，自主成套装备集成体系尚不够完整、前沿技术创新型研发乏善可陈。

（一）国内钢铁生产装备技术发展趋势

1. 基于物联网的钢铁生产装备大平台

建立基于物联网的装备信息化体系，在人与人之间、人与物之间、物与物之间建立连接和通讯，实现生产、检测、控制、管理等众多环节精确的快速、无缝对接。

物联网化的钢铁生产装备集成平台，可以自动、实时、准确、详细地获取钢铁生产中各方面的信息，为钢铁企业提供系统化的数据源，为企业管理、系统维护提供更好的服务，在一定程度上改善和提升企业的生产和业务流程，逐步实现管控一体化和实时管理。在生产管理、过程控制方面，将会发挥决定性作用。

2. 节能环保的钢铁生产装备

为了满足钢铁工业健康、可持续性的发展需求，装备技术的升级必须注重节能减排，努力实现资源、能源的高效清洁利用和环境影响的最小化。

中国钢铁工业能耗占全国总能耗的12%，污染物排放占总排放的16%。钢铁生产过程绿色化是钢铁工业不得不面对的技术难题。环境保护部公布了《重点区域大气污染防治“十二五”规划》，2014 年又以环发［2014］55 号文件印发了《关于在化解产能严重过剩矛盾过程中加强环保管理的通知》，并发布了《建成违规项目环保备案条件》和《在建违规项目环保认定条件》。2015 年 1 月 1 日开始，现有钢铁企业全面执行《炼焦化学工业污染物排放标准》（GB 16171—2012）、《钢铁烧结、球团工业大气污染物排放标准》（GB 28662—2012）、《炼铁工业大气污染物排放标准》（GB 28663—2012）、《炼钢工业大气污染物排放标准》（GB 28664—2012）和《轧钢工业大气污染物排放标准》（GB 28665—2012）确定的新建企业排放标准，使钢铁产业面临更高、更严的环保要求。

3. 钢铁生产装备作业中的精准快速检测技术

生产作业中的设备稳定运行是保证安全生产的基础。现代化钢铁生产装备的高速、重载和高精度，对检测技术提出了更高的要求，也是国内钢铁生产装备发展的重要发展方向。

（二）国外钢铁生产装备的发展趋势

1. 钢铁生产装备的绿色节能化

发达国家钢铁产业已进入集成度更高的绿色时代，把企业效益和竞争力、保护环境、节约资源能源、降低温室气体排放融为一体。日本新日铁已将余热余能回收作为重要科研究发展方向，不断提高单位产品能源回收量，减少 CO_2等温室气体和 NO_x等污染物的排放，提高水的利用效率，逐步向废水零排放方向发展。

2. 钢铁生产装备的高度自动化

强调人性化、安全化的管理模式，建设“无人化”车间，是发达国家正在进行着的实践。生产车间采用信息化管理系统对车间作业计划进行数字化、智能化管理，其最终发展方向是少人甚至是无人化运作模式。“无人化”车间是制造业由传统工业化向现代工业化转型的重要体现，其示范和推广应用对于提升钢铁产业整体技术水平具有重要战略意义。

3. 无线传感器网络、物联网、云技术的应用

利用无线传感器达到精准、快速化检测与数据传输，将生产线装备各类信息进行整合。很多国外钢铁企业已经搭建了融合核心业务的信息网，成为企业生产经营的重要设施，为生产线的高度信息化管理奠定了坚实的硬件基础。

很多发达国家政府已经把物联网与云技术列为战略性新兴产业，在钢铁生产装备研发领域，物联网技术、云技术也拥有较大的应用空间。

由于钢铁行业特殊的工作环境，一些工作适用于机器人完成。一些国家正在展开对工业智能化制高点的争夺，特别是日本，对于工业机器人的研究已经开展了几十年，领先优势明显。

钢铁产业中智能机器人应用还比较少，各大钢铁企业已在竞相开发，智能机器人和全工序无人控制系统将得到广泛应用。

五、钢铁生产装备领域的重大技术

（一）近终形连铸连轧装备与技术

随着连铸技术的发展，采用方（圆）坯连铸机生产的连铸坯生产条形产品，采用

厚度为150~250mm连铸板坯生产板材的技术已逐渐成熟，但存在着从连铸坯至最终产品间加工量较大、能耗高、污染较严重、周期较长、成本较高的问题。

近终形连铸连轧技术是一项前沿技术，打破了传统带钢生产工艺模式，直接将钢水浇铸成薄带钢，实现铸轧一体化，使钢铁生产流程更紧凑、连续、高效、环保。

新一代近终形连铸连轧装备的研发目标是：生产绿色化，装备长寿化，有效降低能耗，缩短生产线，提高产品质量。

具体目标是有效降低单位产品能耗和污染物排放量，提高钢铁生产效率，减少企业生产线设备的投入，提高钢铁产品质量。

（二）自动化、智能化、信息化钢铁生产自动化系统

钢铁企业借助于智能化的信息技术平台，可以对接生产与销售产销一体化，主要业务与财务管理的集成，促使企业生产和管理由粗放型转向柔性化、精细化和集约化，取得更高的效益。

第三节 工　　艺

钢铁产业是流程工业，工艺流程是企业生产运行的根本、产品开发的平台、信息贯通的框架、物质循环与能量有效利用的主要承载系统，流程的总体优化是钢铁产业整体优化的基础和保证，也是钢铁企业高效、低耗、安全、绿色生产的基础。

钢铁企业集产品制造、能源转化、社会废弃物消纳三大功能于一体，是新一代钢铁制造流程；这一理念不断完善，以钢铁制造流程的目标体系、流程中工序功能的解析—优化—集成、界面技术开发促进流程结构创新、实现动态有序连续运行的制造流程为重点，深入研究流程设计的理论与方法，用以指导现有钢铁企业的技术改造和新建钢铁企业的设计、建设和运行。这一课题作为“十一五”重点，在首钢京唐进行了实践，采用两座高炉，一个转炉炼钢厂，两条热轧带钢生产线，生产钢材9.0Mt/a，并延伸相应的工业生态值。

首钢京唐采用“可循环钢铁流程”实现洁净钢高效、低成本的生产。采用“一”字形布局，流程短捷顺畅，布置紧凑，吨钢占地为0.9m^2；分散与集中布置相结合，优化工序界面，物质流、能量流耗散最小。

一、钢铁生产工艺技术发展现状

近十年来，我国钢铁生产技术发展迅速，在各个工序出现了世界先进甚至领先的工艺和技术，使我国钢铁工业整体特别是高炉炼铁工艺、装备及生产技术处于世界先进水平。

（一）焦化工艺技术

1. 干熄焦和煤调湿

干熄焦技术提高了焦炭质量，回收了焦炭热量。干熄焦技术得到快速发展，在钢

铁联合企业焦化厂得到了普及，我国干熄焦装置配套焦炭产量140Mt；煤调湿技术也开始在部分企业应用。

2. 废气回收余热技术

在我国600Mt炼焦生产能力中约有25Mt属于热回收焦炉生产能力。由于热回收焦炉采用微负压操作和荒煤气炉内燃烧加热方式，废气回收余热的工艺特点使其具有节能、环保和扩大炼焦煤资源的特点，在炼焦生产中占有一席之地。这种焦炉生产的铸造焦质量较高，且为铸造企业所认可，因此在其市场定位中以生产铸造焦为主。

相关的煤气净化新技术、炼焦环保技术均得到快速发展，焦化工序水平不断提高。

3. 半焦生产技术

我国有50Mt的半焦（兰炭）产能。半焦生产工艺是以长焰煤、不黏结性煤、弱黏结性煤等非炼焦的块煤为原料，在直立干馏炉通过中低温干馏生产半焦（兰炭）并副产煤气、焦油的工艺技术。主要在铁合金、电石与化工造气中应用，在钢铁企业高炉炼铁中也开始应用实践。我国对半焦生产政策也从淘汰转向规范管理，制订了相应的标准，构建了煤资源利用最广、品种齐全的焦炭生产体系。

我国焦炭生产现已基本形成了以“常规机焦炉生产高炉炼铁用冶金焦；以热回收焦炉生产铸造焦；以立式炉加工低阶煤生产电石、铁合金、化肥化工等用焦”焦化工业体系，正在进行着由传统炼焦生产向现代煤化工的转变。

（二）烧结工艺技术

1. 厚料层技术

料层厚度是烧结矿质量和烧结工序能耗的重要影响因素。提高料层厚度，在生产中必须通过固体燃料配比和粒度来控制烧结温度，促进铁酸钙黏结相的发展，提高烧结矿质量，降低固体燃耗；还要通过优化布料、强化制粒、提高料温等方式，提高料层透气性，进而提高产量，降低工序能耗。

近年来，我国厚料层烧结取得很大进展，300m^2烧结机料层厚度均在700mm以上，其中莱钢、首钢烧结料层达到800mm，马钢烧结料层提高至900mm，取得了良好的效果。

2. 废气余热发电技术

烧结矿冷却废气余热回收发电技术的日益成熟，使其在国内大中型钢铁企业得到广泛应用推广。2004年马钢引进日本川崎重工核心技术及关键装备，在2×300m^2烧结机上建成我国第一套烧结矿冷却机废气余热发电系统（装机容量为17.5MW），并于2005年9月并网发电。随后国内其他钢铁企业纷纷开展烧结冷却余热发电技术的探索研究，先后有济钢第二烧结厂320m^2烧结机余热发电工程于2007年3月投产，吨烧结矿发电量达到11kW·h/t；安钢360m^2和400m^2烧结环冷机低温余热发电工程于2008年10月投产。随后，多个烧结冷却余热发电工程投产。

3. 烟气处理技术

烧结烟气脱硫技术分为湿法、半干法和干法三大类。我国烧结烟气脱硫工作从

2000年开始，2009年7月30日工业和信息化部发布实施《钢铁行业烧结烟气脱硫实施方案》后得到迅猛发展，目前正从湿法向半干法和干法转变。

太钢450m^2烧结机烟气脱硫制酸系统是国内首套活性炭烧结机烟气活性炭脱硫装置，集脱硫、脱硝、脱二噁英、除尘、除重金属五位于一体，是当前世界上最先进的烧结烟气脱硫工艺技术，投产后年可减少二氧化硫排放4000t、氮氧化物排放1200t、颗粒物排放620t，年回收二氧化硫再生浓硫酸近10kt，极大减少了大气污染物的排放，对烧结烟气污染环境问题进行彻底治理。

日本早在20世纪70年代就已开始建设烧结烟气脱硫设施，多数采用湿法烟气脱硫技术。日本钢铁企业新建烧结机烟气处理技术全部采用活性炭/活性吸附工艺，在脱硫的同时有效脱除二噁英和氮氧化物。欧洲则仅有少数钢铁厂使用专门的烟气脱硫装置，主要以半干法和干法脱硫为主。

（三）球团工艺技术

1. 工艺优化

与竖炉球团工艺相比，链箅机-回转窑球团生产工艺具有产量高、产品质量高、能耗低、原料适应性强等突出优点，其产能已达到123Mt，占全部球团产能的56.79%。同时，产能大、球团质量好、工序能耗低的大型带式焙烧机工艺也得到开发应用，首钢京唐4000kt带式焙烧机生产线已建成投产。

落后的竖炉球团工艺将逐步淘汰。

2. 优质低耗球团生产技术

基于工艺的优化，配套开发了多项工艺技术，如细化精矿粒度、新型高效复合皂土应用、增加润磨设备、强化混合、加强烘干、优化焙烧控制等，使球团生产指标得到不断改进，如皂土配加比例已从平均40kg/t降低到20kg/t以下，球团品位提高约2个百分点，球团强度提高到2500N/个以上，链箅机-回转窑工艺工序能耗降低至标准煤27kg/t（先进指标已达到标准煤18kg/t）。

3. 高比例赤铁矿技术

为解决球团产能增加过快、磁铁精矿供应不足的问题，鞍钢开发了磁铁矿球团生产装置使用高比例赤铁矿技术系统技术，使当地赤铁矿配比达到45%以上。一些企业实现80%～100%的赤铁矿生产。

4. 镁基球团生产技术

为解决烧结加MgO影响烧结矿质量和改进球团质量的目的，一些企业开始开发了镁基球团生产技术。球团的MgO含量达到2%，球团的冶金性能得到改善，高炉应用效果良好。

（四）高炉炼铁工艺技术

高炉炼铁工艺技术进展主要体现在高风温、煤气干法除尘、富氧喷煤、出铁场污染物控制和高炉长寿等5个方面。

1. 高风温技术

我国现已开发应用了多种高炉高风温技术。通过采取用热风炉废气预热助燃空气和煤气的方法，在全烧高炉煤气的条件下，实现高炉热风温度大于1150℃。首钢京唐的一座5500m^3高炉预热助燃空气到450~600℃，预热高炉煤气到200℃，实现风温1300℃。新型顶燃式热风炉结构得到开发和普遍应用，其优点为占地少、高度低、顶温低、气流分布均匀以及投资低等。格子砖的结构和质量得到不断改进；对热风炉上部格子砖，增加表面黑度、提高换热效率的涂料得到应用，配合各种燃烧优化控制技术，缩短了燃烧期，降低了煤气消耗。

2. 高炉煤气干法除尘工艺

高炉煤气全干法除尘工艺在大高炉和超大高炉上得到开发应用。沙钢5800m^3高炉和首钢京唐5500m^3高炉的煤气干法除尘系统已稳定运行超过5年，节水、节电节能效果突出，处于国际领先水平。

3. 高炉富氧喷煤技术

我国开发了高炉富氧喷煤系统技术，全部高炉均实现了喷煤，平均煤比到达150kg/t。宝钢曾在4000m^3高炉上保持200kg/t连续长达10年之久。高炉富氧率得到提高，沙钢5800m^3高炉富氧达10%。喷煤工艺和设备得到优化改进，包括集中喷吹工艺替代分离喷吹工艺，中速磨替代球磨机制粉，负压大布袋收粉，使用热风炉烟气作为主干燥介质，新型并联罐系统替代串联罐系统，输粉采取主管路+分配器的方式，长寿喷枪等。

4. 出铁场污染控制

高炉出铁和铁沟维护所产生的污染问题正得到有效治理。大型高炉，主沟、铁沟及渣沟均被封盖，并设有从主沟到鱼雷罐或铁水包的全面抽风除尘系统，通过严格控制各除尘点，实现出铁时无烟尘逸出；许多单铁口小高炉改造为储铁式主沟，大大减轻了炉前劳动强度，明显改善众多小高炉出铁场环境。

5. 高炉长寿技术

保证高炉安全运行，延长高炉寿命是现代大型高炉的主要技术发展趋势。高炉设计寿命已达20~25年，一代炉役平均利用系数大于2.0t/(m^3·d)，一代炉龄单位容积产铁量可达15000~20000t/m^3。

（五）非高炉炼铁技术

受我国资源条件和研发投入的制约，我国的非高炉工艺技术相对发展缓慢，整体技术水平落后。其中，尚未开发出气基直接还原技术，煤基直接还原技术经多年研发尚未突破，自主知识产权的熔融还原技术仍处于试验阶段。

（六）铁水预处理工艺技术

铁水预处理按处理任务不同可分为预脱硫、预脱磷和同时预脱磷、预脱硫、预脱硅（三脱）工艺。预脱硫剂主要有苏打（Na_2CO_3）、电石（CaC_2）、石灰（CaO）、金属 Mg 以及以它们为基础的复合脱硫剂。国外的铁水三脱处理技术主要在日本得到了蓬勃发展，在俄罗斯等前苏联地区和北美、西欧则以铁水预脱硫为主。预脱硫技术则以搅拌法、喷吹法为主。

我国钢铁产业通过引进国外先进技术，并结合自身特点不断改进、优化和自主开发，一些钢铁企业的铁水预处理技术已达到或接近国际先进水平。

我国铁水预处理技术发展取得的主要进步表现在两个方面：一是铁水预处理量增速较快，二是三脱技术发展迅速。

1. 铁水预处理量增长迅速，铁水预处理比例逐步增长

近年来，国内铁水预处理迅速推广，主要是脱硫，脱硅和脱磷所占比例还很小。近年铁水预处理情况如表 2- 5 和图 2-5、图 2-6 所示。

表 2-5 国内铁水预处理进展

年　　度	2001	2005	2010
铁水预处理量/Mt	32	90	280
铁水预处理比例/%	21.6	32.3	55

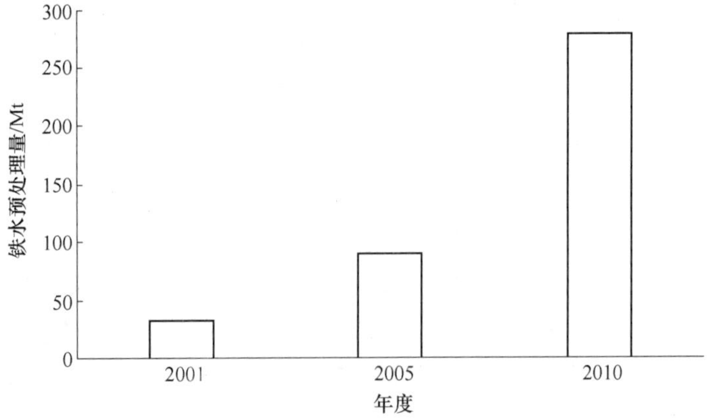

图 2-5 我国铁水预处理量增长

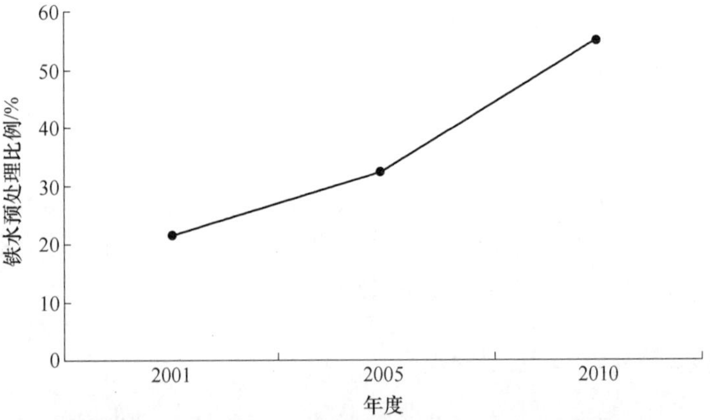

图 2-6 我国铁水预处理比例

我国大型重点企业铁水预处理比较高，如宝钢已基本实现全量铁水脱硫预处理和部分铁水三脱预处理，武钢、鞍钢、首钢、包钢铁水脱硫预处理比已超过了80%。

虽然我国多种铁水预处理方法并存、同步发展，但目前喷吹法仍占绝对优势。2010年总的铁水脱硫能力达320Mt/a，铁水预处理装置情况如表2-6和图2-7所示。

表2-6 我国2010年铁水预处理装置情况

方 法	纯镁喷吹装置	复合喷吹（$Mg+CaO+CaC_2$）	KR法
数量/套	152	67	24
能力/Mt	190	90	40

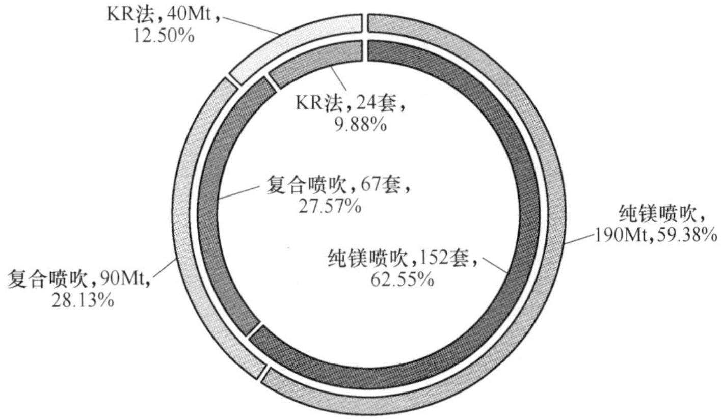

图2-7 我国2010年铁水预处理装置及能力分布

2. 以转炉铁水预脱硅、脱磷为特点的铁水三脱技术发展迅速

首钢京唐公司炼钢厂转炉脱硅、脱磷后，异跨脱碳炉脱碳的全新工艺取得了高效率、低成本、高质量的效果。不具备异跨布置转炉条件的钢铁企业，同炉或异炉脱硅、脱磷与脱碳分开的试验已初见成效。

铁水预处理目前仍存在着一些不足之处：一是铁水预脱硫比距应达到的90%以上还存在很大差距；二是全新的铁水三脱工艺仍需在工艺技术系统优化，进一步提高效率、降低消耗、降低成本的空间很大。

（七）氧气转炉炼钢工艺技术

氧气转炉炼钢是最主要的炼钢方法，转炉钢产量占世界粗钢产量的比例超过65%。转炉钢钢水洁净度高，杂质元素含量少，如汽车板、高级船板、电工钢、不锈钢、高品质特殊钢以及高速铁路钢轨和轮胎子午线等高品质钢材现在均采用转炉炼钢方式生产。

转炉炼钢工艺技术在转炉炼钢工艺优化、转炉全自动吹炼技术、“负能”炼钢技术和转炉炉衬寿命提高技术等方面取得了较大进展。

1. 转炉炼钢工艺优化

氧气转炉工艺优化以推广完善高效率、低成本洁净钢系统技术为中心。

提高钢的洁净度是钢材产品质量发展的重大技术方向，低成本、高效化、稳定性生产洁净钢是炼钢技术发展的主要技术方向之一。日本经过十多年的开发研究，先后开发出多种新工艺方法。日本钢铁企业采用全量铁水预处理、少渣炼钢低成本工艺路线的比例已接近90%。

首钢京唐炼钢厂采用脱磷炉与脱碳炉分工、联合生产工艺，在300t转炉上最早采用这一先进工艺，匹配炉外精炼可稳定生产［P+S］≤50μg/g高洁净钢。石灰总消耗量从传统流程的50 kg/t下降到24. 3 kg/t，炼钢总渣量由110 kg/t下降到47kg/t，钢铁料消耗降低9. 1kg/t，比传统转炉炼钢吨钢成本降低37. 39元。标志我国大型转炉炼钢技术已接近国际领先水平。

我国一些钢铁企业在进行顶底复吹转炉双渣、留渣工艺的探索试验，以低成本、高效化、稳定性生产洁净钢水，解决其不具备脱磷炉与脱碳炉分跨布置联合炼钢的现实问题。

2. 转炉全自动吹炼技术

随着转炉大型化全自动吹炼技术在国内迅速推广，100t以上转炉采用以副枪为基础的动态控制技术，100t以下转炉则采用投掷式测头与烟气分析或两者相结合的方式，进行冶炼终点动态控制，已有企业实现“一键式”控制不倒炉出钢的自动炼钢。随着转炉全自动吹炼技术的推广与完善，我国不倒炉出钢比例和自动化炼钢率有了大幅度提高，一批先进转炉终点控制精度的双命中率可达80%~93%，转炉生产效率提高、消耗降低效果非常显著。

3. “负能”炼钢技术

负能炼钢的关键是提高转炉煤气回收利用量和烟道汽化冷却蒸汽回收量。目前95%以上的转炉工序实现了“负能炼钢”，太钢、武钢和沙钢等已实现从铁水预处理至连铸的炼钢全工序“负能炼钢”。转炉煤气回收量（标准状态）由2005年的平均43m^3/t提高到2014年的102m^3/t，蒸汽回收量也由平均36kg/t提高到67kg/t以上。

4. 转炉炉衬寿命提高技术

根据转炉溅渣护炉工艺特点，带空气吹堵复通功能的环缝式底吹供气元件的应用，很好地解决了溅渣护炉复吹转炉炉衬寿命与底吹供气元件基本同步的技术难题，转炉炉衬平均寿命已超过15000炉，处于国际领先水平。

（八）电弧炉炼钢工艺技术

目前电炉钢约占世界粗钢产量的34%，我国电炉炼钢自“十一五”开始也有了很大发展。

电炉炼钢工艺技术进展主要体现机械化、自动化水平提高，大型超高功率电炉炼钢合理电气运行技术，强化供氧和辅助功能，炼钢原料多样化等几个方面。

1. 机械化、自动化水平

炼钢电弧炉逐步大型化，公称容量越来越大，伴随着机械化、自动化水平的提高，许多电炉炼钢工序配置了废钢连续加料及预热装置，实现了冶炼过程的二级自动控制。

2. 大型超高功率电炉炼钢合理电气运行技术

电气运行是大型电弧炉炼钢安全高效生产的重要基础技术，以前主要由国外提供。我国现已研发多种容量和功率级别的电炉炼钢电气合理运行技术，平均节电 30 kW · h/t。

3. 强化供氧和辅助功能

目前我国已具有集束氧枪技术装备的自主知识产权，可自行制造各种炉壁、炉门氧枪和炭枪（天然气），供氧强度为 2000 ~ 3000m^3/h，单枪功率为 2 ~ 3MW，完全满足需要大量脱碳的电炉炼钢操作，冶炼电耗大幅度下降，提高了电炉生产效率。

4. 炼钢原料多样化

在传统的冷废钢加冷生铁二元炉料结构的基础上，我国开发了前所未有的冷废钢加热铁水二元炉料结构技术和冷废钢加热铁水加直接还原铁三元炉料结构，以及冷废钢加冷生铁加热铁水加直接还原铁的四元炉料，进行了能量的多尺度综合技术研究。

（九）钢水炉外精炼

炉外精炼是现代钢铁生产过程中开发新品种、提高钢材质量的关键，也是生产洁净钢的重要技术。现在各国大、中型钢铁企业基本配备了不同形式的炉外精炼设备。

近年来，我国钢水精炼比大幅度提高，钢水精炼装置已成为钢铁企业必要的设备和不可缺少的工序。大多数钢铁企业炼钢工序配置了各类真空和非真空的钢水精炼装置，100t 以上炼钢炉的钢水精炼比例超过 90%。

我国快速 RH 工艺技术、高效顺行的 RH 在线布置、卷扬代替液压顶升钢包的创新设计运行均已达到国际先进水平。世界上第一台机械真空泵系统 RH 在重钢投产，工艺稳定、大幅度节能的 RH 工艺装备处于世界领先水平。我国第一台机械真空泵系统 VD 已在包钢投产。

（十）连铸技术

近年来，我国连铸发展迅猛，在成熟生产技术的应用、新技术的开发、应用基础研究等方面都有很大的发展。2008 年开始我国连铸比一直保持在 98%以上。

连铸科技创新主要体现在高效连铸技术、恒拉速连铸技术、薄板坯连铸技术、高水平连铸生产工艺与装备技术和双辊薄带铸轧技术等五个方面。

1. 高效连铸技术

我国连铸机设计作业率一般在 80%左右，实际作业率在 80%以上，许多连铸机作业率现已超过 90%。板坯连铸机的浇铸速度范围为 1.0 ~ 1.8m/min，120mm 方坯 3.0 ~ 4.50m/min，150mm 方坯 2.5 ~ 3.0m/min。大型板坯连铸机的设计产量一般为 1000kt/流，实际年产坯超过 1400kt/流。小方坯连铸机的设计产量为 120kt/流左右，一批小方坯（120mm 或 150mm）连铸机的年产量已超过 180kt/流，最高甚至达 260kt/流。连铸生产指标已与世界同类指标相当。

2. 恒拉速连铸技术

恒拉速连铸技术是近年高效连铸生产最重要的技术进步。有效地稳定了连铸生产，提高了连铸生产的整体水平，成为高效率低成本洁净钢生产系统技术中的核心技术。

恒拉速连铸技术是指当钢种和铸坯断面（主要是指厚度）确定后，依照凝固特性确定了拉速，在整个浇铸（一个浇次）过程中拉速保持恒定的生产技术。恒拉速是连铸坯高质量和生产无事故的基本保证，但其对钢水温度、洁净度、生产组织精准程度、生产设备可靠性等要求更高，促使全炼钢厂工艺、装备与管理水平的全面提高。迁钢、武钢的板坯铸机已可做到1~3年不漏钢，铸机设备主要性能指标合格率达90%以上，恒拉速率达全年95%以上。一批连铸机实现了稳定连续地生产一周或数周不断流。

3. 薄板坯连铸技术

薄板坯连铸产量、品种、质量均处于世界先进水平。无取向冷轧硅钢、双相高强度钢已在多条薄板坯连铸连轧生产线上批量生产；耐火材料、保护渣国产化率逐年提高；与连轧配合，半无头轧制生产超薄带材的技术日益完善。薄板坯连铸—连轧紧凑流程迅速发展，在生产高效化、产品开发、装备与相关技术自主开发等方面取得了重大进展，开发了稳定高效的系统生产工艺技术，日产、月产和年产水平及作业率、事故率等主要技术经济指标居世界先进水平；形成了炼钢—精炼—薄板坯连铸—热连轧—冷轧—涂镀层板等贯通全流程的系统优化技术；生产薄规格钢带卷技术已日趋完善；自主开发了核心装备与相关材料设计、制造、应用的系统技术。

我国薄板坯连铸连轧的生产效率与产品开发基本上实现了同步发展，全国11条转炉—薄板坯连铸连轧生产线生产的冷轧基料比例平均达到27%，马钢高达69%以上。

4. 高水平连铸生产工艺与装备技术

近年来，我国研发和应用了一大批有利于提高生产效率和铸坯质量的工艺和装备，如电动与液压非正弦结晶器振动（尤其是全数字振动）、板坯和大矩形坯连铸坯凝固末端判定与动态轻压下技术、各类钢种稳定低过热度与全保护浇铸工艺系统技术，对连铸全过程质量在线监测和控制技术、连铸电磁搅拌、电磁制动国产化技术的推广应用打破了外国公司的垄断，特别是大型板坯二冷电磁搅拌和各类断面连铸机结晶器电磁搅拌已优于引进技术；各类连铸机生产工艺技术均可基本立足国内，特大圆坯连铸机设计与应用处于世界领先地位。

5. 双辊薄带铸轧技术

双辊薄带铸轧技术现已基本具备具有自主知识产权的500kt/a生产线开发能力，并已着手建设500kt/a低碳钢、不锈钢、硅钢、超高强度钢生产线。

（十一）轧钢工艺技术

轧钢是与钢材品种关系最密切的工序，轧钢工艺技术对钢材品种的性能影响很大。近年来，轧钢工艺技术在连续化轧制、柔性生产模式、工序间融合与交叉、清洁轧制生产技术、产品形状尺寸精度提高技术等方面取得了显著进展。

1. 连续化轧制

我国连续化轧制生产的发展进入新阶段，半无头轧制成效显著。“十五”期间，我国长型材、扁平材生产都已实现了与连铸工序的热衔接；薄板坯连铸连轧生产方式有了快速的发展；其他先进的生产流程，如 CDCM 技术也开始在国内出现。“十一五”以后出现了新的趋势，使连续化轧制生产的发展迈入了新阶段。

(1) 新建和改造的轧制生产线产品高端化、高附加值化。

绿色生态轧制产品已经成为我国轧钢建设和技术改造的主要目标。在连续生产的基础上，生产线产品大纲主要组成已高端化，演变为电工钢、汽车板、管线钢、高端家电用钢、高端船板、海洋工程用钢、高速铁路用钢（钢轨、车轮、车厢）、特殊钢长型材、大型 H 型钢等产品，显著提升了轧钢工序连续化生产的内涵，使其达到国际先进水平。

(2) 新建钢铁企业各工序生产的无缝衔接。

新建钢铁企业更加强调流程工程学指导下的全流程各工序动态运行特点，使工序间无缝衔接。冶炼—精炼—连铸—热轧间能量流、物质流和信息流衔接水平的提高，使各工序产能和技术的匹配更加合理，进一步提高了轧钢生产效率、降低了生产成本。

(3) 轧钢生产技术的进步提升了全流程连续、高效生产水平。

连续化轧制的概念已经超越了传统的连轧，升华为流程学意义上的连续化，使轧钢技术进入新阶段，为钢铁企业的清洁生产和生态产品的制造创造了有利条件。

薄板坯连铸连轧的半无头轧制技术，在低成本大批量生产薄规格和超薄规格板带，降低能耗、减少排放、提高成材率、提高板厚板形精度、实现部分以热代冷、降低生产消耗（辊耗、材料消耗）等方面效果显著，是现代化板带轧制技术发展的方向。

带肋钢筋生产中四切分轧制技术的发展，充分释放了连铸和热轧两个工序的产能。

2. 柔性生产模式

在连续化生产得到发展的同时，非连续化的柔性生产模式重新受到重视，有了新的进展。

单机架和双机架板带可逆冷轧、罩式退火和离线热处理等技术与装备都有新进步。作为一种更加灵活的对全连续生产模式的补充，其更加适应小批量、多品种和个性化订单日趋增加的需要。对于超高强度中厚板（1100MPa 级工程机械用钢板）等高端产品的生产，非连续式的离线热处理不可或缺。

离线热处理特别是中厚板和冷轧带钢的离线热处理技术，包括了多功能及多目标的带钢离线热处理技术、带钢的超快速加热与冷却、中厚板的内应力与板形控制等超越传统的热处理。柔性化生产模式是技术更新换代的具体反映。

3. 工序间融合与交叉

工序间融合与交叉已成为先进轧材生产技术的重要特征。

连铸工序中的带液芯轻压下、凝固末端的轻压下实现了凝固与变形的融合；先进的控轧控冷进一步促进了形变与热处理的融合，成为提高产品性能水平的重要技术；热轧超薄带钢部分取代了传统冷轧产品，出现了热轧与冷轧产品规格与性能的交叉；热轧产品表面氧化产物的控制和新型表面涂层技术的发展为减少工序、降低成本和轧制产品的高性能、高寿命提供了机会。

我国控轧控冷技术取得长足进展，主流钢铁企业终轧温度控制精度可达±20℃以内，比例超过98.5%；卷取温度控制精度±20℃以内的比例超过98.0%，达到国际先进水平。

控轧控冷技术冷却路径的控制日趋多样化，超快冷技术应用于在线热处理（淬火、回火、时效）。

实现一钢多级的集约化生产是控轧控冷技术深入研发的另一个目标，减量化生产在板带和中厚板生产中效果突出。

4. 清洁轧制生产技术（节能减排）

连铸坯热送热装、热送直装、蓄热式加热炉及其衍生系列节能减排技术之外，效率高、节能、减少氧化和 NO_x 排放的富氧和纯氧燃烧开始应用于轧钢生产，目前国外已从钢坯加热扩展到用于热镀锌机组，我国已经开始富氧和纯氧燃烧技术的研发。

新型无酸清洗技术清除带钢表面氧化皮的效果可与酸洗媲美，但尚未发现我国新型无酸清洗技术的研发报道。

5. 产品形状尺寸精度提高技术

近年来，我国“极端”尺寸轧钢产品的生产有了突出的进展。“超厚”规格中厚板80mm厚的桥梁板、100mm厚的高层建筑用钢、120mm厚的核电用钢已经批量生产。超大直径的热轧圆钢，如用于制造大直径轴类零件和模锻坯料的热轧圆钢的直径已达310mm或更大。“超薄”冷轧带钢，如镀锡板的厚度已从0.24mm降至0.1~0.15mm，甚至0.08mm。

传统和薄板坯连铸连轧生产线的设计最薄厚度已经达到0.8mm，实际产品达到约1.0mm，为减量化及以热代冷创造了条件，达到国际先进水平。

二、国内外钢铁生产工艺技术发展趋势

（一）焦化技术

1. 国内焦化技术发展趋势

国内焦化新技术注重于炼焦工艺多样化、焦炉大型化、自动化、节能环保、拓展炼焦煤资源、降低炼焦成本、煤气综合利用等。

炼焦工艺多样化可充分利用煤炭资源并为钢铁、有色、铁合金等行业提供不同质量、不同价格的各种焦炭，如顶装焦炉、捣固焦炉、热回收焦炉、直立干馏焦炉。焦炉大型化、自动化是发展趋势，节能环保技术包括干熄焦技术、煤调湿技术、焦炉烟道气余热回收技术、焦化污水深度处理回用技术等；拓展炼焦煤资源，采用捣固炼焦工艺多配低价的弱黏结性煤炼焦降低炼焦成本技术、热回收焦炉多配贫煤、无烟煤低成本炼焦技术、直立干馏炉利用非炼焦煤低成本炼焦技术等。

2. 国外焦化行业技术发展趋势

国外焦化技术的发展趋势以德国、日本为代表。

德国主要技术发展趋势是焦炉大型化、自动化、环保化方面。如炭化室高7.63m和8m大型焦炉，炭化室压力单调技术可实现在整个炼焦周期炭化室压力稳定，减少焦炉污染物排放量和焦炭烧损。

日本以技术创新为主，开发了集煤预热装炉、快速炼焦和干熄焦为一体能较大幅度提高弱黏结性煤配比的炼焦新技术，工业化试验后并未实现大幅度短炼焦周期、提高弱黏结性炼焦煤配比的目标，实际仅实现了预热煤装炉和干熄焦，未能商业化推广。以高钙炼焦煤为原料或在炼焦煤中配入铁矿石的生产“高反应性高反应后强度焦炭”技术和从动力煤提取“黏结性物质”配入非炼焦煤炼焦技术，由于受制于高钙炼焦煤资源、配入铁矿石等矿物质带来的焦炭灰分高、强度低及从动力煤提取“黏结性物质”复杂的工艺技术及高昂的成本等因素，至今仍处于研发阶段。

（二）烧结技术

烧结节能环保技术是我国烧结技术发展的一大趋势，烧结设备进一步大型化，继续发展厚料层技术，发展烧结余热发电，开发利用低品质铁矿资源，烧结烟气高效处理。

活性炭/活性焦法等干法和半干法脱硫技术显示出其优越性，日本、欧洲、韩国烧结烟气脱硫技术总的发展趋势是单一的脱硫技术发展为多污染物系统一体化，集脱硫、脱硝、脱二噁英、脱HF/HCl等酸性气体、脱重金属于一体。选择性脱硫技术、循环富集脱硫技术也得到发展。

（三）球团技术

我国已经掌握了赤铁矿的物料特性、成球特性和焙烧特性，开发出一套完整的全赤铁矿球团工艺技术与装备。带式焙烧机生产工艺因其对原料的适应性强，对生产赤铁矿球团有很大的技术优势，并具有作业率高、产品质量好、产品成本低等诸多优势，球团生产工艺的重要发展趋势。

（四）高炉炼铁技术

高炉炼铁技术在优化炉料结构降低能耗、高富氧综合喷吹、高炉高风温、智能高炉和高炉安全长寿等五个方面得到发展。

1. 优化炉料结构降低能耗技术

使用合适的烧结矿、球团矿、块状原矿配比，合理确定焦炭装入量和喷煤量，优化炉料结构，改善原燃料质量可以稳定煤气流、提高碳元素利用率、降低吨铁能耗段。合理的含铁炉料结构由是高碱度（1.8~2.0）烧结矿与相应比例的球团矿和块矿组成，焦炭质量是保证高炉冶炼的稳定顺行及提高喷煤比和置换率、降低燃料比的基础。

2. 高富氧综合喷吹技术

为提高煤粉在高炉中的利用效率，无烟煤和烟煤混合喷吹技术、高炉富氧喷吹技术得到普遍推广。高炉混合喷吹煤粉与废塑料、生物质和富氢燃料技术、炉顶循环煤气、氧气鼓风高炉炼铁技术是高炉炼铁技术发展的重要趋势。

3. 高炉高风温技术

完全利用低热值高炉煤气，实现1300℃以上高温，是开发新型高风温热风炉技术的目标。顶燃式热风炉在高风温热风炉技术方面已有重大突破，内燃式热风炉和外燃式热风炉处于淘汰趋势。俄罗斯、日本、韩国以富化高炉煤气获得高风温。

4. 智能高炉技术

应用激光微波等先进技术深入观察、了解高炉过程，乃至高炉冶炼规律及其动态变化，提高高炉可视化程度，最终实现智能控制—精准炼铁是高炉炼铁的重要发展趋势。

5. 高炉安全长寿综合技术开发

针对有害元素含量高的低品位矿、高冶炼强度等新形势下高炉安全长寿技术是未来综合性研究的重点之一。

（五）非高炉炼铁技术

不同的非高炉炼铁技术尚处于研究探索阶段。

（六）铁水预处理技术

包括转炉脱硅、脱磷在内的铁水“三脱”预处理技术充分体现了高效率。铁水预处理技术发展在于提高生产效率，更好地与冶炼炉匹配，并进一步降低消耗，提高铁水三脱的比例，优化炼钢生产流程。

铁水预处理工序可能出现多功能复合化的发展趋势，铁水脱硅、脱钛、脱磷、脱锰、提钒、脱硫等功能有望集成在一个工序内，以适应不同铁水条件和后续钢材或新型铸铁等特定品种开发的需要。

在满足与转炉炼钢和恒拉速连铸生产节奏相匹配的前提下，优化配置铁水预处理工序不同的处理方案，并把相关预处理功能合理分解在双工位上，确定生产区段内不同工序之间的生产组合模式，满足钢材品种开发的质量要求。

（七）氧气转炉炼钢技术

国内外氧气转炉炼钢技术的发展趋势，体现在高效低成本转炉洁净钢生产技术、提高终点命中率技术、优化底吹搅拌工艺、复吹转炉冶炼中高磷铁水的综合技术集成、“负能炼钢”技术和二氧化碳用于复吹转炉冶炼的资源化开发技术等六个方面。

1. 高效低成本转炉洁净钢生产技术

高效低成本转炉洁净钢生产技术一是高效-长寿顶底复吹转炉冶炼技术（包括底吹气量和种类调节范围宽泛的中、高磷铁水冶炼技术），提高承受原料条件变化的能力；二是锰（或铬）矿熔融还原技术、高拉碳出钢技术等；三是全流程洁净钢冶炼控制技术（包括出钢后钢包顶渣改质、炉后渣洗、精炼处理工艺、钢包底吹、钙处理、中间包结构优化与气幕挡墙应用、保护浇铸、合适而稳定的拉速、保护渣匹配等全流程的控制措施）；四是简捷-优化的流程网络技术；五是动态-有序的物流技术。

2. 提高终点命中率技术

以不倒炉炼钢为目标，以获得较高的转炉冶炼终点钢水成分、温度命中率为中心，实现转炉全自动炼钢工艺技术的不断优化。

3. 优化底吹搅拌工艺

提高转炉底吹搅拌强度，优化底吹搅拌工艺，保证全炉役内底吹效果，并对底吹工艺下转炉长寿技术进行研究。

4. 复吹转炉冶炼中、高磷铁水的综合技术集成

适合我国资源特点的高磷铁矿资源化应用技术开发，将使我国钢铁企业摆脱对外矿的极大依赖。现有技术用选矿方法还不能有效解决高磷赤铁矿的铁-磷分离问题，而高磷赤铁矿直接进高炉炼铁，则会造成铁水磷含量远远超出现有转炉炼钢所能接受的程度。转炉使用高磷生铁炼钢的综合技术集成是需要密切关注和亟待开发的关键技术。

5. “负能炼钢”技术

各种工艺条件下炼钢余热余能回收的高效回收利用技术，仍待进一步开发。

6. 二氧化碳用于复吹转炉冶炼的资源化开发技术

低碳技术是未来炼钢的发展趋势，二氧化碳作为功能性气体，为复吹转炉冶炼所使用，可起到改善冶金效果的作用。

（八）电弧炉炼钢技术

国内外电炉装备与工艺技术的发展，高效、低耗（低电耗）、优质的电炉工艺技术开发是创新的方向。主要趋势一是电炉大型化，二是优化的高强度高能耗化学能输入系统工艺装备技术的开发，三是供电制度与炉料结构的优化，四是电炉炼钢生产连续化的工艺装备研究，五是利用低品质铁矿资源直接还原技术生产废钢替代品，改善电炉原料结构。

（九）钢水炉外精炼技术

钢水炉外精炼技术的发展趋势一是提高精炼速度，更好地与冶炼炉及连铸衔接；二是不断降低物耗能耗，以低成本的生产工艺达到高端高质量产品的控制目标；三是

提高精炼终点目标命中率，提高精炼过程自动控制水平。炉外精炼工艺创新则体现在适合不同产品要求的各种成套软件系统技术，针对不同的钢种使用要求，采用不同的冶炼精炼工艺，更好地稳定产品质量。

固体废弃物处理方面，主要是完善精炼环节固体废弃物处理方法，对脱硫渣、转炉渣和精炼渣及各工序除尘灰实现循环利用，降低精炼工序成本。

外加电场钢液净化精炼技术是一种无污染脱氧方法，其原理是寻找一种以氧离子迁移为主体的液态炉渣作为金属溶解氧向外传输的通道，在金属液与覆盖于其上的熔渣之间施加直流脉冲电场，控制和加速氧离子在熔渣体系中的传导方向和速度，从而实现金属液的无污染脱氧。这项技术的研发，可以改革现有传统脱氧工艺，在提高钢质洁净度的同时还节省大量的合金消耗。

（十）连铸技术

连铸技术发展有高效连铸、近终形连铸、连铸生产智能化、中间包感应加热恒温、超大断面特殊钢连铸坯的质量控制、工模具钢连铸工艺、螺旋电磁搅拌等重点。

1. 高效连铸技术

高效连铸技术仍为主要研发方向，重点仍是在确保高质量无缺陷铸坯生产的基础上，稳定提高拉速，并实现恒拉速生产的系统技术。

2. 近终形连铸技术

近终形连铸技术与装备仍是连铸技术新的发展方向之一，大幅度提高薄板坯连铸的拉速，推进无头与半无头轧制工艺的技术进步。

3. 连铸生产智能化技术

连铸生产智能化技术发展与其他工艺的智能化一样，是钢铁生产未来发展的主要趋势。

4. 中间包感应加热恒温技术

中间包感应加热恒温技术是利用涡流产生的热量对中间包内的钢液进行温度补偿，将中间包钢液温度保持在恒定范围。中间包恒温浇铸能够在恒温的基础上实现低过热度浇铸，大幅度提高连铸坯质量；降低炼钢—连铸系统温度，降低耐火材料消耗；在恒温浇铸的基础上实现恒拉速浇铸，消除因拉速波动导致的连铸坯缺陷。

5. 超大断面特殊钢连铸坯的质量控制技术

超大断面特殊钢连铸坯是指500mm以上的大圆（方）坯连铸坯，用于制造能源、交通、工模具钢等重要大型结构件，连铸坯质量对于最终产品的质量和稳定性有决定性影响。

连铸坯的质量主要包括连铸坯的洁净度水平、连铸坯表面质量和内部质量。通过研究特殊钢洁净度控制技术和连铸坯料质量控制技术等系列控制技术，实现连铸坯凝固组织的精确控制，提高连铸坯质量，从而拓宽超大断面连铸坯的应用范围，在中高端领域实现连铸坯替代部分模铸坯。

6. 工模具钢连铸工艺技术

工模具钢由于其成分特殊，有硬性高、延展性差、组织偏析严重等特点，难以连铸生产，目前生产工艺为“熔炼—模铸—电渣重熔—锻造”传统流程，耗时长、一次成材率低、成本高。由于立式连铸工艺钢水保护良好、夹杂物易于上浮、快冷、成材率高，结合国内已经在建的立式圆坯连铸机，开发工模具钢的连铸工艺，形成“炼钢—连铸—锻造”流程，克服传统流程的缺点，利用连铸流程能更好实施钢水保护，提高钢水纯净度，快速凝固能改善凝固组织，缩短流程降低成本、提高产量，从而提高市场竞争力。

7. 螺旋电磁搅拌技术

北京科技大学、清华大学、宝钢和大连理工大学等单位已进行模铸和连铸的螺旋电磁搅拌试验，铸锭的等轴晶率明显提高，元素偏析被抑制，同时还可以促进夹杂物上浮，减少铸锭内部缺陷的产生。

螺旋电磁搅拌应用的限制性环节是设备的制作和维护费用较高，解决搅拌器结构设计问题后，螺旋电磁搅拌必将成为下一代电磁搅拌的主角，在连铸和模铸凝固过程中发挥不可替代的作用。

（十一）轧钢技术

轧钢技术国内外发展趋势围绕可持续发展与用钢领域技术与产品更新换代而形成，使轧钢生产模式、工序组成、工艺装备、工艺技术和轧钢产品持续创新，不断向资源节约、环境友好方向发展。最突出的进步是资源节约环境友好流程的出现，如薄板坯连铸连轧和薄带连铸、特厚板和以热代冷薄带的生产等，都使轧钢技术出现新的突破。

1. 充分利用技术基础理论推动轧钢技术的创新发展

塑性变形理论是形状尺寸控制的基础，材料科学是组织性能控制的基础。对轧制产品精度和性能的每一次突破都是立足于技术基础理论的新进展。

对钢铁材料组织演变及其与使用性能关系的深入研究，奠定了新强韧化机制和相关工艺的基础，如复相材料与新一代控轧控冷技术等。

2. 铸轧材一体化技术

轧钢技术发展的趋势仍是工序间的交叉与融合，但其上升到技术一体化的高度。如微合金化裂纹敏感钢的热送热装技术曾因不当的热送热装制度导致轧材表面裂纹，必须通过调整热送、补热、均热和轧制制度加以避免。

而特厚板轧制，为在小压缩比条件下防止出现芯部疏松和柱状晶顺轧向排列，需要采用特殊的连铸和轧制工艺。其基础都是构建连铸坯凝固、相变、析出与轧制形变几个过程的合理耦合，在生产中形成铸轧材一体化技术。

钢铁产品的升级换代更加需要依靠连铸、轧钢和热处理工序的交叉与融合，只有通过对化学冶金、物理冶金和力学冶金过程的深度耦合，形成铸轧材一体化技术才能实现。

铸轧材一体化技术是进一步提高产品尺寸形状和性能一致性、均匀性和再现性的基础，也是资源节约、环境友好型钢材生产过程的重要组成部分。轧钢技术发展的趋势是无头和半无头轧制、减量化轧制以及以热代冷，其基础都是铸轧材一体化技术。

3. 高精度轧制及轧后热处理技术

薄规格与超薄规格的以热代冷产品及冷轧超薄规格带钢的比例持续增加，家电等行业用钢对板形的要求越来越高，高强韧性板带在汽车等行业中的应用以及对高成材率的追求等因素使热轧与冷轧板带的高精度轧制问题成为热点。扁平材和长型材的高精度轧制都是当前轧钢技术发展的趋势之一，除更加严格的公差要求外，新的高精度轧制还具有以下特点：一是轧制方式的变化。如为实现以热代冷，热轧薄与超薄规格带钢必须执行冷轧产品的标准。二是轧制对象的升级换代，越来越多的高强韧钢材需要进行高精度轧制，以满足用钢领域技术的升级。如新一代汽车用钢。三是轧件尺寸形状规格的扩大。如大规格的H型钢、钢板桩等。四是新一代的控轧控冷和轧后在线与离线热处理后，产品的强度更高，平整困难。

高精度轧制技术已不再是单一的尺寸形状控制，必须与先进轧制技术如轧辊冷却、控轧控冷等密切耦合才能成为现实。

4. 清洁轧钢

清洁轧钢的目标是获得低成本、高效益和资源节约、环境友好的统一，使其在更高层次上实现和谐共赢。

清洁轧钢技术涉及富氧和纯氧燃烧、无酸酸洗，热送热装裂纹抑制技术、提高成材率技术及节能、节水技术等方面。以轧钢工序最低能耗为目标的优化技术仍是关注重点。

5. 连铸坯感应加热技术

连铸坯感应加热技术，利用涡流产生的热量对轧制前的连铸坯进行温度补偿和均匀化处理，使连铸坯温度完全满足轧制要求并直接进入轧机进行轧制，实现连铸直轧工艺。

感应加热可以代替轧钢加热炉，具有热效率高、升温快、控制精确、操作灵活、占地面积小、环境污染小等优点。

第四节 节能减排

2012年8月，国务院发布《节能减排“十二五”规划》，在原有单位GDP能源消耗、工业增加值新水消耗、COD和SO_2排放总量约束性指标的基础上，增加了单位GDP二氧化碳排放量、NO_x和氨氮排放总量指标。2013年9月，国务院发布《大气污染防治行动计划》，增加了粉尘排放作为总量指标，节能减排约束性指标不断强化。

钢铁产业绿色发展的核心是节能减排，按照循环经济运行方式，实现清洁生产，提高资源利用效率，全面实现钢铁产业产品制造、能源转换、社会废弃物消纳等三个功能，体现“低碳”特点。

随着规模的扩大，我国钢铁产业节能环保技术近年来取得了突破性进展，节能环保技术水平显著提高。各钢铁企业普遍应用了大型高炉煤气干法除尘、干熄焦、转炉煤气干法除尘、蓄热式加热炉、高炉煤气发电、高炉顶压发电、低温余热发电技术、高效除尘技术、烧结机烟气脱硫技术、工业废水深度处理技术、含铁尘泥有效利用技术。

一、国内钢铁产业节能减排技术发展现状

重点钢铁企业工序节能减排技术、烟粉尘和二氧化硫排放控制技术、水重复利用技术、固体废弃物资源化应用技术达到和接近国际先进水平。

首钢京唐环保投资达到 74.7 亿元，占总投资的 11.2%；对余热、余压、煤气、废水及含铁物质等固体废弃物充分循环利用，完全实现废水和固体废弃物零排放；实施海水淡化，每年节约淡水 $20hm^3$，为社会提供浓盐水 $18hm^3$；电站采用海水直流冷却，年节水 $10.70hm^3$；利用富余煤气、高炉煤气余压、干熄焦余热发电，年自发电量 5.5TW · h/a，自供电率超过 95%；高炉渣、转炉渣和电厂粉煤灰用于生产水泥和其他建筑材料等。

国内钢铁企业应用的主要节能技术有干熄焦（CDQ）技术、高炉煤气余压透平发电（TRT）技术和煤气透平与电动机同轴驱动的高炉鼓风能量回收机组（BPRT）技术、高炉喷煤技术、转炉煤气回收综合利用技术、连铸坯热送热装以及高效蓄热式燃烧技术等。

钢铁企业循环经济试点逐步推进，污水处理与回用、固体废弃物利用取得进展；煤气回收利用率大为提高。

（一）CDQ 技术

我国干熄焦装置从 2005 年的 36 套增加到 2012 年底的 200 套，干熄焦炭产能从 38Mt/a 增加到近 200Mt/a；重点钢铁企业干熄焦装置普及率达到了 90%，并基本实现干熄焦设备的国产化。干熄焦技术现已从低压发展到高温高压技术，回收利用效率大为提高。

（二）TRT 技术和 BPRT 技术

2012 年，我国大中型钢铁企业的 TRT 和 BPRT 普及率已达到 98%，吨铁发电量（余压动力回收量）约 50kW · h，干法除尘 TRT 的发电量将比湿法除尘 TRT 增加 25%～30%。首钢京唐两座 $5500m^3$ 高炉均采用干法除尘，已稳定运行超过七年，TRT 吨铁发电量达到 60kW · h。BPRT 得到了高速发展，一些新建或改建高炉采用了 BPRT 技术。

（三）余热余能发电技术

利用钢铁工业副产煤气的燃气-蒸汽联合循环发电（CCPP）技术、纯燃高炉煤气

发电技术、烧结机余热发电技术等得到了大力推广，余热余能发电比例迅速提高。

（四）高效除尘技术

钢铁产业除尘技术取得重要进展，静电除尘、布袋除尘、电-袋复合除尘基本取代了湿式除尘，特别是电-袋复合除尘的应用，使除尘效果大大提高，成为排放标准非常严格的一些工序、设备除尘设施的唯一选择。环境保护部《违规建成项目环保备案条件》对除尘技术和装置也提出了明确要求。

（五）烧结机烟气脱硫技术

烧结机烟气脱硫从无到有，石灰石-石膏法、石灰-石膏法、氧化镁法、双减法、循环流化床法、活性炭-活性焦法等很多烟气脱硫方法得到实践应用，有些逐步被淘汰，并进一步向多污染物协同脱除方向发展。

（六）工业废水深度处理技术

很多大中型钢铁企业废水处理采用工序分散处理回用和企业综合污水处理相结合的方式，建立了企业污水处理厂，从简单的沉淀、过滤发展到反渗透等深度处理，出水质量大为提高，某些工序已可完全替代新水。

（七）含铁尘泥有效利用技术

烧结工序、球团工序有效利用含铁尘泥技术取得进展，使含铁尘泥综合利用率得到提高。

二、国外技术发展现状

国外钢铁工业节能技术的发展水平和各个国家的能源来源和能源价格息息相关。

（一）美国

由于美国的能源来源广、储备多，石油价格低于我国，美国钢铁企业节能积极性不高，副产煤气放散率较高，“点天灯”的现象时常可见；所谓“零污染”焦化厂均采用焦炉煤气全部自耗的技术，将焦炉煤气全部在焦化炉内烧掉，避免了处理焦化废水的复杂过程、排放限制和减少投入。

由于温室气体排放限制的讨论，美国钢铁企业近年开始对节能技术感兴趣，目的是将来减少碳税。

（二）欧洲

由于欧洲的能源、资源来源紧张，能源价格很高，欧洲对节能技术开发和推广非常重视，前些年投入150亿欧元设立了“ULCOS”项目，一些“颠覆性”钢铁技术开始了研究开发，如避免高耗能工序（烧结工序、焦化工序和高炉工序）的“非高炉炼铁技术”——熔融还原法、电解法炼铁、生物质炼铁法等。

德国钢铁工业节能稳步渐进，其认为环境保护比节能更重要，对干熄焦技术一直持有相反的看法，认为干熄焦没有很好地解决细微颗粒粉尘排放问题，宁可牺牲热焦炭的高温余热不回收，也要保证所有环保指标的实现。

（三）日本

由于钢铁产业的 CO_2 总排放量约达 200Mt，日本钢铁工业 2008 年启动了“COURSE50”国家项目，主要是高炉煤气 CO_2 分离和捕集，以及高炉喷吹焦炉煤气技术，集中于高炉流程的能量高效利用和 CO_2 捕集方面。

（四）污染物治理

发达国家基本完成了可见污染物的治理，现进入治理深层次有害物的治理阶段，如有机物、重金属、放射性、噪声、氰化物、砷化物、氮氧化物、二噁英、二氧化碳等。

三、国内技术发展趋势

由于钢铁产品档次和水平不高，能耗高、环保水平较低，能源成本高于国外，节能减排技术仍在发展。发展趋势已不再限于其本身，而是考虑到产品应用、装备、工艺、清洁生产、系统节能等各个方面。

节能减排发展的主要方向：一是提高钢铁产品档次和水平，适应钢材“减量化”的需要，从钢铁产品的全生命周期考虑节能减排；二是提高钢铁生产技术装备水平，连续化、大型化，从自动化向智能化发展；三是“清洁生产”理念，从设计开始，突出原料、装备、工艺等源头削减措施，尽可能地回收旧废钢，并使其回到钢铁工业流程中，使其再资源化，将污染物和有毒物的无害化处理量控制到最少；四是研究节能环保工艺，开拓为城市服务功能，实现环境友好、城市友好、社区友好的目标；五是开展系统节能，以能源流、能量流系统优化引导工艺结构调整，技术进步是系统节能的关键。具体节能技术有热风炉高风温、高炉喷煤、高炉顶压发电、干熄焦、高温蓄热燃烧、转炉煤气回收、节水和水资源替代技术等。

四、国外技术发展趋势

（一）通过优化重组，发挥企业优势

通过优化重组，整合资源和市场，实现钢铁生产的物流优化、能源优化，精简机构、大幅度降低成本，提高整体水平。如新日铁为了降低成本，关停八幡厂 1 号高炉、广烟厂 2 号高炉和坍厂 3 号高炉及釜石厂等 4 座旧高炉，为新建大型高效高炉满负荷生产创造条件；关停广烟厂、八幡厂多套旧轧机，集约化至新建厂的先进轧机生

产；广畑厂和堺厂则成为无高炉的转炉钢厂，依靠吹氧喷煤将废钢铁熔化后炼钢，集约化程度极高，节能效果很好。目前新日铁的整合依然在进行，通过重组，整体效益大大提高。

（二）改进工艺技术节能

实施工艺简化，如直接轧制技术、连续退火技术、冷轧的酸-轧联机技术、热轧的无头轧制技术等。

（三）钢铁生产副产物的再利用

1. 废渣全部再利用技术

通过扩大钢铁企业内部再利用和外部利用，实现废渣埋填量为零的突破。如炼钢渣（包括不锈钢精炼钢渣）用作路基填料和基础砂桩压缩填料等再利用技术，高炉渣生产石棉纤维技术等。

2. 粉尘再利用技术

粉尘可作为球团工序原料高效利用。如日本君津厂在2000年引进美国环形炉技术，对含锌、铁的粉尘加入少量煤粉和石灰等压成球团，加入高炉后取得比烧结矿更好的节焦效果，由于节能和经济效果良好，当年获得日本经产省大臣的节能奖，成为第一个钢铁废物全部利用的大厂。

3. 消纳社会废弃物

消纳利用社会产生的废塑料、废轮胎等有机废弃物，如高炉喷吹废塑料，在焦煤中试掺入1%～2%废塑料用于炼焦等。

4. 生产环保生态型钢材

高性能钢材的应用，可以减少社会资源和能源消耗，如高强度汽车用钢、电磁钢板等；对生态环境无污染或少污染的钢材，如无铅镀膜钢板等；抗腐蚀性能强、使用过程噪声等公害少的钢材，如生态型钢板桩、透水型钢板桩等。

第五节 两化融合

一、钢铁企业两化融合的发展现状

国内外钢铁企业在两化深度融合方面进行了探索，取得了显著成效。企业信息化整体解决方案、生产制造执行系统（MES）、企业资源计划（ERP）、产供销系统及财务、生产、设备、能源、质量、物流、计量等单项管理系统开始普遍应用。一些专注于钢铁企业信息化的专业软件服务企业迅速崛起，如上海宝信、金自天正等公司。

信息化与装备、工艺相关联，在前几节中的表述中也涉及了两化深度融合的部分内容。

（一）企业整体信息化技术

基于互联网和工业以太网的 ERP（企业资源计划）、CRM（客户关系管理）和 SCM（供应链管理）等在更好地满足客户需求、精细控制生产成本等方面发挥了作用。一些重点企业在聚集了海量的企业生产经营管理信息资源的基础上，建立了数据仓库、联机数据分析、决策支持和预测预警系统，着手进行数据挖掘、商业智能等深度开发。随着钢铁企业集中度提高和结构调整，开始出现了集团化信息化系统，支持企业并购和异地经营。

国内以宝钢、鞍钢、武钢等为代表的大型钢铁联合企业已逐渐推广设备状态监测和故障诊断技术，设备管理模式正逐步从单纯的计划维修方式向计划维修与预知维修相结合的方式转变；以冶金工业为背景的设备故障诊断技术在信号采集、数据传输、诊断方法与系统集成等方面都取得了很大的发展；上海宝信软件、武钢钢信、广州赛意等推出了钢铁企业信息化整体解决方案。

企业整体信息化出现了以下特点：状态信号的多源化，数据传输的无线化，诊断方法的多样化；诊断系统的集成化。

（二）生产管理控制系统技术

MES（制造执行系统）在重点钢铁企业已基本普及，实现了冶、铸、轧一体化计划编制及动态调整、事件驱动的全过程合同动态控制与实时跟踪技术、全流程物流跟踪、质量监控、库存动态管理等功能；EMS（能源管理中心）开始推广应用，实现了能源远程监控、集中调配，以及能源计划/质量/设备/成本综合管理等功能；深层次专用系统开始应用，如高级计划排产、设备在线诊断、质量统计过程控制、产品质量分析及新品工艺设计等。

在钢铁生产中，主要应用以下几个方面：过程控制系统技术，先进的数学模型和人工智能应用，高精度、智能化检测仪表应用，广域化的信息管理与集成系统及生产系统物联网应用。

1. 过程控制系统技术

基于数学模型的计算机过程控制覆盖采选、炼铁、炼钢、轧钢等主要工艺过程。磨矿分级作业智能控制系统、烧结机智能闭环控制系统、操作平台型高炉专家系统、“一键式”全程自动化转炉炼钢、智能精炼控制系统、大方矩形坯和板连铸全过程计算机工艺、装备与质量控制、加热炉燃烧过程优化技术与计算机控制、3500mm 中厚板轧机核心轧制技术和关键设备、带钢热连轧计算机控制系统、1880mm 热轧关键工艺及模型技术自主开发与集成、冷连轧机轧制过程动态仿真及控制优化、宽带钢冷连轧工艺及模型控制技术研发与集成、冷轧机板形控制核心技术等均已有应用实例。

2. 先进的数学模型和人工智能的应用

生产中非线性、多参数和不确定性对产品的影响已非传统建模方法所能适应，新的控制理论应运而生。钢铁工业技术复杂，检测、控制、管理等环节互相影响、互相制约，从提高装备适应能力角度出发，很多国家已开始研究开发精度更高、适应性更强的数学模型。

人工智能技术是基于神经元网络、模糊控制、专家系统而建立的智能控制系统，是钢铁装备和工艺升级、实现两化深度融合的重点应用技术。国外数学模型与人工智能技术发展较早，在钢铁加工中取得重大成果和经济效益，目前正在向多种技术的混合信息管理系统发展。

3. 高精度、智能化检测仪表的应用

钢铁生产连续性强，设备运转强度高、速度快且环境恶劣，产品质量，生产的安全性，能源和原材料的消耗，污染物的产生、处理及排放都需要高精度、智能化、高适应性的仪表进行检测。在这种背景下，国内外钢铁检测仪表的类型不断增加，如设备诊断类仪表、自动化仪表、质量在线检测仪表、能源在线检测仪表、污染物在线检测仪表等。这些仪表的显著特点是精准化、智能化和模式化，即以微型计算机为核心，响应时间短，并配置可视化的系统装置从而达到测量结果的可视化。

4. 广域化信息管理与集成系统及生产系统物联网化

个人计算机、工作站和局域网的出现及其为核心组成的开放系统，使各种信息得到及时采集、传输和高效利用。国外冶金自动化系统集成项目现以控制和传动为主，涉及范围很广，如烧结、焦化、高炉、转炉、电炉、精炼炉、连铸机、轧机、制氧机等设备和生产环节均有应用。国外一些先进的钢铁企业，融合工业传感器网络、物流网络、RFID 技术、控制网络、企业局域网和 Internet，构建能集成分散在各分厂和生产现场的各种传感、采集设备以及上层业务系统的工业物联网平台。物联网集成平台通过数据的感知层、传输层、应用层的构建对钢铁工业过程中多种模式的信息进行全面感知、捕获、测量，并根据钢铁企业状态和内外环境的变化，实现钢铁企业海量数据与实时事件驱动的协调运行。

未来发展趋势是企业信息系统的整体性越来越强，与采购、生产、销售的结合将越来越紧，直至融为一体。

二、钢铁工业两化融合的发展趋势

（一）基于物联网的信息化体系

建立基于物联网的信息化体系，目标是架起一座“人与人”“人与物”以及“物与物”之间可以“网络对话”的“无形桥梁”，进而实现生产、检测、控制、管理、供销等众多环节精确快速的无缝对接。

物联网化的信息化体系，可以自动、实时、准确、详细地获取钢铁产品订单、采购、销售、物流和生产中各方面的信息，不仅能够为钢铁企业提供系统化的数据源，还为企业管理、系统维护提供更好的服务，而且能够在一定程度上改进并提升企业的生产和业务流程。

物联网化的信息化系统，将现有的 MES、ERP、产供销系统、各种单项管理系统和数据采集、传输、分析、应用融为一个有机的整体，彻底消除信息“孤岛”，实现数据的完全唯一。物联网化的信息化系统，将逐步实现钢铁生产管控一体化，做到实时管理，一方面实现纵向信息集成，另一方面整合实时数据和关系数据库，运用数据挖掘，为生产管理控制的决策提供依据。在过程控制方面，采用先进传感器、光机电一体化技术和数据处理等技术对钢铁生产工艺流程实施在线连续检测。发展信息综合管理一体化系统和人工智能控制系统是国内外冶金装备技术的发展重要方向。

（二）检测技术的精准快速化

现代化钢铁生产装备和工艺都具有高速、重载、高精度的特征，生产作业中的设备稳定运行是保证安全生产的基础。

随着新一代计算机技术、网络技术、云计算、通信技术、传感器技术、信号处理技术的不断完善，基于 Internet/Intranet 的远程监控技术、无线传感器网络、微型智能传感器、光纤传感器、激光和远红外测量技术等一批新技术已应用于设备状态监测，大大提升了状态监测的手段。非线性信号处理方法和多因素故障趋势预测方法，提高了设备故障诊断的准确性，为设备有计划的维修和维修决策提供了有力的工具，使得设备维修成本下降、设备完好率提高、产品质量的稳定性增加。

（三）高度自动化的“无人化”车间

企业信息化管理系统对生产作业计划进行数字化、智能化管理，其最终发展方向是少人甚至是无人化运作模式。“无人化”车间是制造业由传统工业化向现代工业化转型的重要体现，其示范和推广应用对于提升钢铁制造业的整体技术水平具有重要的战略意义。

（四）无线传感器网络、物联网、云技术的应用

利用无线传感器达到精准、快速化检测与控制，将生产线装备各类信息进行整合。很多国外钢铁企业已经搭建了融合核心业务的信息网，成为企业生产经营的重要设施，为生产线的高度信息化管理奠定了坚实的硬件基础。

很多发达国家政府已经把物联网与云技术列为战略性新兴产业，在钢铁生产及其装备研发领域，物联网技术、云技术也拥有较大的应用空间。借助于先进的物联网平台，企业可以自动、实时、准确、详细地获取钢铁生产中各方面的信息，并有效进行筛选与集成，为企业提供系统化的数据源，还为企业管理与系统维护提供更好的服务。物联网和云技术已经成为钢铁强国的“必争之地”。

（五）智能机器人的应用

由于钢铁行业特殊的工作环境，智能机器人和全工序无人控制系统是未来的重要发展趋势。

第三章　总体框架研究

第一节　综　　述

科技创新，是河北省钢铁产业走出困境、解决发展过程中存在的问题、缩短与国内外先进水平差距的必由之路，是河北省钢铁产业科技进步的重要源泉，是河北省钢铁产业技术升级的底蕴所在。

一、科技创新

（一）创新

1. 国外学者的原始定义

熊彼特 1912 年第一次从经济学角度系统提出了创新概念。他认为，创新就是建立一种新的生产函数，即实现生产要素的一种从未有过的新组合。熊彼特的创新概念包括五个方面：创造一种新的产品，也就是消费者还不熟悉的产品，或者已有产品的一种新的特性；采用一种新的生产方法，也就是在有关的制造部门中尚未通过经验检定的方法，这种新方法不一定非要建立在科学新发现的基础上，可以是以新的商业方式来处理某种产品；开辟一个新的市场，也就是有关国家的某一制造部门以前不曾进入的市场，不管这个市场以前是否存在过；取得或控制原材料或半制成品的一种新的供给来源，不管这种来源是已经存在的还是第一次创造出来的；实现任何一种新的产业组织方式或企业重组，比如造成一种垄断地位，或打破一种垄断地位。

熊彼特后来又以更广义的方式定义创新。“通过生产函数可以更严格地定义创新——所谓生产函数，是说如果各种要素的数量发生了变化，其相应的产品的数量也随着发生变化的一种方式。如果我们改变了函数的形式，我们就有了一项创新。”“创新可以简单地定义为建立一项新的生产函数。这包括一种新商品，或者就像一次合并一样的一种新的组织形式，或者开辟新的市场等。”“联想到经济意义上的生产实际就是生产性要素的组合，我们可以说创新就是用一种新的方式组合生产要素，或者说创新就包括在执行新的组合中。”

费里德曼继承和发展了熊彼特创新的概念，认为创新不仅指技术创新，还包括组织、管理等其他方面的创新，并且技术和组织管理之间存在着大量的相互依存关系，这些依存关系并非单独出现，而是如军团般大量涌来。工艺和加工的创新、产品创新、组织管理创新和材料创新，在机械化、电气化和电子计算机化时代都是相互缠绕在一起的。

2. 国家标准的术语定义

国家标准《知识管理 第 2 部分：术语》（GB/T 23703.2—2010）的《概念模型术语》中，对“创新”术语做了国家标准中目前唯一的定义。“创新是把感悟和技术转化为能够创造新价值、驱动经济增长、促进社会进步和提高生活标准的过程及其结果，包括新理论、新模式、新方法、新产品、新服务、新流程等。”

3. 其他定义

创新是以现有的知识和物质，在特定的环境中，改进或创造新的事物（包括但不限于各种方法、元素、路径、环境等），并能获得一定有益效果的行为。

（二）科技创新

1. 内涵

科技创新，是创新最原始的定义，是创新中最基础、最重要的方面，科技创新是一切创新的基础和源泉。

科技创新，是一个从新思想的产生，到产品设计、试制、生产、营销和市场化的过程，也是知识的创造、流通和应用的过程。科技创新是原创性科学研究和技术创新的总称，是指通过对现有知识水平、技术能力、内外部环境因素的观测，创造和应用新知识和新技术、新工艺，采用新的生产方式和经营管理模式，开发新产品，提高产品质量，提供新服务的过程。

科技创新包括从新技术、新产品、新工艺、新材料、新设备等研究开发、发明创造到生产应用及商业化实现全过程的活动总和。其实质在于对生产要素及其组合和生产条件进行优化配置，进而达到要素及其组合生产、利用效率的提高，实现利润最大化的过程。

科技创新的本质决定了科技创新活动具有以下四个特点。一是创新活动的系统性及过程延续性，企业技术创新涵盖了技术的发明到生产应用，直至利润实现的全过程；二是创新活动的经济性，创新活动具有明确的商业化目标，最终体现在创新主体的社会、经济效益上；三是创新活动的不确定性或风险性，创新活动的成败受许多因素的影响，创新活动不可能一开始就能准确预测到未来的结果，存在着成功与失败两种可能，即存在一定的不确定性或风险性；四是创新结果的“公共产品”特性，由于所有权的存在，创新的成果属创新主体所有，但创新成果的应用具有一定的外溢性，创新成果的推广对企业产生直接经济贡献的同时，对整个行业发展和社会进步客观上有着积极的促进作用。

科技创新分为三种类型：知识创新、技术创新和现代科技引领的管理创新。

知识创新（知识创造）的核心是科学研究，结果新的思想观念和公理体系的产生，是新的概念范畴和理论学说的产生，为人类认识世界和改造世界提供新的世界观和方法论。技术创新的核心内容是科学技术的发明、创造和价值实现，其直接结果是推动科学技术进步与应用创新的良性互动，提高社会生产力的发展水平，进而促进社会经济的增长。管理创新内容较广，既包括宏观管理层面上的创新——社会政治、经济和管理等方面的制度创新，又包括微观管理层面上的创新，其核心内容是科技引领的管理变革，其直接结果是激发人们的创造性和积极性，促使所有社会资源的合理配置，最终推动社会的进步。

知识创新、技术创新与管理创新相辅相成。知识创新是技术创新和管理创新的文化基础，没有新的理论学说和公理体系，不可能有技术创新和制度创新，技术创新反过来又为知识创新和管理创新奠定了必要的物质基础；管理创新则为知识创新和技术创新提供必要的微观与宏观环境。技术创新是社会发展的“硬件”，而知识创新和管理创新则是社会进步的“软件”，由三者组成的科技创新，对国家的发展和社会进步起着关键性的作用，是社会进步的力量源泉。

2. 知识创新

知识创新，在国家标准《知识管理 第2部分：术语》（GB/T 23703. 2—2010）中称为知识创造，其定义为“组织通过各种不同的方法，增进、强化已有知识和探索新知识的活动。”

3. 技术创新

技术创新是生产技术的创新，既包括开发新技术，又包括新技术在企业中的应用过程。

技术创新是从新产品、新工艺的设想、策划到生产和市场应用的完整过程，如新设想的产生、策划、研究、开发、商业化生产到扩散等一系列活动的总称。企业技术创新往往是技术上采用一种新发明的结果，包括产品创新和工艺创新。产品创新旨在得到一种新产品，或对原有产品进行改善、改进；工艺创新是设计并采用某种新的加工方法，包括改进和革新原有工艺条件、原料、流程等。

技术创新和产品创新有密切关系，又有所区别。技术创新可能带来但未必带来产品创新，产品创新可能需要但未必需要技术创新。运用同样的技术可以生产不同的产品，生产同样的产品也可以采用不同的技术。产品创新侧重于商业和设计行为，具有成果的特征，具有更外在性的表现；技术创新具有过程的特征，其表现得更加内在性。产品创新可能包含技术创新的成分，还可能包含商业创新和设计创新的成分。技术创新可能并不带来产品的改变，而仅仅带来成本的降低、效率的提高，如改善生产工艺、优化作业过程从而减少资源消费、能源消耗、人工工时或者提高生产率；但新技术的诞生，往往可以带来全新的产品，技术研发往往对应于产品或者着眼于产品创新；而新的产品构想，往往需要新的技术才能实现。

技术创新具有高风险结合高收益性、前瞻溢出性、连续耗时性和周期性等四个基本特征。

（1）高风险性和高收益性。

钢铁企业运营过程，经常面临着市场的变化、技术的创新和企业战略规划的调整，技术创新作为钢铁企业的一项活动，也同样面临着这些不确定性因素。这些不确定因素随时可能导致技术创新的暂停和失败，技术创新面临着巨大的市场风险，但同时技术创新一旦取得成功也会给企业带来很大的经济收益，技术创新具有高风险性同时又具有高收益性。

（2）前瞻溢出性。

钢铁技术创新是为满足市场对钢铁产品的新需求，为钢铁企业未来发展而开展的创新活动，是在钢铁企业发展战略导向下研究超前技术，为钢铁企业建立技术优势和市场优势。同时，技术创新也具有非独占性，技术创新成果在企业推广应用过程中会很容易扩散和转移到其他企业之中，具有溢出效应。因此，知识产权保护对于企业技术创新具有重要意义。

（3）连续耗时性。

技术创新是一个完整过程，其中每一个环节都紧密相连，必须按流程顺序进行，如果其中一个环节出现中断，轻则导致整个过程发展不平衡，重则导致技术创新中止或者失败。因而，技术创新是一个耗时而又联系的过程。

（4）周期性。

根据钢铁产品的生命周期决定技术创新的方向和内容，然后经过技术创新的研究、实施、推广应用，最后实现到技术扩散，是一个周期性的过程。而且在一个技术创新结束后，面对市场上的新需求，钢铁企业又会进行新一轮的技术创新。

4. 管理创新

管理创新是指组织把新的管理要素（如新的管理方法、新的管理措施、新的管理手段、新的管理模式等）或要素组合引入企业管理系统以更有效地实现组织目标的活动。管理创新包括管理思想、管理理论、管理知识、管理方法、管理工具等的创新。

科技创新能力既是国家实力最关键的体现，也是一个产业是否可以持续健康发展的关键。国家发展和改革委员会《钢铁产业发展政策》第十四条明确提出“加快培育钢铁工业自主创新能力，支持企业建立产品、技术开发和科研机构，提高开发创新能力，发展具有自主知识产权的工艺、装备技术和产品。不断进行技术创新，研发具有自主知识产权的新型先进装备，强化自动化、智能化水平是国内钢铁生产装备技术发展的主要方向。”

只有具有较强的科技创新能力，持续开展科技创新，河北省钢铁产业才能应对新兴材料大量出现、对钢铁产品要求越来越高的现实，才能保障其可持续发展、科学发展。

二、科技进步与技术进步

（一）含义

科技进步是指发挥科学技术第一生产力的作用，促进科学技术成果向现实生产力转化，推动科学技术为经济建设和社会发展服务。科技进步是能够使一定数量的投入组合产出更多产品的所有因素共同作用的过程。

技术进步有狭义和广义两个不同范畴的定义。

狭义上的技术进步主要是指生产工艺、中间投入品以及制造技能等方面的革新和改进；具体表现为对旧设备的改造和采用新设备改进旧工艺，采用新工艺、使用新的原材料和能源对原有产品进行改进研究、开发新产品、提高工人的劳动技能等。

广义上的技术进步是指技术所涵盖的各种形式知识的积累与改进，与科技进步含义基本相当。

技术进步有三种类型：中性技术进步、劳动节约型技术进步和资本节约型技术进步。

现代科学技术已经成为影响经济增长的决定性因素，科技进步对经济增长的贡献已明显超过资本和劳动力的作用；走以科技进步为依托的内涵式扩大再生产方式的新路，努力提高科技进步在经济增长中的含量，促进整个经济由粗放经营向集约经营转变，是经济发展方式的唯一选择。

（二）技术进步的途径

开放经济体系中，技术进步主要有技术创新、技术扩散、技术转移与引进等三条途径。对于发展中国家，工业化的发展就是技术的发展。根据当前的情况，发展中国家技术发展分为三个阶段，第一阶段以自由贸易和技术引进为主，通过引进技术，加速其技术进步，促进产业结构升级；第二阶段则技术引进与技术开发并重，实施适度的贸易保护，国家对资源进行重新配置，通过有选择的产业政策，打破发达国家的技术垄断，进一步提升产业结构；第三阶段，面对新兴的高技术产业，必须以自主开发技术为主，国家主要通过产业政策，加强与发达国家跨国公司的合作与交流，占领产业制高点，获得先发优势和规模经济，将动态的比较优势与静态的比较优势结合起来，兼顾长期利益与短期利益，宏观平衡与微观效率，有效配置资源，实现跨越式发展。

目前，我国技术进步的制度设计主要通过各类高新技术园区和开发区来完成国家的技术进步和发展工作，政府通过政策等引导资金、技术、人才、产业等的集聚来孵化高新企业和高新技术。

（三）《中华人民共和国科学技术进步法》相关规定

《中华人民共和国科学技术进步法》界定的科技进步，包括科学研究、技术开发、科学技术应用，并对企业技术进步作出了明确的规定。

其中第三十条规定：“国家建立以企业为主体，以市场为导向，企业同科学技术研究开发机构、高等学校相结合的技术创新体系，引导和扶持企业技术创新活动，发挥企业在技术创新中的主体作用。”

第三十二条规定，国家鼓励企业设立内部科学技术研究开发机构；同其他企业或者科学技术研究开发机构、高等学校联合建立科学技术研究开发机构，或者以委托等方式开展科学技术研究开发；培养、吸引和使用科学技术人员；同科学技术研究开发机构、高等学校、职业院校或者培训机构联合培养专业技术人才和高技能人才，吸引高等学校毕业生到企业工作；依法设立博士后工作站；结合技术创新和职工技能培训，开展科学技术普及活动，设立向公众开放的普及科学技术的场馆或者设施。

第三十三条规定，国家鼓励企业增加研究开发和技术创新的投入，自主确立研究开发课题，开展技术创新活动；国家鼓励企业对引进技术进行消化、吸收和再创新；企业开发新技术、新产品、新工艺发生的研究开发费用可以按照国家有关规定，税前列支并加计扣除，企业科学技术研究开发仪器、设备可以加速折旧。

三、技术升级

技术升级是指通过生产要素的调整及对技术能力和管理能力的改进，以提高产品附加值的方式来保持产业的不断发展。技术升级是产业升级的基础和支撑。

产业升级主要指两个方面：一是产业结构的改善，二是产业素质与效率的提高。产业结构的改善表现为产业的协调发展和结构的提升，涉及区域内各个产业；产业素质与效率的提高表现为生产要素的优化组合、技术水平和管理水平以及产品质量的提高，则针对具体的产业，其内涵也就是产业技术升级。无论哪一方面，产业升级必须依靠技术进步，最终都由产业技术升级来体现。

（一）国际产业升级模式

根据国际上产业技术升级的成功实践，典型的模式有两种：一是美国硅谷的自主创新模式，二是日本战后的模仿创新模式。

1. 美国硅谷的自主创新模式

作为世界科技工业园区的成功典范，美国硅谷已经成为世界各地纷纷效仿的对象，其产业模式的特点是以大学或科研机构为中心，科研与生产相结合的企业自主创新综合体。硅谷模式的成功因素众多，但许多学者研究表明，硅谷高技术产业的发展与美国发达金融体系，特别是风险投资体制和纳斯达克资本市场，有着密切的关系。

2. 日本战后的模仿创新模式

世界第二次世界大战之后，日本限于当时自身实力和条件，研究开发基础较薄弱，制造业创新意识不足，在高、精、尖科技开发上难以与美国竞争，产业技术形成巨大的落后。日本 R&D 活动不得不放弃了内部发明，转而进行技术引进，有选择地引进对市场需求适应性强的外国技术，并在加强实用化的过程中对市场需求尽快做出反应，于是产生了称为市场驱动型的日本应用模式。

日本产业发展的特点主要表现在以下几个方面：一是以耐用消费品产业为先导，大力发展重化工业和新兴产业；二是大力引进先进技术，并强调技术的消化和创新，技术产品市场化速度迅速，能对市场变动做出快速反应；三是自动化大规模生产，强调小型、节能、环保；四是推行专业化协作和产业集群化，以几家高关联大企业为中心，形成联系紧密的产业群。总结起来，日本产业升级的模式概括为从模仿到创新。

（二）国内产业技术升级模式

国内产业技术升级模式主要有温州模式、西安模式和京津冀协同模式。

1. 温州产业升级模式

温州以家庭工业和专业化市场的方式发展起来的民营产业一直处于主体地位，产业化模式主要是内源性民间投资驱动所形成。民间投资主要集中在回收期短、风险较小的传统制造业，其具有特色的支柱产业主要有电工电器产业、鞋革产业、服装产业、汽摩配等机械装备业和制笔、眼镜、紧固件、小商品等传统轻工产业，产业技术水平相对较低，形成了以劳动密集型轻工业为主体的产业结构。

与全国一样，温州产业发展的资源与环境约束压力正日益显著，特别是近年来人工成本大幅上涨、外来务工人员短缺，不断压缩着企业利润甚至影响正常开工。更为严重的是，资本和人才的瓶颈也极大地制约了温州产业进一步优化，常规金融支持力度过低也造成了技术升级滞后、难以吸引高端人才和技术创新突破无力的困境，严重制约着产业更新换代。而温州资本的外流及脱实向虚，更使当地实体经济投入不足的问题雪上加霜，温州经济所遭遇到的“天花板效应”更加突出。很显然，温州沿用原有模式的增长动力已明显不足，必须寻找新的出路内产业技术升级模式。

为了解决经济发展中遇到的问题，消解产业空心化的倾向，加快转变温州经济发展方式，创新其发展模式，推动其产业转型升级是必然的选择。主要包括三方面，一是提升现有产业的技术水平与品牌附加值；二是加大科技与人力资本的投入，推动产业升级换代；三是引导产业集群化、园区化发展。近年来，温州产业发展在这三方面已经起步，随着产业升级的逐步实现，温州以轻工业为主体的产业必然重新焕发青春。

2. 西安产业升级模式

西安市以优化产业结构为重点，推进经济结构的战略性调整，采取大集团引领、大项目支撑、集群化推进、园区化承载的战略，坚持增强自主创新能力，完善体制机制保障，强化政策导向，提升质量强市水平，优化发展环境，以旅游业、文化产业、战略性新兴产业、先进制造业和现代服务业为主体的具有西安特色的现代产业体系正逐步形成，产业结构不断趋于合理。

西安市按照政府引导、市场推动、机制创新、先行先试的原则，以统筹科技资源为引领，以实施重大科技创新工程为抓手，不断加大研发投入，推动科技产业融合，培育知识产权优势企业，加强创新成果知识产权化，提升企业知识产权创造、管理、实施和保护运用能力，让科技创新成为经济社会增长的第一动力。自主创新能力成为产业升级过程中最为突出的驱动力。

西安产业升级主要是通过政府政策引导，建设大型项目园区，加大研发支出来逐步实现的，总体来说是一条自主创新的产业升级模式。

3. 京津冀产业协同模式

京津冀一体化包括北京市、天津市和河北省。北京市和天津市分别作为国家的政治文化中心和北方经济中心，在过去的十年中发展迅速，但是资源和环境承载能力都日趋饱和；河北省是北方经济、资源和人口大省，对经济有着疏解压力的便利条件。目前，在产业先行的理念下，京津冀共同搭建了10个科技创新平台和20个产业合作平台，有序促进产业转移、产业协同升级是京津冀协同发展的重中之重，三地通过优势互补，资源共享，从而实现产业的顺利升级。北京市在经济结构调整中，从20世纪90年代初就已开始将缺乏比较优势的传统重工业和制造业进行梯度转移。三地奠定了良好的合作基础，实现产业技术升级的潜力巨大。

（三）河北省钢铁产业技术升级的前景和意义

钢铁产业属于使用传统技术规范来支撑运营和解决各种生产经营问题而形成的产业即传统产业，传统产业技术升级的基本路径是用高新技术和适用技术改造来提升，用两化融合提高其工艺装备水平，用新技术新材料提升整体技术水平。

河北省是京津冀协同发展中的重要一方，钢铁产业又是河北省的重要支柱产业，钢铁产业科技创新，是京津冀协同创新的重要组成部分，具有良好的前景。

如第一章所述，河北省钢铁产业虽然部分企业在装备水平上已达到国际先进水平，但却没有能够生产出国际先进水平的产品，差距主要体现在技术水平和人员素质上；同时河北省钢铁产业整体技术水平也与国际国内先进水平存在着差距，在河北省钢铁产业内部，不同的企业之间，在国有企业和民营企业之间、在上市企业和非上市企业之间、在民营企业和民营企业之间，都存在着不小的差距。

河北省钢铁产业在整体技术上要瞄准国际先进水平，才能培养出具有国际先进水平的人才，才能生产出具有国际先进水平的产品。

进行技术升级，提高河北省钢铁产业整体技术水平，是河北省钢铁产业的当务之急。

四、科技创新、科技进步（技术进步）和技术升级的关系

科技创新是科技进步的发展，技术升级是科技进步的结果。

（一）科技创新是科技进步（技术进步）的发展

科技创新是科技进步和应用创新“双螺旋结构”共同作用而催生的产物。在多主体参与、多要素互动的过程中，作为推动力的科技进步与作为拉动力的应用创新之间的互动推动了科技创新。科技进步和应用创新两个方向可以被看做既分立又统一、共同演进的一对“双螺旋结构”，或者说是并行齐驱的双轮——科技进步为应用创新创造了新的技术，而应用创新往往很快就会触到技术的极限，进而促进技术的进一步改变。只有当科技进步和应用创新的激烈碰撞达到一定的融合程度时，便会产生模式创新和产业发展的新热点。科技创新正是这个技术进步与应用创新“双螺旋结构”共同演进催生的产物。科技进步与应用创新的良性互动，可以全面推动科技创新。

（二）技术升级是科技进步（技术进步）的结果

狭义的技术进步主要是指生产工艺、中间投入品以及制造技能等方面的革新和改进，而这些改进必须落实到具体的生产实践中才能实现。技术升级是技术进步的具体落实，也是技术进步的结果。

技术进步引领着技术升级的方向。只有进行了科技创新，才能获得技术进步；只有技术进步，才能实现技术升级。只有实现了技术升级，才能把科技创新的成果转化为现实的生产力。

科技创新、技术进步关系到企业的生存和发展，关系到市场的占有率，关系到企业的效益，对每一个企业管理者和员工团队来说都是不能等闲视之的大事。通过产品升级，打造满足消费者需求的产品，引领市场，提升企业的市场竞争能力；变低端加工业为高端制造业，变粗放型生产为精益型生产，实现企业技术升级；通过改进工艺，优化工艺流程等，降低能耗，减少排放，降低企业的制造成本；企业进行科技研发，在税收等方面可以享受国家对企业科技创新的优惠政策；增加产品附加值，在一定程度上提高企业盈利能力。

五、促进河北省钢铁产业科技创新研究成果的形式

科技创新能力的形成是一个过程，需要一定的环境。成功塑造有利于科技创新和创新成果应用于产业实践的环境，可以激发科技创新的社会潜能，缩减从科技创新到产业运用的时间进程。

促进河北省钢铁产业科技创新研究，就是要为河北省钢铁产业创造有利于科技创新的环境，目的是对促进钢铁产业科技创新起到具体指导作用，这也是本课题与以往类似课题的根本区别所在。

前人对促进河北省钢铁产业科技创新的研究，一般只得出一些结论性意见，提出一些政策方面的建议，可供政府部门在制定相关政策时参考。故其结论和建议宏观性较强、政策性较强，但缺乏具体条文和方案，可实施性、可操作性较差，因此其研究成果很难在实践中得到应用。

本项目研究目的，重点在于实际应用，其成果必须具有实际应用价值，具有可实施性、可操作性，要具有政府政策的内涵和形式，最终应用于主动整合和利用好省内、国内甚至国际创新资源，促进河北省钢铁产业科技创新，推动河北省钢铁产业技术升级的具体实践。这也是本项目的关键创新点所在。

《河北省钢铁产业结构调整方案》已获国家批复，其实施需要一系列配套政策。本项目研究成果可作为其科学技术方面的配套文件，对钢铁产业科技创新进行强有力的政策引导和支持。

综上所述，促进河北省钢铁产业科技创新研究的最终成果，确定为《关于促进钢铁产业科技创新的实施意见》，提供给河北省人民政府，作为《河北省钢铁产业结构调整方案》的重要配套政策文件之一。

第二节 技术路线

一、技术路线概念和作用

技术路线是指课题研究者对要达到研究目标准备采取的技术手段、具体步骤及解决关键性问题的方法等在内的研究途径，可以采用流程图或示意图说明，再结合必要的解释。

合理的技术路线是既定目标顺利实现的保证，一般来说技术路线应尽可能详尽，每一步骤的关键点要阐述清楚并具有可操作性。

但技术路线的合理性并不是技术路线的复杂性，在详尽阐述必要元素的前提下，技术路线应简捷、明确，避免人为复杂化。

二、项目技术路线

（一）技术路线描述

通过对河北省钢铁产业产品品种质量、工艺装备、节能减排、两化融合现状的调查，搜集国内外钢铁产业技术现状及发展趋势，分析河北省钢铁产业的差距和存在的问题，结合国际国内钢铁工业技术的发展和创新，吸收前人研究的精华，确定促进河北省钢铁产业科技创新的总体框架，明确河北省钢铁工业科技创新的目标，提出河北省钢铁工业科技创新的重点任务，研究保障河北省科技创新的措施，制定河北省《关于促进钢铁产业科技创新的实施意见》。

（二）技术路线图

项目技术路线如图 3-1 所示。

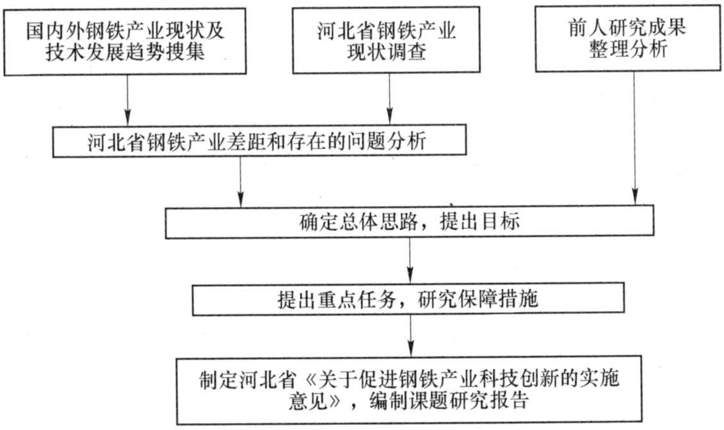

图 3-1 项目技术路线

第三节 指导思想

一、指导思想的含义

任何一个组织（包括政党、政府、集团、甚至企业）的行动，都要受一定的思想、观点或理论的指导和支配。这个指导其一切行动的思想、观点或理论体系，就是其指导思想，亦称行动指南。一个组织团的行动要取得成功，必须具有正确的思想、理论，并且善于把这种思想、理论和具体实践密切结合，使其真正成为指导思想。指导思想不仅关系到组织的行动，也关系到这个组织的命运和前途。

一个组织需要指导思想，需要行动指南；一项重大的行动甚至某项具体的实践活动，同样也需要指导思想，需要行动指南。这个指导思想就是在做某项实践活动时，人脑中占有压倒优势的想法，人进行此项活动时将依照此想法去进行。只有确定了正确的指导思想，并在实践活动中严格遵循指导思想，贯彻落实指导思想，这个组织才能成长，才能发展壮大；这项行动才能成功，才能取得重大成果。

在我国的具体实践中，大到国家大政方针，小到县甚至乡镇的某项具体规划、某个具体方案，无不描述其指导思想。

如《中共中央关于制定国民经济和社会发展第十二个五年规划的建议》中提出的制定“十二五”规划的指导思想是：“制定‘十二五’规划，必须高举中国特色社会主义伟大旗帜，以邓小平理论和‘三个代表’重要思想为指导，深入贯彻落实科学发展观，适应国内外形势新变化，顺应各族人民过上更好生活新期待，以科学发展为主题，以加快转变经济发展方式为主线，深化改革开放，保障和改善民生，巩固和扩大应对国际金融危机冲击成果，促进经济长期平稳较快发展和社会和谐稳定，为全面建成小康社会打下具有决定性意义的基础。”

同时，对“以科学发展为主题”和“以加快转变经济发展方式为主线”进行了具体解释。

“以科学发展为主题，是时代的要求，关系改革开放和现代化建设全局。我国是拥有十三亿人口的发展中大国，仍处于并将长期处于社会主义初级阶段，发展仍是解决我国所有问题的关键。在当代中国，坚持发展是硬道理的本质要求，就是坚持科学发展，更加注重以人为本，更加注重全面协调可持续发展，更加注重统筹兼顾，更加注重保障和改善民生，促进社会公平正义。”

“以加快转变经济发展方式为主线，是推动科学发展的必由之路，符合我国基本国情和发展阶段性新特征。加快转变经济发展方式是我国经济社会领域的一场深刻变革，必须贯穿经济社会发展全过程和各领域，提高发展的全面性、协调性、可持续性，坚持在发展中促转变、在转变中谋发展，实现经济社会又好又快发展。”

二、指导思想的内容

（一）河北省钢铁产业急需促进科技创新

科学技术是第一生产力，是经济社会发展的重要动力源泉。近年来，河北省钢铁产业取得了一批重要科技创新成果，企业技术水平明显提高，有力促进了钢铁产业的发展。当前，河北省正处于加快推进工业化、城镇化的关键时期，钢铁产业科技发展面临重要的战略机遇，同时也面临许多严峻的挑战。面对新形势和新要求，自主创新能力还不够强，体制机制与行业发展的要求不相适应，企业科技创新主体地位尚未完全确立，产学研结合不够紧密，自主重新科技成果较少，关键技术自给率较低；科技创新经费投入较低，研发和成果转移转化效率不高；科技人员的积极性、创造性尚未得到充分发挥。这些都已成为制约钢铁产业科技创新的重要因素，直接影响河北省钢铁产业综合实力和竞争力的提升。因此，必须进一步加快全省钢铁产业科技创新工作。

（二）必须结合河北省钢铁产业实际

促进河北省钢铁产业科技创新，必须从河北省实际出发，立足河北省钢铁产业现有基础，既不能好高骛远，也不能裹足不前。《河北省钢铁产业结构调整方案》已获得国家批准，上升到国家层面，作为落实《河北省钢铁产业结构调整方案》的配套政策，《关于促进钢铁产业科技创新的实施意见》必须全面贯彻落实《河北省钢铁产业结构调整方案》，以科技创新促进《河北省钢铁产业结构调整方案》为基础的贯彻落实，必须具有科学性、可行性和可操作性。

（三）必须实施创新驱动发展战略

实施创新驱动发展战略意义深远。创新驱动之本质，是依靠创新特别是自主创新，充分发挥科技创新对经济社会发展的重大支撑和引领作用，大幅提高科技创新和技术进步对社会经济的贡献率，实现经济社会的可持续发展、和谐发展，使综合国力不断提升。

实施创新驱动发展战略是提升国际竞争力的有效路径。举世公认的 20 个左右创新型国家，其研发投入占 GDP 的比例普遍高于 2%，科技对经济增长贡献率达到 70% 以上，对外技术依存度指标则低于 30%。我国科技对经济增长贡献率和对外技术依存度与创新型国家存在明显差距，河北省钢铁产业差距显著。目前，世界各国仍在纷纷强化创新战略部署。

实施创新驱动发展战略是转变经济发展方式的根本途径。钢铁工业现有生产能力已基本满足国民经济和社会发展的需要，并出现了阶段性、结构性的过剩，且钢铁工业整体素质不高，钢铁产品竞争力不强的弱势明显，急需进行战略性结构调整。河北省是我国钢铁第一大省，钢铁产品产量高，钢材出口量大，但初级产品多，高技术含量产品基本空白，很多关键品种尚需进口。调整产业结构，转变发展方式，是河北省钢铁产业面临的首要任务。

《河北省钢铁产业结构调整方案》出台的意义，就在于转变河北省钢铁产业发展方式，调整河北省钢铁产业结构，使其适应河北省社会经济发展，提高产业综合竞争力。而转变河北省钢铁产业发展方式的重要战略措施之一就是促进科技创新。

《国民经济和社会发展第十二个五年规划纲要》提出，“十二五”要“坚持把科技进步和创新作为加快转变经济发展方式的重要支撑。深入实施科教兴国战略和人才强国战略，充分发挥科技第一生产力和人才第一资源作用，提高教育现代化水平，增强自主创新能力，壮大创新人才队伍，推动发展向主要依靠科技进步、劳动者素质提高、管理创新转变，加快建设创新型国家。”

2014 年 6 月，习近平总书记在两院院士大会的讲话中总结了改革开放以来我国经济社会发展成就，同时指出我国经济主要依靠资源等要素投入推动经济增长和规模扩张的粗放型发展方式是不可持续的。他提到：“老路走不通，新路在哪里？就在科技创新上，就在加快从要素驱动、投资规模驱动发展为主向以创新驱动发展为主的转变上。”显然，国家已把科技创新提高到前所未有的战略高度，对我国当前科技事业发展具有重大指导意义；推动科技进步、坚持创新驱动已成为新时期我国经济社会发展的客观要求，成为实现中华民族伟大复兴的战略抉择。在此背景下，加快科技创新、实施技术升级，必然成为河北省钢铁产业实施创新驱动战略的出发点和落脚点；河北省钢铁产业必须树立以科技创新求生存、以科技创新求效益、以科技创新求发展的思想，实施创新驱动战略。

（四）必须为钢铁产业科技创新创造必要的条件

钢铁产业科技创新，需要必要的内部动力和外部环境，在创新基础、创新投入、创新管理方面，进行宣传引导、政策支持、示范带动，需要不断加强创新体制机制建设，不断加强创新文化和人才队伍建设等工作，在钢铁及其相关产业加强科技研发、成果转化、应用推广、平台建设和环境培育，需要相应的组织保障、资金保障和人才保障。

（五）科技创新必须抓住关键

促进科技创新的目的，在于提高河北省钢铁产业整体综合竞争力。提高钢铁产业综合竞争力，是促进科技创新工作的导向，也就是说，科技创新要围绕提高钢铁产业综合竞争力开展。在这个导向下，要抓住钢铁产业科技创新的关键，那就是品种质量、工艺技术和装备、节能环保、两化深度融合。竞争力是凝聚在产品中的物质力量和精神力量，品种质量是企业竞争力的具体体现，科技创新必须以品种质量为中心；环境问题已成为制约我国社会经济发展的重要瓶颈，钢铁产业更为明显，建设环境友好型产业，是钢铁产业的根本出路，科技创新必须以环境友好为基础；节能降耗是钢铁企业降低资源能源能耗、实现清洁生产、提高经济效益的主要途径，也是从工艺上、源头上减少污染物排放的重要措施，科技创新要以节能降耗为重点；两化深度融合的工作目标是推动生产装备智能化和生产过程自动化，两化深度融合是钢铁产业从传统到现代发展的必由之路，是钢铁产业健康发展的助推力量，因此，科技创新要以两化融合为助力；科技创新，必须有载体，科技创新的载体主要是项目，而技术升级的载体则是工艺和装备；延伸产业链，完善产品系列，是钢铁产业发展的重要方向，也是科技创新的关注点。科技创新是技术进步的支撑，技术进步是科技创新的延伸和落实。

（六）通过科技创新，为转变钢铁产业发展方式提供良好的基础

科技创新的意义，在于为钢铁产业调整产业结构、转变发展方式提供良好的基础。通过科技创新，优化产品结构、提高装备水平、延伸产业链条、深化节能减排，为促进我省钢铁产业由大转强、由强升优，实现全省转型升级、绿色崛起提供强有力的内生动力和科技支撑。

三、指导思想的表述

综上所述，促进河北省钢铁产业科技创新的指导思想，就是“以科学发展观为指导，全面贯彻落实《河北省钢铁产业结构调整方案》，立足河北省钢铁产业现有基础，深入实施创新驱动发展战略，在钢铁及其相关产业加强科技研发、成果转化、应用推广、平台建设和环境培育，依靠科技创新，支撑技术升级，优化产品结构、提高装备水平、延伸产业链条、深化节能减排，为促进我省钢铁产业由大转强、由强升优，实现全省转型升级、绿色崛起提供强有力的内生动力和科技支撑。”

“河北省钢铁产业科技创新要以提升产业综合竞争力为目标，以提高产业效率为导向，以品种质量为中心，以环境友好为基础，以节能降耗为重点，以工艺装备为载体，以两化融合为助力，延伸产业链，优化产业结构和产品结构，为钢铁产业全面转型升级提供基础和保障。”

第四节 基本原则

一、基本原则的含义

（一）原则

原则，辞典对“原则”的解释是“说话或行事所依据的法则或标准。”其另一个含义是指总的方面。使用原则概念的有科学、哲学、宗教、法律等。

法则，指规律，或法规。

标准，一指衡量事务的准则；二指本身合于标准，可供同类事物比较核对的

事物。

（二）基本原则

在法律上，基本原则是整个法律体系或者某一法律部门所适用的、体现法的基本价值的原则。

每个组织都有其基本原则。对于一个国家，其基本原则是国家宪法和国家国体、政体适用的并体现国家意志的原则；对于一个政党，则是体现其世界观和价值观的原则。如2007年10月21日，中国共产党第十七次全国代表大会的党章，关于四项基本原则的表述："坚持社会主义道路、坚持人民民主专政、坚持中国共产党的领导、坚持马克思列宁主义毛泽东思想这四项基本原则，是我们的立国之本。"

在国家的大政方针、社会经济发展规划等宏观层面，自然有其配套的基本原则。而一些具体的实践活动，在指导思想确定后，也离不开基本原则的具体指导。

如《国民经济和社会发展第十二个五年规划纲要》在指导思想下提出的基本要求，亦即基本原则为：

——坚持把经济结构战略性调整作为加快转变经济发展方式的主攻方向。

——坚持把保障和改善民生作为加快转变经济发展方式的根本出发点和落脚点。

——坚持把建设资源节约型、环境友好型社会作为加快转变经济发展方式的重要着力点。

——坚持把改革开放作为加快转变经济发展方式的强大动力。

二、基本原则的内容

钢铁产业科技创新所遵循的基本原则，涉及科技创新主体、政府作用、方式、范围等各个方面。具体来说，河北省钢铁产业科技创新的基本原则，应包括以下内容。

（一）科技创新主体

钢铁产业科技创新，首先应确定其主体。无疑，钢铁企业是独立经营、自负盈亏的实体，也是科技创新的直接受益者，是钢铁产业科技创新和成果转化的主体，因此钢铁产业科技创新主体无疑是钢铁企业。科研院所、高等院校具有科技创新的资源和实力，在钢铁产业科技创新中可以发挥很大的作用，但其本身并不生产钢铁产品，并不了解市场需求和企业产品的销售情况，在钢铁产业科技创新只能根据钢铁产业和钢铁企业需要，与钢铁产业和钢铁企业合作，协助钢铁企业开展科技创新。钢铁企业应根据国家、河北省产业规划和市场需求，发挥市场对技术研发方向、路线选择和各类创新资源配置的导向作用，调整创新决策和组织模式，真正成为科技创新决策、研发投入、科研组织和成果转化的主体，自主确定科技创新的方向和课题，自行选择与科研院所、高等院校的合作方式，建立健全符合市场机制的科技投入体系和成果转化体系。

（二）政府作用

钢铁企业是钢铁产业科技创新的主体。但由于受到观念、技术水平、创新能力、人才、市场预测能力等各方面的限制，钢铁企业特别是河北省民营钢铁企业对于科技创新方向的确定在一定程度上显得力不从心，这就需要政府相关部门，适时进行引导。

政府及其相关职能部门通过制定相关政策和规划进行引导和服务，为钢铁企业科技创新提供导向和政策、资金支持，为企业聚集创新资源，进行产学研协调，为钢铁企业科技创新提供适宜的条件和环境，引导钢铁企业开展科技创新。

政府营造激励创新的公平竞争环境，发挥市场竞争激励创新的根本性作用，营造公平、开放、透明的市场环境，强化竞争政策和产业政策对创新的引导，促进优胜劣汰，增强钢铁企业作为主体的创新动力。政府实行严格的知识产权保护制度，打破制约钢铁产业科技创新的行业垄断和市场分割，改进新技术新产品新商业模式的准入管理，健全钢铁产业技术政策和管理制度，运用主要由市场决定要素价格的机制，促使钢铁企业从依靠过度消耗资源能源、低性能和低成本竞争，向依靠创新、实施差别化竞争转变。

政府要引导市场导向明确的科技项目由企业牵头，联合高等学校和科研院所实施；鼓励构建以企业为主导、产学研合作的产业技术创新战略联盟；更多运用财政后补助、间接投入等方式，支持企业自主决策、先行投入，开展重大产业关键共性技术、装备和标准的研发攻关；开展河北钢铁集团等钢铁企业创新转型试点，探索政府支持企业技术创新、管理创新、商业模式创新的新机制。政府优化国家实验室、重点实验室、工程实验室、工程（技术）研究中心布局，按功能定位分类整合，构建开放共享互动的创新网络，建立向钢铁企业特别是非大型钢铁企业有效开放的机制，引导企业积极开展科技创新。

政府采取企业主导、院校协作、多元投资、成果分享的新模式，整合形成河北省钢铁产业科技创新中心。

（三）科技创新导向

导向，即引导的方向。

1. 战略导向

战略导向即钢铁企业的一切行动都必须在企业战略的指导下进行，钢铁企业的一切经营管理活动都必须和企业发展战略保持一致。只有这样企业的发展才能形成一种合力，才会取得更好的经济效益。

战略导向是企业为了获取持续的高绩效而奉行的一种战略方向，可导致相应的战略行动，实现企业持续的高绩效；战略导向不仅关注于组织战略的整体方向，而且也关注为实现企业绩效目标而建立的企业行为。

根据决定企业新产品成功的一系列因素的分析，主要的战略导向有 3 个，即顾客导向、竞争者导向和技术导向。

2. 市场导向

市场导向，是指反映企业营销观念的一系列流程、信念和价值观，企业的所有决策都以顾客为起点，最大程度地理解顾客的需求和行为，比竞争对手更好地满足顾客来实现更高的价值；市场导向就是企业既重视顾客的需求，也重视竞争者，力求在顾客需求与竞争者之间求得一种平衡，其核心是从用户需要出发。

理论界对市场导向的概念界定虽然处于辩争之中，但几乎都把市场导向界定为一种对市场的反应方式。

有的研究提出了市场导向的操作化定义，市场导向包含信息产生、信息传播和反应三个要素。信息产生是指企业利用所有正式和非正式的手段，获取市场信息的活动；市场信息包括对顾客现在和将来的需要和偏好，也包括对所有影响此需要和偏好的外在因素的分析和解释。信息传播指市场信息在整个企业范围内的传播。反应指企业对市场信息所做出的反应，包括选择目标市场、设计符合目标市场需要的产品或服务、生产、分销和有效营销等。

有的研究认为，企业的市场导向包含三个行为要素和两个决策标准，三个行为要素是顾客导向、竞争者导向和部门协作，两个决策标准是长期导向和赢利性。

顾客导向指充分了解自己的目标顾客以便能够为他们创造超额价值；竞争者导向指了解主要竞争对手短期优势、劣势及长期竞争力和战略；部门协作指协同利用企业资源为目标顾客创造价值的过程。市场导向意味着对利润和以上三个行为要素的长期关注。

近年来有的研究把市场导向市场分成两种基本行为。一是“反应型”市场导向，表现为企业试图发现、了解并满足顾客表达出来的需求，也有人称为市场驱动导向；二是“先动型”市场导向，表现为企业试图发现、了解并满足顾客潜在的需求，亦被称为驱动市场导向。

3. 引导市场

一般来说，市场导向与绩效之间存在正向关系。市场导向将“满足客户需求”作为企业经营的基本理念，根据市场需求去生产或开发满足顾客需求的产品，进而提高企业绩效。但只关心顾客表现出来的显性需求，而忽略了顾客潜在的隐性需求，对产品或服务只进行低程度的改进，而非突破式的创新，就不能满足顾客潜在的隐性需求，当竞争对手开发出这种产品时，企业就会因为不能迅速跟上，最终丧失了已有的市场地位。

顾客除了表现出来的欲望与需求即显性需求，还有长期的要求或者说潜在的需求也就是隐性需求。企业当然要满足顾客显性需求，满足当前市场的供应，也要时刻关注顾客的隐性需求，及时作出反应，开放满足顾客隐性需求的产品及其相应的生产工艺技术。

与满足顾客显性需求不同，揭示顾客隐性需求并对此做出有效反应的企业要对顾客进行引导，让其隐性需求显性出来，转变为显性需求，摆脱所谓“目标市场专制”

的限制，产生创造性行为。对目前并不存在的市场进行想象可以让管理者思考其当前业务之外的世界，为创造性提供了更大的空间，还能创造新的竞争市场或形成新的市场结构和行为。重新思考产品和服务的定位、重新定义市场空间、重新描绘产业边界，通过改变产业标准或者改变产品与市场标准，根本改变竞争者、联盟者、潜在伙伴、投资者以及其他产业行为主体的态度、行为和结构，可以驱动产业的整体创新和变革。

（四）科技创新模式

产品创新是产品形状、性能、功能及其在技术、市场以及产业范围上的变革和商业化，工艺创新是工艺路线的改进或改变，管理创新是在管理模式、管理手段上的改进或改变。根据创新程度，一般将创新分为渐进性创新和突破性创新，或称渐进式创新和激进式创新。

渐进性创新（渐进式创新）指技术变化较小、产品或工艺等改善简单或实施产品线延伸以最低限度地提高企业绩效的活动；突破性创新是对产品、工艺技术等进行新颖、独特和艺术般的创造，显著改变市场的消费模式。

渐进性创新是利用新技术对现有产品或者工艺进行的扩展；而突破性创新是使产品、工艺或服务具有前所未有的性能特征或者创造出一种全新的产品，通过在工艺、产品和服务领域创造出戏剧性的变革，以改变现有的市场和产业，甚至创造出新的市场和产业。

渐进性创新认为，企业技术创新从无数小创新开始，当大量的小创新不断地改善着企业技术形态，并达到一定程度时就会产生导致质变的大创新。其具有递进性、积累性和模仿性，创新的周期一般较短，而创新的效果比较直接。

突变性创新，是基础研究的商业化应用获得重大突破的产物，其特点是伴随着全新技术的产品率先进入市场，往往能够创造出一个全新的产业。其对于企业开拓新市场及企业的生存发展有着不可替代的重要性。

渐进性创新和突变性创新在许多方面存在差异，创新目标、创新重点、技术、不确定性等方面都有较大差异，而差异的实质在于新知识的内涵以及使用知识方式的不同。渐进式创新是在企业现有知识基础上的创新，对企业的既有核心能力具有逐步强化的效果，能充分发挥已有技术的潜能；而突破式创新则是利用与现有知识几乎完全不同的新知识，破坏和替代既有核心能力，可以开启新的市场和潜在的应用领域。

现实中，很多企业更愿意从传统的有把握的领域而非不确定的领域寻求创新。虽然渐进性创新可以改进当前的企业组织和程序，从而产生绩效的短期提高，但是从长期来看，突变性创新则是保持企业持续发展、提高企业综合竞争力所必需的。

（五）科技创新方式

1. 自主创新

自主创新是通过拥有自主知识产权的独特的核心技术并以其基础实现新产品的价

值的过程。自主创新所需核心技术来源于内部技术突破，依靠自身力量、通过独立研究开发而获得，其本质就是牢牢把握创新核心环节的主动权，掌握核心技术的所有权。其成果一般体现为新的科学发现以及拥有自主知识产权的技术、产品、品牌等。

自主创新包括原始创新、集成创新和引进消化吸收再创新三类。

（1）原始创新。

原始创新指前所未有的重大科学发现、技术发明、原理性主导技术等创新成果。原始性创新意味着在研究开发中，特别是在基础研究和高技术研究中取得的独有发现或发明。原始性创新是最根本的创新，最能体现智慧，是一个民族对人类文明进步作出贡献的重要体现。

（2）集成创新。

集成创新指通过对各种现有技术的有效集成，形成有市场竞争力的产品或者新兴产业的重要创新。

（3）引进消化吸收再创新。

引进消化吸收再创新指引进国内外先进技术的基础，并对其学习、分析、借鉴，在此基础上进行再创新，形成具有自主知识产权的新技术。引进消化吸收再创新是提高自主创新能力的重要途径。发展中国家通过向发达国家直接引进先进技术，尤其是通过利用外商直接投资方式获得国外先进技术，经过消化吸收实现自主创新，不仅大大缩短创新时间，而且降低创新风险。

（4）自主创新中的不足。

河北省钢铁产业在利用省外、国外技术资源的同时，省内钢铁产业整体科技创新能力的提高并不显著，主要表现在以下几方面：

一是对外技术依存度较高。河北省钢铁产业关键技术的自给率低，对外技术依存度较高，大型钢铁生产、监测关键装备省内设计、生产能力薄弱；二是引进技术的消化吸收不足；三是在专利技术与标准上差距明显，专利数量特别是发明专利数量较少，主导或参与起草的国家标准、行业标准少，钢铁产业地方标准很少；四是R&D费用不足。

2. 技术引进

技术引进是一个国家或地区的企业、研究单位、机构通过一定方式从本国或其他国家、地区获得先进适用的技术的行为，既可以是国内行为，也可以是跨国行为。

“技术”有狭义和广义之分。广义上的技术分为软件技术和硬件技术。软件技术即技术知识、经验和技艺，属纯技术；硬件技术指机器设备之类的物化技术。只从国外购入机器设备而不买入软件技术，一般称之为设备进口；只从国外购入软件技术或与此同时又附带购进一些设备，才能是技术引进。

引进技术的方式主要有以下几种。一是从国外引进工艺、制造技术，包括产品设计、工艺流程、材料配方、制造图纸、工艺检测方法和维修保养等技术知识和资料，以及聘请专家指导、委托培训人员等技术服务；二是引进技术的同时，进口必要的成套设备、关键设备、检测手段等；三是通过引进先进的经营管理方法，充分发挥所引进技术的作用；四是通过广泛的技术交流、合作以及学术交流活动、技术展览等，引进国外的新学术思想和科学技术知识；五是引进人才。

技术引进的远期目标是根本上消除本国、本单位与国外、其他企业在技术方面的差距，提高本国、本单位的技术水平；近期的目标则是从生产需要出发，填补技术空白，实现企业的技术升级。

技术引进可以迅速获得成熟的先进技术成果，不重复他人已进行的科学研究和试制等工作，是世界各国互相促进经济技术发展的重要途径。

3. 自主创新和技术引进的关系

改革开放以来，我国实行引进—消化— 吸收的创新策略，总体技术水平不断提高，在许多领域已赶上国际先进水平，有的在一些领域具备了与国外进行竞争的实力。但由于自主创新不足，不能掌握核心技术，因而影响了总体技术水平。

河北省一些钢铁企业现已具备国际领先的生产装备，但却不能生产出国际领先水平的高端产品，关键在于技术上还存在着差距。

正确认识技术引进与自主创新的关系，是河北省钢铁产业发展中不可回避的问题。技术引进与自主创新并非不能并存的对立关系，而是互补关系。技术引进自主创新提供了一定的基础，可以促进自主创新的发展；自主创新也将提升河北省钢铁产业的技术吸收能力，有利于充分利用引进技术，加速国际国内技术扩散。

（1）技术引进促进科技创新能力的提高和创新机制的形成。

一是技术引进会产生竞争效应和学习效应，刺激河北省钢铁企业对省外、国外钢铁产品与钢铁生产技术的研究和学习、模仿，在此基础上企业可以根据自身情况进行技术改进和创新；二是技术引进可以使河北省钢铁企业尽快接触到国际国内先进钢铁产业生产技术，可在较高层面上进行自主创新；三是技术引进也会促进后向关联企业的转变和企业经营模式的创新，增强科技创新意识，改变河北省钢铁企业即员工的思维方式，对自主创新机制的形成具有重要意义。

（2）自主创新有助于提高技术引进的成效。

技术引进对于自主创新具有推动作用，而自主创新的发展也有助于提高技术引进的成效。随着自主创新能力的提高，技术存量水平和人力资本水平会不断提高，这一方面可以使河北省钢铁企业更好地对引进技术进行消化吸收，进一步提高技术能力、获取关键技术，并在一个更高的切入点上进行技术引进，尽快缩小与国际国内领先水平的差距，提高河北省钢铁产业核心竞争力。

在低端的产品层次，依靠引进技术提高技术水平，以市场换技术，但技术水平发展到一定程度，能够或即将能够在高端产品上参与国际国内竞争时，将很难从外部获得核心技术和高端技术。从国外转移到我国制造业的大部分核心技术、品牌和销售渠道，目前仍被外国公司所控制，就是明显的实例。我国经济和技术发展长期以来一直实施追赶战略，至今在获得核心技术、自我创新方面仍然步履艰难。在高端产品和接近国际市场档次的市场竞争，必须要靠自主创新来促进产业技术升级，提高国际竞争力。

自主创新并不排斥外部技术，可以在充分利用世界技术资源的基础上，采取多种方式实现自主创新。自主创新并非企业独立研发一个单项技术，可以通过成熟技术的自主集成，获得集成技术的创新；也不意味着从头做起，可在已有技术的基础上进行改进创新。在经济效益下滑和科技实力有限的情况下，河北省钢铁产业可与国内相关单位组成产业创新联盟，在优势领域进行原始性创新，在追赶领域进行集成创新和引进技术的适应性创新，不断提高自主创新的能力和实力。

自主创新是科技创新的最高形式，通过加强自主创新，形成自主知识产权，提高钢铁企业乃至河北省钢铁产业整体核心竞争力。国有钢铁企业技术、人才、观念、能力等方面较为适宜自主创新，而民营钢铁企业自主创新能力相对较弱。无论国有企业还是民营企业，在进行自主创新的同时，要与科研院所、高等院校进行合作，深化京津冀协同创新与国际合作，构建若干创新共同体。同时，对引进技术及工艺装备消化吸收，在此基础上进行二次创新和集成创新、协同创新。

（六）科技创新内容

科技创新内容有两个层次，一是全面科技创新，还是重点工艺、重点技术、重点产品、重点装备的科技创新；二是主工序的科技创新，还是延伸产业链，进行深加工的科技创新。

从河北省钢铁产业全局来看，钢铁产业需要全面科技创新；但具体到每个钢铁企业，情况又有所不同。如首钢京唐联合钢铁有限公司，其工艺和装备已具备国际领先水平，其科技创新必然采取重点突破形式。钢铁企业应根据其规模、装备、工艺、产品、创新能力等情况，确定适合企业自身的科技创新方案，实施好前沿性、特色化、经济型、差异化产品开发战略，全面提升钢铁产业技术水平。要坚持抓大促小、梯次推进，对实力强、基础好、技术力量有保证的特大型钢铁企业和特钢企业，在科技资源配置方面给予优先支持，使其迅速成长、实现引领。

钢铁企业从制造型企业向服务型企业转变，是当前的潮流。主业、主工序的科技创新，无疑是钢铁产业科技创新的重点。但在提升主业发展质量的同时，也要引导、支持钢材深加工产业、配套产业、钢铁物流、设计研发等生产性服务业发展，延伸产业链，研究开发用户技术和工艺，提高产品适用性，推进钢铁企业从制造型企业到服务型企业的转变。

（七）科技创新范围

科技创新应用于企业生产实践，对管理理念、管理机制、管理模式和管理手段产生了新的需求。如钢铁企业能源管理中心，按照扁平化和集中一贯的理念，将数据采集、处理和分析、控制和调度、平衡预测和能源管理等功能进行有机、一体化集成，实现企业能源管理中心系统的管控一体化设计，系统和应用功能比较完善。企业能源管理中心建成并投入运行后，企业要配置经过严格培训的专业技术和管理人员，同时对企业能源管理机制、管理模式进行大幅度的改变，也就是说要进行管理创新。现代科技引领科技创新的管理创新和技术创新、知识创新（知识创造）都是科技创新的组成部分，只有进行管理创新，使管理同步进行相应转变，才能真正达到技术创新和技术改造的效果，否则只能事倍功半。因此，要坚持技术创新、技术升级与知识创新（知识创造）、管理创新双轮驱动，通过树立先进的管理理念，建立先进的管理机制，应用先进的管理模式和方法，才能确保科技创新成果发挥出应有的效益。

硬件的创新是有形的，其实也是相对容易的；而软件的创新，则是无形的，更是相对困难的，但软件创新却是保障硬件创新效果的基础，在某种意义上来说，软件的创新比硬件更重要。

三、钢铁产业科技创新的基本原则

综上所述，河北省钢铁产业科技创新应当遵循以下基本原则。

（一）企业主体与政府引导相结合原则

钢铁企业是钢铁产业科技创新和成果转化的主体。企业应根据国家、省产业规划和市场需求，自主确定科技创新和技术进步的方向，自行选择与科研院所、高等院校的合作方式，建立健全符合市场机制的科技投入体系和成果转化体系。各级政府及部门应进一步强化规划、引导、服务和支持作用，制定落实优惠政策，聚集科技创新资源，支持钢铁企业发展。

（二）自主创新与技术引进相结合原则

通过加强自主创新，形成自主知识产权，提高钢铁产业核心竞争力。在坚持自主创新的同时，深化京津冀协同创新与国际合作，构建若干创新共同体，通过技术及工艺装备的引进消化吸收，提高我省钢铁产业技术和装备水平。

（三）全面提升与重点突破相结合原则

根据企业规模、装备、工艺、产品、创新能力等情况，确定适合各企业的科技创新方案，实施好前沿性、特色化、经济型、差异化产品开发战略，全面提升钢铁产业技术水平。坚持抓大促小、梯次推进，对实力强、基础好、技术力量有保证的特大型钢铁企业和特钢企业，在科技资源配置方面给予优先支持，使其迅速成长、实现引领。

（四）市场导向与引导用户相结合原则

钢铁产业科技创新要以市场为导向，以满足用户需要为出发点，重视用户的需求，同时也重视竞争者的产品，在用户需求与竞争者之间求得一种平衡。同时，要重视用户潜在的隐性需求，主动引导用户的观念，引导市场，创造市场。

（五）渐进性创新与突变性创新相结合原则

用户需要对钢铁产品性能进行改进，需要钢铁产品的持续改进，自然需要渐进式创新。但用户也需要具有全新功能、全新性能的钢铁材料，也需要突变式创新。

（六）主业提升与产业延伸相结合原则

在提升主业发展质量的同时，引导支持钢材深加工产业、配套产业、钢铁物流、设计研发等生产性服务业发展，延伸产业链，研究开发用户技术和工艺，提高产品适用性，推进钢铁企业从制造型向服务型转变。

（七）技术创新与管理创新、知识创新相结合原则

技术创新和知识创新、现代科技引领的管理创新都是科技创新的组成部分，技术创新应用于企业生产实践，客观要求管理理念、管理方式、管理手段同步进行相应转变，要求新的理论体系的支持。坚持科技与管理双轮驱动，通过树立先进的管理理念，应用先进的管理模式和方法，确保科技创新成果发挥出应有的效益。

第五节　科技创新目标

一、目标的含义

目标是个人、部门或整个组织所期望实现的成果。人们需要通过自己的努力来实现既定目标。

无论个人、政党、企业、组织，都有自己希望实现的结果，都有自己的目标，甚至是非常远大的目标。梦想、理想通常是大目标的另一称呼，如中国梦就是中华民族、中国人民期望实现的大目标。

同样，一个规划、一个决定、一个计划、一个实施意见、一个方案、一个战役、一场战争，都有自己的目标，而且这种目标是非常具体的、定性与定量相结合的、数字化的、可测量的、可考核的，也有的文件只提出了定性目标。

二、国家和河北省相关规划和方案提出的目标

（一）《“十二五”产业技术创新规划》目标

工业和信息化部《“十二五”产业技术创新规划》提出了到2015年的发展目标：“到2015年，我国工业和信息化重点领域产业技术创新取得重大突破，掌握一批具有自主知识产权的核心技术和关键技术，部分领域产业技术水平处于世界前列。

1. 企业技术创新能力明显增强。企业技术创新能力建设初显成效，技术水平逐

步增强，培育一批具有国际竞争力的大企业集团。规模以上工业企业研究开发经费内部支出占主营业务收入的比例超过1%，一批骨干企业达到10%以上。

2. 重点产业技术水平显著提升。开发一批具有自主知识产权的产业核心技术和关键技术，在解决制约重点产业发展的瓶颈问题上取得重大突破，重点产业技术水平取得显著提升。

3. 产业技术创新体系逐步完善。建设一批产业技术创新服务平台和行业重点实验室，培育一批引领行业发展、技术水平世界领先的创新型企业，初步建成以企业为主体、产学研相结合的技术创新体系，培育一批高素质技术创新人才队伍。"

（二）《河北省钢铁产业结构调整方案》目标

《河北省钢铁产业结构调整方案》提出的方案实施后5~8年的主要目标是：

"通过实施结构调整，粗钢产能大幅压减，产业布局趋于合理，联合重组有新突破，装备水平大幅提升，品种结构明显优化，创新能力显著增强，节能减排全面达标，产业发展的质量和效益明显改善，钢铁产业在全省的支柱地位得到巩固和加强，基本实现建设钢铁强省的战略目标。

1. 产能规模。用5年时间，粗钢产能规模压减到220kt左右，产量保持合理水平。采取多种措施，确保产能压减稳妥有序，并将负面影响降到最低。结合市场需求和全国钢铁产业布局总体安排，力争2020年底前，全省粗钢产能控制到200kt左右。

2. 产业布局。有选择地向沿海临港和有资源优势地区适度转移产能，沿海临港和资源优势地区钢铁产能比例提高到70%。创新机制、谋划新策，有序推进严重影响城市发展的城市钢厂搬迁。

3. 联合重组。全省钢铁冶炼企业数量减少60%左右，通过产能压减和布局调整，推进企业间实质性联合重组，组建15家左右企业集团，产能占全省的90%以上，河北钢铁集团、首钢集团综合实力进入世界钢铁行业第一梯队。

4. 装备水平。$1000m^3$及以上高炉产能达到总产能的80%以上，全部淘汰$450m^3$以下高炉、40t及以下转炉（不含特钢），主体装备达到国内先进水平，河北钢铁集团、首钢集团装备水平国际领先。

5. 品种结构。高强度汽车板、高速铁路用钢、电工钢、高钢级管线钢、造船板等产品的国内市场占有率有较大提升。全面停产2级以下螺纹钢，推广应用高强钢筋。特殊质量非合金钢、优质非合金钢比例达到15%以上。

6. 节能减排与循环经济。高炉、转炉全部配套煤气回收及净化设施，冶炼固体废弃物的利用和处置率达到100%。吨钢综合能耗标准煤570kg/t以下，吨钢耗新水$3.8m^3$以下，单位工业增加值能耗达到或优于全国平均水平。吨钢烟粉尘排放量、吨钢二氧化硫排放量均低于1.0kg，水的重复利用率达到95%以上。构建钢铁与电力、石化、建材等行业的循环经济产业网络和企业与社会之间的物质、能量循环利用体系。

7. 安全生产。钢铁冶炼企业全部安装煤气检测监控和安全连锁设备，实现安全数据的远程采集和主要安全设施、设备的远程控制。钢铁企业亿元工业增加值生产安全事故死亡率由2010年的0.025人降到0.016人。

8. 非钢产业。钢材加工配送、物流运输、设计研发、融资贸易等生产性服务业及其他非钢产业主营业务收入占总比达到20%以上”。

三、目标确定

（一）目标期限

《关于促进钢铁产业科技创新的实施意见》，作为可实施、可执行层面的文件，其目标应该具体、明确，既要有定性描述，也要有定量指标，指标要具体、数字化、可测量、可考核；目标的内容既要和科技创新有直接关系，又要在更高的层面上体现科技创新成果；目标实现的时间要适当，既不能是远期规划，也不能是年度目标，应该在5~8年之间。

根据河北省实际情况，结合《河北省钢铁产业结构调整方案》和制定五年规划的惯例，《实施意见》和《实施方案》的目标期限，以确定在2020年为宜。这样，可以和以后的“十三五”规划相衔接、相适应。

（二）定性目标

1. 创新能力目标

在定性描述方面，应确定科技创新能力和产业整体技术水平、科技创新体系、主要技术指标、产品结构、节能减排水平等；在定量指标上，应确立建立技术中心或研发平台的钢铁企业数量或比例，科技创新和技术进步贡献率、研发费用占销售收入的比例、高端产品的比例、能耗下降率、废弃物回收利用率等。

2. 技术水平目标

从钢铁产业转型升级的高度，到2020年，钢铁产业科技创新能力和产业整体技术水平要得到显著提高，主要技术指标国有钢铁企业要达到国内领先水平，钢铁产业整体技术水平要达到国内先进水平，科技创新体系要基本确立；产品结构要进一步优化，钢材品种多样，板材、管材、带材、型材和长材比例合理，适合市场需求；主体装备达到国内先进水平，节能减排成效显著，能源消耗和污染物排放指标国内先进，推广应用一批能源综合利用和废弃物再资源化关键技术。

（三）定量目标

1. 创新能力目标

技术中心或研发平台是钢铁企业技术人才的聚集地，是科技创新能力的集中体现，也是国家科技创新能力建设的主要载体。提高科技创新能力，必须抓好钢铁企业技术专心建设。到2020年建立技术中心或研发平台的钢铁企业要达到35%以上，比2013年提高20%；其中国家级企业技术中心要达到5家，比2014年底的2家（加上冶金机械轧辊制造企业共 3 家）大幅度提高。高新技术企业要达到 8 家，比 2014 年增加 5 家。

目前世界公认的美国、日本、欧盟、韩国等二十个左右创新型国家和地区的科技进步贡献率在 70%以上，研发投入占 GDP 的比例一般在 2%以上，对外技术依存度指标一般在 30%以下，科研成果和发明专利位居世界前列。

2009~2014 年，我国研究与试验发展（R&D）经费支出从 5433 亿元增加到 13312 亿元，5 年增长 1.45 倍，年均递增 19.63%；R&D 投入强度（R&D 经费占国内生产总值比例）从 1.62%增长到 2.09%，提高 0.47 个百分点；2013 年、2014 年均达到 2.09%，已经基本达到了创新性国家的一般水平。

河北省 R&D 经费支出从 130 亿元增加到 320 亿元，5 年增长 1.46 倍，年均递增 19.74%，增速与全国基本相当；R&D 投入强度从 0.76%增长到 1.10%，提高 0.34 个百分点。

2009~2014 年，河北省 R&D 投入强度分别低于全国 0.86 个百分点、0.96 个百分点、1.06 个百分点、1.10 个百分点、1.09 个百分点和 0.99 个百分点，分别是全国的 46.91%、45.14%、42.08%、44.16%、47.85%和 52.63%。河北省 R&D 经费投入力度明显低于全国。

从钢铁产业（黑色金属冶炼和压延加工业）来看，全国钢铁产业 2009 年投入强度（R&D 经费占主营业务收入的比例）已达到 0.71%；2011~2013 年，投入强度分别为 0.78%、0.88%和 0.83%，河北省 2012 年、2013 年分别为 0.56%、0.63%，分别低于对应年度全国 0.31 个百分点和 0.20 个百分点。

2009~2014 年，河北省钢铁产业工业增加值率从 22.9%降低到 19.6%，平均水平为 21.4%。考虑到国家和地区 R&D 投入强度与产业 R&D 投入强度计算基础的不同，按照当年的工业增加值率，河北省钢铁产业 R&D 投入强度按照地区投入强度口径计算，2012 年和 2013 年，应该分别为 2.58%和 2.95%，已远远超出全省水平，但与全国钢铁工业相比还存在着明显的差距。

2012 年，河北省制造业 R&D 投入强度为 0.51%，高于 0.9%的有汽车制造业、医药制造业、仪器仪表制造业、电气机械及器材制造业、专用设备制造业等五个产业，均为工业增加值率和利润率比较高的产业，其 R&D 投入强度分别为 1.51%、1.48%、1.27%、1.26% 和 0.91%；2013 年，河北省制造业 R&D 投入强度为 0.57%，比上年提高 0.06 个百分点；投入强度高于 0.9%的有金属制品、机械和设备修理业，医药制造业，汽车制造业，仪器仪表制造业，铁路、船舶、航空航天和其他运输设备制造业，电气机械和器材制造业，计算机、通信和其他电子设备制造业等七个产业，分别为 2.51%、1.84%、1.70%、1.54%、1.44%、1.04%和 0.92%，专用设备制造业降到 0.86%，排在第八位。

2012 年和 2013 年，河北省钢铁产业销售利润率只有 1.32%和 1.37%，相对于利润率，R&D 投入强度已经很大。

河北省钢铁产业 R&D 经费，是其科技创新的重要支撑，理应继续加大，但到

2020 年，投入强度以达到 1.0%～1.2%为宜。即使工业增加值率提高到 40%，相当于国家和地方投入强度统计指标是 2.5%～3.0%。钢铁企业研发投入占销售收入的比例平均达到 2%以上的定量指标难以达到。

收集到的各种统计数据中，缺少河北省钢铁产业科技进步贡献率基础数据，故这项指标无法提出目标。

2. 技术水平指标

《河北省钢铁产业结构调整方案》提出的品种结构目标中包括“全面停产 2 级以下螺纹钢，推广应用高强钢筋。特殊质量非合金钢、优质非合金钢比例达到 15%以上”的定量目标。

科技创新，必须遵循市场导向为主的战略导向原则，钢铁产品、钢铁材料的结构要适合市场的需求，故不宜确定定义尚不严格的高档产品比例，也不宜为合金钢和低合金钢比例、特殊钢比例、特殊质量非合金钢和和优质非合金钢比例确定具体的定量目标。确定钢铁产品、钢铁材料品种结构合理，适应市场需求的定性目标即可。

（1）$1000m^3$及以上高炉生铁产量比例。

目前，调查的河北省钢铁产业 80 家规范条件公告或铸造准入企业中，$1000m^3$及以上高炉产能占总产能的 62.30%。在按照《河北省钢铁产业结构调整方案》，80 家企业现有总有效容积 $26820m^3$ 的 60 座 $450m^3$ 及以下高炉将全部淘汰，淘汰生铁产能约 34500kt，使现有产能减少到 232300kt，其中 $1000m^3$ 及以上高炉产能 166271kt，占生铁产能的 71.58%，提高约 9.3 个百分点。

通过合理组织生产、技术改造及《河北省钢铁产业结构调整方案》确定的首钢京唐钢铁二期工程、石钢退城搬迁、国丰钢铁搬迁及企业重组和武安围城钢铁企业搬迁及重组，加之《河北省钢铁产业结构调整方案》确定的按照新标准淘汰后形成的 13 家独立炼铁企业生产设施实施关停，共淘汰高炉 19 座（基本为 $1000m^3$ 以下高炉），其炼铁产能 11280kt，使 $1000m^3$ 以下高炉生铁产量提高到全省生铁产量 80%以上是能够达到的。因此，科技创新中将 $1000m^3$ 及以上高炉生铁产量比例达到 80%以上作为定量目标是可行的。

（2）吨钢综合能耗。

2009～2014 年，河北省冶金行业协会入统钢铁企业吨钢综合能耗从标准煤 610.38kg/t 降低到 584.27kg/t（其中 2013 年为 582.84kg/t，2014 年有所回升），降低率为 3.75%，年均降低率为 0.77%。随着吨钢综合能耗本身的降低，继续降低的难度会进一步加大，通过科技创新，继续保持这一降低速度，2020 年吨钢综合能耗可比 2014 年降低 4.56%，达到标准煤 558kg/t；若保持年均降低 0.65%，则 2020 年吨钢综合能耗可比 2014 年降低 3.84%，达到标准煤 562kg/t。

综上所述，2020 年吨钢综合能耗比 2014 年降低 4%，在科技创新的前提下，经过努力应当可以达到。按照 6 年降低 4%计算的 2020 年吨钢综合能耗为标准煤 560.90kg/t，取整后为 561kg/t，比《河北省钢铁产业结构调整方案》确定的目标先进，相差 1.58%。

单位工业增加值能耗受市场影响较大，并不能准确反映钢铁产业能耗现状，但可用于不同产业的比较。《河北省钢铁产业结构调整方案》确定的目标是达到或优于全国平均水平，也属于不确定数值的定量指标。由于钢铁产品市场全国变化基本一致，这一目标也可继承。

（3）吨钢耗新水。

河北省地方标准 DB 13/T 1161.2《用水定额 第 2 部分：工业取水》规定的现有钢铁联合企业用水定额为：包括焦化、烧结、炼铁、炼钢、轧钢工序 4.01m^3/t，包括烧结、炼铁、炼钢、轧钢工序 3.28m^3/t。标准修订报批稿依然保持这一指标数值。

国家发展和改革委员会、环境保护部、工业和信息化部以 2014 年第 3 号公告发布的《钢铁行业清洁生产评价指标体系》，其吨钢新水量的Ⅰ、Ⅱ、Ⅲ级基准值分别为不大于 3.5m^3/t、3.8m^3/t 和 4.1m^3/t。河北省地方标准规定的定额考核值比其最高要求Ⅰ级基准值更为严格。

河北省冶金行业协会入统企业吨钢耗新水平均值从 2009 年的 3.70m^3/t 降低到 2014 年的 3.05m^3/t，降低率为 17.57%，年均降低 2.63%。在本次调查的 80 家钢铁企业中，10 家钢铁联合企业具有配套焦化工序，12 家企业缺少轧钢工序，考虑到未调查的钢铁企业基本无焦化工序，有些还缺少轧钢工序，河北省钢铁产业整体吨钢耗新水以按照无焦化工序的钢铁联合企业用水定额指标衡量为宜。考虑到国家标准《工业企业水系统集成优化导则》（GB/T 29749—2013）、《钢铁联合企业水系统集成优化实施指南》（GB/T 30887—2014）和河北省地方标准《钢铁企业节水技术导则》（DB 13/T 2082—2014）的实施对钢铁企业节水工作的影响及科技创新、技术进步带来的节水效果，2020 年吨钢新水消耗仍有下降空间。

由于吨钢耗新水量有极限值，不能无限降低，故其降低的速率会越来越慢，降低的成本会越来越高。2015～2020 年，按照 2.0% 的年降低率，吨钢耗新水将降低 11.42%，达到 2.70m^3/t；如果年降低率为 1.5%，吨钢耗新水将降低 8.67%，达到 2.79m^3/t。

根据河北省钢铁产业现状及发展趋势，2015～2020 年，吨钢耗新水保持 1.5%的年降低率应该能够实现，经过努力，有可能达到 2.0%。因此，2020 年吨钢耗新水的目标定在 2.72m^3/t 是比较合适的，比 2.0%的年降低率稍微留点余地。

（4）水的重复利用率。

吨钢耗新水与水的重复利用率指标有很大的关联性。《河北省钢铁产业结构调整方案》确定的目标是达到 95%以上，《钢铁行业清洁生产评价指标体系》的Ⅰ、Ⅱ、Ⅲ级基准值分别为不低于 97%、96%和 95%。

2009～2014 年，河北省冶金行业协会入统钢铁企业水的重复利用率趋势是 2010 年比 2009 年明显提高，随后几年有所波动，如图 3-2 所示。

根据河北省钢铁产业现状，水重复利用率已完全达到环境保护部门清洁生产与污

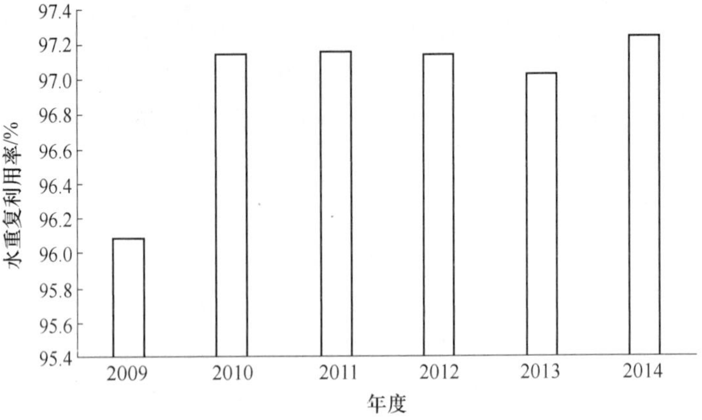

图 3-2 河北省钢铁产业水重复利用率趋势

染物防治对标中提出的达到Ⅱ级基准值的要求，2010 年之后均已达到Ⅰ级基准值的要求。鉴于水重复利用率受到一些其他因素的影响，其目标定为保持 97%以上即可。

（5）吨钢颗粒物排放量。

《河北省钢铁产业结构调整方案》确定的目标中有吨钢烟粉尘排放量低于 1.0kg/t。在国家标准《钢铁烧结、球团工业大气污染物排放标准》（GB 28662—2012）、《炼铁工业大气污染物排放标准》（GB 28663—2012）、《炼钢工业大气污染物排放标准》（GB 28664—2012）、《轧钢工业大气污染物排放标准》（GB 28665—2012）、《炼焦化学工业污染物排放标准》（GB 16171—2012）、《钢铁工业大气污染物排放标准》（河北省地方标准 DB 13/1461—2011）和《钢铁行业清洁生产指标评价体系》中，这一污染物的名称均为颗粒物。

颗粒物包括烟尘和工业粉尘，国家排放标准和河北省地方标准均采用单位废气量颗粒物浓度（质量含量）指标，《钢铁行业清洁生产指标评价体系》采用了吨钢排放量指标，其Ⅰ、Ⅱ、Ⅲ级基准值分别为不高于 0.60kg/t、0.80kg/t 和 1.0kg/t，若要达到Ⅱ级基准值，则应低于 0.80kg/t。

2009~2014 年，河北省典型钢铁企业吨钢颗粒物排放呈降低趋势，如图 3-3 所示。2012 年达到《钢铁行业清洁生产指标评价体系》颗粒物Ⅲ级基准值的要求，2013 年、2014 年均已达到Ⅱ级基准值的要求。

考虑到河北省典型钢铁企业环保设施投入较大，大气污染物治理设施运行、维护正常，其他钢铁企业与之相比还存在着较大的差距，吨钢颗粒物的目标应确定为环境保护部门要求达到的《钢铁行业清洁生产指标评价体系》二级指标，即低于 0.80kg/t。

（6）吨钢二氧化硫排放量。

二氧化硫是钢铁产业最主要的大气污染物之一。《河北省钢铁产业结构调整方案》确定的吨钢烟粉尘排放量目标为低于 1.0kg/t；《钢铁行业清洁生产指标评价体系》吨

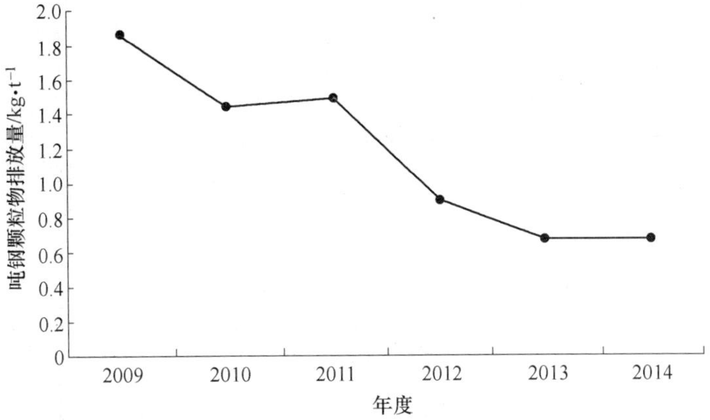

图 3-3 河北省典型钢铁企业吨钢颗粒物排放量

钢二氧化硫排放量的Ⅰ、Ⅱ、Ⅲ级基准值分别为不高于 0. 8kg/t、1. 2kg/t 和 1. 6kg/t。

2009 年开始，河北省钢铁产业开始有烧结烟气脱硫设施投入运行，其后到 2013 年，河北省典型钢铁企业吨钢二氧化硫排放量一致处于下降趋势，从 2. 07kg/t 降低到 0. 96kg/t，降低率为 53. 62%，年均降低 21. 18%；但到 2014 年，又回升到 1. 21kg/t，原因不明。

2013 年，吨钢二氧化硫排放量 0. 96kg/t 达到《钢铁行业清洁生产指标评价体系》吨钢二氧化硫排放量Ⅱ级基准值，2014 年达到Ⅲ级基准值，其余年份均未满足Ⅲ级基准值要求。

河北省钢铁产业降低二氧化硫排放量的任务很重，随着烧结烟气脱硫技术的进展和脱硫装置的升级换代，吨钢二氧化硫排放量应有较大幅度的降低。到 2020 年，吨钢二氧化硫排放量低于 0. 8kg/t 的目标应该能够实现，达到《钢铁行业清洁生产指标评价体系》吨钢二氧化硫排放量Ⅰ级基准值。

（7）吨钢氮氧化物排放量。

氮氧化物是近年受到关注的大气污染物，排污许可证已将其列入。由于河北省冶金行业协会环境统计月报未将其列为指标，也未找到其他统计数据，故河北省钢铁产业吨钢氮氧化物排放现状并不清楚。《河北省钢铁产业结构调整方案》也未将其作为目标。

但考虑到氮氧化物已列入排污许可证管理范围，应将其作为河北省科技创新的目标指标，其数值可采用《钢铁行业清洁生产指标评价体系》吨钢氮氧化物排放量Ⅱ级基准值，即以二氧化氮计不高于 1. 2kg/t。

（8）固体废弃物综合利用率。

钢铁产业固体废弃物主要有高炉渣、钢渣（主要是转炉渣）和含铁尘泥，另有少量的脱硫产物。

《河北省钢铁产业结构调整方案》确定的目标是“冶炼固体废弃物的利用和处置率达到 100%。”

《钢铁行业清洁生产指标评价体系》则分为含铁尘泥回收利用率、高炉渣利用率、转炉渣利用率三个指标，分别设置了三级基准值；其Ⅰ级基准值均为100%，Ⅱ级基准值分别为不低于98%、98%和95%，Ⅲ级基准值分别为不低于95%、95%和90%。

如果钢铁企业具备固体废弃物利用能力或有协作单位，就应全部回收利用，这一目标可与《河北省钢铁产业结构调整方案》保持一致，达到100%。

第六节 重点任务

河北省钢铁产业科技创新的目的是缩短差距、走出困境，使钢铁产业得到健康、可持续发展，取得良好的社会效益和经济效益，继续保持河北省重要主导产业的地位。

促进河北省钢铁产业科技创新，推进河北省钢铁产业技术升级，是个复杂的系统工程，要有全面的、系统性的工作方案，要通过一系列相互关联的、具体的工作任务来进行。促进河北省钢铁产业科技创新，首先要确立以创新驱动为主线的河北省钢铁产业发展战略，树立创新观念；其次要建设有利于创新的河北省钢铁产业文化，为科技创新创造适宜的、有利的氛围；最后要提高河北省钢铁产业的科技创新能力，包括完善河北省钢铁产业科技创新体系，健全河北省钢铁产业科技创新机制，深化科技创新国内外合作。只有提升了河北省钢铁产业的科技创新能力，才能促进河北省钢铁产业科技创新活动的开展，使河北省钢铁产业技术升级得以顺利实现。

提高科技创新能力，是河北省促进钢铁产业科技创新工作需要解决的首要任务，是促进河北省科技创新工作的“纲”。没有完善的科技创新体系，没有健全的科技创新机制，没有可靠的科技创新服务体系，河北省钢铁产业科技创新工作的全面性、系统性就无从谈起，就不可能把握科技创新的方向，解决技创新的根本问题。如果只是从一些细节着手，其结果只能是零打碎敲、修修补补，很难取得所希望的成效。

提高河北省钢铁产业科技创新能力的途径就是完善科技创新体系，搭建各类科技创新平台，健全科技创新机制，建立和整合科技创新服务机构，开展国内外合作。

一、产业发展战略

（一）含义

产业发展战略是产业战略中最主要的战略，是产业总体战略的关键支撑，也是产业总体战略的主要内容。

产业发展战略是一定时期内对产业发展方向、发展速度与质量、发展点及发展能力的重大选择、规划及策略。产业发展战略指引产业长远发展方向，明确产业发展目标，指明产业发展点，确定产业需要的发展能力；制定产业发展战略的真正目的就在于解决产业发展问题，实现产业快速、健康、可持续发展。

（二）产业发展战略框架

产业战略的本质是发展，产业发展战略就是确定产业发展的核心问题。产业发展问题有四个核心问题。一是产业发展方向，产业未来要发展成为什么样？二是产业发展速度与质量，产业未来以什么样的速度与质量来实现发展？三是产业发展点，产业未来从哪些发展点来保证这种速度与质量？四是发展能力，产业未来需要哪些发展能力支撑？

这四个问题以产业企业发展为导向，其答案应能系统解决产业发展问题。如果这四个问题都能有效解决，那么产业发展问题就能得到系统有效的解决。

产业发展战略主要由产业愿景、产业战略目标组成，以产业业务战略和职能战略配合。

产业愿景即产业未来要发展成什么样的产业，亦即以前常用的一个词语——蓝图；战略目标确定产业未来要达到的发展目标。业务战略则是具体的发展点和发展途径；职能战略则是支撑战略，明确产业未来需要的发展能力，市场营销、技术研发、生产制造、人力资源、财务投资等方面需要的策略和措施。

发展战略框架的所有构成部分都围绕产业发展，愿景、战略目标、业务战略和职能战略构成产业战略自上而下的四个层面。上一层面为下一层面提供方向与思路，下一层面为上一层面提供有力支撑，它们之间相互影响，构成一个有机的发展战略系统。

（三）发展战略的创新驱动内涵

创新驱动发展，对提高河北省钢铁产业发展质量和社会经济效益、对加快河北省钢铁产业转变发展方式具有重要的现实意义。科技创新成果可以直接转化为现实生产力，还可以通过科技的渗透作用放大各生产要素的生产力，提高社会整体生产力水平。

实施创新驱动发展战略，对河北省钢铁产业降低资源能源消耗、改善生态环境、实现可持续发展具有长远意义。实施创新驱动发展战略，加快河北省钢铁产业科技创新，用高新技术和先进适用技术改造提升钢铁产业，可降低消耗、减少污染，改变河北省钢铁产业原有的过度消耗资源、污染环境的发展模式，提升产业竞争力。

以科技创新为核心的创新驱动发展，必须确定为河北省钢铁产业发展战略的主线。河北省钢铁产业需要尽快制定明确的以创新驱动为主线的发展战略。

二、产业文化

科技创新必须有与之相适应的组织文化予以支撑，才能事半功倍，否则只能是事倍功半。钢铁企业的科技创新，需要有利于创新的企业文化作为动力和支撑；河北省钢铁产业科技创新，也需要以创新为主题的产业文化的支撑，形成有利于科技创新的文化氛围。

三、创新能力

创新能力是技术和各种实践活动领域中不断提供具有经济价值、社会价值、生态价值的新思想、新理论、新方法和新发明的能力。

（一）创新能力的表述

创新能力有以下几种表述方式：

（1）创新能力是个体运用一切已知信息，包括已有的知识和经验等，产生某种独特、新颖、有社会或个人价值的产品的能力；创新能力包括创新意识、创新思维和创新技能等三部分，核心是创新思维。

（2）创新能力表现为两个相互关联的部分，一部分是对已有知识的获取、改组和运用，另一部分是对新思想、新技术、新产品的研究与发明。

（3）创新能力应具备的知识结构包括基础知识、专业知识、工具性知识或方法论知识以及综合性知识四类。

上述三种表述方法有所不同，但其基本含义区别不大，能够将创新能力的内涵解释清楚。

创新能力的主体有两个方面，一个是自然人主体，创新能力是其素质的重要体现；另一个是组织，如企业、研究院所、高等院校或者这些单位所属的部门等，创新能力是其生存和发展机会的标志和体现。

创新能力伴随着知识流程与活动，知识管理是创新的基础管理。创新能力的第二种表述中，“对已有知识的获取、改组和运用”对应着知识管理的前五个流程与活动，即知识鉴别、知识创造、知识获取、知识存储和知识共享，而“对新思想、新技术、新产品的研究与发明”则对应着知识应用。

知识鉴别是知识管理活动中关键性的工作。知识管理首先应根据目标，分析知识需求，包括现有知识的分析和未来知识的分析，适用于组织层次战略性的知识需求和个人层次日常对知识的需求。

知识创造是知识管理活动中知识创新部分。对于组织来说，创新过程通常是在产品或服务方面的知识创造过程，通过研发部门的专家小组开展技术攻关。与此同时，创新需要通过全体员工积极参与，改善业务经营过程中的各个环节，创新过程不局限于研发部门。

知识获取强调对存在于组织内部已有知识的整理积累或外部现有知识的获取。对于组织来说，应收集整理多方面知识，并使沉淀下来的知识具有可重用价值。同时，还可以通过兼并、收购、购买等方式直接在某个领域突破知识的原始积累获取所需要的知识，或有针对性地引入相应人才。

知识存储指在组织中建立知识库，将知识存储于组织内部。知识库中应包括显性知识和存储在人们头脑中的隐性知识。此外，知识也可以存储在组织的活动程序中。

知识共享是知识在组织中转移、传递和交流的过程。通过知识共享将个人或部门的知识扩散到组织系统，知识共享方式可在组织内人员或部门之间通过查询、培训、研讨或其他方式获得。

知识在组织中得到应用时才能增加价值。知识应用是实现上述知识活动价值的环节，决定了组织对知识的需求，是知识鉴别、创新、获取、存储和共享的参考点。

（二）创新意识

创新意识是指人们根据社会和个体生活发展的需要，引起创造前所未有的事物或观念的动机，并在创造活动中表现出的意向、愿望和设想。它是人类意识活动中的一种积极的、富有成果性的表现形式，是人们进行创造活动的出发点和内在动力。创新意识是创造性思维和创造力的前提。

创新意识是人们对创新与创新的价值性、重要性的认识水平、认识程度及由此形成的对待创新的态度，并以这种态度来规范和调整自己的活动方向的一种稳定的精神态势。创新意识总是代表着一定社会主体奋斗的明确目标和价值指向性，成为一定主体产生稳定、持久创新需要、价值追求和思维定势以及理性自觉的推动力量，成为唤醒、激励和发挥作为创新主体的自然人所蕴涵的潜在本质力量的重要精神力量。

创新意识的内涵包括创造动机、创造兴趣、创造情感和创造意志。创造动机是创造活动的动力因素，能够推动和激励人们进行创造性活动；创造兴趣能促进创造活动的成功，是促使人们积极追求新奇事物的一种心理倾向；创造情感是引起、推进乃至完成创造的心理因素，只有具有正确的创造情感才能使创造成功；创造意志是在创造中克服困难、冲破阻碍的心理因素，创造意志具有目的性、顽强性和自制性。

（三）创新思维

创新思维指对事物之间的联系进行自己和他人都没有进行过的思考，从而创造出新事物的一种思维方法，是一切具有崭新内容的思维形式的总和。一切需要创新的活动都离不开思考，离不开创新思维，创新思维是一切创新活动的开端，是思维的高级形态。因此既有一般思维的基本性质，又有其自身特征。

与常规思维相比，创新思维的最大特点在于它的流畅性、变通性和独创性，而这些特性的产生在于巧妙发挥人脑思维的潜能，特别是与右半脑的功能密切相关。凡是能想出新主意、创造出新事物、发现新方法的思维都属于创新思维。

创新意识与创新思维不同，创新意识是引起创新思维的前提和条件，创新思维是创新意识的必然结果，两者之间具有密不可分的联系。创新意识经常具有先天性，也与其成长环境有关，但创新意识是创新人才或者说创造型人才所必须具备的，而创新技艺则可以靠后天的学习获得。

（四）创新技能

技能，指技艺才能。所谓创新技能，就是一个人在创新方面所具有的技艺才能。

创新技能是创新人才所必备的素质，是创新能力的重要体现。创新技能是创新意识和创新思维的具体实践，是由意识到物质的关键转换手段，使创新从头脑中的虚拟转换为物质世界的现实。

四、创新体系

国家创新体系是全国社会经济与可持续发展的引擎和基础，是培养造就高素质人才、实现人的全面发展、社会进步的摇篮，是综合国力竞争的灵魂和焦点，主要功能是知识创新、技术创新、知识传播和知识运用。

（一）科技创新体系

科技创新体系是指一个国家、一个地区、一个产业或一个企业科技部门、经济部门和有关机构之间相互协调、良性互动，促进科技创新资源合理配置并高效利用，融创新执行机构、创新基础设施、创新资源、创新环境等创新要素于一体的系统。

1997 年 12 月，中国科学院提交《迎接知识经济时代，建设国家创新体系》的报告，提出了面向知识经济时代的国家创新体系，具体包括知识创新系统、技术创新系统、知识传播系统和知识应用系统。1998 年 6 月，国务院通过了中国科学院关于开展知识创新工程试点工作的汇报提纲，决定由中国科学院先行启动《知识创新工程》，作为国家创新体系试点。

国家科技创新体系主要由创新主体、创新基础设施、创新资源、创新环境、外界互动等要素组成，《国家中长期科学和技术发展规划纲要（2006~2020 年）》中指出：国家科技创新体系是以政府为主导、充分发挥市场配置资源的基础性作用、各类科技创新主体紧密联系和有效互动的社会系统，目前，我国基本形成了政府、企业、科研院所及高校、技术创新支撑服务体系四角相倚的创新体系，我国科技体制改革紧紧围绕促进科技与经济结合，以加强科技创新、促进科技成果转化和产业化为目标，以调整结构、转换机制为重点，取得了重要突破和实质性进展。

河北省钢铁产业创新体系，属于区域性产业创新体系，是作为区域性创新体系的河北省创新体系的一个组成部分，也是作为产业创新体系的中国钢铁产业创新体系的一个组成部分。

（二）区域创新体系

区域创新指针对某一特定区域的资源条件（自然资源、资本、人才等）和经济、文化特色，发展适合本区域的创新成果，最终形成产业化优势。由于区域经济差别很大，其发展主要取决于本地区产业结构，产业结构又取决于本地区各经济部门，特别是主导专业化部门在工业生命周期中所处的阶段。一般比较发达的地区容易处于科技创新的高潮阶段，致使不同区域科技创新差距很大。针对本地区特点，集中优势，采取适用于本地区的创新政策，是政府及其职能部门、科研机构和企业的基本策略。区域创新体系的构建方式必然也具有本区域特色。

区域创新体系最早由英国学者库克提出，他在 1996 年出版的《区域创新体系：

在全球化世界中的治理作用》一书中，对区域创新体系进行了明确的定义，认为区域创新体系主要是由在地理上相互分工与关联的生产企业、研究机构和高等教育机构等构成的区域性组织体系，且这种体系支持并产生创新。在经过大量研究后库克又对其原定义做了进一步的说明，认为区域创新系统是指在一定的地理范围内，经常地、密切地与区域企业的创新投入相互作用的创新网络和制度的行政性支撑安排。

另外，有国外学者认为，区域创新体系理论包含两个方面内容：一是创新活力，包括企业与“知识组织”，如大学、研究机构等的密切关系，这组成一个支撑性的“知识基础设施”；二是区域作为一个政体，可以通过某种治理安排来促进和支持这些关系。为此，区域可被视为一个学习“实验室”，并要形成地方性互动网络，它包括广泛的企业团体和治理结构，以促进创新。

中国科技发展战略研究小组按年度发布的《中国区域创新能力报告》，对区域创新体系定义是一个区域内有特色的、与地区资源关联的、推进创新的制度组织网络。其目的是推动区域内新技术或新知识的产生、流动、更新和转化。

国内一些学者提出了如下的定义：

（1）区域创新体系是区域网络各个结点（企业、大学、研究机构、政府等）在协同作用中结网而创新，并融入到区域的创新环境中而组成的系统。即区域创新系统是区域创新网络与区域创新环境有效叠加而成的系统。

（2）区域创新系统是在国内的一定地域范围内，将新的区域经济发展要素或这些发展要素的新组合引入区域经济系统，创造一种新的更有效的资源配置方式，实现新的系统功能，使区域内经济资源得到更有效利用，从而提高区域创新能力。

（3）区域创新体系是指某一特定区域内互相联系，在地理位置相对集中的利益相关多元主体共同参与组成的以技术创新和制度创新为导向、以横向联络为主的开放系统，它是在地理位置相互靠近的经济主体之间通过某种方式而形成的一系列长期交易关系集合，其中既包括把各类行为主体联结起来的一般联系，更大量的则是体现在系统内以资产、信息、人才、技术的流动等具体形式之上的经济主体之间的交互关系。

（4）区域创新体系是一个经济区域与技术创新的产生、扩散和应用直接相关，并具有内在相互关系的创新主体、组织和机构的复合系统。

综合各方研究成果，区域创新体系的基本内涵应包括以下几点：

（1）具有一定的地域空间范围和开放的边界。

（2）以生产企业、研究与开发机构、高等院校、地方政府机构和服务机构为创新主要单元。

（3）不同创新单元之间通过关联，构成创新系统的组织结构和空间结构。

（4）创新单元通过创新（组织和空间）结构自身组织及其与环境的相互作用而实现创新功能，并对区域社会、经济和生态产生影响。

（5）通过与环境的作用和系统自组织作用维持创新的运行和实现创新的持续发展。

（三）产业创新体系

产业创新是指将产业自身及关联产业的生产要素重新组合并引入生产体系。

20 世纪 60 年代中期，学术界开始探究创新怎样改变产业结构和竞争力。弗里曼首次系统提出产业创新理论。他认为产业创新包括技术和技能创新、产品创新、流程创新、管理创新（含组织创新）和市场创新，并指出产业创新是一个系统的概念，系统因素是产业创新成功的决定因素。

有学者指出，产业创新能推动经济整体发展。现在，产业创新在经济发展和创新理论的双重推动下，已被广泛地接受和使用。

在我国，有学者认为产业创新是指新兴产业的形成过程，产业创新能力是指形成新兴产业的能力，即指能够满足新的需求，或者满足同样的需求却可以节约更多资源的产业的形成与普及能力。亦即产业创新主要体现为新兴产业的形成和发展。

也有学者认为，帮助衰退产业实行有秩序的收缩和资源向其他产业部门的有效转移，这种以产业转型为目的的调整就称之为产业创新。产业创新就是要突破已结构化产业的约束，以产业先见或产业洞察力构想未来产业轮廓以及使构想产业成为现实的过程。技术创新是产业创新的前提条件，资源重组可为产业创新提供资源再配置的途径。其核心产业创新是实施衰退产业转型。

另有学者认为，产业创新是指以市场为导向，以提高产业竞争力为目的，从新产品或新工艺设想的产生，经过技术的获取（研究、开发和引进技术、消化吸收）、工程化到产业化整个过程一系列活动的总和。产业技术创新能力是指通过引入或开发新技术、推动产业发展的能力，基本沿用了企业技术创新概念的内涵。

中国科学院张凤、何传启在 1999 年出版的《国家创新系统：第二次现代化的发动机》一书中，分析了国家创新体系结构，提出了产业创新系统（体系）概念，认为“产业创新系统是指与产业相关的知识创新和技术创新的机构和组织构成的网络系统”。“这些机构包括本国的，也包括国际的；其活动和行为促进和提高本产业的创新能力和竞争能力。产业创新体系，则是以产业内企业为核心，以全国的科研机构、教育机构、中介机构为依托，形成一个开放的创新网络。在这个网络中，知识、技术、信息、人才、资本等创新资源能快速流动”。“与产业相关的知识创新和技术创新”以及技术创新引领的管理创新，正是产业科技创新的内涵。这一理解，适用于河北省钢铁产业科技创新体系的研究。

五、河北省钢铁产业科技创新体系

（一）河北省钢铁产业科技创新体系的构成元素

河北省钢铁产业科技创新体系作为区域产业创新体系，既是河北省科技创新体系的一部分，又是中国钢铁产业创新体系的一部分，必然具有区域创新体系和产业创新体系的双重属性和特征。

区域创新体系的属性，首先要求河北省钢铁产业科技创新体系具有一定的地域空间范围，这个范围是河北省行政区域，是河北省边界所覆盖的区域，同时这个边界又是开放的；第二，要以河北省企业，研究与开发机构，高等院校，河北省政府及其职能部门、事业单位、科技中介和服务机构为河北省钢铁产业科技创新主要单元；第三，不同创新单元之间通过关联，构成创新系统的组织结构和空间结构，如科技创新联盟；第四，创新单元通过创新组织结构和空间结构及其与环境的相互作用而实现创新功能，并对河北省社会、经济和生态产生影响；第五，通过与环境的作用和体系自组织作用维持创新的运行和实现创新的可持续发展。

区域性创新体系的属性，使其创新范围限于河北省钢铁企业和河北省政府机构，但对于研究开发机构、高等院校和科技中介服务机构，又是开放的，允许河北省以外的国内、国外机构加入进来，特别是地理位置临近的位于北京市、天津市机构（地理位置上位于北京市、天津市的机构，并非行政隶属于两市或在两市注册），都可以成为河北省钢铁产业科技创新体系的构成元素。

产业创新体系的属性，要求创新单元与钢铁产业有关，亦即为钢铁企业及钢铁装备制造企业，与钢铁产业相关的研究开发机构和高等院校，运作与钢铁产业有关业务的科技中介和服务机构；河北省钢铁产业科技创新体系，需要形成一个以钢铁企业为核心，以省内外科研机构、高等院校、科技中介服务机构为依托的开放的创新网络。

综上所述，河北省钢铁产业科技创新体系，由河北省钢铁企业（及与河北省钢铁企业联合创新的省外钢铁企业），省内外钢铁产业相关研究开发机构和高等院校，河北省政府及其职能部门、事业单位等机构，省内外科技中介和服务机构组成。另外，考虑到用户需求，应把典型用户纳入创新体系之中。

（二）河北省钢铁产业科技创新体系的组织结构

钢铁企业必须是河北省钢铁产业科技创新的主体，是河北省科技创新体系的核心。钢铁企业是河北省钢铁产业科技创新的需求者，是河北省钢铁产业科技创新的受益者，是河北省钢铁产业科技创新效益的体现者；钢铁企业的需求，是河北省钢铁产业科技创新的原动力。

只有以钢铁企业为主体，才能坚持科技创新的战略导向，即以市场导向为主，兼顾顾客导向和竞争者导向；以钢铁企业的科技创新需求为出发点，才能有效整合省内外科研机构、高等院校、科技中介服务机构等创新单元，实现政、产、学、研、服结合，更有效地配置科技资源，激发科研机构的创新活力，并使钢铁企业获得持续创新的能力。在大幅度提高钢铁企业自身科技创新能力的同时，建立研究开发机构、高等院校、科技中介服务机构积极围绕钢铁企业科技创新需求服务、产、学、研、服、用多种形式结合的新机制。

政、产、学、研、服、用结合的十分重要的形式就是科技创新平台和科技创新服务体系。

1. 河北省钢铁产业科技创新平台

依托河北联合大学（现华北理工大学）等单位，河北省建立了现代冶金技术重点实验室、钢铁工业节能减排协同创新中心平台，应充分发挥其作用。

根据河北省钢铁产业实际，需要建立高效率低成本洁净钢平台、无头轧制平台、能量流物质流信息流协同优化平台和污染物协同脱除平台。另外，还需要综合性的全省性的重点实验室和工程技术中心、国家级和省级企业技术中心。

（1）高效率、低成本洁净钢平台。

高效率、低成本洁净钢平台建设仍是今后几年钢铁产业科技创新中一项具有普适性、基础性的共性关键技术，事关钢铁企业效率、质量、成本，对提高钢铁企业市场竞争力具有重要意义。洁净钢平台建设需抓好铁水预处理、转炉冶炼、二次冶金、全连铸四项基础支撑型技术和优化、简捷的流程网络和动态、有序运行的物流技术这两项集成技术。

（2）无头轧制平台。

无头轧制平台对于生产一些钢材品种具有重要意义，是一项重要的关键共性技术。钢铁企业 ESP 无头轧制技术具有以下优势：低能耗，低排放；生产热轧超薄规格带钢“以热带冷”更经济；实现带钢几何尺寸和冶金性能的全面控制和稳定；达到连铸工艺的极限值；热轧卷/钢水成品率的最佳化。

（3）能量流、物质流、信息流协同优化平台。

能量流、物质流、信息流协同优化是钢铁生产降低资源能源消耗、减少污染物排放、降低成本提高效率的关键共性技术，特别是关键界面物质流、能量流协同优化技术，在新一代可循环钢铁生产流程基础上，进一步提升现代钢铁流程。综合考虑钢铁企业产品在铁钢界面优化、铸轧界面动态运行、能源转换界面关键技术基础上，研究物质流与能量流协同的信息化关键技术，对信息化软件进行实验和示范应用。

（4）污染物协同脱除平台。

钢铁工业的一些生产工序，特别是烧结工序，大气污染物种类较多，以前多数是针对单一成分进行污染物脱除，投资多，占地面积大。多污染物协同脱除技术，同时脱除二氧化硫、氮氧化物、二噁英、重金属或其中几种，属于关键共性技术，也是未来发展的方向。

（5）全省性重点实验室和工程技术中心。

依托特大型、大型骨干钢铁联合企业，与高等院校、科研单位联合组建重点实验室、工程技术研究中心和企业技术中心等钢铁产业科技创新平台，为河北省钢铁产业科技创新提供基础平台。

（6）国家级和省级企业技术中心。

技术中心是钢铁企业最基础的科技创新平台，钢铁企业要进行科技创新，没有企业技术中心这个平台，是很难顺利进行的。

2. 河北省钢铁产业科技创新服务体系

钢铁产业科技创新活动，需要及时得到信息、文献、技术咨询、培训等方面的服务，创新成果也需要得到专利申请（知识产权保护）、成果转化及推广、鉴定评价、标准化等方面的服务，还需要人才交流、国际国内合作等。

建立一个专门服务于河北省钢铁产业科技创新的服务机构，对促进河北省钢铁产业科技创新有重要作用。根据国家现有机构的情况，最需要的钢铁产业科技创新公共服务平台是河北省钢铁产业生产力促进中心。国家有中国冶金生产力促进中心，河北省也有生产力促进中心，但河北省钢铁产业还缺少这样一个机构。

根据《生产力促进中心管理办法》，生产力促进中心的主要业务是：

（1）信息服务。根据企业需求，向其提供科技、经济、政策法规、市场、人才等方面的信息服务。

（2）咨询服务。为企业提供技术、管理、政策法规等咨询服务与顾问服务。

（3）技术服务。为企业导入先进适用的技术，并提供技术支持服务。如共性技术、关键技术的开发、推广和示范，以及产品检测、中间试验等。

（4）培训服务。为企业提供技术、管理等方面的教育与训练服务。

（5）创业服务。为科技型企业创业提供孵化服务。

（6）其他服务。包括为企业提供市场营销、投资融资、贷款担保、产权交易、人才引进、对外合作、展览展销等服务。

（7）承担政府委托的任务，为政府的科学决策提供服务。

其业务范围与科技创新所需要的服务基本吻合，且科学技术部将全国生产力促进中心工作纳入国家科技计划产业化环境建设，每年安排相应的财政拨款；各级地方科技行政管理部门要将生产力促进中心工作纳入当地的科技发展计划，为生产力促进中心的建设和发展提供必要的财政支持。

河北省钢铁产业生产力促进中心成立后，可以其为依托，组织钢铁企业、高等院校、科研机构、设计单位、国家重点实验室等建设河北省钢铁产业科技创新联盟，设立一个更大的服务于河北省钢铁产业科技创新的平台。

综上所述，建立河北省钢铁产业生产力促进中心等科技创新公共服务平台，为钢铁企业提供信息及技术咨询、文献整理、专利申请、成果转化及推广、评价、培训、标准编制、人才交流、国际合作等指导与服务，是河北省钢铁产业科技创新服务体系非常重要的一个组成部分。依托服务平台，实现高等院校、科研设计单位、中介机构与河北省钢铁企业技术需求的对接、交流，开展人员培训，共同建立产业技术研发平台。

（三）钢铁企业科技创新体系

钢铁企业科技创新主要由两大类活动构成，一是管理性活动，包括决策、资源配置、管理与制度建设等活动；二是实体性活动，包括钢铁产品及其生产工艺、技术研究开发、生产制造、市场营销等活动。企业科技创新是技术实践、生产经营实践、管理实践结合在一起的特殊的社会实践，具有三重属性，钢铁企业科技创新体系就是由这些活动相互作用共同构成的促进企业科技创新的有机体，缺少任何一方面都不能构成现实的科技创新活动。钢铁企业科技创新体系是钢铁企业中与科技创新活动及创新资源的配置和利用相关的各种机构相互作用而形成的推动科技创新的组织系统，以及保证系统有效运行的机制和制度。

钢铁企业科技创新体系是河北省钢铁产业科技创新体系最基层、最核心的组成部分，具有以下特点：

企业技术创新体系具有如下特征：

（1）系统性。钢铁企业科技创新体系是一个有机整体，由组织系统、规则系统、资源配置系统与决策系统之间相互作用共同构成，其每一要素的性质或行为都将影响到整体的性质和行为，每一要素都起作用，如某一要素有缺陷，失去了与其他要素恰当地相互作用的能力，不能完成它特定的功能，就会影响整个系统。

（2）开放性。按照创新体系研究的对象不同，可以分为宏观层面上的国家技术创新体系、中观层面上的区域技术创新体系和微观层面的企业技术创新体系。钢铁企业科技创新体系是国家创新体系的最基层的组成部分，在国家技术创新体系具有不可替代的核心作用，与国家创新体系其他要素有着密切的联系，是一个开放系统。各个企业的技术创新体系之间也有着密切的联系与互相影响，相互之间进行着资源的交换与共享，进行着技术创新的广泛的合作。

（3）动态调整性。随着外部环境的变化，钢铁企业科技创新体系趋向动态平衡。根据自组织理论，开放体系不断与外界环境进行充分的物质、能量和信息交换，获得了足够的负熵，使系统向远离平衡的非平衡态发展，然后通过系统之间各要素的相互作用，促使系统向熵减方向即有序方向演化，从而形成新的有序结构。钢铁企业科技创新体系就是这样一种开放体系，不断与外界进行物质、能量与信息交换，从而获取资金、人才、信息等负熵流，从平衡状态到非平衡状态再到新的平衡状态，不断进行着动态调整。

六、创新机制

（一）机制

机制原本是用于解释机器构造与运转的专用名词，指在机器运转之中各个零件的相互联系、互相制约并互为因果联结关系的运转方式。《现代汉语词典》对机制的解释有三：一是机器的构造及工作原理，如计算机的机制；二是有机体的构造、功能和相互关系，如动脉硬化的机制；三是泛指一个复杂的工作系统和某些自然现象的物理、化学规律，如优选法中优化对象的机制。另外特别注明，机制也叫机理。

把机制的本义引申到不同的领域，就产生了不同的机制。如引申到生物领域，就产生了生物机制；引申到社会领域，就产生了社会机制。

事物各个部分的存在是机制存在的前提，因为事物有各个部分的存在，就有一个如何协调各个部分之间的关系问题；协调各个部分之间的关系一定是一种具体的运行方式；机制是以一定的运作方式把事物的各个部分联系起来，使它们协调运行而发挥作用的。

机制运作的形式一般有三种：

（1）行政-计划式的运行机制，即以计划、行政的手段把各个部分统一起来。

（2）指导-服务式的运行机制，即以指导、服务的方式去协调各部分之间的相互关系。

（3）监督-服务式的运行机制，即以监督、指导式的方式去协调各部分之间的关系。

从功能出发，机制可以分为激励机制、制约机制和保障机制。激励机制是调动管理活动主体积极性的一种机制；制约机制是一种保证管理活动有序化、规范化的一种机制；保障机制是为管理活动提供物质和精神条件的机制。

（二）科技创新机制

科技创新机制指在科技创新过程中各环节、各要素之间的紧密关联、相互作用的逻辑结构从而实现科技创新活动的内在机理和制度，其中包含创新主体的技术水平和内外部的各种影响因素。

科技创新机制一般从以下几个角度定义：

（1）科技创新机制指围绕技术创新的目标而由技术创新制度联结的技术创新体系内部的规则和机理，包含科技创新的动力机制、科技创新的共生机制和科技创新的扩散机制，并由这些机制相互关联、相互影响而构成的。

（2）科技创新机制是企业在科技创新过程中企业内部因素、外部因素以及各环节间的相互作用、相互影响的过程。

（3）从科技创新过程中创新组织和科技创新体制所起的作用和功能来定义科技创新机制，其中包含技术创新的动力机制。

科技创新机制的分类，目前仍是科技创新机制研究中争论的热点问题，尚无统一标准。总体来说，有以下两种分类方法：一是以科技创新中机制的运行过程为依据，科技创新机制细分为科技创新动力机制、投入机制、运行机制、约束机制、保障机制、产出机制等；二是以科技创新中机制的功能为依据，科技创新机制细分为技术创新的动力机制、决策机制、扩散机制等。

（三）河北省钢铁产业科技创新中应重视的机制

综合考虑以上两种方法及其对科技创新的影响，河北省钢铁产业科技创新中应受到重视的主要机制是科技创新动力机制、科技创新运行机制、科技创新保障机制、科技创新扩散机制（技术转移机制）和科技创新评价机制。

1. 科技创新动力机制

无论从科技创新机制运行过程还是从科技创新机制所起的作用和功能分类，科技创新动力机制都包括之内。科技创新动力机制也是目前科技创新机制研究中比较受重视的一个机制。

科技创新动力机制是科技创新活动的源泉，是促使技术创新进行的各种影响因素相互作用的机理，在科技创新活动中起着重要作用。科技创新动力的大小、方向和作用点，决定了创新规模的大小、创新的进展快慢和最终成果的适用性。

钢铁产业和钢铁企业科技创新动力的影响因素可以分为内部和外部因素。内部因素包括利润驱动、生产需要、产业文化和企业家创新精神、科技创新能力及管理创新支持力；外部因素包含科技进步、市场需求、竞争者及政府科技创新政策等。

2. 科技创新运行机制

科技创新机制是科技创新中内在机能和运转方式，在科技创新过程中占有非常重要的地位，是科技创新机制中最关键的机制之一，贯穿于科技创新的整个流程，对科技创新的成功与否起着关键性的作用。

在有效的科技创新动力机制作用下，科技创新体系开始投入和产出，科技创新资源得到利用和循环，使科技创新有序、规范地运行。

科技创新运行机制主要包括科技技术创新机构（科技创新平台）、科技创新体系、科技创新激励等方面。钢铁产业科技创新机构包括政府及其职能部门，专业研发机构、钢铁重点实验室和高等院校等社会机构，钢铁企业技术中心等；目前钢铁产业科技创新以钢铁企业为主体，政府、社会科研机构、科技中介服务机构及用户合作的形式搭建科技创新平台。钢铁产业技术创新体系是由企业、高校、社会科研机构等组成，以钢铁企业自身为主体建立的。对科技创新的激励主要是对科技创新政策的支持与资金的投入，对科技创新人才、科技创新成果的物质奖励和精神激励等。

3. 科技创新保障机制

科技创新保障机制包括科技创新投入、科技创新管理制度、科技创新风险管理等，是企业进行科技创新活动的保障，对科技创新的顺利开展起着重要的保障作用。

比较充足的资金、合理的人才配置是科技创新的支撑，必要的科技活动经费和人才投入是保证科技创新顺利进行的基础。政府应建立相应的资金，支持钢铁产业科技创新活动的开展；钢铁企业既可自己投入，也可向社会招募资金，还可寻求企业间合作或战略联盟，并可申请国家和/或省市级科研项目资金作为支持，目前以钢铁企业投入为主。

科技创新管理制度包括政府对钢铁产业科技创新相应的规章、规范性文件和评价指标体系等，钢铁企业自身科技创新管理体系、规章制度和政策等。

风险是某一事件发生的概率和其后果的组合，风险管理是指导和控制某一组织与风险相关问题的协调活动。风险管理是钢铁企业应对科技创新压力和竞争时提高其创新能力、培养其核心竞争力的风险化解能力的管理机制，钢铁企业可通过科技创新项目的立项评审、过程控制和终止制度及与之相伴随的风险评估、风险处理、风险承受和风险沟通来降低其科技创新的风险。

4. 科技创新扩散机制（技术转移机制）

科技创新扩散是指科技创新的成果“输出—输入—输出”的过程，亦即科技创新成果通过某种渠道在潜在使用者间的传播以及使用。科技创新成果的提供者、科技创新成果的使用者、两者之间科技创新扩散方式、渠道和其中的环境等要素共同组成了科技创新扩散机制。这一机制的效果就是科技创新成果的技术转移。

科技创新成果的提供者包括政府、社会科研机构、高等院校、钢铁企业、自然人及科技中介服务机构，特别是高等院校、科研机构和科技创新能力强的钢铁企业。

对于高等院校和科研机构的钢铁产业科技创新成果，要强化科技成果以许可方式对外扩散；加强高等学校和科研院所的知识产权管理，明确所属技术转移机构的功能定位，强化其知识产权申请、运营权责；国家、河北省财政资金支持形成的钢铁产业科技成果，在合理期限内未能实现成果转化的，可由河北省人民政府或其职能部门依法强制许可实施。

在钢铁企业科技创新中，钢铁企业作为科技创新成果的主要提供者，一旦成功实现某项科技创新时，在此领域内必然具备一定的竞争优势，其可以向其他钢铁企业转让技术也可不扩散创新成果。钢铁企业作为唯一的钢铁产业科技创新成果的使用者，在使用其他钢铁企业的创新成果时要付出一定的代价，可能是资金也可能是技术交换。技术扩散的方式和渠道也很多，如钢铁企业之间扩散、钢铁产业内部技术扩散以及政府主导、钢铁产业内企业合作等。

影响科技创新扩散机制的因素基本有三点，一是科技自身因素，包含其难易程度、创新属性、转让价格等；二是科技创新扩散的主体因素，包含钢铁企业管理水平和决策能力、扩散主体的支付能力、技术投入和创新动力等；三是科技创新扩散的环境因素，包括社会经济环境、政府相关的政策、市场结构以及创新制度等。

5. 科技创新评价机制

评价机制是组织机构的一种制度安排，旨在运用科学评价手段增强人和事物内在的运行动力并调节各方面的制约关系，确保项目的科学决策，保证运行和管理目标的实现。

评价机制包括评价对象和内容、评价体系、评价制度和手段；评价机制的运行需要责任明确的评价机构、完整的评价制度和丰富而科学的评价手段。

科技创新评价对象和内容包括河北省钢铁产业科技创新体系、制度、能力、项目、成果，要体现全寿命、全过程并涉及所有相关内容。

河北省钢铁产业要形成系统而科学的科技创新评价体系，结构要完整，包括组织体系、指标体系、评价方法等，实行责任主体明确的分层次分工分级管理，专职评价机构与专家工作组相结合的工作方式，并可吸纳社会评估机构的意见；科技创新评价制度要完备，使评价工作法制化、制度化、规范化，评价手段丰富而科学。

七、深化科技创新合作

随着钢铁产业规模的迅猛扩张，国际国内对钢铁产业科学技术研究也越来越深入，科技发展速度超过以往任何时候。河北省钢铁产业要想快速提高科技创新能力，取得科技创新的丰硕成果，只靠自身的力量是难以完成的任务。因此，必须开展钢铁产业科技创新对外合作，包括国内合作和国际合作，创新合作方式，健全合作机制，把科技创新合作推向深入。

根据国家总体形势和河北省钢铁产业现状，首先要借国家京津冀协同发展战略，实现京津冀合作，其次要与国家相关科研机构和重要钢铁企业建立科技创新协作关系，第三要开展国际合作。在技术升级过程中，要创新与引进相结合，积极引进适用的国内外工艺技术及装备。

（一）京津冀合作

京津冀协同发展，是一项重大国家战略。实现京津冀协同发展、创新驱动，推进区域发展体制机制创新，是面向未来打造新型首都经济圈、实现国家发展战略的需要。京津冀空间协同发展、城镇化健康发展对于全国城镇群地区可持续发展具有重要示范意义。

河北省钢铁产业规模居于全国第一位；北京市主要钢铁企业首钢的新建钢铁生产主体厂基本坐落于河北省境内（重组兼并的其他省份不包括在内），首钢京唐联合钢铁有限公司、首钢河北迁钢钢铁有限公司、首秦金属材料有限公司等分别建于河北省唐山市曹妃甸区、迁安县和秦皇岛市抚宁县；天津市钢铁产业亦具有相当的规模，特别是其钢材加工能力具有优势，天津天铁冶金集团有限公司位于河北省邯郸市涉县、荣程钢铁有限公司一生产厂区位于河北省唐山市滦南县。两市钢铁产业与河北省有着千丝万缕的联系。

有鉴于此，河北省与北京市、天津市开展钢铁产业科技创新合作有着现实基础，三方可深化钢铁产业协同创新。协同创新可采取建立京津冀钢铁产业协同创新战略联盟的方式。

京津冀钢铁产业协同创新战略联盟是由京津冀区域内的钢铁企业、与钢铁产业相关的大学、科研机构、钢铁产品用户及其他组织机构，以京津冀钢铁企业的发展需求和各方的共同利益为基础，以提升京津冀钢铁产业科技创新能力为目标，以具有法律约束力的契约为保障，形成的联合开发、优势互补、利益共享、风险共担的科技创新合作组织。

京津冀钢铁产业协同创新战略联盟定位于市场经济条件下产、学、研、用结合的新型科技创新组织，有利于提高产、学、研、用结合的组织化程度，在战略层面建立持续稳定、有法律保障的合作关系；有利于整合京津冀钢铁产业科技创新资源，引导创新要素向优势企业集聚；有利于保障科研与生产紧密衔接，实现科技创新成果的快速产业化；有利于促进集成创新，推动京津冀钢铁产业结构优化升级，提升京津冀产业核心竞争力。

2015 年 4 月 11 日，京津冀钢铁行业节能减排产业技术创新联盟成立。这一联盟由北京市科委牵头成立，受北京市科委、天津市科委、河北省科技厅业务指导。联盟成员由北京科技大学、中国钢研科技集团有限公司、河北钢铁集团有限公司、新兴际华集团有限公司、天津渤海钢铁集团等70余家单位组成，涉及京津冀区域钢铁节能减排领域的高等院校、科研院所、相关企业及科技、金融服务机构等。联盟将整合科技资源，引导金融机构、企业建立多渠道、多层次、多元化的投入机制，加快推动相关科技成果的产出、转移、落地和产业化，着力搭建“政产学研金用”产业融合发展平台，通过技术创新实现钢铁行业产品升级和节能减排。

（二）与国家相关科研机构和重要钢铁企业合作

在密切开展京津冀钢铁产业科技创新合作的同时，要充分依托钢铁研究总院等大院大所，落实河北省与有关央企、科研院所（校）合作项目，争取央企、大院大所、知名高校的高水平钢铁产业及与钢铁产业相关的科技成果在河北省落地开花，实现产业化。

两院院士德高望重，学术造诣和技术水平无与伦比。河北省要充分发挥院士联谊会桥梁纽带作用，加强院士智力引进工作，定期不定期邀请两院院士围绕河北省钢铁产业科技创新、技术升级、成果转化、产业发展等开展咨询服务和技术合作，推进河北省钢铁企业科技创新。河北省钢铁产业要积极申报国家级企业技术中心、国家重点工程实验室等体现科技创新能力的机构，争取国家创新能力建设项目、资金支持。

另外，要加强与国内其他地区重要钢铁企业、科研机构、高等院校和科技服务机构的科技创新合作，可采用灵活多样的合作方式。

（三）国际合作

借鉴国际智力，开展全球合作，引进国际领先的技术、工艺、装备，也是河北省钢铁产业科技创新的重要途径。

顺应全球钢铁工业发展趋势，引导企业实施“引进来、走出去”战略，加强钢铁产业及相关技术引进与合作，是提高科技创新能力、实现技术升级的重要途径。

河北钢铁集团唐钢公司与韩国浦项钢铁开展科技对标，是钢铁产业对外科技交流和合作的成功案例。河北省重点钢铁企业要与境外企业、科研机构开展科技合作，联合申报科技部国际科技合作项目，创建国际科技合作基地；可开展参股并购、联合研发、专利交叉许可等方面的国际合作，在海外设立研究开发机构或产业化基地。

通过国内外交流与合作，增强河北省重点钢铁企业自主创新能力，创新和推广节能减排等新技术新工艺，带动河北省钢铁产业整体技术升级，实现河北省钢铁产业的转型。

八、技术改造

技术改造是指企业为了提高经济效益、增加产品品种、提高产品质量、进行产品升级换代、扩大出口、降低成本、节约能耗、加强资源综合利用和环境保护、安全与职业健康等目的，采用先进的、适用的新技术、新工艺、新设备、新材料等对现有设施、生产工艺条件进行的改造。

技术改造是我国工业发展的基本经验。用先进、实用技术改造传统产业，投资少、工期短、见效快，不需要再新建、扩建工程，可有效避免重复建设，同时还有利于优化产品结构、改变发展方式、提高企业的效益和竞争力。

技术改造的原则是坚持以技术进步为前提，以内涵扩大再生产为主；采用既适合企业实际情况，又能带来良好经济效益的技术方案；在提高经济效益的前提下，实行技术改造，扩大生产能力；不贪大求全，针对企业的薄弱环节改造，节约资金；全员参与。

2012 年 7 月 30 日，国务院常务会议部署鼓励和支持企业加强技术改造工作，鼓励和支持企业采用新技术、新工艺、新设备、新材料，对现有设施、工艺条件及生产服务等进行改造提升，增强创新和竞争能力，加快产业升级。会议确定的鼓励和支持企业技术改造的重点方向有五个：一是加快推进技术创新和科技成果产业化，推动先进技术产业化应用；二是加快推广应用先进制造系统、智能制造设备及大型成套技术装备；支持重点企业瞄准世界前沿技术，加快装备升级改造，推动关键领域的技术装备达到国际先进水平；三是加快推广国内外先进节能、节水、节材技术和工艺，提高能源资源利用效率，提高成熟适用清洁生产技术普及率；四是着力推进精益制造，改进工艺流程，提高制造水平；五是深化信息技术应用，加快推广应用现代生产管理系统等关键共性技术，推进信息化和工业化深度融合。

技术改造是科技创新成果、科学研究成果转化为现实生产力的主要途径，也是先进技术推广的重要途径，是企业承接技术转移、技术扩散的主要手段。科技创新和技术引进都是技术改造中新技术、新工艺、新材料、新装备的来源。

九、提高河北省钢铁产业科技创新能力和技术水平需要完成的具体任务

完善科技创新体系，健全科技创新机制，提高科技创新能力，是促进河北省钢铁产业科技创新的首要任务。

（一）加强创新主体建设

强化钢铁企业的科技创新主体地位，深化产、学、研、用合作，集聚人才、技术、资金等创新要素，在核心产品、重大装备和关键工艺研发上不断取得突破，推进创新成果和专利技术的转化和应用。

鼓励钢铁企业主导和/或参与制修订国家标准、行业标准及地方标准，掌握钢铁产业的技术话语权。

（二）搭建各类创新平台

充分发挥现代冶金技术重点实验室、钢铁工业节能减排协同创新中心等现有平台的作用，并根据河北省钢铁产业布局，依托特大型、大型钢铁联合企业等骨干企业，支持科研单位、高等院校参与联合组建重点实验室、工程技术研究中心和企业技术中

心等钢铁产业科技创新平台，其中省级以上工程技术研究中心、企业技术中心分别达到5家和13家，增强钢铁企业创新能力，带动提升全省钢铁产业创新水平。

（三）健全科技创新机制

健全河北省钢铁产业科技创新机制，特别是动力机制、运行机制、保障机制和扩散机制。

（四）完善创新服务体系

依托河北省冶金行业协会，建立河北省钢铁产业生产力促进中心等科技创新公共服务平台，并充分发挥河北省科技情报研究院等平台的作用，为钢铁企业提供信息及技术咨询、文献整理、专利申请、成果转化及推广、评价、培训、标准编制、人才交流、国际合作等指导与服务。以省级以上高新技术产业开发区、国家级经济技术开发区、省级以上高新技术产业化基地和特色产业基地等为依托，发挥创新载体作用，优化创新发展环境，服务和支撑钢铁及其关联产业发展。支持高等院校、科研机构、钢铁企业及中介机构，输出钢铁产业先进技术、装备。

（五）开展国内外合作

实施京津冀钢铁产业科技创新合作，建立京津冀钢铁产业协同创新战略联盟；开展与国家科研机构、高等院校、央企及外省相关机构、重要钢铁企业的合作；开展国际科技交流与合作，提升河北省钢铁产业科技创新能力。

（六）进行技术改造

把科技创新成果及时转化为企业技术优势，积极引进外部技术，通过技术改造进行消化吸收，有条件的钢铁企业进行再创新，提高钢铁企业和河北省钢铁产业整体技术水平。

第四章　科技创新主要方向研究

工业和信息化部《“十二五”产业技术创新规划》确定的钢铁产业技术发展方向，是重点开发“品种结构调整与升级用先进钢铁材料制备技术，重大工程与重大装备用关键钢铁材料，新一代高效、低耗钢铁流程物质流、能量流网络集成优化技术与装备及信息化智能控制技术，钢铁工业污染物排放控制技术和废弃物再资源化、再能源化及物质循环关键技术，钢铁材料低成本、高性能化关键工艺技术，冶金矿产资源领域安全高效开发和资源综合利用技术等”。

河北省促进钢铁产业科技创新的目的，就是缩短差距、走出困境。因此，河北省钢铁产业科技创新的方向要根据河北省钢铁产业存着的差距和面临的困境来确定。根据河北省钢铁产业现状分析，河北省钢铁产业科技创新主要方向应是产品结构优化及相应生产工艺、技术、装备配套，节能减排，管理协作等几个方面。具体来说，主要是优化钢铁产品结构、提高工艺装备水平、研发和推广节能减排技术、延伸拓展产业链条、加快两化深度融合、强化知识管理和管理创新。

第一节　优化钢铁产品结构

钢铁产业的焦点在钢铁产品，钢铁产业的科技水平体现于产品，钢铁产业的效益也通过产品得以实现。钢铁产品，钢铁材料，是钢铁产业、钢铁企业关注的主要对象。

优化钢铁产品结构，是《河北省钢铁产业结构调整方案》提出的一项重要任务，也是河北省钢铁产业科技创新的主要方向。

优化钢铁产品结构，一是要注重钢铁新产品、钢铁新材料的研究开发，特别是高端、优质、高附加值产品的研发；二是做好传统钢铁产品的升级换代。

钢铁产业依然是河北省的主要支柱产业，是我国经济转型的重要支撑。河北省钢铁产业顺应国民经济高速增长、工业化、城镇化等对钢铁材料需求的快速增长，规模扩张速度空前，钢铁产品品种生产能力和钢铁产品质量也有了较大提高。但河北省高技术含量、高附加值钢铁产品比例明显偏低，相关工艺、装备和产品缺乏原始创新，产品结构单一、同质化严重，使得钢铁产品结构不甚合理。要合理的钢铁产品结构，还有很多工作要做，研发钢铁新产品、钢铁新材料，升级现有产品，是科技创新的重中之重。

现在，海洋、能源、交通、先进制造等重点产业对钢铁材料需求明显，急需开发海洋工程用钢、现代交通用钢、先进能源用钢等高性能材料品种，实现产品的升级换代，满足国家重点工程建设需求。

河北省钢铁产业已部分实现了装备大型化、自动化、连续化为代表的钢铁生产工艺技术装备现代化，为高品质钢材的生产和质量提供了基础支撑。

一、经济发展对钢铁产品的新需求

随着经济发展方式的转变，下游产业转型升级和战略性新兴产业发展对钢材品种数量和质量均提出了更高的要求，钢铁产品和钢铁材料不仅要满足更苛刻的使用环境和更复杂的负载条件，而且要实现产品节约资源基础上的高性能化。如我国基础设施建设大量需要建筑用钢、桥梁用钢以及公路铁路用钢等结构钢材，需要实现低成本、减量化的条件下生产出具有更高强度、更低屈强比且具有更高耐候性能和耐火性能的结构用钢；在海洋工程和舰船领域，钢材面临着在海水、海洋大气等复杂腐蚀介质，复合载荷条件下的长期使用安全问题；在油气田的开采、储运过程中，钢材面临着高温、高压、复合载荷以及恶劣的固、气、液腐蚀等极端使用条件的严峻考验；在电力领域，超超临界锅炉用钢、核电工程用钢等面临着更高温度、更高压力、强辐照、持久安全等问题。

当前，河北省钢铁产业甚至全国钢铁产业尚不能完全提供上述国民经济发展转型急需的钢铁材料，钢铁产品研发与生产是重要任务，并且有很大的空间。

（一）建筑桥梁用钢

1. 建筑用钢

2012 年全国建筑行业共消费钢材 350Mt，其中房屋建筑消费钢材约 220 Mt。我国建筑形式主要有普通的钢筋混凝土和建筑钢结构两种形式，钢筋混凝土是当前我国建筑的主导形式；在主要钢材品种中，传统钢筋混凝土建筑主要使用螺纹钢筋、线材等，建筑钢结构主要使用有热轧 H 型钢、中厚板、热轧宽带钢、镀锌卷板、彩色涂层卷板、冷弯型钢（包括 C 型钢、Z 型钢、矩形管、方管）等。随着我国城镇化的进程加快和住房建设的需求，新建钢筋混凝土结构建筑今后一段时间内仍将处于较高的水平，但近几年我国钢结构建筑快速发展，并且与一些发达国家存在明显差距。美国、日本、德国等发达国家钢结构建筑占整个建筑的比例超过 40%，而我国的钢结构建筑只有 10%以下。今后我国钢结构建筑市场存在巨大发展空间。

2. 桥梁用钢

交通部已提出公路建设的发展方针和长远目标规划，即“五纵七横”；同时，中国高铁将在 2010~2040 年把全国主要省市区连接起来，形成国家网络大框架，主要线路为“五纵六横八连线”。这些公路、铁路建设中，均需建设大量公路桥梁、铁路桥梁，对桥梁用钢有巨大的需求。

（二）能源用钢

1. 管线钢

石油天然气是当今世界最重要的能源，其生产与储运条件非常复杂和严酷。在输油输气管道方面采用抗 CO_2/H_2S 腐蚀的管线钢，不仅可以大大减少气源和管线铺设成本，还能减少甚至省去前期防腐和后期维护的费用，抗 CO_2/H_2S 腐蚀的管线钢在 CO_2/H_2S 油田地面工程管道铺设中推广应用前景非常广阔。

通过改善管线钢成分和优化控轧控冷工艺开发耐 CO_2/H_2S 腐蚀的管线钢，其耐蚀能力比普碳钢提高 5~6 倍，生产成本仅增加 20%~30%。研发抗 CO_2/H_2S 腐蚀的管线钢，具有力学性能好、生产成本低、产品附加值高等优点。

耐磨管线钢是市场急需的产品，也是未来浆体运输管道工程所必需的。全长 750km 的神渭输煤管道，是国内第一条实际建设的长距离输煤管道；未来煤浆输送预计会得到长足发展，耐磨管线钢市场需求很大。近几年建材用沙采挖逐渐向高泥沙量的河流和近海转移，砂浆运输管道会有所发展；矿山和建材物料管道运输方式的逐渐形成，也将逐步增加耐磨管线钢的需求。

专为常规石油天然气输送而开发的 X 系列管线钢在磨损方并无考虑，在腐蚀方面承受能力一般，目前油砂开采过程使用常规管线钢建设的管道已出现性能不能满足要求而使运营成本增加的迹象，具有前瞻性的石油公司已经注意到这一点，兼具一定耐磨性和耐蚀性的管线钢有着广阔的应用前景。从长远来看，油砂开发过程专用的耐磨蚀管线钢的需求也会有大量增加。

2. 矿山救生舱专用钢

作为地下矿山应急救援工作的重要部分，煤矿安全救生舱设置已成当务之急。全国煤矿初期启动将设置各类安全救生舱达 300 万台左右，部分煤矿和煤矿机械制造单位已在抓紧生产制造，有些已陆续投入矿井巷道使用。实际情况反映，以钢材为主要用料，制造出密闭厢式防护单元，并形成能够维持逃生者生命支撑体系的密闭空间，以隔绝突发灾难时火、毒等侵害，同时，配备有水、氧及食品等救生条件的硬式救生舱需求占多数。按样舱尺寸与质量，每台煤矿安全救生舱耗用各类钢材 4~5t，加之外部连接管道，30 万台救生舱耗用钢材将超过 2Mt。随着黑色、有色及非金属矿山地下开采逐步配备安全救生舱，其用钢量也会逐渐增大。

（三）轨道交通用钢

随着“五纵六横八连线”的建设，我国高速铁路网将初具规模。铁路钢轨用钢和列车车体用钢会有持续增长。作为高铁列车关键部件材料的高铁轮对用钢，具有更加良好的市场前景。

（四）船舶及海工用钢

随着海洋资源开发的发展，普通的 360MPa 和 400MPa 级海洋用钢已经不能满足需要，海洋用钢的减重、降低成本的要求对强度提出了更高的要求。由于海洋工程装备的日益大型化，需要抗拉强度高达800MPa级、厚度达125~150mm的特厚板，对强度和低温韧性产生重大影响；随着海洋开发区域的日益扩大，海洋用钢的低温韧性更显重要，F级钢板需求量将大增。

由于海洋用钢结构长期处于盐雾、潮气和海水等环境中，受到海水及海生物的侵蚀作用而产生剧烈的电化学腐蚀，漆膜易发生剧烈皂化、老化，产生非常严重的结构腐蚀，不仅降低了结构材料的力学性能，缩短其使用寿命，而且又因远离海岸，不能像船舶那样定期进行维修、保养，所以对其耐腐蚀性能的要求更高。海洋环境分为海洋大气带、海洋飞溅带、海水潮差带、海水全浸带、海泥带，因此海洋平台用钢处于不同的环境中腐蚀机理的不同造成腐蚀速率也不同，所以对其耐腐蚀性能的要求也不同。

我国海洋平台用钢强度不高、规格不全、耐腐蚀性能较差，这限制了我国自主开采海洋资源的能力，使我国能源发展受到了制约。经济、焊接性能和低温韧性良好的耐海水腐蚀海洋平台用钢，高强度、厚规格及耐腐蚀性能好的海洋平台用钢是我国钢材品种主要发展方向之一。

（五）高强度汽车用钢

汽车用钢是钢铁材料中的高技术含量产品，其生产和应用代表了一个国家的工业化发展水平和钢铁行业技术水平。2014年，我国汽车年产量2372.5万辆，预计2020年达到3000万辆，汽车钢用量将达到50Mt，市场需求量巨大。

汽车轻量化已经成为汽车产品节能减排的有效手段之一，高强度汽车钢是汽车轻量化的主要材料。与很多钢铁产品相反，高强汽车板近年来一直供不应求，是国内汽车板供需矛盾最突出的产品之一。国内生产高强汽车钢板的钢铁企业主要是宝钢、鞍钢、武钢和首钢等，生产能力不及国内需求的50%，且与欧洲、韩国、日本同类产品相比质量存在差距，无法满足部分高精尖产品用户需求。我国超高强度汽车用钢未来几年仍需大量进口。高强和超高强汽车钢具有良好的市场前景。

（六）特殊钢

高品质特殊钢是特殊钢的发展方向，对于保障国家重大工程建设、提升装备制造业水平、促进节能减排和相关领域技术升级具有重要意义。发达国家经过长期积累，形成了高水平的特殊钢材料、工艺及制备技术体系，建立了与之配套的标准、规范、手册及数据库。为适应世界钢铁工业生产集约高效、低成本、绿色环保的发展趋势，国外主要钢铁企业加大资本重组和结构调整的力度，通过国际化经营实现专业分工和有限资源的合理配置，提高了特殊钢产业集中度与专业化程度。

我国钢铁产业企业近年加大了研发投入和技术改造的力度，生产装备条件和工艺技术水平取得了长足进步，专业化、综合化生产企业与多样化生产工艺流程相结合的特殊钢生产体系初步形成，特殊钢产量快速增长，已形成一定规模、品种规格比较齐全的特殊钢产业。不锈钢年产量超过10Mt，轴承钢年产量达到3Mt，齿轮钢年产量突破2Mt。与普通钢行业相比，我国特殊钢行业的技术发展相对滞后，与国际先进水平的差距更大。我国特殊钢产量约占粗钢总产量的5%，产品基本面向国内市场，国际市场份额极低。

特殊钢是国家工业化和国防建设不可缺少的重要基础材料，是国家重大工程建设、高端装备制造的重要基础，特别是超超临界火电机组与核电装备用特殊钢、油气开采与储运输送用耐蚀钢及合金等能源用钢，高品质汽车用钢与高速列车轮对用轴承钢等交通用钢以及通用性资源节约型不锈钢、先进工具模具钢、航空发动机用轴承钢、海洋工程用高品质特殊钢以及国防建设领域军用高品质特殊钢等方面的需求日益增大，品质要求越来越高。

二、钢铁产品研究重点

（一）建筑桥梁用钢产品

1. 建筑用钢

（1）钢筋。600 MPa级及以上螺纹钢筋产品，对于地震多发地区，重点应用高强屈比、均匀伸长率高的高强抗震钢筋；适用于海边建筑等有防腐蚀要求的耐蚀钢筋；适用于寒冷地带和低温工程建筑的耐低温钢筋等。

（2）建筑用中厚板。高强度建筑用钢板、抗震钢板、耐火耐候钢板。

（3）建筑用涂镀层板。资源节约、环境友好型涂镀层板；高强度和超高强度热镀锌板；薄规格、高强度、耐腐蚀和加工成型性优良的彩色涂层板；建筑领域使用的以热镀铝锌合金钢板、锌合金化钢板、镀铝合金钢板、电镀锌钢板等为基板的高档次彩涂板；CRP彩钢板。

2. 桥梁用钢

满足现在桥梁建造技术需求的高强度级别Q500、Q550甚至更高强度级别的桥梁用钢，高强度韧性并具有极佳的焊接性能的低碳铁素体+贝氏体桥梁钢，不经涂装就可以使用的耐候桥梁钢，具有优良疲劳性能的桥梁钢。

（二）能源用钢产品技术

（1）耐CO_2/H_2S腐蚀管线钢。达到常规X80级管线钢强度级别的耐CO_2/H_2S管线钢，耐腐蚀性较常规X80高出5~6倍的管线钢产品。

（2）耐磨管线钢。强度级别达到X70、X80级管线钢级别的管道输煤专用耐磨管线钢。

（3）耐磨蚀管线钢。强度和成型性达到对常规X70、X80级管线钢要求的管线钢。

（4）耐腐蚀油井管。经济型耐CO_2/H_2S及CO_2/H_2S+Cl^-腐蚀油井管；强度级别达到

758MPa 的耐腐蚀油井管；862MPa 及以上强度级别的耐硫化氢应力腐蚀油井管。

（5）救生舱用钢。高强韧性、耐高温的救生舱专用高强钢板。

（三）轨道交通用钢

高铁车轮用钢，高铁车轴用钢，高铁轴承用钢。

（四）船舶及海工用钢产品技术

690MPa 及以上级别的高强韧性海洋工程钢，大厚度海洋工程用钢，高耐蚀海洋工程用钢，超低温海洋工程用钢。

（五）高强度汽车用钢

（1）复合强韧化先进汽车用钢。

（2）超高强度热成型汽车用钢。

（3）高功能化的汽车车轮用钢。

（4）钒钛合金低成本高强钢。

（六）特殊钢

（1）能源工业用高品质特殊钢。700℃汽轮机高中压转子用耐热合金材料，700℃汽轮机气缸铸件用材料、叶片和紧固件用材料。

（2）交通装备用高品质特殊钢。汽车排气系统用钢，汽车用微合金非调质钢，长寿命高性能弹簧钢。

（3）关键通用高品质特殊钢。高品质高碳铬轴承钢和渗碳轴承钢，航空发动机用轴承钢，低成本超纯铁素体不锈钢，氮合金化高性能奥氏体不锈钢，高性能工模具钢，高性能特殊钢长材产品（高性能切割钢丝、高性能帘线钢丝和高性能钢绞线钢丝、弹簧钢丝），模具消耗低的低成本非调质钢。

（4）海洋工程用高品质特殊钢。海洋工程用超级奥氏体不锈钢，海洋工程用镍基-铁镍基耐蚀合金，海洋工程高性能无磁钻具用高氮奥氏体不锈钢，海洋工程用高强度耐海水紧固件材料，海洋工程用特种双相不锈钢及耐蚀合金材料，海洋工程用特种高强度不锈钢材料。

（5）军用特殊钢。航空特殊钢，航天特殊钢，兵器用钢，核工用钢及舰船用特殊钢铁材料。

三、生态钢铁产品

（一）生态产品的概念与特点

1. 生态产品的概念

生态产品指满足以下要求的产品，在生产和全生命周期的时间尺度上减少社会的资源、能源与环境的负荷；并且提高了社会能源的生产和使用效率。

2. 生态产品的性能特点

（1）生产工艺技术高效。精确控制，实行清洁生产模式。

（2）高使用性能。最终制品达到高效、节能、减排、减量。

（3）长寿命。

（4）符合循环经济模式的可回收与再利用。

（5）体现使用性能与生产成本的综合优化。

生态产品是大时间尺度优化用能的重要因素。

3. 生态产品的目标

（1）抑制全球变暖（节能+CO_2减排）。

（2）应对环境危机（成分环保）。

（3）构建循环经济为基础的社会（长寿及可循环）。

（二）发展中的生态钢铁产品

1. 抑制全球变暖（节能+CO_2减排）的钢铁产品

如提高施工效率、节能的外缘尺寸固定的H型钢，抗延迟断裂螺栓连接系统，钢制房屋、大线能量焊接钢等建筑用钢；减重与安全的高强度板材、管材、棒材、丝材，高效电机用的高效无取向电工钢板，可简化制造与成型的高成型性防锈钢板、液压成型用钢管等交通用钢；提高电机效率的高效无取向电工钢板，非晶-永磁电机，可简化制造与成型的预涂层钢板，带润滑膜的钢板，薄规格高加工性不锈钢板，抗静电预涂层钢板，高散热效率的高吸热性能钢板等家电用钢；高发电效率的高温蒸汽管、耐热锅炉管，高能源转换效率的高性能取向电工钢等能源用钢；罐体减重材料的超薄镀锡或多层钢板等容器用钢。

2. 应对环境危机（成分环保）的钢铁产品

如减少占地、降噪、减震的NS生态钢桩、钢制现场浇铸隔板、钢制防渗墙、钢制透水桩、海堤绿化用钢板桩；无环境负荷的材料之无铅易切曲轴钢、燃料箱用无铅镀锌板汽车用无铬酸盐镀锌板；改善废气净化作用之排气污染元件用耐热不锈钢；降噪与减震之多层阻尼钢板；延长寿命减少废弃物之GA-TRIP钢板、高耐蚀镀锌板、混合燃料汽车电池用高Ni钢板、第三代高强高韧汽车钢，抗震桥梁、悬索、350km/h高速钢轨、车轴、转向架、车轮用钢（轮毂），高氮不锈钢等；无环境负荷材料的无铅镀锌板、家电用无铬酸盐电镀锌板、家电用无铬酸盐预涂层镀锌板等家电用钢；降噪与减震的取向电工钢、不锈钢阻尼板；增加LNG使用量的排气管用高耐蚀厚钢板、低温用钢等能源用钢及核能源用钢；无环境负荷的材料多层钢板、大线能量焊接船板钢等容器用钢。

3. 构建循环经济为基础的社会（长寿及可循环）的钢铁产品

如安全、可靠、长寿的低成本、高强结构用钢，高张力钢丝，超大型H型钢，高耐蚀镀锌板；资源节约型的铁素体不锈钢；垃圾发电用材料高耐蚀蒸汽管等能源用钢；延长寿命减少废弃物的化工与食品储存罐用厚规格不锈钢板；提高回收率的材料镀锡或多层钢板等容器用钢。

四、我国“十三五”钢铁产品重点发展方向预测

2014 年 11 月 18 日，在中国钢铁工业协会、中国金属学会主办的 2014 年钢铁行业技术创新大会暨科技负责人会议上，中国工程院院士干勇介绍了我国“十三五”钢铁产品技术预测。

（一）高品质特殊钢

高品质特殊钢是支撑国家战略性新兴产业发展和国家重大工程建设的关键钢铁材料。国际上高品质特殊钢现在正向高洁净、均质化、高精度、易成型方向发展，而由于我国特殊钢材品种结构不合理、质量稳定性不高的问题，高端轴承钢、模具钢等长期依靠进口。

市场急需的特殊钢关键品种的开发，需要着力解决特殊钢精炼、组织精细化控制、精确成型与加工等关键技术，实现自给率 80%以上，使用寿命比现在提高 50%~60%的目标。

国家开展了高品质特殊钢专项工程，重点研究超级镍基合金、锅炉管材、高中压转子锻件，蒸汽发生器传热管、主泵主机材料、安全壳（如低合金调制钢板）等核电、超超临界电站用钢，强度厚板、低温钢、自升式钻井平台用钢（桩腿齿条板、桩腿弦管等）。解决高纯净冶炼、夹杂物改性等海工用耐蚀钢，高温合金、气门弹簧钢、高标准齿轮钢、轴承钢、超高等级工程机械用结构钢、特种坯料等特种钢。

（二）新一代高强韧钢

高强韧钢是实现汽车轻量化、铁路高速化和重载化所需的关键材料。国际上正通过汽车钢高强韧性化，实现到 2025 年汽车燃油经济性提高一倍。我国批量生产的汽车钢，强度达到 1000MPa，伸长率 18%，实验室研发的材料也有较大差距。

通过材料成分设计、冶炼、连铸、轧制、热处理及后续成型等工艺技术创新，采用细晶、析出、相变等过程的精细调控，研发高性能钢材品种，汽车用高强韧钢强塑积达到 30~40GPa·%，配合应用技术车身减重 20%以上；高速重载铁路用钢寿命提高 50%以上。

（三）新一代功能复合化建筑用钢

高效、安全、环境相容性良好的建筑用钢是国家重点工程建设需要的重要材料。国际上正向着大规格、高强度、低屈强比、耐火、抗震、耐候、耐腐蚀、易焊接等功能复合化的方向发展。我国建筑用钢生产和应用技术落后，最高级别钢种仅为 Q460，其他性能尚未综合考虑。

通过成分优化设计和组织调控研发屈服强度 500~1000MPa、屈强比低于 0.85、600 ℃屈服强度高于室温强度指标的 2/3，弹性模量高于室温指标 75%以上、可以实现大线能量焊接、使用寿命大幅提高的新一代功能复合化建筑用钢。

（四）超大输量油气输送用管线钢

我国西北和东北部的自产和进口天然气资源总量 $200km^3/a$ 以上，急需输送至内地。受地理条件和建设成本制约，亟须发展 $45km^3/a$ 以上超大输量的管道技术。采用超高钢级和超大口径管道提高输量是国际上超大输量管道发展的主要方向，需要开发 X90/X100 和特厚规格 X80 管线钢。

目前，国内外尚未完全解决 X90/X100 和特厚规格 X80 的断裂韧性评价与控制难题。力争 2020 年实现 X90/X100 和 33mm 以上厚度规格 X80 管线钢的生产和应用，保障新疆、中亚和俄罗斯天然气顺利输送。

（五）高品质宽厚板和大型铸锻件

高品质宽厚板和大型铸锻件是石化装备、大型舰船和高端模具等必需的材料。国际上向着高强、高韧、高均匀性、耐高温、耐疲劳、耐腐蚀、耐辐照和易焊接等方向发展。目前，我国特殊要求下使用的高端厚板仍需大量进口，大型铸锻件的质量、稳定性、合格率和材料利用率、组织成分均匀性等与发达国家差距巨大。

通过凝固、变形、热处理等工艺技术创新，实现高品质、高性能宽厚板和大型铸锻件的清洁化制造，在现有基础上缩短热加工周期 20%，降低制造成本 10%，提升成材率 7%。

五、河北省钢铁产业钢铁产品结构优化重点（科技创新方向）

加快高端、优质、高附加值产品研发。根据河北省现状和全国用钢需求情况，结合下游装备制造业等用钢产业发展需求，重点推进实施前沿性、特色化、经济型、差异化产品开发战略，在高强、耐腐、耐候等钢种和战略性新兴钢铁材料的研发和工业化生产方面取得重大进展。近期重点开发汽车面板、轴承钢、弹簧钢等汽车用钢，重轨、弹簧钢等铁路和高速铁路用钢，造船及海洋工程用钢，高强度建筑及结构用钢，模具钢、高速工具钢等特种钢，高磁感取向硅钢等电工钢，高级管线用钢等钢种和钒产品，支持开发不锈钢工业线材、大口径铸管、复合钢管和特殊型钢等品种。高级别汽车面板实现工业化生产，具备超高强钢生产能力。在第三代汽车用钢、高级别电工钢和海洋工程用钢等研究与应用方面取得重大突破。

重视传统产品的升级换代。提高普通用途钢材的性能和质量，为延长下游产品寿命、用钢减量化创造条件，带动下游产业链效率提升。积极引导高强度、高抗震性能建筑用钢推广应用，全面淘汰 2 级以下螺纹钢，推广应用高强钢筋。推进涂镀产品在家电、汽车和建筑等行业的应用。

第二节 提高工艺装备水平

工艺装备是技术的载体，工艺装备水平体现着河北省钢铁产业的技术水平。提高工艺装备水平，是河北省科技创新的主要方向之一。

河北省钢铁产业的快速发展更多得益于引进消化国外先进技术所产生的后发优势，虽然规模化生产水平提升很快，但关键生产技术与装备的自主创新业绩很少；虽已具备满足短缺市场的巨大能力，但也形成了明显的工艺与装备技术的同质化现象，对于满足个性化需求和目前过度饱和的市场，已经显现出极大的不适应和竞争力的显著下降。生产运行的精细化控制水平仍有待提升，节能环保和与上下游工序协同优化的技术理念的建立、低成本高效化洁净钢水综合生产技术及相关界面技术的创新研发也亟待加强。

一、现代钢铁生产对工艺装备的新要求

现代钢铁生产，从产品品种质量、节能、环保等各方面，都对传统的钢铁生产工艺提出了新的要求。

（一）铁前生产工艺装备

河北省生铁产量连续多年居全国首位，约占全国总产量的四分之一。随着生产规模的扩大，焦化、烧结、球团、高炉等生产工序在装备大型化、生产高效化和环境清洁化等方面取得了显著进展。但与钢铁工业发达国家及国内先进省份相比，在集约高效、长寿低耗、节能减排、循环经济、低碳冶炼等方面还存在显著的差距。

河北省钢铁产业铁前生产工艺装备总体发展水平仍较低，低水平重复建设造成高炉数量众多、高炉平均容积小、单座高炉产量低等问题，运行效率与国际先进水平相比差距很大。高炉炼铁燃料比偏高，与国外先进水平相差30~50kg/t，焦化、烧结、球团等工序能耗也高于国外先进水平20~30kgce/t。技术装备水平低、生产效率低、能源消耗高、环境污染严重的焦化、烧结、球团、高炉等生产装备仍然存在，原燃料质量降低、精料水平不高是必需直面的问题。由于资源禀赋条件和急剧扩张的产能规模，使河北省铁矿石进口量快速增长，优质主焦煤也大量依靠省外调入和进口。为了降低生产成本，一些钢铁企业追求低成本采购原燃料，忽视精料方针，对炼铁工序带来了负面影响。

随着《河北省钢铁产业结构调整方案》的实施及工业和信息化部《钢铁行业规范条件》公告、环境保护部违规建成项目环保备案工作的开展，高效率、低成本洁净钢的生产将成为未来我国钢铁产业工业发展的主题，以焦化、烧结、球团、高炉为主导的长流程炼铁工艺仍将发挥重要的作用。

铁前生产系统需要一些重大关键共性技术和工艺装备的开发应用。河北省地方标

准《钢铁工业大气污染物排放标准》（DB/13 2169—2015）的实施，对颗粒物、CO_2、SO_x、NO_x、二噁英的排放提出了更严格的要求，新修订的《环境保护法》对于环境污染行为采取了更加严厉的惩治措施，使得钢铁产业特别是铁前生产面临着更为严峻的挑战。由于河北省钢铁产业基本为长流程工艺，急需低消耗、低排放的可循环铁前生产工艺装备。

具体来说，铁前工序应着重解决以下工艺技术和装备。

1. 优质焦炭生产工艺技术

河北省钢铁产业180Mt/a的生铁产量，对焦炭的需求接近70Mt/a，还有装备制造等其他行业的需求。充分利用已有焦炉装备，通过主工艺和配套工艺装备改进和创新，提高焦炭强度，降低炼焦成本，实现焦化工序节能减排，是焦化工序面临的重要任务。

2. 节能环保烧结生产工艺装备

大型化的现代烧结装备生产要求稳定、高效、节能及环保。节能环保烧结综合技术的开发应用可大大提高烧结机的使用寿命，提高烧结矿成品质量，降低烧结机矿的生产成本，产生可观的经济效益。节能环保烧结综合技术的推广应用降低烧结过程的固体燃料消耗、电力消耗等能源消耗，减少烧结过程产生的有害气体，具有良好的环境效益。

节能减排是烧结工艺装备发展的基础和前提，不能实现节能环保的烧结工艺和装备失去了根本发展优势。

3. 高品质球团生产工艺装备

低碱度和自熔性烧结矿由于其强度和冶金性能不良，不适合作为高炉炼铁的主要炉料；高碱度烧结矿由于其具有优良的冶金性能，多年来已成为我国高炉炼铁的主要炉料，但需要球团矿的搭配。河北省钢铁产业球团矿在高炉炼铁原料中的配比低于20%，距25%~30%的合理配比还有较大的发展空间；而调查的80家钢铁企业现有生产装备中，落后的竖炉占球团生产装备数量的91.41%，产能占80.15%，工艺装备改进具有强烈的迫切性。

4. 环保高效长寿高炉炼铁工艺技术

河北省钢铁产业高炉炼铁工序能耗与国际先进水平差距较大，省内钢铁企业之间也有很大的差距。节能减排、发展循环经济是作为钢铁生产耗能工序的高炉炼铁工序的发展方向，安全长寿高炉综合技术的推广应用可普遍延长高炉寿命，预防高炉炉缸烧穿事故的发生，避免风口严重破损，减少休风，降低高炉事故发生率，提高劳动生产率，避免人员伤亡，在延长高炉寿命的同时减少资源能源的消耗和污染物的排放。

5. 绿色炼铁工艺

绿色炼铁工艺在未来的需求主要集中于直接还原工艺，河北省还没有规模化生产的实例；另外就是对铁前废弃物的处理，包括烧结大气污染物脱除产生的固体废弃物的处理。

（二）炼钢和连铸工艺装备

对于高炉—转炉传统长流程和废钢—电炉短流程来说，在相关的铁水预处理—转炉（或电炉）炼钢—钢水精炼—连铸生产区段内，河北省钢铁产业在生产装备的大型化、工序之间生产节奏的协同化、控制水平的信息化、自动化和智能化等方面都有长足进步，缩短了与钢铁生产技术发达国家和国内领先水平的差距，一些典型钢铁企业和生产线（如首钢京唐），通过相关技术集成创新开发，已经达到或接近国际领先水平。但从河北省钢铁产业整体来看，从钢铁产业可持续发展、适应个性化的市场需求变化、与上下游产业有序衔接、资源循环利用、环境保护等方面来看，与钢铁产业发达国家之间，与国内先进省份之间，仍存在显著的差距。

我国钢铁产能过剩已很明显，炼钢和连铸领域生产技术与装备的同质化现象严重，上游原燃料对外依存度的不稳定以及下游用户需要持续降低制造成本，对钢铁产业发展产生了持续的挤压。在未来5~10年，这些矛盾需要钢铁产业工业在转型升级中不断化解，会使钢铁企业生存与发展面临巨大挑战。对于河北省钢铁产业中居于主导地位的高炉—转炉传统长流程，在铁水预处理、复吹转炉炼钢、钢水精炼、连铸等工序，将向个性化需求方向发展，各企业必须结合自身环境和对应的市场，在低成本、高效化洁净钢生产方面走出特色之路；对于废钢—电炉短流程技术的发展，在一定时期内，仍将面临与高炉—转炉长流程竞争市场的巨大压力。

制造业的增长为钢铁产业提供了发展空间，对钢材产品成本和产品品质提出了更高的要求，成为支撑钢材市场的直接动力。铁水预处理、炼钢、钢水精炼、连铸“四位一体”的工艺技术是钢铁生产全流程中非常重要的生产区段，是钢材生产能否具备高效化与持续稳定高品质化的技术分水岭和重要的条件支撑，具有共性平台技术特征，也是衡量钢铁生产技术水平的主要标志之一。

钢材洁净度与窄成分的稳定控制、连铸坯组织的均匀性和内部、外部质量的控制水平等因素是影响钢材质量和竞争力的基础。这些控制要素的实现都需要在铁水预处理、炼钢、钢水精炼、连铸生产区段内完成，在钢材生产流程中起到承上启下的作用。在这个生产区段内，也存在清洁生产的要求，与流程上、下游工序的动态有序衔接和界面技术的优化设计，将直接影响到钢铁生产全流程技术集成优化的整体效果，其间相关工序的间歇生产或准连续生产模式的精准对接，涉及以铁元素为代表的物质流、以碳元素为代表能量流的动态有序运行，涉及多目标优化信息流集成管控模式的建立，并衍生出一系列关键专有技术，亟待深入研究开发。

对于铁水预处理、炼钢、钢水精炼、连铸生产区段内各工序的功能定位和效益潜力的深度挖掘，是涉及钢铁生产全流程优化的永恒技术主题，直接影响钢铁产业整体技术水平。

（三）轧钢工艺装备

当前，河北省和全国一样，高档次钢材产量、使用量的比例小，单位国民生产总值的钢材消费强度大，钢材利用率不高。河北省在高档次钢铁产品及生产工艺的研发上存在较大差距，且下游行业使用钢材的设计规范仍停留在原来较低的水平，限制了高档次钢材的使用和生产，如高强螺纹钢就是明显的例子；另外，快速发展的一些下游行业，产品设计主要依据国外钢材标准，不得不进口钢材。

高尺寸精度和高性能钢材产品的稳定性、一致性、再现性差，超超临界发电机组、高压大口径管线、深海工程、高级汽车面板、超高强韧结构钢、高压锅炉管等关键产品的质量仍不稳定，都需要轧钢工艺的改进和创新。

检测技术、大型和高端装备的设计制造水平与国外知名企业仍然差距显著，也需要新的工艺装备和技术。

二、钢铁生产的关键工艺装备发展

在新一代可循环钢铁生产流程工艺技术已经投入示范应用的情况下，在其基础上进一步研发新的钢铁生产流程，注重绿色发展和智能制造，是钢铁产业工艺装备的发展方向。

（一）铁前生产工艺装备

铁前生产工艺装备发展，首先在于拓宽炼铁的原料范围，开发原料新工艺、新技术，既要对高炉炼铁工艺进一步的完善提高，也要开发新型绿色炼铁工艺，保持炼铁工艺技术的可持续发展。在提高炼铁效率的同时，要对各种废弃物进行综合利用，做到循环处理，保持整个炼铁工艺的生态平衡。

焦化工序工艺装备关键技术主要集中于炼焦工艺多样化、焦炉大型化、自动化、节能环保、拓展炼焦煤资源，降低炼焦成本、煤气综合利用等方面。

节能环保烧结生产工艺技术主要包括低温烧结工艺、厚料层烧结工艺、余热回收发电装备、“四脱”（脱硫、脱硝、脱二噁英、脱尘）工艺装备和低漏风率技术、提高烧结矿冶金性能技术等。

高品质球团生产技术主要包括新型黏结剂的开发、镁基球团性能优化、熔剂性球团关键技术控制、赤铁矿球团合理工艺参数的确定、内配燃料球团性能研究、劣质资源生产球团技术等，球团生产工艺装备由竖炉向带式焙烧机和链箅机-回转窑发展，特别是大型带式焙烧机。

环保高效长寿高炉炼铁工艺技术装备主要包括高炉高风温新型顶燃式热风、高炉混合喷吹燃料工艺技术、新型高效氧煤/燃料燃烧器、提高煤气利用率综合技术、氧气高炉工艺技术及 CCS 技术的开发、智能高炉技术、提高高炉寿命等。

面临高能耗和高污染的严峻挑战，急需对铁前工艺进行改革和创新。

（二）炼钢和连铸

对于传统高炉—转炉长流程，在铁水预处理、炼钢、钢水精炼、连铸“四位一体”的生产区段内，钢铁企业在未来 5~10 年中的重大技术提升，既体现在相关工艺与装备本身的技术提升，又体现在炼铁与炼钢或炼钢与连铸界面技术的定型发展，形成连接高炉低成本稳定运行、铁水预处理多功能复合、转炉低成本高效化冶炼、钢水精炼的精准控制与恒拉速连铸紧密关联的系列相关技术成果，涉及上下游相关技术控制窗口参数群的目标锁定、上下游关键工艺参数的数据采集、数据传递的信息化网络建立、工艺指导型动态-有序控制模型的建立等内容。

对于废钢—电炉短流程，由于河北省乃至全国废钢资源短缺和电价偏高的特殊环境状况，未来5~10年难以发生根本转变，对于满足未来电炉短流程低成本运行的炉料结构的开发仍将是非常重要和紧迫的任务。

炼钢和连铸生产关键工艺装备未来发展的主要方向如下。

1. 新型多功能铁水预处理工艺与装备

铁水预处理工序有向多功能复合化的趋势发展，铁水脱硅、脱钛、脱磷、脱锰、提钒、脱硫等功能有望集成在一个工序内，以适应不同铁水条件和后续钢材或新型铸铁等特定品种开发的需要。在装备配置上，以借鉴已成熟的顶底复吹技术、大炉容比配置、KR搅拌头技术、气力输送与喷吹技术、电弧炉偏心炉底技术、双工位设计等技术为基础，优化组合出不同的铁水预处理方案，在与转炉炼钢和恒拉速连铸生产节奏相匹配的前提下，优化配置出铁水预处理工序不同的处理方案，并把相关预处理功能合理分解在双工位上，确定出该生产区段内不同工序之间的生产组合模式，满足钢材品种开发的质量要求。

2. 高效低成本转炉洁净钢生产工艺

高效低成本转炉洁净钢生产工艺主要应包括以下共性技术：一是高效-长寿顶底复吹转炉冶炼技术（包括底吹气量和种类调节范围宽泛的中、高磷铁水冶炼技术，提高承受原料条件变化的能力，锰（或铬）矿熔融还原技术、高拉碳出钢技术等）；二是全流程洁净钢冶炼控制技术（包括出钢后钢包顶渣改质、炉后渣洗、精炼处理工艺、钢包底吹、钙处理、中间包结构优化与气幕挡墙应用、保护浇铸、合适而稳定的拉速、保护渣匹配等全流程的控制措施）；三是简捷优化的流程网络技术；五是动态有序的物流技术。

3. 复吹转炉冶炼中、高磷铁水的综合技术集成

转炉使用高磷生铁炼钢的综合技术集成是需要密切关注和亟待开发的关键工艺技术。

4. 二氧化碳用于复吹转炉冶炼

发展低碳技术是未来各行业的必然趋势，二氧化碳作为功能性气体，为复吹转炉冶炼所使用，既可起到改善冶金效果的作用，也可消化一定程度的二氧化碳。

5. 超大断面特殊钢连铸坯料的质量控制

超大断面特殊钢连铸坯料是指断面尺寸大于500mm以上的大圆（方）坯连铸坯料，用于制造能源、交通等重要大型结构件，这些特殊钢产品的连铸坯质量决定了最终产品的质量和稳定性。

连铸坯质量主要包括连铸坯洁净度水平、连铸坯表面质量和连铸坯内部质量，设

计超大断面特殊钢的洁净度控制以及连铸坯的质量的控制技术，针对不同的特殊钢产品和用途，开发超大断面特殊钢连铸坯质量的系列控制技术，实现连铸坯凝固组织的精确控制，提高连铸坯质量，从而拓宽超大断面连铸坯应用范围，在中高端领域实现连铸坯替代部分模铸坯。

6. 中间包感应加热恒温

中间包感应加热恒温是利用涡流产生的焦耳热对中间包内的钢液进行温度补偿，将中间包钢液温度保持在恒定范围内。

7. 连铸坯感应加热

连铸坯感应加热技术是利用涡流产生的热量对轧制前的连铸坯进行温度补偿和均匀化处理，使连铸坯的温度完全满足轧制要求并直接进入轧机进行轧制，实现连铸直轧工艺。

感应加热具有加热效率高、升温速度快、控制精确、操作灵活、占地面积小、对环境污染少等优点，完全可以代替高能耗、低效率、高污染的加热炉和均热炉。

8. 工具钢、模具钢连铸工艺

工具钢、模具钢由于其成分特点，存在硬性高、延展性差、组织偏析严重等特征，难以采用连铸生产，传统的“熔炼—模铸—电渣重熔—锻造”工艺流程，耗时长、一次成材率低、成本高。由于立式连铸工艺具有钢水保护良好、夹杂物易于上浮、快冷、成材率高等优点，结合国内已经在建的立式圆坯连铸机，开发工模具钢的连铸工艺，形成“炼钢—连铸—锻造”新的工艺流程，克服传统流程缺点，利用连铸流程实施钢水保护提高钢水纯净度，快速凝固改善凝固组织，缩短流程降低成本、提高产量，从而提高市场竞争力。

9. 外加电场应用工艺

（1）外加电场钢液净化精炼工艺。

外加电场无污染脱氧方法，目的是寻找一种以氧离子迁移为主体的液态炉渣作为金属溶解氧向外传输的通道，在金属液与覆盖于其上的熔渣之间施加直流脉冲电场，控制和加速氧离子在熔渣体系中的传导方向和速度，从而实现金属液的无污染脱氧。可改革现有传统脱氧工艺，在提高钢质洁净度的同时还节省大量的合金材料。

（2）螺旋电磁搅拌工艺。

模铸和连铸的螺旋电磁搅拌，可使钢锭、连铸坯的等轴晶率明显提高，元素偏析被抑制，同时还可以促进夹杂物上浮，减少钢锭、连铸坯的内部缺陷。

螺旋电磁搅拌应用的限制性环节是设备的制作和维护费用较高，一旦解决了搅拌器结构设计的难题，螺旋电磁搅拌必将成为下一代电磁搅拌的主角，在连铸和模铸凝固过程中发挥不可替代的作用。

（三）轧钢工艺装备

轧钢工艺技术向资源节约和环境友好方向发展，轧钢生产的工艺技术必须与用钢产业对钢铁产品的需要实现无缝衔接。

资源节约、环境友好的轧钢工艺技术装备有节能快速高效轧后后续处理技术与装备、新一代薄与超薄带钢生产工艺技术、大规格产品铸轧一体化工艺技术和装备、新一代可控冷却路径的控轧控冷技术、裂纹敏感钢连铸坯热送热装技术等。

1. 节能快速高效轧后后续处理技术与装备

节能快速高效轧后后续处理技术与装备用于中厚板和热轧、冷轧及涂层带钢，包括轧后热处理、表面涂镀两方面内容，其特征是连续化（轧后直接与热处理、涂镀机组无缝衔接）、高速化、高效化和大幅度节能环保。包括：

（1）带钢轧后高效在线与离线热处理技术与装备。它是对控轧控冷产品的后续处理，成为生产第二代和第三代高强韧钢的依托技术与装备，实现轧制与轧后热处理的无缝连接，目的是提升产品强韧性。

（2）先进中厚板离线热处理技术。它满足超高强韧性中厚板，如1300MPa或更高级别工程机械用钢、耐磨钢板等产品对升级换代的需要。

（3）热轧带钢免酸洗技术。它包括氧化皮性状控制技术、H_2还原等无酸酸洗技术，目的在于消除酸洗工序，减少酸雾和废酸污染。

（4）热轧带钢连续退火与热镀一体化技术与装备。

（5）冷轧带钢高效连续退火与电镀一体化技术与装备。

2. 新一代薄与超薄带钢生产工艺技术

新一代薄与超薄带钢生产工艺技术用于热轧与冷轧带钢生产。其目标有两个：一是为适应产品高强韧化的升级换代对轧钢技术的新要求；二是清洁轧钢。包括：

（1）无头和半无头热轧带钢生产技术。

（2）以热带冷热轧薄与超薄带钢生产技术。

（3）板带生产全流程板形综合控制技术。

（4）高强度热轧板带残余应力综合控制技术。

（5）薄带连铸—热轧—连续退火—涂镀一体化技术。

（6）新板形、板厚和跑偏控制系统。

3. 大规格产品铸轧一体化工艺技术装备

大规格产品铸轧一体化工艺技术装备用于较小压缩比条件下大规格产品（特厚板、大圆棒）全断面的组织与性能保证，克服通常因小压缩比导致的大规格产品芯部疏松、严重偏析、厚向性能不合和其他类型的组织性能不均。拟从连铸与热轧技术两方面进行探索消除上述缺陷或对之改性。包括：

（1）特厚铸坯表面变温技术及装置。

（2）扇形段大压下技术及装置。

（3）凝固末端非对称大压下技术。

（4）特厚铸坯非对称轧制技术与装置。

（5）特厚铸坯变温轧制技术。

4. 裂纹敏感钢连铸坯热送热装工艺技术

裂纹敏感钢种，如碳含量在0.33%~0.67%的中高碳钢、一些合金钢、电工钢和一些微合金化的低碳钢的连铸坯易出现热送裂纹，降低了成材率。为避免热送裂纹，往往采取降低热装温度甚至冷装的方法，使热送热装节能的效果得不到充分发挥，还会影响到生产的顺行。随着钢铁产品的更新换代，高强韧性钢材产量日增，如何在抑制热送裂纹和节能减排之间获得最优的效果是必须解决的问题。

在保证使用性能的前提下，以节能为目标对以下六方面进行优化研究：

(1) 合金成分优化；

(2) 连铸开浇温度和二冷制度的优化；

(3) 铸坯矫直工艺优化；

(4) 矫直后铸坯冷却路径及热装制度优化；

(5) 铸坯加热与均热制度的优化；

(6) 铸坯热轧温度与变形制度的优化。

5. 大中型及非对称型钢高精度轧制与精确控轧控冷技术

大中型及非对称型钢高精度轧制与精确控轧控冷技术涉及两方面：一是大中型型钢（含H型钢、高速重轨和球扁钢等）对称与非对称型钢的高精度轧制；二是针对型钢横截面不同部位性能的差异化要求进行精确温度及温度过程的控制。由于型钢特殊的横截面形状，残留冷却介质对所在轧辊和产品部位的附加干扰往往使其产品形状与组织性能偏离预期目标或造成过大的残余应力。目的是提高矫直交货状态下的尺寸形状精度以及提高型钢的使用性能。

(1) 长型材的控轧控冷及在线热处理高精度模拟预测和控制优化技术；

(2) 大中型热轧型钢轧辊精确控冷技术；

(3) 大中型热轧型钢轧后与在线、离线热处理后的精确控冷技术；

(4) 相关装置及检测-控制系统。

6. 智慧轧钢

轧钢是钢铁生产的一个重要环节，上承炼铁、炼钢和连铸工序，下连诸多钢材应用领域，智慧轧钢的重要性非常突出。

三、国内“十二五”“十三五”钢铁生产工艺流程的发展

（一）“十二五”钢铁工艺流程发展

“十二五”钢铁工艺流程发展的关键技术是钢铁生产关键界面物质流、能量流协同优化技术，铁钢界面、铸轧界面基于物质流、能量流、信息流协同优化的信息网络模型建模技术。

1. 炼铁—炼钢界面物质流、能量流协同优化技术

以炼铁—炼钢界面“一罐到底”模式为依托，应用研究结果，以优化的运行机制、合理的结构提升炼铁—炼钢界面动态运行，实现物质流、能量流、信息流的协同

优化，构建一罐到底技术包。

主要内容有：

（1）从物质流、能量流协同运行的角度，构建与物质流耦合的能量流分配模型并进行分析。

（2）物质动态运行过程中铁水温度变化规律的研究。

（3）分析在一体化排程条件下，炼铁—炼钢界面合理运行模式及相关要素。

（4）研究在炼铁、炼钢、热轧排程综合成本效率最优化条件下，炼铁输出到脱磷炉铁钢界面最佳运行模式。

2. 铁钢界面、铸轧界面基于物质流、能量流、信息流协同优化

主要内容有：

（1）高氢高速喷气冷却技术。

（2）新型水淬技术。

（3）微合金钢铸坯质量的控制。

3. 物质流、能量流、信息流协同优化的信息网络模型建模技术

主要内容有：

（1）综合考虑钢铁企业产品在铁钢界面优化、铸轧界面动态运行、能源转换界面关键技术基础上，研究物质流与能量流协同的信息化关键技术，对信息化软件进行实验和示范应用。

生产、能源利用、环境保护等多环节，建立钢铁流程能量流网络信息模型。

（2）钢铁企业能量流仿真技术研究及仿真平台搭建。

（3）在首钢京唐现有 EMS 基础上，融合生产过程信息，开发物质流、能量流协同的能源管控软件，并进行示范应用。

（二）“十三五”钢铁流程发展技术

“十三五”钢铁生产工艺流程发展技术是钢铁生产全流程无线泛在感知网络技术。主要包括：工业互联网的应用将进一步降低流程制造业的生产成本，提高劳动生产率；基于泛在无线网络信息的绿色化、智能化钢铁生产全流程管理信息系统；钢铁生产系统的数字化和信息化；钢铁工业环境下无线泛在网海量信息智能处理式数据采集。

四、河北省钢铁产业工艺装备科技创新的主要内容

河北省钢铁产业科技创新在工艺装备方面的主要内容，是开展钢铁产业新技术、新工艺的应用性和基础性研究。以影响和制约产品开发、质量控制和生产成本的行业共性关键技术和基础性技术为主，与企业生产现场有机结合，力争在非高炉炼铁、高效低成本纯净钢冶炼、低碳冶炼、冶金渣综合利用等关键工艺技术上取得突破，形成具有自主知识产权的核心技术，在部分领域奠定技术领先优势。全面推广新一代可循

环钢铁流程工艺等先进工艺技术。

开展钢铁产业前沿装备技术研究。重点研发和推广纯净钢适用和低成本生产工艺、连铸连轧、无头轧制、半无头轧制、热送直轧生产设备、在线热处理工艺装备等；重点提升高端产品企业和特钢企业装备水平。部分先进钢铁企业和特钢企业主要装备达到国际领先或先进水平，其他企业达到国内先进水平。

第三节 绿色发展技术（节能减排技术）

节能减排，绿色发展，建设资源循环型、环境友好型产业是河北省钢铁产业的发展方向，也是河北省钢铁产业实现转型升级的重要途径之一。

经过多年实践，河北省钢铁产业已有大量节能环保设施运行，已经掌握了大量的节能环保技术，具备开展钢铁产业节能环保科技创新的技术基础。

一、河北省钢铁产业发展对绿色发展技术（节能环保技术）的要求

虽然河北省部分钢铁企业工艺装备具有较高的水平，节能环保设施水平较高，运转正常稳定，取得了显著进步，但总体上节能环保技术相对粗放，还有较大的技术提升空间。

河北省生产的钢铁产品强度、韧性等性能要求偏低，过多消耗钢材现象比较普遍，节材、节能潜力巨大；同时河北省存着较多的位于城区或城市附近的钢铁企业，具备为城市提供供热、提供原料等服务的能力。

河北省钢铁产业总体上能源管理薄弱，能源技术人才奇缺；以前基本忽视了产品形成过程中能质转化价值及技术的开发和管理，忽视了能质转化及传递、使用过程的耦合匹配；余热余能回收利用效率较低，能源高效利用、转化的关键装备技术依靠进口或省外引进，大量余热余能特别是中、低品位余热尚未掌握高效回收利用的技术。

环境保护工作实际上仍以末端治理为重点，未按照清洁生产思想实现源头治理，主要关注颗粒物排放、SO_2排放和 NO_x排放，挥发性有机物及二噁英的产生与排放、重金属污染等尚未引起足够的重视。

高能耗、高物耗、高污染的形象，严重影响了河北省钢铁产业的竞争力。钢铁产业实施绿色制造，发展循环经济，推行清洁生产，实现节能减排不仅关系到钢铁产业形象的改变和竞争力的提升，也是保护人类生存环境、建设和谐社会的迫切需要。

二、钢铁产业节能环保工艺技术的发展

近年来，钢铁产业节能环保技术取得了长足进步，主要体现在新一代可循环钢铁生产流程工艺技术的应用、能源管理中心示范项目的建设、系统节能等能量系统优化技术的运用、余热余能回收利用范围的扩大、节水工艺技术水平的提高、大气污染物治理设施的进步、清洁生产方式的确立等方面。

（一）新一代可循环钢铁生产流程工艺技术

我国“十一五”期间完成新一代可循环钢铁流程工艺技术，通过首钢京唐建设达到了示范作用。首钢京唐采用“新一代流程”实现洁净钢高效低成本的生产；采用“一”字形布局，流程短捷顺畅，布置紧凑，吨钢占地面积为 0.9m^2；分散与集中布置相结合，优化工序界面，物质流、能量流耗散最小。主体工艺、装备采用 220 项国内外先进技术，自主创新和集成创新占 2/3 以上，设备国产化率达到 93%。特别是首次在 5500m^3大型高炉使用了自主研发的无料钟炉顶、全干法煤气除尘、顶燃式热风炉技术；高炉—转炉界面采用“一罐到底”技术；采用脱磷转炉与脱碳转炉“2+3”炼钢工艺，实现高效率低成本的洁净钢生产，是国内第一家按“全三脱”冶炼模式设计的炼钢厂。

作为国内第一个按照循环经济模式设计的钢铁联合企业，首钢京唐环保投资达到 74.7 亿元，占总投资的 11.2%；对余热、余压、余气、废水、含铁物质和固体废弃物充分循环利用，实现废水、固体废弃物零排放；实施海水淡化，每年节约淡水 20 hm^3，为社会提供浓盐水 18hm^3；电站采用海水直流冷却，年节约淡水 10.70 hm^3；利用富余煤气、高炉煤气余压、干熄焦余热发电，年自发电量 5.5TW · h，自供电率 95%以上；高炉水渣、转炉钢渣和电厂粉煤灰用于生产水泥和其他建筑材料等。

（二）能源管理中心示范项目的建设

企业能源管理中心是钢铁企业体现两化融合的节能管理手段，借助于完善的数据采集网络获取生产过程的重要参数和相关能源数据，经过处理、分析并结合对生产工艺过程评估，实时提供在线能源系统平衡信息和调整决策方案，确保能源系统平衡调整的科学性、及时性和合理性，从而提高能源利用水平，实现生产工序用能的优化分配及供应，保证生产及动力工艺系统的稳定性和经济性，并最终实现提高整体能源利用效率的目的。

目前钢铁企业能源管理中心有以下三种类型，最完善的、真正能够体现节能效果的是第一种类型，即完全扁平化管理支撑的能源管理中心。

1. 完全扁平化管理支撑的能源管理中心

按照扁平化生产指挥和集中一贯制管理体制融合了企业能源管理与生产运行，形成了能源集中管控、平衡与生产的协调统一，能源利用效率和能耗指标行业领先，二次能源回收与充分利用效果显著，循环经济和节能减排指标逐年改善，效果非常显著。

能源和生产运行效率高，技术手段完备，技术方法、运行管理、人员素质达到了现代化和工业化进程要求。数据采集、处理和分析、控制和调度、平衡预测和能源综合管理等功能充分发挥了一体化集成作用与效果，信息化引领效果显著。

2. 不完全扁平化管理支撑的能源管控信息系统

生产指挥和整体管理模式仍沿用分层管理模式，能源管理与采集实行了集中管理，部分重要能源平衡点具备了集中控制手段和方法，与能源动态平衡形成了有效的生产异动协调控制，在线控制技术和管理保障体系有待于进一步改善和提高。实现了数据采集、处理和分析、控制和调度、平衡预测和能源综合管理等功能集中和管控，信息化手段和技术对管理支撑效果明显，能源利用效率和能源指标行业较领先，二次能源回收与充分利用效率较高，基本实现了零排放。整体管理效益贡献空间仍然较大，持续改善与进步效果显著。

3. 基于数据采集的能源监控信息系统

企业级能源数据采集网络覆盖了企业工序间管理，形成了较完备的数据采集、处理、统计分析管理功能，能源管理基础设施较完备，基本能够满足两化融合初期管理需要，建立了能源管理中心和能源环保综合管理保障体系，管理手段和运行保障体系完善，投资回报效果已初步显现，无能源管理浪费和过剩使用现象，能源利用与能耗指标在行业平均水平以上，改善效果显著。信息化促进工业化和企业管理整体应用效果，处行业优秀行列。

（三）系统节能等能量系统优化技术

钢铁制造流程是一类由功能不同但又相互关联、相互支撑、相互制约的多种工序和多种装置及相关设施构成的、工序串联并集成运行的复杂过程系统，其本质是物质流（含铁物流）在能量流（如电力、煤炭和煤气、蒸汽等）的驱动和作用下，按照一定的顺序，在一个由诸多功能不同的工序组成的流程网络框架内，动态有序地进行，最终生产出合格的产品。流程的能源系统涉及众多能源资源，是一个大规模的循环系统，在构成系统的设备与设备之间、工序与工序之间，进行着复杂的能量消耗、转换、输送和使用。

系统节能是从钢铁产业整个生产系统着手，研究系统中各个设备运行的综合节能效果。对于钢铁生产过程的系统节能，陆钟武教授20世纪80年代就提出了“载能体”的概念和系统节能的思想和理论，并提出了吨钢能耗e-p分析法，有效指导钢铁企业系统节能。蔡九菊教授在此基础上对钢铁企业的物质流、能量流和污染物流进行了深入分析，从而试图减少企业的能量消耗和污染物排放。

从系统节能理论出发，研究钢铁生产流程的节能问题，不能只停留在静态条件下有关物料平衡和能量平衡的研究方法上，还要进一步建立起动态条件下的能源供应—需求、能量输入—输出、能量流和能量流网络的概念。钢铁生产的各个工序/装置中有“过剩的能量输入”必有“剩余的能量输出”，无论是静态还是在动态条件下，能源的供应与需求之间的量化关系始终是“非平衡”的。实际上，片面地用“静态”的和“平衡”的分析方法来处理企业能源系统的规划、设计、运行和控制等并不切合实际，故在钢铁生产流程和装备现代化以及企业能源管理中心等基础设施建设基本完成之后，应该用“动态”的和“非平衡”的思维方法，深入开展煤气、蒸汽、氧气、电力、工业水等能量流及其网络优化方面的研究，使企业能量系统达到整体优化，获得更高的能源利用效率。

系统节能从单项节能、技术节能、工艺节能、管理节能向整体综合节能转变；结合节约能源、节约铁矿石、节约辅助材料、节约水资源，从狭义节能向广义节能、系统节能转变，推进资源能源循环利用。

（四）余热余能回收利用

钢铁生产既是一个钢铁产品生产过程，又是一个能源转换过程。把钢铁生产流程中转换出来、以余热余能形式表现出来的二次能源高效回收利用，是钢铁产业节能的基础技术。以前只是回收各种热工设备的高温烟气余热，后来发展到回收中低温烟气余热、产品和中间产品的热量、固体废弃物的热量，典型的就是烧结矿余热回收、高炉渣余热回收、炼钢汽化冷却蒸汽和轧钢加热炉汽化冷却蒸汽的利用。而炼铁工序生产的铁水直接送入炼钢工序，连铸机拉出的连铸坯直接送往轧钢工序直接轧制或在红热状态下送入轧钢加热炉再加热，则从生产工艺连续性上保证了中间产品热量的有效利用。

高炉炉顶余压发电装置（TRT）目前已基本普及，在其进一步优化之时，一些高炉配备了煤气透平与电机同轴驱动的高炉鼓风能量回收成套机组（BPRT）。其高炉煤气透平回收能量不用来发电，而直接与电动机同轴驱动鼓风机，没有发电机的机械能转变为电能和电能转变为机械能的二次能量转换的损失，回收效率更高。BPRT 机组是第一次将煤气透平和高炉鼓风机两套机组合并作为同一系统来设计的，使 TRT 原有的庞大系统简化合并，取消发电机及输配电系统，合并自控系统、润滑油系统及动力油系统等，并将回收的能量直接作为旋转机械能补充在轴系上，避免能量转换的损失，使驱动鼓风机的电动机降低电流而节能。

（五）节水工艺技术

河北省属于严重缺水地区，而钢铁产业对水的需求量很大，属于高耗水产业，节水是钢铁产业节能减排工作的重要组成部分。

节水的途径主要是水的重复利用，包括循环利用、串联利用；根据生产实际需要，采用分质供水、按质供水方式；提高循环水的浓缩倍数；对废水进行深度处理回用于钢铁生产流程，减少甚至杜绝废水排放，提高水的重复利用率。

非常规水资源利用是合理开发水资源、减少常规水资源消费的重要措施。河北省钢铁集团唐钢公司已有成功实践，河北钢铁集团石钢公司搬迁后也将主要使用污水处理厂提供的城市中水。

（六）环保设施

环保设施进展较大，烧结烟气脱硫装置现已基本配备，脱硝、脱二噁英和治理重金属污染的装置已陆续开始成为钢铁产业配备的环保设施；污水综合处理、深度处理已在河北省一些钢铁企业变为现实；固体废弃物综合利用方式又有拓展，利用率进一步提高。

（七）清洁生产方式

河北省钢铁产业已普遍开展清洁生产审核，部分企业已进入第三轮，积极实施清洁生产方案，投入大量资金用于清洁生产高费项目。清洁生产观念已开始初步建立。

三、钢铁产业节能环保技术的发展方向

（一）钢铁生产流程能量系统优化技术

能量系统优化指以能量系统为对象，以科学用能理论为指导，通过一定的策略和方法来处理能量系统的设计、控制及运行（管理）等问题，使获得的结果最佳或最优。能量系统优化通常包括优化设计、优化控制及优化运行（管理）三个层面。能量系统优化是对一个工艺过程物流和能流匹配系统的研究，其目的是全面平衡物料和能源的数量和质量、热量和热值之间的使用经济关系，选择使用优质能源，最大限度地回收利用余热余压，实现对能源的消费平衡和优化调控。

（二）优化燃烧效率技术

黑体强化辐射传热技术是提高加热炉热效率、获得节能效益的有效途径之一，也是高能耗加热炉群装备实现技术进步的重要手段之一。根据红外物理的黑体理论及燃料炉炉膛传热数学模型，制成集“增大炉膛面积、提高炉膛发射率和增加辐照度”三项功能于一体的工业标准黑体——黑体元件，在加热炉热流的源头，对热射线进行有效调控，提高其加热能力和加热质量，降低能源消耗和被加热物料氧化烧损。将众多的黑体元件安装于炉膛内壁适当部位，与炉膛共同构成红外加热系统；既可增大传热面积，又可提高炉膛的发射率到0. 95 ，同时能对炉膛内的热射线进行有效调控，使之从漫射的无序状态调控到有序，直接射向被加热物料，从而提高炉膛对被加热物料辐射换热效率，取得较好的节能效果。目前已实现黑体原件辐射系数大于0.95、寿命大于3年、节能率大于10%的技术指标。

（三）高效余热余能回收利用技术

继BRPT装置、汽轮机拖动鼓风机技术之后，烧结余热与高炉顶压能量回收联合发电设备（STRT）、烧结余热与电动机联合驱动烧结主抽风机机组（SHRT）已由研发过程走入实际应用。

1. 烧结余热与高炉顶压能量回收联合发电设备（STRT）

传统的烧结余热回收在烧结冷却机上配套建设余热发电设施，能够大幅度降低烧结工序能耗，TRT装置回收高炉煤气能量带动发电机发电。烧结余热与高炉顶压能量回收联合发电设备（STR ）系以上两种能量回收系统合二为一，用烧结汽轮机与煤气透平膨胀机同轴驱动发电机发电。其综合能量回收效率在各自回收的基础上可提高10%左右。两套机组的功能优化，辅机系统合并，控制系统集成，简化设备，结构紧

凑，布置方便，大大降低投资及运行成本，效率更高。针对烧结系统与高炉煤气系统的不同特点，采用三机同轴联合机组的形式，其中攻克的主要有长轴系稳定性研究、多工况联合集中控制技术研究及三机控制软件开发及组态等关键技术。

2. 烧结余热与电动机联合驱动烧结主抽风机机组（SHRT）

SHRT 的特点，在于烧结余热产生的废热通过余热锅炉产生蒸汽，通过汽轮机转换为机械能，直接拖动烧结主抽风机，与电动机同轴驱动烧结主抽风机，使电动机降低电流而节电，取消了由热能转为电能，再由电能转换为机械能产生的能源多次转换损失，提高余热回收的效率。同时，SHRT 机组将原有的庞大系统简化合并，取消原发电机组厂房、发电机及发配电系统，合并自控系统、润滑油系统和动力油系统等。机组采用大型变速离合器，能够使烧结汽轮机与机组实现在线啮合、在线脱开。需要攻克的主要有三机联合机组软件设计及组态、轴系稳定性计算等关键技术。

（四）聚合添加材料制造技术

利用钢铁冶炼废渣和尾矿等无机废渣与煤炭灰分制造可实现固相放热反应的新材料称为聚合添加材料。在钢铁生产过程中产生的各类无机废渣，如铁矿石尾矿、高炉矿渣、炼钢钢渣、脱硫石膏等，含有 CaO、SiO_2、Al_2O_3、Fe_2O_3、$CaSO_4$等成分，而煤炭的灰分主要化学组成也是上述组分。选择合适的无机废渣，并调整其比例形成聚合添加材料。一定比例的聚合添加材料与煤炭混合，在煤炭燃烧时的高温状态下，聚合添加材料中出现性质较为活跃的游离 CaO，通过质点的相互扩散形成硅酸盐矿物，发生固相放热反应，释放出大量的热量，可实现替代煤炭的目的。

四、国家钢铁产业绿色发展重点工程

（一）重点推广技术

1. 节能减排的绿色生产工艺

节能减排的绿色生产工艺主要有高效率低成本洁净钢生产系统技术（含少渣冶炼）、新一代控轧控冷技术和高炉长寿技术。

2. 能源效率提高和余热余能回收技术

能源效率提高和余热余能回收技术主要有高温高压锅炉的干熄焦技术（CDQ）、能源管理中心及优化调控技术、烧结矿余热回收利用技术、富氧燃烧技术和蓄热式燃烧技术。

3. 废弃物处理和再资源化技术

废弃物处理和再资源化技术主要包括城市中水和钢厂废水联合再生回用集成技术、煤气干法除尘、封闭料场技术、钢铁联合企业工业低温余热为周边社区供热、钢渣高效处理及综合利用技术、冶金煤气重整和资源化高效利用技术。

（二）需完善后推广技术

1. 节能减排的绿色生产工艺

节能减排的绿色生产工艺主要有适应劣质矿粉原料的成块技术优化和经济炼焦配煤技术。

2. 能源效率提高和余热余能回收技术

能源效率提高和余热余能回收技术主要包括烟气除尘和余热回收一体化技术（如烧结、转炉、电炉，包括烧结烟气选择性循环利用技术）、钢铁联合企业能量流及能量流网络优化技术、烧结机节能减排及防漏技术。

3. 废弃物处理和再资源化技术

废弃物处理和再资源化技术主要包括焦化酚氰废水治理及资源化技术、含铁及锌尘泥集中处理高效利用技术、（焦化、烧结）脱硫副产物的高效处理利用技术和焦炉烟气脱硫脱硝技术。

（三）前沿探索技术

前沿探索技术主要有换热式两段焦炉等绿色生产工艺装备，钢铁企业物质流和能量流、信息流协同优化技术，竖罐式烧结矿显热回收利用技术，高炉渣和转炉渣余热高效回收和资源化利用技术，高效率、低成本 CO_2 捕集、回收、存储和在钢铁生产中的利用技术，钢铁企业颗粒物的测定技术和排放规律研究。

五、国家钢铁产业绿色发展引领性示范工程

（一）引领性示范工程的五个方向

国家钢铁产业绿色发展引领性示范工程，有五个明确的方向。

1. 生产钢铁绿色产品，高效低耗生产新工艺技术创新工程

以新一代先进钢铁流程为基础，以清洁生产为目标，高效低耗地生产高性能高质量稳定的钢材，并取得重大工艺技术突破。

2. 大力提高能源利用效率，节能环保系统集成优化创新工程

完善节能环保综合技术开发、一体化设计、创新应用，将能源高效合理利用与污染防治技术相融合。

3. 利用清洁能源，研发应用钢铁生产低碳技术创新工程

充分发挥钢铁工业能源转换功能，创新应用煤气重整、太阳能及风能等清洁能源技术，减少钢铁生产全过程的炭石燃料消耗及温室气体。

4. 多产业协作，资源循环，高效利用绿色产业链创新工程

以绿色发展为指导，多产业协同合作，将各类资源合理链接高效利用好，将厂区及周边社区废弃物消纳处理好，实现企业与社会和谐发展。

5. 运用安全的信息化技术，优化监控管理及生产控制系统

优化升级能源管控中心，以信息化手段建设能源环保一体化监控及管理系统。

（二）区域循环经济产业链示范工程

建设以钢铁联合企业为核心的区域循环经济产业链。吸纳消化废塑料、废轮胎等固体废弃物，回收使用汽车、家电、设备等报废物品中的废钢，利用城市污水处理厂的中水，沿海钢铁企业利用海水淡化和海水直接冷却；污水进行综合处理后企业内循环使用，部分粉尘、尘泥返回烧结、球团工序利用或用于生产氧化锌、氯化钾等产品，或用作直接还原铁的原料，而直接还原铁进入炼钢工序作为原料之一；焦炉煤气可以制取甲醇、氢气、LNG 等，高炉煤气、转炉煤气可以与大型火电厂进行共同火力发电，生产电力；烧结脱硫副产物可制成石膏等加强材料、硫酸等化工产品、硫酸铵等化肥、砖等建材；高炉渣、转炉渣可制成水泥、矿渣微粉等产品。

（三）新型高效烧结生产与烟气治理协同控制示范工程

示范工程目标是大幅度降低铁矿烧结烟气排放（SO_2、NO_x 等污染），降低烧结工序能耗和降低烟气治理成本；罐式烧结矿热量回收是借鉴干熄焦技术实现烧结矿热量的高效利用；开发和集成绿色低能耗的烧结工艺、装备新技术。

需要研发的主要技术有：烧结先进的防漏风技术和厚料层烧结优化技术；烧结烟气脱硫、脱 NO_x 等和二噁英综合控制技术；烧结物料分级利用和污染控制技术；烧结烟气选择性高效循环技术；新型烧结矿罐式显热回收和烟气余热发电协同集成技术。

（四）绿色焦化生产技术集成的示范工程

示范工程目标是改变资源和能源转化效率低下、产业链短、附加值低、大量余热余能浪费和污染物大量排放的传统焦化工艺技术，将焦化工序近年发展起来的先进技术集成建设一条示范线，大幅度改善环境，提高生产效率，为我国绿色焦化生产探索一条新技术路线。

需要研发的主要技术是焦化过程分布式余热余能的高效回收和利用；实现三废的源头消减、过程控制和末端资源化回收利用，集成煤调湿和先进的负压化产工艺（负压蒸氨、脱苯、脱硫、洗油等工艺技术）实现源头废水减量；开发废水资源化处理技术；优化配置焦炉煤气净化和资源化利用，开发焦炉煤气元素价值，焦炉煤气合成甲醇、LNG 等高附加值化工产品，拓展产业链、提升价值；实现两化融合智能管控和智能制造。

（五）熔融还原（或直接还原）炼铁—无头轧制联合示范工程

1. 意义

FINEX 熔融还原炼铁技术（或气基竖炉+熔分）可直接使用煤粉、粉矿（或球团）及少量焦炭等原料，不需要建设焦化和烧结厂，改善环境，降低铁前建设成本和运营成本。

工程占地小，可节省投资，缩短工艺周期，稳定生产高质量钢种，能耗低。

2. 进展

重钢和韩国浦项公司合作，准备将浦项开发的FINEX熔融还原炼铁技术和薄板坯全无头轧制技术移植集成在重钢建设示范生产线，充分利用钒态磁铁矿和低品位粉矿等资源。

3. ESP无头轧制技术优势

（1）低能耗，低排放。在连铸连轧过程中，能充分利用液态钢的能量；具体能量消耗平均比传统板带轧机少40%，比ISP线（轧机）少20%；对于薄带钢来说，取消了冷轧和退火周期大量的能量消耗，相对于传统的生产周期，估计节能65%。

（2）生产热轧超薄规格带钢“以热带冷”更经济。因为无头轧制避免了轧机上每条板带必须做的穿带，大批量的薄规格产品（0.8mm及以下）能实现无“废品”生产。

（3）实现带钢几何尺寸和冶金性能的全面控制和稳定。可以避免带钢带头和带尾出现典型的超出公差，特别适合生产多相钢。

（4）创单条连铸线生产能力记录。连铸工艺的极限值，在资本性支出和运营成本减少的同时，缩短了投资回收时间。

（5）热轧卷/钢水成品率的最佳化。由于废品的减少，高达97%的钢水成为高质量的钢带。

（六）气体（煤气）高压输送技术

目前钢铁企业煤气系统的运行压力普遍在5~10kPa，煤气的传输压力损失达到3%~5%。低压输送导致钢铁企业中遍布大口径煤气管道（投资巨大）、高炉TRT装置、BPRT装置（用以降压）以及低压煤气柜等。若采用天然气行业成熟的6.4MPa高压传输技术，则煤气管径将会由4m缩小至0.5m，同时会给煤气柜、传输损失、膨胀机技术带来颠覆性影响。与火电产业、化工产业类似，高压传输将会给钢铁产业的气体传输及气体装备带来革命性的变化，并带来高效率与低成本。

（七）低纯度氧技术的研究（经济导向）

钢铁生产工艺流程对低纯度氧的需求有二：一是大型高炉强化冶炼要求富氧8%~10%，二是燃烧系统提高热效率、减少NO_x排放要求富氧燃烧。

现在的制氧（空气分离）技术是将氧气、氮气及稀有气体进行彻底分离，制成高纯度气体产品；而钢铁生产部分流程要求则是空气中富氧（氧气比例从21%提升至30%左右），因此低纯度氧技术将会颠覆过去的深冷空分技术。这一技术本质上是成本竞争问题——低成本的低纯度氧技术。

（八）煤气制乙醇技术（创新导向）

2012年，一国内公司与新西兰朗泽公司成立合资公司，投资建设对钢铁企业具有前瞻性的生物科技项目——年产 300 t 煤气制乙醇中试项目，用新西兰生物科学家生产的细菌消化煤气中的一氧化碳来制造燃料乙醇，2013 年 3 月已经成功地通过了第一阶段验收，并生产出了纯度为 95%的燃料乙醇。

这一技术是钢铁产业与生物技术、化工产业的融合，将会对钢铁企业的一氧化碳利用、氢气利用、碳税、能源转换等产生重大影响。

六、“十三五”高能效低排放钢铁流程对节能减排的意义

当前，国际先进钢铁工艺流程能效约为 60%，电炉短流程产量比约为 30%。通过钢铁工艺流程优化和物质流、能量流、信息流网络集成，对涉及高炉—转炉长流程和废钢—电炉短流程的关键界面匹配、二次能源高效转化、低品质余热回收利用等环节优化与清洁生产关键技术进行深度开发。流程能效将由目前的 45%左右提高到 60%（约提高 1/3），吨钢污染物排放和温室气体排放减少 5%以上。

“十三五”高能效低排放钢铁流程“十三五”拟开发关键技术有以下六项。

（一）煤气高效转化应用

煤气高效转化应用主要包括从焦炉煤气或转炉煤气中提取氢气，高炉喷吹焦炉煤气炼铁和低品位煤气高效清洁燃烧。

（二）低品质余热利用

低品质余热利用主要包括高温焦炭和烧结矿显热高效回收利用，焦炉荒煤气显热回收与利用，炉渣（炼铁、炼钢）显热回收与利用和低温余热（煤气、水等）资源回收利用。

（三）低成本炼钢技术

低成本炼钢技术主要包括转炉用中、高磷铁水炼钢，直接还原铁配套废钢电弧炉炼钢。

（四）高速连铸与直轧

高速连铸与直轧主要有高速连铸生产无缺陷铸坯，高温铸坯热送、热装，高温铸坯直轧的衔接与匹配技术。

（五）低成本煤制气配套直接还原竖炉技术

低成本煤制气配套直接还原竖炉技术主要包括直接还原竖炉气源问题，低能耗（低成本）获得直接还原铁，电炉短流程含铁原料替代废钢和煤制气与发电有机结合。

（六）直接还原铁和废钢原料配套—电炉短流程技术

直接还原铁和废钢原料配套—电炉短流程技术主要内容有打通技术路线，建立示

范工程；在示范工程上取得低能耗的数据；在示范工程上取得低成本的数据。

七、河北省钢铁产业节能减排科技创新的主要方向

河北省钢铁产业节能减排科技创新的方向：一是流程优化、先进钢铁产品生产的工艺与装备创新；二是能源高效利用、回收再利用技术创新能源高效利用、回收再利用创新，冶金和社会废弃物处理、消纳、再资源化创新。

流程优化、先进钢铁产品生产的工艺与装备创新以焦化、烧结、球团、炼铁、炼钢、轧钢等钢铁长流程工序为核心，适合河北省和我国资源、能源特点，突破资源、能源瓶颈；研发生产全生命周期理念下的绿色产品；运用信息化技术研发推广主工艺专家智能控制系统。

能源高效利用、回收再利用技术创新要向纵深化、系统化发展，综合研究各工序能源结构对整体能耗的影响，以实现钢铁企业乃至整个钢铁产业的能源消耗最低、污染物排放最少为目标。

冶金和社会废弃物处理、消纳、再资源化创新则需要加强钢铁与多产业间协作与衔接，将资源进一步高效利用，突破技术、利益等瓶颈及障碍，构建跨界面产业链。

通过钢铁产业绿色发展（节能减排）创新，实现钢铁产品、钢铁材料全生命周期用能效益最优化，实现钢铁工业与社会能源结构、能流、能源利用效率和效益最优化。

河北省钢铁产业要以环境友好为导向，研究推广资源、能源高效利用技术。进行特殊矿产和钢铁生产副产物资源综合利用研究，余热余能特别是烧结矿余热、汽化冷却蒸汽等低品位余热和炉渣余热的高效回收利用技术和工艺研发；加快研究固体废弃物高附加值利用技术，实现高炉渣、钢渣、含铁尘泥、氧化铁皮、脱硫产物资源化利用，推广低压余热蒸汽发电和钢渣改性气淬处理技术。开展非常规水资源利用技术研发，实现分质供水、按质用水、循环用水、串联用水，研发节水工艺；支持废水特别是焦化废水的深度处理和回用，提高水的重复利用率，减少甚至杜绝废水排放。加强系统节能研究，从单项节能、技术节能、工艺节能、管理节能向整体综合节能转变，结合节约能源、节约铁矿石、节约辅助材料、节约水资源，从狭义节能向广义节能、系统节能转变，推进资源能源循环利用。

进行钢铁产业大气污染防治基础性研究和应用研究。落实《京津冀及周边地区落实大气污染防治行动计划实施细则》对河北省钢铁产业的要求，重点开展钢铁企业细微颗粒物排放特征及控制最佳实用技术研究、烧结烟气多污染物协同脱除技术和装备研发、钢铁产业消纳社会废弃物技术研发，达到河北省地方标准使吨钢颗粒物排放量低于 0.8kg/t、吨钢二氧化硫排放量低于 0.80kg/t。开展钢铁企业温室气体减排技术研究。

钢铁企业要进行钢铁产品生态设计，积极申报国家生态设计示范企业，建立绿色供应链，开展钢铁产品生态足迹、环境足迹核算与评价研究。

第四节　延伸拓展产业链　开发用户技术

在经济活动的过程中，各产业之间存在着广泛的、复杂的和密切的技术经济联系，在产业经济学中称之为产业关联。在经济活动过程中，各产业都需要其他产业为自己提供各种产出，以作为自己的要素供给。同时，又要把自己的产出作为一种市场需求提供给其他产业进行消费。由此而形成了产业间的内在关联关系。

钢铁工业是国民经济发展的基础性产业，具有较高的产业关联度。钢铁工业上游涉及采矿业、能源工业、交通运输业等产业，同时又为许多下游产业提供了基本原材料，包括机械电子工业、汽车制造业、建筑业、五金制品业、交通运输业等。高度的产业关联性，使得钢铁产业可以与其他产业建立起产业链。

钢铁产业延伸产业链的必要性，是由生产商向服务商转变的必然要求，是提高企业竞争力的有效手段，是避免行业内同质化竞争、抵御市场风险的需要，有利于加强与下游行业的长期合作、实现“双赢”，是钢铁产业的重要发展方向，也是钢铁产业科技创新的主要方向之一。

延伸钢铁产业链，钢铁企业不仅供给后向关联企业钢铁产品和钢铁材料，而且从钢铁产品和钢铁材料的供应、材料质量的保证、技术服务、半成品加工、零部件制造、物流配送等方面提供全方位服务，通过开发用户技术，在用户使用钢铁材料过程中最容易产生的问题环节，如焊接、强度计算、成型、模具设计等都能够给予技术支持和咨询服务，与后向关联企业建立起全新的生产与服务关系。

一、钢铁产业链

（一）产业链

产业链的定义目前不完全统一，结合钢铁生产工艺流程，可从两方面进行描述：一是基于核心竞争力角度描述，一是从生产工艺流程角度描述。

1. 基于核心竞争力角度

产业链是以市场前景比较好、科技含量比较高、产品关联度比较强的优势企业和优势产品为链核，通过这些链核以产品技术为联系、以资本为纽带、上下连接、向下延伸、前后联系形成链条，企业的整体优势就转化为一个区域和产业的整体优势，从而形成这个区域和产业的核心竞争力。

2. 从生产工艺流程角度

产业链是指在一种最终产品的生产加工过程中，从最初的自然资源到最终产品到达消费者手中所包含的各个环节所构成的整个生产链条。

从科技创新的角度看，产业链定义可采用从生产工艺流程角度的描述，且以钢铁产品下游行业的产业链延伸为主。

（二）钢铁产品产业链

铁矿采选业、炼焦产业、钢铁产业、金属制品业、普通机械制造业、专用设备制造业、交通运输设备制造业、电气机械及器材制造业、电子及通信设备制造业和建筑业等，构成了钢铁产业链。

其中铁矿采选业、炼焦业是钢铁产业的前向关联产业，即发展钢铁产业的支撑条件。由于钢铁产业的前向一体化的发展，炼焦业及铁矿采选业也成了钢铁产业的一部分，很多钢铁联合企业具有焦化工序和铁矿山（包括采矿和选矿），可以将其并入钢铁产业，不必再进行分析。

金属制品业、普通机械制造业、专用设备制造业、交通运输设备制造业、电气机械及器材制造业、电子及通讯设备制造业和建筑业等产业，构成了钢铁产业的后向关联产业，这也是钢铁产业进行产业链延伸的重点。

钢铁产业为后向关联产业提供原材料，是钢铁产业链的核心。

（三）钢铁产业循环经济产业链

现代钢铁产业不仅具有钢铁产品生产功能，而且同时还具备能源转换功能和社会废弃物消纳功能，因此钢铁产业在钢铁产品产业链之外，还存在着一条循环经济产业链。

钢铁产业循环经济产业链由两部分组成：一是内部循环，二是社会循环。这里所说的循环经济产业链，主要指外部循环。如高炉渣、钢渣等固体废弃物供给水泥厂和建筑材料厂，富裕煤气供给热电厂等，同时消纳社会废弃物废塑料等。

在循环经济产业链中，建立钢铁产业与电力、能源、石化、建材等行业的循环关系，使粉煤灰、冶金渣等固体废弃物和煤焦油可以全部用作建材、耐火材料、复合肥料和精细化学品原料，实现资源的循环利用以及废弃物的再资源化；利用钢铁、焦化生产过程协同资源化处理废轮胎、废塑料等社会大宗废弃物；支持钢铁企业向社会提供余热、煤气等，使钢铁产业由单一钢铁产品生产功能逐步实现钢铁产品生产、能源转换、社会废弃物消纳和资源再生等多种功能。

（四）相关服务产业链

钢铁产业亦需要研发设计、物流运输，与后向关联产业直接可以开展钢材加工，为其提供半成品，还可发展融资贸易等为钢铁产业服务的相关产业，发展冶金辅料、物流仓储以及工程服务。可以依托第三方专业机构或以钢铁企业联合方式，建设面向供应链的互联网云服务及交易平台，建立电子商务平台，将钢铁产业设计、采购、生产、销售有机衔接起来。

二、钢铁产业链延伸发展的模式

我国现有钢铁企业产业链延伸发展模式主要有三种：一是专业化配送加工模式，

二是集群配送加工模式，三是集群中间贸易商配送加工模式。

（一）专业化配送加工模式

专业化配送加工模式主要是指以钢材深加工为基础，钢铁企业与特定的后向关联企业基于相关联的产业技术所构建的专业化配送加工协作系统。由钢铁企业针对特定的目标市场，按照后向关联企业特定的技术要求和产品规格，利用钢材的加工配送中心将钢材经过矫正、清理、剪切、冲压等工序，把动态的钢材加工成后向关联企业所需的各种半成品或零部件，并通过其仓储和运输系统，及时地提供给最终用户直接使用。

专业化配送加工模式基于生产合作式的产业链延伸与发展，在这种模式下，钢铁企业有特定的后向关联企业，为专业用户直接提供中间产品，不与战略用户产生竞争，避开直接的产业竞争。钢铁企业可根据市场的发展，不断更新钢材深加工设备与技术，以满足专业用户的订单要求。

（二）产业集群配送加工模式

产业集群配送加工模式是以产业型深加工为基础，是钢铁企业和基于产业集群聚集而形成的用钢企业，根据后向关联产业材料的供应需求所构建的产业化配送加工协作系统。根据产业集聚的特点，产业集群配送加工模式通过隶属于同一产业的众多用钢企业汇聚成类型相似、技术基本相同、品种繁多的用钢需求，并通过产业集聚效应将用钢需求专业化、系列化、固定化和规模化，形成较为稳定的供给与需求关系。其主要特点是专业化生产分工、系列化产品结构和基本固定的供需关系。

产业集群配送加工模式产业链是以同一产业内用钢需求相同的企业集聚为基础而发展起来的。随着我国经济的快速发展，后向关联产业的集团化发展程度越来越高，提供了产业集群配送加工模式产业链的发展需求。与此同时，随着不同规模的工业园区的发展，园内汇集了各色各样的产业群体，不同产业群体对钢铁产品的需求各有特色，为钢铁企业产业链的延伸提供了较多发展方向。

（三）集群中间贸易商配送加工模式

集群中间贸易商配送加工模式以营销型深加工为基础，集加工、配送、仓储、运输、销售、信息服务等于一体，综合运用电子商务和加工配送等现代物流手段，构建基于现代物流模式的钢铁产品物流贸易体系模式。其特点是系列化产品和自由化贸易形式。

集群中间贸易商配送加工模式是钢铁企业以通过中间商贸商为桥梁的产业链延伸，以钢铁销售渠道为依托、以钢铁物流贸易为主体，面向区域目标市场中多系列多要求的后向关联企业群体。集群中间贸易商是钢铁产品加工配送服务的延伸，钢铁企业通过延伸和扩展产业链，提高下游用钢企业的直接配送比例，及时了解市场需求变化，达到以产定销的目的；同时，集群中间贸易商为存储、加工及运输提供服务，降低了钢铁企业和后向关联企业运输成本。

三、国内钢铁产品产业链延伸的成功案例和企业模式

国内钢铁企业中，宝钢、鞍钢、武钢、邢钢、沙钢等钢铁企业，成功延长了钢铁产业链，各有特色。

（一）宝钢模式

宝钢从事钢材深加工业务可以追溯到20世纪90年代。为了扩大新产品销售，宝钢当时开始发展钢材剪切配送、彩板制品、镀锡板制品、金属包装、建筑轻钢结构等一系列钢材品种的深加工板块，提出围绕钢铁产业价值链，选择钢铁主业的优势，明确采取“一业特强，适度相关多元化”的产业定位，对钢铁产品进行延伸，为钢铁主业提供生产、技术、市场支持，并满足提升企业竞争力的要求，实行以钢铁相关多元化产业的发展。

2003年起，宝钢对深加工产业进行了一系列专业化整合，相继成立了宝钢产业公司、宝钢金属有限公司；2007年，宝钢进一步梳理多元化发展的思路，努力发展支撑宝钢多元发展的六大业务板块，即宝钢资源、宝钢工程技术、宝钢发展、宝钢化工、宝钢金属、宝钢金融（华宝投资）等宝钢集团的全资子公司。钢材深加工业务作为宝钢集团六大业务板块之一，得到重点发展。现在宝钢全资和参股的深加工企业遍及全国二十多个大中型城市，基本形成了全国网络化布局。

宝钢深加工业务涉及范围非常广泛，包括营销型、材料型和产业型三大深加工业务类型。宝钢营销型深加工主要为汽车、家电、造船等战略用户提供剪切配送，现已建成四十多家钢材剪切加工配送中心，加工能力达到3 Mt以上。其中材料型深加工和产业型深加工涉及金属包装、钢结构、汽车零部件等方面，产品面向新型和高端市场，对宝钢继续保持国内钢材加工业务的领先地位起着重要作用。

为发展钢材延伸加工业，宝钢集团2007年底整合产业公司、钢制品事业部、汽贸和线材制品等业务，组建的宝钢金属已成为其核心，业务包括钢结构、金属包装、工业气体等。钢结构业务以钢结构为主的工程项目总承包管理及运作为核心，致力于新型钢结构研发与应用，形成集钢结构工程研发、设计、采购、制造、承包等为一体的实体，在国内外市场中有一定的业绩并已具有相当的影响力。

宝钢通过围绕汽车用钢、包装用钢、线材、建筑钢结构用钢等战略性产品进行延伸加工，有效控制产品的销售渠道，有力创造和引导钢铁需求，带动钢铁产品升级，增强抵御市场风险的能力，大大提升了其综合竞争力。

宝钢未来深加工业务的发展目标定位为建立具有强大竞争力的钢材加工产业平台，成为优质业务的孵化器；在深加工领域，引导钢铁产品需求，拓展专业服务，提升竞争能力，创造产业价值；继续保持国内深加工业务的领先地位，提高深加工规模、附加值和技术含量。

（二）鞍钢模式

鞍钢近年来在产业链延伸方面发展较快，侧重于与钢铁产品相关的产业链延伸和钢材加工配送中心建设。

与钢铁产品相关的产业延伸主要涉及精品包装用钢带、线材制品等方面。

钢材加工配送中心分两种：一种为营销型钢材加工配送中心，一种为专业型钢材加工配送中心。营销型钢材加工配送中心即在钢材消费的中心城市或钢材消费的主要集散地设立钢材加工配送中心，利用当地或周边发达的加工制造业促进钢材消费。营销类钢材加工配送中心主要是面对钢材市场，客户群主要是中小用户；鞍钢在上海、沈阳、潍坊、武汉和合肥等地设立的加工配送中心属于营销型。

专业型钢材加工配送中心的特点是针对重点用户，在其生产链上设立高水平钢材深加工中心；钢铁企业按用户要求提供钢材深加工的毛坯件，双方合资组建配送中心，钢铁企业由原料供应商转化为零部件的制造商；钢铁企业动态跟踪专用产品质量，并不断改进和提高；用户取消了原料准备工序，又可稳定并优化制造工艺，双方形成了紧密的战略伙伴关系。鞍钢在长春和大连设立了专业型钢材加工配送中心，以满足国内汽车工业和造船业等下游产业需求。

鞍钢未来钢材深加工将大力发展精品钢材深加工，围绕硅钢、汽车板等高端冷热轧板钢材产品建设各类专业的加工配送中心，进一步扩大加工配送水平和加工产品品种；鞍钢将进一步完善深加工业务在国内外的布局，完善钢材产品到钢材深加工产品的全国性布局，进一步稳固和扩大市场占有率，实现规模化发展；同时，继续采取与跨国企业合作的方式走国际化之路，在全世界布局产业链条。

（三）武钢模式

武钢钢铁深加工能力为2.5Mt，主要有三大产业：一是金属制品，二是钢结构，三是钢材剪切配送。

武钢从20世纪90年代末开始进行钢材深加工，通过兼并重组原汉阳钢厂等9个武汉市区生产企业，联合组建武钢集团武汉江北钢铁有限公司，作为武钢钢材高端深加工产品基地，有冷弯型钢厂、线材制品厂、精密带钢厂、汉阳钢厂、汉阳钢管厂、机械有限公司、江南燃气热力有限责任公司、襄樊钢铁长材有限公司，与美国钢绳集团合资组建武钢雅尔卡钢绳制品有限公司；初步形成了营销型深加工、材料型深加工和产业型深加工等深加工模式，建立了金属制品、钢结构、钢材剪切配送三大钢材深加工业务领域，形成了以江北公司为核心的阳逻钢材深加工基地、以北湖为骨干的北湖钢材深加工基地，以营销总公司为龙头的剪切配送钢材深加工也初具规模。主要产品包括冷弯型钢、钢结构、精密带钢、焊管、无缝钢管、钢绞线、高强度捆带等。

武钢剪切加工配送近年来完成了全国性布局，在武汉、天津、重庆、广州、芜湖、柳州、诺贝、兴井等地设有加工配送中心，年总加工能力达到1.5 Mt，主要从事冷轧纵切、横剪、落料、冲压、热成型、激光拼焊生产和硅钢纵剪等加工项目，为汽车、家电和电机等行业提供加工配送服务。2013 年初，武钢整合旗下所有国内加工配送业务成立了武钢钢材加工配送总公司，做大做强钢材深加工配送板块。

武钢深加工产业未来将向 4 个方向发展：一是构建完整的产业链，在现有基础上发展更多的深加工产品；二是提前考虑钢铁深加工产品的差异化；三是集中精力开发一些有竞争力的中高端产品；四是强化战略用户关系，采取先期介入的战略方式，进行更好的战略合作和共同开发。

（四）邢钢模式

邢钢将自身多年的主导产品进行深加工，使深加工产品更贴近用户，并迅速占领市场。在钢铁行业亏损时逆势而上，仍然保持盈利。

由于冷成型零部件具有精确尺寸，质量稳定，无加热造成的表面粗糙及氧化，外观漂亮，生产效率高而广泛应用于标准件等机械零部件加工。“十一五”期间，邢钢充分发挥高端线材工业化生产优势，延伸线材产业链，与一家德国公司合资组建北京新光凯乐汽车冷成形件有限责任公司，主要生产、经营中高档汽车的零部件，是我国最大规模的汽车冷成型异型件生产企业，填补了国内高档汽车冷成型件生产的空白，已成功应用于欧美、日本多家国际知名汽车生产企业。这是对钢铁企业主导产品深加工典型的成功案例，使钢铁主业产品有了新去向，还使其附加值大为提高，利润得以实现最大化。

邢钢在引进国外先进工艺与设备的同时，加大自主创新力度，降低生产成本。围绕国家“十二五”发展需求，邢钢进一步优化调整产品结构，加快产业链延伸，发展钢铁产品深加工产业。充分利用邢台开发区资源条件，依托邢钢高端线材母材优势，发展三大延伸项目：一是借助邢钢优质冷镦钢母材优势和在北京高级汽车冷成型件生产的技术和营销储备，发展面向汽车产业、高速铁路及高速铁路机车用高端零部件、航空航天及船舶用零部件和机械装备产业用零部件制造；二是利用邢钢高级帘线钢母材优势，发展新能源产业用切割钢丝；三是建设不锈钢深加工产业项目，在邢台和北京等地重点发展冷成型、不锈钢等高附加值产品 。

邢钢发展钢铁产品深加工及服务化转型，不盲目跟风，根据自身特点，依托自身高端线材产品优势，发展精品线材深加工，定位高端产品和客户，并协助用户开发新产品，做到生产和服务一体化，避免同质化竞争，延伸了邢钢主导产品产业链，提高了产品附加值，使得钢铁主业和深加工产业都得到良好的发展。

（五）沙钢模式

沙钢作为最大的民营钢铁联合企业，地处经济发达的长江三角洲，毗邻宝钢，长期走创新驱动发展之路，拓展发展领域，转变增长方式，建立了一个集商贸交易、金融服务、电子商务、产品展销、休闲娱乐等为一体的多功能商务园区——玖隆物流园，成为国内规模最大的、现代化程度最高的、成本最低的、功能配套最全的钢铁物流园区。

园区按照“建设钢铁大超市、发展钢铁大物流”的思路稳步发展，基本形成

“三纵三横”的规划形态，总部一期启动区仓储项目已运营，成功引进船板预处理冷、热卷剪切加工、回炉料加工等一批钢铁产品延伸加工项目，落实了大宗热卷电子交割库、银行质押库等资质条件。

国外还有蒂森克虏伯集团模式、新日铁模式、巴登模式等。

四、河北省钢铁产业链延伸的发展方向

大力发展钢材深加工产业，面向管道管件、钢木家具、标准件、丝网、铁塔架等后向关联产业，优化剪切配送、冲压焊接等延伸加工工艺，开发公共设计、公共检测和品种优化技术，延伸拓展钢铁产业链。开展用户技术研究，根据产品特点和用户的特定需求，开展热处理、焊接、成型、涂装、防腐等技术研究。

通过产品创新、技术创新，重点发展冶金辅料、物流仓储以及工程服务；大型钢铁企业，可依托第三方专业机构，建设面向供应链的互联网云服务及交易平台，将设计、采购、生产、销售有机衔接，钢铁企业要联合建立电子商务平台。钢材加工配送、物流运输、设计研发、融资贸易等生产性服务业及其他非钢产业主营业务收入占比达到20%以上。

为钢铁产业循环经济模式提供技术支撑。研发钢铁产业与电力、能源、石化、建材等产业的循环经济产业技术，使冶金渣、脱硫产物等固体废弃物和煤焦油可以全部用作建材、耐火材料、复合肥料和精细化学品原料，实现资源的循环利用以及废弃物的再资源化；利用钢铁、焦化生产过程协同资源化处理废轮胎、废塑料等社会大宗废弃物；钢铁企业要向社会提供余热、煤气等，实现钢铁产业钢铁产品生产、能源转换、社会废弃物消纳等三种功能，走出一条钢铁产业循环发展的新路。

第五节　推进两化深度融合

2015年1月，工业和信息化部发布了《原材料工业两化深度融合推进计划(2015-2018年)》，分析了原材料工业两化深度融合的现状和问题，提出了主要目标和主要任务，确定了数字化设计工具开发应用工程、关键工艺流程数控化工程、智能工厂示范工程、数字矿山示范工程、供应链协同管理促进工程、关键岗位机器人替代工程等六项两化深度融合重大工程。

钢铁产业是重要的原材料工业。大力推动钢铁企业由生产型向服务型和智能型转变，不断提升钢铁产业原材料工业综合竞争力，两化深度融合是重要途径，也是河北省钢铁产业科技创新的主要方向之一。

一、国内外两化融合情况

（一）国内两化融合现状

2006年5月，中共中央办公厅、国务院办公厅以中办发［2006］11号文件印发

了《2006-2020年国家信息化发展战略》，并发出通知要求各地区各部门结合实际，认真贯彻落实。

《2006-2020年国家信息化发展战略》提出了我国信息化发展的战略方针：“统筹规划、资源共享，深化应用、务求实效，面向市场、立足创新，军民结合、安全可靠。要以科学发展观为统领，以改革开放为动力，努力实现网络、应用、技术和产业的良性互动，促进网络融合，实现资源优化配置和信息共享。要以需求为主导，充分发挥市场机制配置资源的基础性作用，探索成本低、实效好的信息化发展模式。要以人为本，惠及全民，创造广大群众用得上、用得起、用得好的信息化发展环境。要把制度创新与技术创新放在同等重要的位置，完善体制机制，推动原始创新，加强集成创新，增强引进消化吸收再创新能力。要推动军民结合，协调发展。要高度重视信息安全，正确处理安全与发展之间的关系，以安全保发展，在发展中求安全。”

《2006-2020年国家信息化发展战略》确定了到2020年我国信息化发展的总体战略目标：“综合信息基础设施基本普及，信息技术自主创新能力显著增强，信息产业结构全面优化，国家信息安全保障水平大幅提高，国民经济和社会信息化取得明显成效，新型工业化发展模式初步确立，国家信息化发展的制度环境和政策体系基本完善，国民信息技术应用能力显著提高，为迈向信息社会奠定坚实基础。”并将“广泛应用信息技术，改造和提升传统产业，发展信息服务业，推动经济结构战略性调整。深化应用信息技术，努力降低单位产品能耗、物耗，加大对环境污染的监控和治理，服务循环经济发展”作为具体目标之一。

“利用信息技术改造和提升传统产业。促进信息技术在能源、交通运输、冶金、机械和化工等行业的普及应用，推进设计研发信息化、生产装备数字化、生产过程智能化和经营管理网络化。充分运用信息技术推动高能耗、高物耗和高污染行业的改造。”被列为战略重点之一。

2011年4月工信部、科技部、财政部等五部委发布《关于加快推进信息化与工业化深度融合的若干意见》，明确两化深度融合的工作目标是“推动生产装备智能化和生产过程自动化，加快建立现代生产体系”。具体来说，就是“以研制数字化、智能化、网络化特征的自动化控制系统和装备为重点，提高制造业重大技术装备自动化成套能力。加快机械、船舶、汽车、纺织、电子、能源、国防工业等行业生产设备的数字化、智能化、网络化改造，深化研发设计、工艺流程、生产装备、过程控制、物料管理等环节信息技术的集成应用，推动信息共享、系统整合和业务协同，提高精准制造、高端制造、敏捷制造能力。在钢铁、石化、有色、建材、纺织、造纸、医药等行业加快普及先进过程控制和制造执行系统，实现生产过程的实时监测、故障诊断、质量控制和调度优化，深化生产制造与运营管理、采购销售等核心业务系统的综合集成。推动食品、药品行业建立生产过程状态监视、质量控制、快速检测系统，逐步完善产品质量和安全的全生命周期管理体系。”

工业和信息化部2013年8月23日以工信部信［2013］317号文件印发了《两化融合行动计划（2013-2018）》。其中有两项行动与钢铁产业直接相关。“智能制造生产模式培育行动”的目标是“面向国民经济重点领域智能制造需求，创新智能制造装备产品，提高重大成套设备及生产线系统集成水平。加快工业机器人、增材制造等先进制造技术在生产过程中应用。培育数字化车间、智能工厂，推广智能制造生产模式。”行动内容为加快重点领域装备智能化、推进生产过程和制造工艺的智能化、推动智能制造生产模式的集成应用。“互联网与工业融合创新行动”目标为“抓住信息、材料、能源等技术变革与制造技术融合创新的重大机遇，深化物联网、互联网在工业中的应用，促进工业全产业链、全价值链信息交互和集成协作，创新要素配置、生产制造和产业组织方式，加快工业生产向网络化、智能化、柔性化和服务化转变，延伸产业链，培育新业态，推动中国制造向中国创造转变。”行动内容包括推动物联网在工业领域的集成创新和应用、发展网络制造新型生产方式、加快电子商务驱动的制造业生态变革和促进工业大数据集成应用。

工业和信息化部2015年1月发布了《原材料工业两化深度融合推进计划（2015-2018年）》，提出了到2018年底的主要目标：“标准引导、平台服务、示范引领、推广普及的原材料工业两化深度融合推进机制初步形成。生产过程控制优化、计算机模拟仿真、电子商务、商业智能等应用基本普及。研发设计、数据分析、质量控制、环境管理、集成应用、协同创新等薄弱环节得到明显加强。两化融合深刻植入企业，成为企业战略决策、行业创新发展的新常态。”

国家标准GB/T 23020—2013《工业企业信息化和工业化融合评估规范》规定了两化融合评估的基本原则与框架和评估内容，给出了评估内容的具体要求，并提供了评估内容细化指南以及评估指标体系构建和评估分析方法。标准将工业企业两化融合划分为起步建设、单项应用、综合集成、协同创新等几个阶段：其中协同创新阶段的目标，就是通过互联网及各项信息技术的深入应用，实现工业企业产业链的信息协同、资源协同、业务协同和市场协同，最终实现智能制造和柔性制造。

工业和信息化部制定了《信息化与工业化融合管理体系》；2014年6月发布24家试点企业名单，启动了互联网与工业融合创新试点工作；2014年7月，工信部电信研究院等六家单位发起成立了互联网与工业融合创新联盟，为企业提供协作与交流的平台，形成长效工作机制，服务企业跨界融合；2015年工业和信息化部将研究出台《互联网与工业融合创新指导意见》，进一步明确互联网与工业融合创新的着力点和发展方向。

物联网已开始在我国制造业应用，数字化制造技术在我国的发展势头非常迅猛，3D打印技术不断创造奇迹，捷报频传。

2015年5月8日，国务院以国发［2015］28号文件印发了《中国制造2025》。《中国制造2025》，是我国实施制造强国战略第一个十年的行动纲领，提出了“到2025年，制造业整体素质大幅提升，创新能力显著增强，全员劳动生产率明显提高，两化（工业化和信息化）融合迈上新台阶”的具体战略目标，提出了如下指导思想：“全面贯彻党的十八大和十八届二中、三中、四中全会精神，坚持走中国特色新型工业化道路，以促进制造业创新发展为主题，以提质增效为中心，以加快新一代信息技术与制造业深度融合为主线，以推进智能制造为主攻方向，以满足经济社会发展和国防建设对重大技术装备的需求为目标，强化工业基础能力，提高综合集成水平，完善多层次多类型人才培养体系，促进产业转型升级，培育有中国特色的制造文化，实现制造业由大变强的历史跨越。”把加快新一代信息技术与制造业深度融合和推进智能制造提升到相当的高度。

在具体政策方面，国家出台了一系列鼓励政策，如两化融合示范企业、工业企业能源管理中心示范项目中央财政资金补助等。

根据35个重点行业大中型企业两化融合水平测度结果，我国2013年处于起步建设、单项覆盖、集成提升、创新突破阶段的企业比例分别为31%、37%、22%、10%。

（二）国外概念与趋势

国外提出了各种智能制造方面的概念，如工业4.0、工业互联网、数字化制造、M2M、大数据等。这些概念都与我国的两化深度融合相关，甚至有一定的可比性，但在范围、深度等方面，显然还存在着一定的区别。与工业4.0和工业互联网相比，M2M、大数据、数字化制造都逊之一筹。

1. 工业4.0

德国政府发布的《高技术战略2020》报告，提出了“工业4.0”战略，并在2013年4月的汉诺威工业博览会上正式推出，其目的是为了提高德国工业的竞争力，在新一轮工业革命中抢占先机；德国联邦教育研究部2013年9月提出《德国工业4.0战略计划实施建议》。

所谓“工业4.0”，其内涵是以智能制造为主导，促使工业领域的设备、生产与系统以网络化的形式向互联网迈进，通过充分利用信息通信技术和网络空间虚拟系统——信息物理系统（CPS，Cyber-Physical System）相结合的手段，将制造业向智能化转型；并由此展现出全新的工业蓝图：在一个“智能、网络化世界”中，物联网和服务网将渗透到所有的关键领域，创造新价值的过程逐步发生改变，产业链分工将重组，传统的行业界限将消失，并会产生各种新的活动领域和合作形式，满足更加灵活而个性化的生产需求。

工业4.0的重点是创造智能产品、程序和过程。智能工厂是工业4.0的一个关键特征，能够管理复杂的事物，不易受到干扰，能够更有效地制造产品。在智能工厂里，人、机器和资源如同在一个社交网络里一样，自然进行相互沟通与协作。智能产品理解其被制造的细节及将被如何使用，并积极协助生产过程，回答诸如“我是什么时候被制造的”“哪组参数应被用来处理我”“我应该被传送到哪”等问题。其与智能移动性、智能物流和智能系统网络相对接将使智能工厂成为未来的智能基础设施中的一个关键组成部分。

工业4.0具有以下特性：通过价值网络实现横向集成，贯穿整个价值链的端到端工程数字化集成，纵向集成和网络化制造系统。

与工业 4.0 相对应的一个概念是第四次工业革命。前三次工业革命分别以水利和蒸汽机、电力和电动机、电子和计算机为标志，实现机械化、电气化和自动化；第四次工业革命标志为网络与智能化，实现智能化和个性化，在未来 10 年，基于信息物理系统（Cyber-Physical System，CPS）的智能化，产品全生命周期和全制造流程的数字化以及基于信息通信技术的模块集成，将形成一个高度灵活、个性化、数字化的产品与服务的生产模式。

第三次工业革命的自动化只是在生产工艺中运用信息通信技术（ICT），而工业 4.0 将大幅扩大应用对象。所谓“工业 4.0”，就是强化信息技术与制造工业的结合，实际上与我国目前正在推动的信息化与工业化深度融合有共同之处，可以说两者是如出一辙、异曲同工、殊途同归。在某种程度上，两化深度融合可以说是我国的工业 4.0。

2. 工业互联网

日本通用电气提出了“工业互联网”（Industrial Internet）概念；GE 提出了工业互联网革命（Industrial Internet Revolution）——一个开放、全球化的网络，将人、数据和机器连接起来。工业互联网用互联网的逻辑、精神和创造力去重新定义制造业。

工业互联网的突破是由更低成本的传感器、数据存储和更快的数据分析能力所推动的。

通过软件分析和管理，升级关键的工业领域，提升机器的工作效率，是工业互联网的价值所在。用数字量化可以更直观地反映出未来通过工业互联网所带来的效率提升和能耗降低。

工业互联网需要三个方面：首先是让机器变得智能；在机器上安装很多的传感器，收集各种数据，了解机器运行的状况；在收集到数据的基础上对机器进行控制，使机器的运行达到最优化。其次是提升处理海量数据的能力。最后，培养大量的具有分析和数据挖掘能力的人才，特别是具有很强的数学、统计、运营、研发实力的人才。

提出工业互联网概念，只是开始，而真正能够使之落地、成熟，需要经历三个层级。第一层是基本版。在现有的产品设计、制造、销售、运行、维护、更换这样一个现有体系当中引入数据化的概念、互联网的概念、软件分析的概念，把这个过程尽可能优化，以产生新的经济效益。第二层是增强版。制造业和互联网碰撞后产生新的商业模式、新的产品和新的服务模式。第三层是创新版。互联网就是要打破过去壁垒森严的公司界限、行业界限、角色界限，通通互相连接。在企业系统成型之后，将其平台变成开放平台，把获取的数据、专业知识、专业能力拿出来与世人共享，包括上下游的产业，包括消费者，并且创造出原来我们完全不能想象的新的服务、新的产品、新的商业模式，带动整个产业链甚至产业的创新。

3. M2M

日本各企业也在推进 M2M 应用。M2M 是 Machine-to-Machine 的简称，即“机器对机器”的缩写，将数据从一台终端传送到另一台终端，亦即机器与机器的对话。旨在通过通信技术来实现人、机器和系统三者之间的智能化、交互式无缝连接。

M2M 并非简单的数据在机器和机器之间的传输，更重要的是，它是机器和机器之间的一种智能化、交互式的通信。即使人没有实时发出信号，机器也会根据既定程序主动进行通信，并根据所得到的数据智能化地做出选择，对相关设备发出正确的指令。智能化、交互式成为 M2M 有别于其他应用的典型特征，这一特征下的机器也被赋予了更多的“思想”和“智慧”。

物联网的概念是在 1999 年提出的，它的定义很简单：把所有物品通过射频识别等信息传感设备与互联网连接起来，实现智能化识别和管理。物联网指的是将各种信息传感设备，如射频识别（rfid）装置、红外感应器、全球定位系统、激光扫描器等种种装置通过网络（主要是移动网络）实现与互联网的结合，从而形成的一个巨大网络。

从物联网定义可以看出，M2M 并非物联网，其只是一个点或者一条线，但确是物联网的基础。当 M2M 规模化、普及化并彼此之间通过网络来实现智能的融合和通信，便能形成“物联网”。

4. 大数据应用

日本的一些企业在推进大数据应用。大数据是指无法在一定时间内用常规软件工具对其内容进行抓取、管理和处理的数据集合。大数据技术，是指从各种各样类型的数据中，快速获得有价值信息的能力。适用于大数据的技术，包括大规模并行处理（MPP）数据库、数据挖掘电网、分布式文件系统、分布式数据库、云计算平台、互联网和可扩展的存储系统。

大数据具有 4 个基本特征：一是数据体量巨大；二是数据类型多样；三是处理速度快；四是价值密度低。

大数据的作用有四：一是对大数据的处理分析正成为新一代信息技术融合应用的结点；二是信息产业持续高速增长的新引擎；三是其利用将成为提高核心竞争力的关键因素；四是大数据时代科学研究的方法手段将发生重大改变。

大数据分析方法有可视化分析、数据挖掘算法、预测性分析、语义引擎及数据质量和数据管理。

大数据处理的技术包括数据采集、数据存取、基础架构、数据处理、统计分析、数据挖掘、模型预测和结果呈现。

5. 数字化制造

数字化制造是利用数字化技术及工具在实物产品被生产制造之前所进行的规划、设计仿真和管理过程，包括工艺规划、工艺设计、工艺仿真和工艺管理四个方面。数字化制造本质上是数字化设计的延伸，将推动传统制造工艺和制造模式的变革。数字化制造技术是产品创新和技术创新的共性技术，必将促进产品和工艺设计现代化，加工制造更加精密、快速，制造系统更加柔性、智能。数字化制造技术将改变制造业的设计、生产、管理和服务方式，从而推动产业形态和制造模式的深刻变革。

自国际金融危机爆发以来，世界经济竞争格局发生了深刻变化，欧美等重新重视实体经济，纷纷实施“再工业化”战略，提出通过发展数字化制造重振制造业。美国政府于 2011 年 6 月正式启动了“先进制造伙伴计划”，同年 12 月，宣布成立制造业政策办公室，并于 2012 年 2 月制定了《美国先进制造业国家战略计划》，提出要发展包括先进生产技术平台、先进制造工艺及设计与数据基础设施等先进数字化制造技术。2013 年 5 月，美国政府又宣布成立数字化制造与设计创新（DMDI）研究所，这是奥巴马政府继增材制造（3D 打印）创新研究所（NAMII）后提出设立的第二家创新研究中心，旨在提升数字化设计、制造能力。

数字化制造技术的应用，可以使 90%以上的生产故障可以通过工艺设计解决。主要途径：一是利用数字化制造技术可以提升工艺规划、设计和管理能力。数字化制造技术可以帮助制造企业用结构化、可视化方式进行工艺规划、设计和验证。设计人员和工艺人员可以利用数字化制造技术在同一虚拟平台上对产品及工艺进行设计和验证，使企业的设计、工艺、制造能力相互匹配相互验证。二是利用数字化制造技术可以提升工艺性布局和物流路线的设计和规划能力。数字化制造技术可以帮助工艺人员在虚拟环境中构建可视化工厂，模拟出零部件在车间的流转路线，优化工厂布局和工艺路线，降低零部件在生产加工中的转运频率。三是利用数字化制造技术可提升质量设计水平。数字化制造技术可以从 3D 模型中获取产品设计公差，通过工艺仿真技术分析和统计公差分布情况，并在虚拟环境下进行零件装配模拟。在生产和装配前调整质量设计，从而大大缩短研发周期，降低研发成本。

二、钢铁产业两化深度融合发展领域

（一）数字化设计

数字化设计工具包括钢铁产品配方建模、钢铁产品性能分析、虚拟钢铁生产制造、钢铁生产工艺流程设计等。

钢铁产业数值设计工具重点发展用于钢铁产品研发和客户服务的钢铁产品生命周期管理（PLM）技术，针对钢铁生产工序特别是炼钢、连铸、热轧等工序的工艺参数计算机辅助设计工具（CAPP），冷连轧机轧制过程动态仿真及控制优化技术等，实现在线、全自动、多工艺路径的智能化设计。

（二）工艺流程数字化控制

工艺流程数字化控制主要有可编程逻辑控制（PLC）、分布式控制系统（DCS）等基础自动化技术和系统。应用工艺流程数字化控制改造提升钢铁产业生产装置及生产线，基本实现生产工艺自动化的全面覆盖；开发应用先进过程控制技术，进一步突出实时控制、运行优化和综合集成，大幅提升钢铁产业生产装备智能化水平。

具体来说，钢铁产业工艺流程数字化控制主要是烧结机及球团生产设备智能闭环控制系统、高炉专家系统、全程自动化转炉炼钢、智能精炼控制系统、加热炉燃烧过程优化技术、核心轧制控制系统、基于图像检测的表面质量控制技术等。

（三）供应链协同管理

供应链协同管理是钢铁企业与原料供应商及装备、汽车、建筑、家电等主要后向关联产业用户建设协作管理系统，按照供应商提前介入（EVI）、准时生产技术（JIT）等模式，统一企业资源计划（ERP）等企业业务系统间信息交换接口、标准和规范，通过信息共享和实时交互，实现物料协同、储运协同、订货业务协同以及财务结算协同。鼓励有条件的企业通过网络化制造系统，实现包括产品设计、制造、销售在内的全部产业链条的集成协同，形成网络化企业集群，发展基于互联网的个性化定制、网络众包、云制造等新型制造模式。

钢铁企业建立和完善客户个性化订单条件下的基于产品使用特征的钢铁产品标准规范体系，推广以订单为核心、多品种、小批量、快速灵活的柔性生产组织模式，实现钢铁产品的大规模定制生产，满足多品种小批量的订单需求。推进生产管理系统升级，推行日计划生产模式，实现以销定产和产销高度衔接，进行客户订单的全程追踪，使钢铁企业由生产型企业向服务型企业转变。建立连接钢铁生产企业和钢铁产品用户的数据系统，应用先期研发介入，后期推广应用和持续跟踪改进的研发设计模式。针对钢铁行业原料批量大的特点，建立钢铁企业与前向关联产业铁矿石、煤炭企业的供应链协同管理体系，通过大数据预报模型提高库存管理的智能化水平。

（四）智能车间和智能工厂

围绕共同区域生产管控、设备管理、安全环保、能源管理、供应链管理、辅助决策等6个方面开展智能化应用，建设信息物理融合系统（CPS），实现钢铁企业生产运营的自动化、数字化、模型化、可视化、集成化，提高企业劳动生产率、安全运行能力、应急响应能力、风险防范能力和科学决策能力，建成智能车间进而建成智能工厂。

钢铁企业通过建设基于网络平台的实时生产信息管理系统，重点开发针对产品质量、能耗和设备状态进行软测量的模型技术，以及通过工序互动提高质量、降低成本和能耗的智能决策技术。推广示范铁钢轧工艺过程信息横向贯通、全流程高级计划排产和质量一贯制闭环控制技术，物质流和能量流综合协同优化技术，在线设备诊断、预测与维护技术，过程控制、生产管理、企业营销规划信息纵向融合技术等，强化数据资源的挖掘利用，实现钢铁生产全流程闭环的自动化控制与智能化管理。

三、河北省钢铁产业两化深度融合科技创新方向

应用信息技术改造钢铁产业，实施钢铁产业信息化科技工程，推进工业化和信息化深度融合。

钢铁企业由生产型企业向服务型企业和智能型企业转变，向集研发设计、物流采购、生产控制、经营管理、市场营销为一体的流程工业全链条全系统智能化发展。

钢铁产业两化深度融合方面的科技创新，主要是建设基于网络平台的实时生产信

息管理系统，研发炼铁、炼钢、连铸、轧钢工艺过程信息横向贯通、全流程高级计划排产和质量一贯制闭环控制技术，物质流、能量流、污染流综合协同优化技术，在线设备诊断、预测与维护技术，过程控制、生产管理、企业营销规划信息纵向融合技术等，强化数据资源的挖掘利用，实现钢铁生产全流程闭环的自动化控制与智能化管理；建立和完善客户个性化订单条件下的基于产品使用特征的钢铁产品标准规范体系，推广以订单为核心、多品种、小批量、快速灵活的柔性生产组织模式，实现钢铁产品的大规模定制生产，满足多品种小批量的订单需求。推进生产管理系统升级，推行日计划生产模式，实现以销定产和产销高度衔接，进行客户订单的全程追踪。

钢铁产业要重点推广基于钢铁冶炼、轧制及钢铁产品深加工的计算机辅助设计制造、设备集成与模拟优化、设备故障在线诊断与预测维护、能源管理的钢铁生产全流程信息化改造方案；应用先进过程控制技术，包括烧结机及带式焙烧机智能闭环控制系统、高炉专家系统、全程自动化转炉炼钢、智能精炼控制系统、加热炉燃烧过程优化技术、核心轧制控制系统、基于图像检测的表面质量控制技术等。

钢铁企业要积极建立两化融合管理体系，进行两化融合水平测评，申报两化融合示范企业、制造业信息化科技工程试点企业。加快钢铁产业主要耗能设备和工艺流程的智能化改造，加强对能源和资源的实时监测、精确控制和集约利用，建立主要污染物排放自动连续监测和固体废弃物综合利用信息管理体系，促进钢铁企业提高主体生产装备和工艺的信息化、自动化和数字化水平。力争60%以上的钢铁企业达到两化融合综合集成阶段，主体生产装备全部实现数字化控制。

第六节　强化管理创新和知识创新

科技创新是科学研究、技术进步与应用创新协同演进下一种复杂的涌现，是三螺旋结构共同演进的产物。科技创新体系由以科学研究为先导的知识创新、以标准化为轴心的技术创新和以信息化为载体的现代科技引领的管理创新三大体系构成，知识社会新环境下三个体系相互渗透，互为支撑，互为动力，推动着科学研究、技术研发、管理与制度创新的新形态。

知识创新和技术创新引领下的管理创新，都是科技创新的重要组成部分。管理创新、知识创新与技术创新共同构筑了科技创新大厦。河北省钢铁产业科技创新，在注重于技术创新的同时，也要强化管理创新和知识创新。

一、管理创新内涵

（一）内涵

管理创新指企业把新的管理要素（如新的管理方法、新的管理模式等）或要素组合引入企业管理系统以更有效地实现组织目标的创新活动；是企业形成一种创造性思想并将其转换为有用的产品、服务或作业方法的过程，富有创造力的企业能够不断地将创造性思想转变为某种有用的结果。

管理创新是企业生存和发展的保障，是企业运营的基本活动；技术创新的结果要转化为现实生产力，需要与之相适应的管理创新来协助。

管理创新是指一种更有效而尚未被企业采用的新的管理方式或方法的引入。管理创新是企业通过实施新的、有效的管理模式、管理方法和手段，变革、替代原有的不适应生产力发展要求的模式（习惯做法），最终达到优化资源配置、提高经济效益、推动企业发展的系统的动态过程。企业管理创新通过引入新的管理要素或管理要素新的组合，对企业各种资源要素整合，使企业管理系统具有更高的管理效能的企业创新活动。

管理创新可分为管理要素创新和结构创新。从管理要素角度又可以把管理创新分为经营管理理念创新、管理组织创新、管理方法创新、管理手段工具创新，经营机制创新（运行机制、激励机制、约束机制等）、管理模式创新等。而营销管理创新、生产管理创新、人力资源管理创新、财务管理创新则只是从企业职能角度对企业管理创新的描述。

（二）内容

管理创新的内容可以界定为五个方面。

一是提出一种新的经营理念及思路并有效实施。新经营思路如果是可行的，就是一种管理创新。这种创新经营思路并非针对一个企业而言，而应对所有的企业来说都是创新。

二是创设一个新的组织结构并使之有效运转。组织机构是企业管理活动及其他活动有序化的支撑体系，一个新的组织机构的诞生是一种创新，但如果不能有效地运转则成为空想，不是实实在在的创新。

三是提出一种更有效的管理方式方法。新的管理方式方法能够提高生产效率、使人际关系协调或能更好地激励员工，有助于企业资源的有效整合以达到企业的既定目标和责任。

四是设计一种新的管理模式。所谓管理模式是指企业综合性的管理方式，是企业总体资源有效配置实施的范式；如果对所有企业的综合管理而言是新的，则自然是一种创新。

五是运行一种新的制度。管理制度是企业资源整合行为的规范，既是企业行为的规范也是员工行为的规范；制度的变革会给企业行为带来变化，进而有助于资源的有效整合。因此，制度创新也是管理创新。有些文献将制度创新与技术创新和管理创新并列，作为一个独立的创新范畴；但制度就是为管理服务的，是管理的基础和保障，制度创新只是管理创新的一个层面，可将其作为管理创新的内容。

二、管理创新与技术创新的关系

管理创新与技术创新相辅相成，互为促进，互为途径，是创新的两个方面，也是创新不可分割的两个组成部分。

（一）技术创新推动管理创新

管理的革命总是与技术的革命相伴而生，管理创新与技术创新相互联系、相互促进。技术创新活动是一种有计划、有目的的集体活动，是从研究开发到市场成功再到创新扩散的完整过程，具有很强的不确定性，必然面临着一定的组织管理问题；没有不断的企业管理创新，循序渐进地提高企业管理水平，大规模的技术创新是不可能实现的，企业管理创新为企业技术创新提供了组织管理方面的保证。

技术的进步势必推动管理的进步，管理的变革必须适应技术的进步。技术的变革与创新为管理的变革与创新创造了外部环境和内在驱动力，技术的创新与进步带来管理思想、管理理念、管理方法、管理体制、管理流程、组织模式的变革与创新，为深层次的组织模式变革起着促进和推动作用。技术的发展进步反映了一种新的经济发展模式与社会发展格局，带来新的体制、思想、观念以及新的生产方式、生活方式、思维方式、行为方式；管理的变革和创新必须与技术的变革和创新相匹配才能在信息化、全球化的激烈竞争市场中取得竞争优势。技术创新是管理变革和创新的技术基础与必备的技术支撑，先进的技术为科学的管理和管理的创新提供了科学的、先进的方法、手段。

技术创新的进展必然会产生新的生产系统如集成生产系统，新的生产方式势必促进管理的变革。新的生产系统需要新的管理系统匹配，包括管理思维、组织结构、管理流程、管理技术等方面的匹配，形成集成管理系统；技术创新为管理模式变革、集成管理系统的形成提供支撑和内动力，使技术创新与管理创新的进程实现协同式的跨越，进行更高层次的动态整合，达到更高层次的协调。

（二）管理创新是技术创新的保障

技术创新的选择，首先要考虑企业发展战略，考虑要素有当前的战略定位、长远战略方向、战略模式选择，竞争战略要求技术创新满足开发市场、降低成本、产品差异化等目标要求；其次要考虑企业自身的管理资源，如人力资源、财力资源、信息资源、知识资源、文化资源等，技术创新的选择在资源要素达到合理高效配置的水平上；再次要结合企业的核心能力与核心竞争力；最后要考虑风险因素，包括技术创新成败风险、市场认同风险、投资风险等因素。这些都给管理创新提出了任务和要求。

技术创新的成果要转化为现实生产力，为企业创造经济效益，也必须有相应的管理创新和管理水平相配合。先进的技术创新只有同与之相适应的管理水平相结合才能形成强大的生产力，技术创新为企业管理创新提供了物质技术条件，先进技术为管理创新提供了科学的、先进的方法和手段。如计算机和网络技术的创新与发展，为管理的信息化、电子商务、产供销管理系统、订单管理和合同管理方式的创新提供了技术保障与支持。技术创新达到一定阶段后，又需要甚至迫使管理体制和运作方式发生相应的变化，进而实现整个生产方式的和谐运作与发展。如产品创新、工艺创新等技术创新，使企业组织结构、人员安排、市场营销及管理理念也都要作出相应的变革，以适应技术创新的需要。

三、钢铁企业管理创新

钢铁企业生产工序多，生产流程长，涉及的管理方面多，管理创新的方向和机会都比较多，如管理思想创新、管理体制创新、管理模式创新、供应链管理创新、成本管理创新、营销管理创新、技术管理创新、人力资源管理创新等。

结合钢铁产业的流程特点和与管理手段息息相关的信息化技术发展的情况，钢铁企业管理创新应注重以下几个方面：一是实现钢铁企业发展战略的职能管理与流程管理的协同，二是实现钢铁企业及企业集团与前向、后向关联企业战略供应链的协同，三是提高钢铁企业特别是企业集团的运营与经营绩效管理效率，四是如何做好企业集团的信息化规划、建设与持续改进。另外，风险管理、知识管理、绩效管理等方面的管理创新也值得重视。

钢铁企业的管理创新，最终归结到管理方法和管理模式的创新。

（一）管理方法创新

1. 管理方法

管理方法指在管理活动中为实现管理目标、保证管理活动顺利进行所采取的具体方案和措施，也是用来实现管理目的而运用的手段、方式、途径和程序等的总称。

管理方法是管理理论、原理的自然延伸和具体化、实际化，是管理原理指导管理活动的桥梁，是实现管理目标的途径，其作用是一切管理理论、原理本身所无法替代的。

2. 管理方法分类

管理方法可按作用原理、适用普遍性和定量化程度等分类。

（1）按作用原理分类。

按作用的原理，管理方法可分为经济方法、行政方法、法律方法和社会学心理学方法。

经济方法依靠利益驱动，利用经济手段，通过调节和影响被管理者物质需要而促进管理目标的实现；其特点是利益驱动性、普遍性和持久性，局限性是可能产生明显的负面作用，形式有价格、税收、信贷、经济核算、利润、工资、奖金、罚款、定额管理、经营责任制等。

行政方法依靠行政权威，借助行政手段，直接指挥和协调被管理者；其特点是强制性、直接性、垂直性和无偿性；局限性是由于强制干预，容易引起被管理者的心理抵抗；形式有命令、指示、计划、指挥、监督、检查、协调等。

法律方法借助国家法律法规和企业管理制度，严格约束被管理者为实现企业目标而工作；特点是高度强制性和规范性；局限性是对于特殊情况有适用上的困难，缺乏灵活性；形式有国家的法律、法规，企业规章制度，司法和仲裁等。

社会学心理学方法借助社会学和心理学原理，运用教育、激励、沟通等手段，通过满足被管理者社会心理需要的方式来调动其积极性；特点是自觉自愿性和持久性；局限性主要表现为对紧急情况难以适应；形式有宣传教育、思想沟通、各种形式的激励等。

（2）按适用普遍性分类。

按管理方法适用的普遍程度，可分为通用（一般）管理方法和专门（具体）管理方法。

通用管理方法是以不同领域的管理活动都存在某些共同的属性为依据而总结出的管理方法，是对不同领域、不同部门、不同条件管理实践的理论概括和总结，揭示了共同属性。各种活动都需要做好决策和协调各方面活动的组织和控制，以保证预定目标的实现。这种存在于各种管理活动中的共同性，决定了某些管理方法的通用。在管理的实践过程中，根据管理工作中的应用问题产生了许多通用的管理方法，如任务管理法、人本管理法、目标管理法、系统管理法等，对于各种不同的管理活动都是适用的，是管理方法中主要和重要的组成部分。

专门管理方法是对某个资源要素、某一局部或某一时期实施管理所特有的专门方法，是为解决具体管理问题的管理方法。生产管理、销售管理、库存管理、行政管理等由于管理对象、目的不同而具备不同的管理特点，这就要求必须有适应这些特点的特殊的、专门的方法。即使是某一类型的管理，由于具体条件不同，也各有其特点。每一事物、每一过程的矛盾都各有其特殊性质，用不同的方法去解决不同的矛盾，是由各种不同的管理活动所具有的特殊规律决定的，管理者应该根据各种不同的具体条件发挥其创造性。每个新的具体方法的产生，都是管理者的知识经验、组织能力、专业技能和创造性思维的集中表现。

专门管理方法和通用管理方法并非是绝对分立的，而是相互影响、相互制约的。通用管理方法是专门管理方法的前提和基础，它为人们运用专门管理方法提供思想路线和基本原则，专门管理方法则是通用管理方法的具体体现。

（3）按定量化程度分类。

按方法的定量化程度，可分为定性管理方法和定量管理方法。

任何事物都有质的方面和量的方面，原则上都可以从质和量两方面来把握。确定事物内部和外部各种数量关系的方法，叫做定量的方法；确定事物及其运动状态的性质的方法，叫做定性的方法。

管理者运用数理知识方法，对管理现象及其发展趋势，以及与之相联系的各种因素，进行计算、测量、推导等，属于定量分析方法。管理者对管理现象的基本情况进行判断，粗略统计和估计属于定性分析方法。定性是粗略的定量，定量是精确的定性。在现代管理中，定量管理已成为很重要的方法和手段，这标志着管理水平的提高。定量方法是重要的，但是它并不排斥定性的方法，这不仅是由于定性是定量的基础，而且还在于，有许多事物和现象运用的手段还难于进行定量研究，从而使定量方法受到限制。定量方法和定性方法又是相互渗透的，许多问题的解决，常常需要两者相互补充。还有不少方法既可用来定性，又可用来定量。管理者在管理的过程中，要充分地利用这两种管理方法的特点，为管理服务。

3. 管理方法创新

管理方法创新，主要是在钢铁企业中采用新的管理方法。这种管理方法可以是在其他产业中已经成功应用的，也可以是钢铁产业结合产业特点创造的。

随着企业管理研究和实践的深入，各种管理方法层出不穷，各有特点和适用范围。在一个产业行之有效的管理方法，另一个产业采用效果可能大打折扣，甚至产生负面效果。

应用新的管理方法，必须注意其适用性，同时要结合钢铁产业的特点，对其进行改进和规范。

近年来，5S 管理、6σ 管理、TPM 管理、精细生产管理等各种管理方法，都已在钢铁产业运用，有些也起到了很大作用，取得了很好的效果；但也有一些不成功的实例。

4. 管理手段创新

管理手段是比管理方法更高的一个层面，是创建能够比以前更好地利用资源的各种组织形式和工具的活动，是保证管理方法发挥作用的工具。

管理手段可分为有形手段与无形手段；传统手段与现代化手段等。有形手段有计划、津贴、规章等，无形手段有教育、激励、人际关系等；传统手段有文件、标牌、灯光、广播等，现代化手段有记录卡、计算机、网络、指纹机、面部设别设备及其他现代化设备等。

管理手段创新可分为组织创新和管理方法创新，组织创新是指创建适应环境变化与生产力发展的新组织形式和组织制度的活动，管理方法创新是指创造更有效的资源配置工具的各种活动。

随着时代的发展，信息技术和网络已经成为管理的基础，成为一种应用广泛的管理手段。管理手段的创新，很少能离开信息技术和网络等现代化管理手段，如能源管理中心、无人值守计量系统等。钢铁产业也不例外，信息化是管理手段创新的主要途径，两化深度融合是管理创新的最大成果。

（二）管理模式创新

1. 管理模式内涵

模式是某种事物的标准性形式或固定格式。管理模式即管理所采用的基本思想和方式，是一种成型的、能供人们直接参考运用的完整的管理体系，通过这套体系可发现和解决管理中的问题，规范管理手段，完善管理机制，实现既定目标。

现代意义上的管理，都要通过管理模式来进行。管理模式是在管理理念指导下建构起来，由管理方法、管理模型、管理制度、管理工具、管理程序组成的管理行为体系结构。

2. 管理模式分类

管理模式大致可分为传统/等级模式、人际关系模式、系统模式和现代人本主义管理模式。

（1）传统/等级模式。

传统/等级模式侧重于企业内部管理体制和管理技术的提升与完善，强调企业内部正式或非正式团体的建设，目的在于提高企业效率，对员工实行平等式的管理。

（2）系统模式。

在系统模式下，管理的侧重点转向注重企业的整体性和目标性，强调人与人之间、人与部门之间、部门与部门之间的整体协调，对员工实行协作互动式管理。

（3）人本主义管理模式。

人本主义管理模式强调以人为中心，强调人在企业组织中的作用，管理的中心任务是围绕如何调动员工的工作积极性而开展的人力资源管理与开发，目的在于使企业更富有活力，对员工实行民主的、开放的管理。

（三）几种常用的管理模式

1. 体系管理模式

（1）体系和管理体系。

体系泛指一定范围内或同类的事物按照一定的秩序和内部联系组合而成的整体。国家标准《质量管理体系 基础和术语》（GB/T 19000—2008）对体系（系统）的定义是“相互关联或相互作用的一组要素”。

体系分为敞开体系、封闭体系和孤立体系。敞开体系与环境之间既有能量转换，又有物质交换；封闭体系与环境之间有能量转换，没有物质交换；孤立体系与环境之间既无能量转换，又无物质交换。

管理体系是企业组织制度和企业管理制度的总称。《质量管理体系 基础和术语》（GB/T 19000—2008）对管理体系的定义是“建立方针和目标并实现这些目标的体系”，并注明：一个组织的管理体系可包括若干个不同的管理体系，如质量管理体系、财务管理体系或环境管理体系。

（2）特性和方法。

体系的特性包括符合性、唯一性、系统性、全面有效性、预防性、动态性和持续受控性。

体系管理的方法是过程方法，系统地识别和管理组织所应用的过程，特别是这些过程之间的相互作用。

（3）体系管理基本原则。

体系管理有八项基本原则，即以顾客为关注焦点、领导作用、全员参与、过程方法、管理的系统方法、持续改进和基于事实的决策方法。

以顾客为关注焦点原则：组织依存于顾客。因此，组织应当理解顾客当前和未来的需求，满足顾客要求并争取超越顾客期望。

领导作用原则：领导者应确保组织的目的与方向的一致。他们应当创造并保持良好的内部环境，使员工能充分参与实现组织目标的活动。

全员参与原则：各级人员都是组织之本，唯有其充分参与，才能使他们为组织的利益发挥其才干。

过程方法原则：将活动和相关资源作为过程进行管理，可以更高效地得到期望的结果。

管理的系统方法原则：将相互关联的过程作为体系来看待、理解和管理，有助于组织提高实现目标的有效性和效率。

持续改进原则：持续改进总体业绩应当是组织的永恒目标。

基于事实的决策方法原则：有效决策建立在数据和信息分析的基础上。

体系管理虽然也有"持续改进"的原则，但其强调的是"持续改进总体业绩应当是组织的永恒目标"，持续改进质量管理体系的目的在于增加组织提升顾客和其他相关方满意的概率，其最重视的是企业管理活动与体系文件的"符合性"而非"创新性"，追求的是标准化，其管理循环更大程度上是 SDCA 循环而非 PDCA 循环。

（4）体系管理的发展。

体系管理最初从质量管理体系开始，逐渐发展到环境管理体系、职业健康安全管理体系、能源管理体系、两化融合管理体系等，并从众多的单一管理体系整合为 QHSE（质量管理体系、环境管理体系、职业健康安全管理体系）等"多标"一体化管理体系，又进一步整合为集约型一体化管理体系。

集约型一体化管理体系是企业为充分发挥自身整体效能，满足相关法律法规、国家标准和相关方及其他要求，履行应担负的经济责任和社会责任，实现企业目标，借鉴"多标"整合成一体化的思路，以企业为整体，将企业所有资源和活动按照过程方法重新整合成一体的一种管理体系模式。其内涵可高度概括为以控制论、系统论、信息论理论为指导，全面吸收和广泛应用 ISO 9001 标准的管理理念、原则和方法，从企业全局角度和系统目标出发，把全部活动和相关资源作为过程进行控制，将相互关联的过程或过程网络作为体系来管理，在充分识别企业适用的法律法规、技术标准及其他要求、分析比较包括标准体系等在内的不同体系标准特定要素，确定企业内部所有管理过程和相互作用、优化配置管理资源的基础上，通过吸收整合、总结提炼、丰富扩展而形成以过程为基础的、以企业为整体的管理体系，并以文本形式予以体现，用以规定和指导过程或体系的实施、保持和持续改进。

集约型一体化管理体系要求覆盖企业内部管理各个方面，做到"横向到边、纵向到底"，用一套制度支持全方位管理，既能满足多个体系标准认证要求，又能促进各项管理职能有机融合，形成集合协同优势，充分利用有限资源，建立自我完善的运行机制，有利于提高企业整体管理的效率和效果，实现企业的方针和目标。

建立、实施集约型一体化管理体系能使企业广泛采用当今国际通用的、公认的ISO 9000的管理理念、原则、方法和技能，在企业管理方面逐步与国际要求接轨；并随着体系的持续改进，在企业逐步形成相对统一的管理理念、思想、方法和具有自身特色的管理文化，为企业全面提升竞争能力，实现可持续发展，承担起应负的经济责任、社会责任奠定坚实的基础。

2. 现场管理模式

2013年，国家标准《企业现场管理准则》（GB/T 29590—2013），是一部我国完全原创的标准，也标志着我国现场管理模式的正式确立。

（1）含义。

现场，是企业进行生产或提供服务的场所；现场管理是对现场进行的计划、组织、指挥、协调、控制和改进的活动；效能是企业实现目标所显示的能力和所获得的效果及效益的综合反映。

（2）核心和基本理念。

企业现场管理的核心是用全面质量管理的思想和方法提升现场管理活动的整体运行质量，实现以顾客为中心，提升效率和效能，优化节拍，节省时间、节约资源（简称“一心”“二效”“三节”）。

现场管理的基本理念为顾客导向、系统协调、员工素质提高、效率提升、持续改善和现场和谐。

顾客导向理念：企业应以顾客为中心，充分识别顾客的需求和期望，关注顾客需求和期望的变化，提升现场满足顾客需求和期望的能力。

系统协调理念：企业的领导者应促进现场实现系统化的管理，确保现场管理过程与企业整体战略运行协调一致。

员工素质理念：增强员工质量意识，提高员工现场管理技能和创新能力，激发员工参与现场管理热情。

效率提升理念：采用科学适宜方法，对现场管理过程进行有效控制，减少流程中的浪费，提升现场管理效率。

持续改善理念：对现场进行分析评价，不断优化流程，实现顾客满意。

现场和谐理念：营造诚信和谐、相互协作、安全健康、资源节约和环境保护的现场氛围，促进企业的可持续发展。

现场管理除强调系统协同和现场和谐，还强调效率提升和持续改善。

（3）现场管理的战略秉承和组织保证。

企业现场管理的目标、规划和要求与其使命、愿景、发展战略及价值观协调一致。系统地采用目标管理或平衡计分卡等方法，将战略目标层层分解到现场管理相关的业务流程中。确定现场关键绩效指标，并确保指标能够涵盖现场管理的各个方面，包括质量、成本、交期、安全、环保等。

企业应该建立系统的管理机制，确保组织职能与现场管理需求相匹配，实现作业现场与企业整体组织结构协调一致。

企业为保证其职能与现场管理需求相匹配，以及实现作业现场与企业整体的运行协调一致，建立系统的管理机制并确保其有效运行。系统的现场管理机制内容包括：设立现场管理组织机构，构建现场管理运行机制，建立现场管理授权和激励机制。

3. 卓越绩效模式

（1）含义。

卓越绩效是指通过综合的组织绩效管理方法，为顾客和其他相关方创造价值，提高组织整体绩效和能力，促进组织获得持续发展和成功。

卓越绩效涉及的概念（术语）有使命、愿景、价值观、治理、标杆和关键过程。

使命是企业存在的价值，是企业应承担并努力实现的责任；愿景是企业对未来的展望，是企业实现整体发展方向和目的的理想状态；价值观是企业所崇尚文化的核心，是企业行为的基本原则；治理是在企业监管中实行的管理和控制系统，包括批准战略方向、监视和评价高层领导绩效、财务审计、风险管理、信息披露等活动；标杆是针对相似的活动，其过程和结果代表组织所在行业的内部或外部最佳的经营实践和绩效；关键过程是为企业、顾客和其他相关方创造重要价值或作出重要贡献的过程。

（2）基本理念。

卓越绩效模式的基本理念有远见卓识的领导，战略导向，顾客驱动，社会责任，以人为本，合作共赢，重视过程和关注结果，学习、改进与创新，系统管理。

远见卓识的领导：以前瞻性的视野、敏锐的洞察力，确定企业的使命、愿景和价值观，带领全体员工实现组织的发展战略和目标。

战略导向：以战略统领企业的管理活动，获得持续发展和成功。

顾客驱动：将顾客当前和未来的需求、期望和偏好作为改进产品和服务质量、提高管理水平及不断创新的动力，以提高顾客的满意度和忠诚度。

社会责任：为企业的决策和经营活动对社会的影响承担责任，促进社会的全面协调可持续发展。

以人为本：员工是企业之本，一切管理活动应以激发和调动员工的主动性、积极性为中心，促进员工的发展，保障员工的权益，提高员工的满意程度。

合作共赢：与顾客、关键的供方及其他相关方建立长期伙伴关系，互相为对方创造价值，实现共同发展。

重视过程与关注结果：企业的绩效源于过程，体现于过程。因此既要重视过程，更要关注结果，要通过有效的过程管理，实现卓越的结果。

学习、改进与创新：培育学习型企业和个人是企业追求卓越的基础，传承、改进和创新是企业持续发展的关键。

系统管理：将企业视为一个整体，以科学、有效的方法，实现企业经营管理的统筹规划，协调一致，提高组织管理的有效性和效率。

卓越绩效模式既强调顾客驱动，又强调战略导向；既重视过程，又关注结果；既注重系统管理，又重视学习、改进和创新。

国家标准《卓越绩效评价准则》（GB/T 19580）是目前国家及各级地方政府评审政府质量奖的依据，是以“评价”方式指导企业进行全面质量管理（全面绩效管理）的一部标准。其确立的卓越绩效管理模式，对提高企业管理水平具有重大作用。

（四）体系管理、现场管理与卓越绩效三种模式的关系

体系管理模式、现场管理模式和卓越绩效模式的基础都是全面质量管理理论，可以说三种模式同出一源，但处于不同的层次。

以 ISO9000 标准（GB/T 19000 标准）为代表的体系管理，强调企业怎样保证产品质量或环境、职业健康安全、能源等持续稳定合格，不涉及成本、效率等其他因素。体系管理最强调的是符合性。

现场管理强调的是如何应用各种方法提高工作效率、降低成本、保证安全生产等，从而提高公司的效率和竞争力。最强调的是强调改善。

卓越绩效是强调企业如何系统地提高经营质量，保持和提高企业的竞争地位。强调全面性。

四、知识创新

（一）含义

知识创新的目的是追求新发现、探索新规律、创立新学说、创造新方法、积累新知识。知识创新是技术创新的基础，是新技术和新发明的源泉，是促进科技进步和经济增长的革命性力量。知识创新为人类认识世界、改造世界提供新理论和新方法，为人类文明进步和社会发展提供不竭动力。

目前，对知识创新代表性的定义有以下几种：

一是指通过企业的知识管理，在知识获取、处理、共享基础上不断追求新的发展，探索新的规律，创立新的学说，并将知识不断地应用到新的领域并在新的领域不断创新，推动企业核心竞争力的不断增强，使企业获得经营成功；二是为了企业的成功、国民经济的活力和社会进步，创造、演化、交换和应用新思想，使其转变成市场化的产品和服务；三是通过科学研究获得的基础科学和技术科学知识的过程。

知识创新形成了以下特征：（1）具有价值创新系统的特征，但不是价值链；（2）网络化的组织机构成为了知识创新的载体；（3）知识创新以合作战略，加强联盟为基础；（4）知识创新需以客户为导向；（5）知识创新不同于知识管理，创新的目的是成果应用。

（二）知识创新与知识管理

在知识管理理论体系中有“知识创造”的概念。国家标准《知识管理 第 2 部分：术语》（GB/T 23703. 2—2010）定义其为“组织通过各种不同的方法，增进、强化已

有知识和探索新知识的活动。”很显然，这个定义比知识创新定义范畴更广。首先是方法上更宽广，“各种不同的方法”显然包括“科学研究”；其次，内容更多，“增进、强化已有知识和探索新知识”显然也包括“获得新的基础科学和技术科学知识”。

通过对比分析知识创造与知识创新的概念，不难发现企业中的知识创新是将所创造的新的思想性的流程性知识具体应用于新产品的开发和生产过程；知识创新包括了知识管理中知识创造和知识应用两个流程。

知识创新是动态的过程，是知识流动和资源重新配置的动态过程，是通过知识的激活、扩散、碰撞和整合，产生新思维和新方法，最终实现价值增值的过程。

（三）知识创新与技术创新

对比分析知识创新与技术创新的概念，可以发现知识创新与技术创新密切相关，借鉴技术创新过程的相关理论可以将知识创新的运行划分为5个阶段，即知识创新构思、知识创新构思评价、知识创新成果研发、知识创新成果商业化、知识创新反思。

知识创新是一个复杂过程，创新主体、客体等受到多种因素影响，造成知识创新复杂化和多样化。影响因素可以归纳为两个方面，一是创新主体，如创新主体形成的环境氛围、文化、组织边界等；二是创新客体，如知识的隐含性、复杂性等。随着信息技术的发展以及创新需求的增加，创新主体的边界变得模糊，创新活动呈现出区域化、复杂化、网络化和多样化等特性，影响知识创新的因素及联系变得越来越复杂。

五、河北省钢铁产业管理创新和知识创新的途径

钢铁企业要采用信息化管理手段和先进管理模式，开展管理创新，促进钢铁企业管理水平的提升，建立与技术、工艺、装备水平相适应的管理体制，保障科技创新成果的应用。从体系管理、现场管理发展到卓越绩效模式，逐步实现完善的全面质量管理。钢铁企业要建立健全信息资源管理系统，建设生产管理中心、设备管理中心、能源管理中心、计量管理中心、质量管理中心、销售（合同）管理中心等专业化信息系统及其集成系统，推广应用产品在线监测系统、表面质量监测系统、污染物排放在线监测系统，以两化深度融合完善企业管理。

钢铁企业要加强知识管理，进行知识创新，为社会提供知识资源，为钢铁产业技术创新提供支撑。

第五章　保障措施研究

保障，即确保，保证做到；措施，即针对某种情况而采取的处理办法（对于较大的事情）。保障措施，即为确保某事或某项工作的完成而采取的处理方法。

促进河北省钢铁产业科技创新，需要各个方面的保障措施，包括组织保障、政策保障、体制机制保障、资金保障、人才保障等。

第一节　组织保障

组织有广义和狭义两种理解。广义上的组织指由诸多要素按照一定方式相互联系起来的系统；狭义上的组织指人们为实现一定的目标，互相协作结合而成的集体或团体，如党团组织、工会组织、企业、军事组织等。狭义的组织专门对于人而言，运用于社会管理之中。现代社会生活中，组织是人们按照一定目的、任务和形式编制起来的社会集团，是社会的细胞、社会的基本单元、社会的基础。

国家标准 GB/T 19000—2008 对组织的定义是"职责、权限和相互关系得到安排的一组人员及设施。"并特别注明"安排通常是有序的""组织可以是公有的或私有的"。另外的国家标准基本引用这一定义。

组织保障，即为确保实现工作目标而建立组织。促进河北省钢铁产业科技创新工作，应建立领导小组、设立领导小组办公室、建立专家指导委员会，并充分发挥相关机构和社会组织的作用。

一、促进河北省钢铁产业科技创新领导小组

为确保促进河北省钢铁产业科技创新实施，要在省级层面建立一个组织机构负责促进河北省钢铁产业科技创新的顶层设计，制定相关政策，编制有关中长期规划，统筹协调各部门、各地区及钢铁企业、高等院校、科研单位、技术服务与技术转移中介机构等的协作配合，推进河北省钢铁产业科技创新。

这一机构要有相当的权威性、广泛的代表性和灵活的协调性，可设立河北省钢铁产业科技创新领导小组。为保证权威性，组长应由省政府主管科学技术或工业的副省长担任，副组长由省科技厅厅长、省工业和信息化厅厅长共同担任，成员应包括省科学技术厅、省工业和信息化厅、省发展和改革委员会、省财政厅、省环境保护厅、省水利厅、省质量技术监督局、省安全生产监督管理局、省国家税务局、省地方税务局等有关政府部门负责人和省冶金行业协会负责人。

领导小组负责方向性、原则性的工作，定期不定期召开领导小组会议，研究河北

省钢铁产业科技创新的重大问题。

二、促进河北省钢铁产业科技创新领导小组办公室

促进河北省钢铁产业科技创新，首先要确定河北省钢铁产业现状，包括技术水平现状、科技创新现状，了解河北省钢铁产业科技创新的动态，确定科技创新的方向及相关项目、课题，对项目、课题的必要性、先进性、实用性、经济性等方面进行评审，对实施的项目、课题的进度进行跟踪、检查和验收，对钢铁企业的技术需求和高等院校、科研单位的相关成果进行了解。这些日常事务性工作可由领导小组的常设机构进行处理。

常设机构建议设立为领导小组办公室，可设在省科学技术厅，负责具体的日常工作。其职责为组织开展钢铁产业技术水平现状及科技创新状况调研，定期发布钢铁产业创新动态，并对科技创新状况进行分析，提出相应对策和建议；组织省内外专家对河北省钢铁产业技术升级相关项目进行评审、中期检查和验收；指导高等院校、科研院所及技术服务和技术转移等中介机构深入钢铁企业生产一线，开展对接服务；指导和帮助钢铁企业有针对性地开展科技创新工作等。

领导小组办公室主任可由作为领导小组成员的省科学技术厅主管副厅长兼任，副主任由省科学技术厅高新技术发展及产业化处处长担任，成员包括高新技术发展及产业化处相关人员和省冶金行业协会秘书处相关人员。

三、河北省钢铁产业科技创新专家指导委员会

设立由省内外钢铁领域知名专家组成的专家指导委员会。定期分析钢铁行业发展动态，提出科技创新重点支持方向和重大研究课题建议，为钢铁企业提供技术指导和咨询服务。

四、河北省钢铁产业科技创新平台

整合科技资源，建立河北省钢铁产业科技创新平台及京津冀钢铁产业科技创新平台，为钢铁企业科技创新活动提供支撑和服务。

第二节 政策保障

政策是国家政权机关、政党组织和其他社会政治集团为了实现自己所代表的阶级、阶层的利益与意志，以权威形式标准化地规定在一定的历史时期内，应该达到的奋斗目标、遵循的行动原则、完成的明确任务、实行的工作方式、采取的一般步骤和具体措施 。其实质是阶级利益的观念化、主体化、实践化反映。

政策具有阶级性、正误性、时效性、表述性等特点。阶级性是政策的最根本特点，在阶级社会中政策只代表特定阶级的利益，从来不代表全体社会成员的利益、不反映所有人的意志；正误性是政策普遍存在的，任何阶级及其主体的政策都有正确与

错误之分；时效性指在一定时间内的历史条件和国情条件下，推行的现实政策；表述性则是政策的表现形态，政策不是物质实体，而是外化为符号表达的观念和信息，由有权制定政策的机关用语言和文字等表达手段进行表述。

政策保障首先是落实现有支持工业发展和科技创新的政策，二是制定支持钢铁产业科技创新的专项政策。从政策涵盖的内容方面，包括科技创新体系建设政策、机制支持、资金扶持政策、税收政策、技术改造政策、激励政策等。

一、现有政策

国家和河北省均发布了支持工业发展、支持科技创新和技术改造的相关政策，政府相关部门对河北省钢铁产业应充分落实，河北省钢铁产业应把政策用好用足。

（一）税收政策

现有支持工业发展、支持科技创新和技术改造的相关政策的税收政策有对企业发生的研究开发费用实行所得税前加计扣除，免征国家级技术中心企业科技开发用品进口税，企业鼓励项目进口设备免征关税，资源综合利用减免税，节能减排等专用设备按设备投资额10%抵免企业应纳税额，对企业技术转让所得免征或减征企业所得税，企业技术进步加速企业固定资产折旧，免征符合国家规定条件的企业科技开发邮品进口税，高新技术企业税收优惠，企业自备综合利用、热电联产电厂（机组）经认定后可免征政府性基金和附加等。

1. 对企业发生的研究开发费用实行所得税前加计扣除

具体法律和政策文件依据：

（1）《中华人民共和国企业所得税法》第三十条规定：“企业的下列支出，可以在计算应纳税所得额时加计扣除：（一）开发新技术、新产品、新工艺发生的研究开发费用。”

（2）《中华人民共和国企业所得税法实施条例》第九十五条规定：“企业所得税法第三十条第（一）项所称研究开发费用的加计扣除，是指企业为开发新技术、新产品、新工艺发生的研究开发费用，未形成无形资产计入当期损益的，在按照规定据实扣除的基础上，按照研究开发费用的50%加计扣除；形成无形资产的，按照无形资产成本的150%摊销。”

（3）国务院《关于实施国家中长期科学和技术发展规划纲要的若干配套政策》（国发［2006］6号）之“二、税收激励”中（七）规定：“允许企业按当年实际发生的技术开发费用的150%抵扣当年应纳税所得额。实际发生的技术开发费用当年抵扣不足部分，可按税法规定在5年内结转抵扣。”

2. 免征国家级技术中心企业科技开发用品进口税

国务院《关于实施国家中长期科学和技术发展规划纲要的若干配套政策》（国发［2006］6号）之“二、税收激励”中（十）规定：“对符合国家规定条件的企业技术中心、国家工程（技术研究）中心等，进口规定范围内的科学研究和技术开发用品，免征进口关税和进口环节增值税。”

2007 年 1 月 31 日财政部、海关总署、国家税务总局令第 44 号公布，根据 2011 年 6 月 14 日《财政部、海关总署、国家税务总局关于修改〈科技开发用品免征进口税收暂行规定〉和〈科学研究和教学用品免征进口税收规定〉的决定》修订的《科技开发用品免征进口税收暂行规定》第二条规定免征进口税机构范围：

“下列科学研究、技术开发机构，在 2015 年 12 月 31 日前，在合理数量范围内进口国内不能生产或者性能不能满足需要的科技开发用品，免征进口关税和进口环节增值税、消费税：

（三）国家发展和改革委员会会同财政部、海关总署、国家税务总局和科技部核定的企业技术中心；

（四）科技部会同财政部、海关总署和国家税务总局核定的国家重点实验室和国家工程技术研究中心”。

附件所列钢铁产业适用的免税进口科技开发用品清单包括：

（1）研究开发、科学试验用的分析、测量、检查、计量、观测、发生信号的仪器、仪表及其附件。

（2）为科学研究、技术开发提供必要条件的科研实验用设备（用于中试和生产的设备除外）。

（3）计算机工作站，中型、大型计算机。

（4）在海关监管期内用于维修依照本规定已免税进口的仪器、仪表和设备或者用于改进、扩充该仪器、仪表和设备的功能而单独进口的专用零部件及配件。

（5）各种载体形式的图书、报刊、讲稿、计算机软件。

（6）标本、模型。

（7）实验用材料。

3. 企业鼓励项目进口设备免征关税

财政部、国家发展和改革委员会、工业和信息化部、海关总署、国家税务总局、国家能源局 2014 年 2 月 18 日以财关税［2014］2 号文件发布的关于《调整重大技术装备进口税收政策的通知》附件 1《重大技术装备进口税收政策规定》第二条规定：“对符合规定条件的国内企业为生产国家支持发展的重大技术装备或产品而确有必要进口部分关键零部件及原材料，免征关税和进口环节增值税。”

附件 2《国家支持发展的重大技术装备和产品目录（2014 年修订）》所列第五大类《大型冶金成套设备》，包括大型薄板热连轧成套设备、大型薄板冷连轧成套设备、连续热镀锌生产线成套设备、大型板坯连铸机和大型制氧机、大型高炉风机、余热回收装置等六类。其中大型薄板热连轧成套设备具体设备为二辊或四辊粗轧机、切头飞剪、精轧机、层流冷却装置、卷取机、流体部分，要求参数为轧辊宽度不小于 1400mm，产品厚度不大于 3mm；大型薄板冷连轧成套设备具体设备为带压辊的转向控制辊、六辊轧机、轧机乳化液喷射装置、带钢吹扫装置及防缠导板、轮盘卷曲机、流体部分；连续热镀锌生产线成套设备具体设备为流体部分；大型板坯连铸机没有细分；大型制氧机、大型高炉风机、余热回收装置具体设备为大型高炉风机。

附件3《重大技术装备和产品进口关键零部件、原材料目录（2014年修订）》所列第五大类《大型冶金成套设备》，对于附件1所列5类设备的具体设备、一级部件、二级部件及单机用量均给出了明细。

4. 资源综合利用减免税

《中华人民共和国企业所得税法》第三十三条规定："企业综合利用资源，生产符合国家产业政策规定的产品所取得的收入，可以在计算应纳税所得额时减计收入。"

财政部 国家税务总局2011年11月21日财税［2011］115号文件《关于调整完善资源综合利用产品及劳务增值税政策的通知》中有关规定：

"对销售下列自产货物实行增值税即征即退100%的政策：

（一）利用工业生产过程中产生的余热、余压生产的电力或热力。发电（热）原料中100%利用上述资源。"

5. 节能减排等专用设备按设备投资额10%抵免企业应纳税额

《中华人民共和国企业所得税法》第三十四条规定："企业购置用于环境保护、节能节水、安全生产等专用设备的投资额，可以按一定比例实行税额抵免。"

《中华人民共和国企业所得税法实施条例》第一百条规定："企业所得税法第三十四条所称税额抵免，是指企业购置并实际使用《环境保护专用设备企业所得税优惠目录》《节能节水专用设备企业所得税优惠目录》和《安全生产专用设备企业所得税优惠目录》规定的环境保护、节能节水、安全生产等专用设备的，该专用设备的投资额的10%可以从企业当年的应纳税额中抵免；当年不足抵免的，可以在以后5个纳税年度结转抵免。"

财政部、国家税务总局、国家发展和改革委员会2008年8月20日《关于公布节能节水专用设备企业所得税优惠目录（2008年版）和环境保护专用设备企业所得税优惠目录（2008年版）的通知》公布的《节能节水专用设备企业所得税优惠目录（2008年版）》列出了13种节能设备和3种工业用节水设备；《环境保护专用设备企业所得税优惠目录（2008年版）》列出了7种水污染治理设备、4种大气污染防治设备、2种固体废弃物处理设备、4种环境监测仪器仪表和3种清洁生产设备。

6. 对企业技术转让所得免征或减征企业所得税

《中华人民共和国企业所得税法》第二十七条规定："企业的下列所得，可以免征、减征企业所得税：……（四）符合条件的技术转让所得"。

《中华人民共和国企业所得税法实施条例》第九十条规定："企业所得税法第二十七条第（四）项所称符合条件的技术转让所得免征、减征企业所得税，是指一个纳税年度内，居民企业技术转让所得不超过500万元的部分，免征企业所得税；超过500万元的部分，减半征收企业所得税。"

7. 企业技术进步加速企业固定资产折旧

《中华人民共和国企业所得税法》第三十二条规定："企业的固定资产由于技术进步等原因，确需加速折旧的，可以缩短折旧年限或者采取加速折旧的方法。"

《中华人民共和国企业所得税法实施条例》第九十八条规定的企业所得税法第三十二条所称可以采取缩短折旧年限或者采取加速折旧的方法的固定资产包括：

"（1）由于技术进步，产品更新换代较快的固定资产；

（2）常年处于强震动、高腐蚀状态的固定资产。

采取缩短折旧年限方法的，最低折旧年限不得低于本条例第六十条规定折旧年限的60%；采取加速折旧方法的，可以采取双倍余额递减法或者年数总和法。"

《中华人民共和国企业所得税法实施条例》第六十条规定的固定资产计算折旧的最低年限如下：

（1）房屋、建筑物，为20年；

（2）飞机、火车、轮船、机器、机械和其他生产设备，为10年；

（3）与生产经营活动有关的器具、工具、家具等，为5年；

（4）飞机、火车、轮船以外的运输工具，为4年；

（5）电子设备，为3年。

8. 免征符合国家规定条件的企业科技开发用品进口税

国务院《关于实施国家中长期科学和技术发展规划纲要的若干配套政策》（国发[2006]6号）之"二、税收激励"中（十）规定："对承担国家重大科技专项、国家科技计划重点项目、国家重大技术装备研究开发项目和重大引进技术消化吸收再创新项目的企业进口国内不能生产的关键设备、原材料及零部件免征进口关税和进口环节增值税。"

9. 高新技术企业税收优惠

《中华人民共和国企业所得税法》第二十八条规定："国家需要重点扶持的高新技术企业，减按15%的税率征收企业所得税。"

《中华人民共和国企业所得税法实施条例》第九十三条规定的企业所得税法第二十八条第二款所称国家需要重点扶持的高新技术企业，是指拥有核心自主知识产权，并同时符合下列条件的企业：

（1）产品（服）属于《国家重点支持的高新技术领域》规定的范围；

（2）研究开发费用占销售收入的比例不低于规定比例；

（3）高新技术产品（服务）收入占企业总收入的比例不低于规定比例；

（4）科技人员占企业职工总数的比例不低于规定比例；

（5）高新技术企业认定管理办法规定的其他条件。

10. 企业自备综合利用、热电联产电厂（机组）经认定后可免征政府性基金和附加

国家发展改革委、国家电监会《关于进一步落实差别电价及自备电厂收费政策有关问题的通知》（发改电[2004]159号）规定："向企业自备电厂征收基金及附加的适用范围为：除国家鼓励发展的资源综合利用（利用余热、余压发电、煤矸石发电

等）、热电联产自备电厂之外的自备电厂。”

（二）企业创新支持政策

企业创新支持有企业自主创新投入所得税前加计扣除（税收政策）、向企业开放科研基地和科研基础设施、支持企业工程技术研究中心建设、支持企业重点实验室建设、支持企业申报省科技计划项目、支持企业申报国家级和河北省技术创新示范企业、支持企业申报工业产品质量控制和技术评价实验室、支持企业申报全国质量标杆等8项。

（三）应用好用足的现有支持

政府部门应落实现有支持工业发展的政策，河北省钢铁产业应用好用足现有支持工业发展的政策，为科技创新创造条件。加速钢铁企业固定资产折旧；对钢铁企业发生的研究开发费用实行所得税前加计扣除；免征国家级技术中心钢铁企业和符合国家规定条件的钢铁企业科技开发用品进口税，免征鼓励项目进口设备关税；对环境保护、节能节水项目和技术转让等收入减免相关税费；支持企业申报高新技术企业，支持钢铁领域高新技术企业享受所得税优惠政策。向钢铁企业开放科研基地和科研基础设施，引导钢铁企业把减免税费用于科技创新再投入。

二、专项政策

对钢铁产业落实现有支持工业发展的政策，对于促进河北省钢铁产业科技创新有巨大作用。鉴于河北省钢铁产业实际情况，还应继续研究制定支持钢铁企业科技创新的专项政策。主要是支持钢铁企业工程技术研究中心和重点实验室建设，支持钢铁企业申报专利，支持钢铁企业申请认定高新技术企业，支持钢铁企业开发高端、优质、高附加值产品，支持钢铁企业应用前沿技术和工艺装备，建立钢铁产业科技创新奖励制度。

（一）支持钢铁企业工程技术研究中心和重点实验室建设

1. 钢铁产业工程技术研究中心建设

建设工程技术中心，是提高现有科技成果的成熟性和配套性，为规模化生产提供技术支撑，促进以企业为主体、市场为导向、产学研相结合的技术创新体系建设，加速科技成果向现实生产力转化的重要举措。

钢铁产业工程技术中心的主要任务是：

（1）根据国家特别是河北省经济、社会发展和市场需求，针对钢铁产业发展中的重大关键和共性技术问题进行技术创新，将具有重要应用前景的科研成果进行系统化、配套化和工程化研究开发，为产业化提供成熟、配套的技术、工艺和装备，开发钢铁新产品，制订钢铁产业技术标准，推动钢铁产业技术进步。

（2）培养钢铁产业高层次工程技术人才和管理人才。

（3）实行开放服务，承担钢铁产业、政府部门以及钢铁企业、高等院校和科研机构委托的钢铁工程技术研究、设计和试验任务，提供钢铁技术咨询服务。

钢铁企业或相关高等院校、科研单位作为依托单位建设河北省钢铁产业工程技术研究中心，是工程技术中心建设和运行管理的具体实施单位，主要职责是：

（1）完成工程技术中心建设工作；为工程技术中心运行和发展提供配套条件、经费及后勤保障。

（2）负责聘任工程技术中心主任、副主任，确定工程技术中心编制和人员安排；聘任工程技术委员会主任及组成人员。

（3）根据工程技术委员会的建议，协助工程技术中心制定研究发展方向、年度目标任务和工作计划。

（4）负责对工程技术中心进行年度考核。

河北省科学技术厅、河北省财政厅、河北省发展和改革委员会作为河北省钢铁产业工程技术中心的管理部门，河北省工业和信息化厅作为河北省钢铁产业工程技术中心的行政主管部门，应支持建设河北省钢铁产业工程技术中心，指导河北省钢铁产业工程技术中心的运行和管理，为河北省钢铁产业工程技术中心的建设和运行提供配套经费和必要的保障条件。

2. 钢铁产业重点实验室建设

河北省钢铁产业重点实验室是河北省钢铁产业科技创新体系的重要组成部分，可依托高等院校、科研院所和具有原始创新能力的钢铁企业及其他机构建立，代表河北省钢铁产业的科研学术水平、实验水平和科研管理水平，是组织开展钢铁产业高水平基础研究和应用基础研究、聚集和培养钢铁产业优秀科技人才、开展钢铁产业学术交流、面向社会开放的基础研究基地。

河北省钢铁产业重点实验室的主要任务是围绕经济、社会发展战略目标和钢铁领域发展需求，开展以钢铁产业基础研究和应用基础研究为主的创新性研究，积极获取原始创新成果和自主知识产权，为钢铁及相关学科领域和钢铁产业发展提供理论依据和技术支撑；创造良好的科研环境和实验条件，培育和稳定一批高素质的钢铁产业科技人才及学术带头人，建设一支专业知识和年龄结构合理、学术思想活跃、科技创新能力强的钢铁产业高层次学术队伍。

钢铁企业或相关高等院校、科研单位作为依托单位建设河北省钢铁产业重点实验室，是重点实验室建设和运行管理的具体实施单位，主要职责是：

（1）完成实验室建设工作，为实验室运行和发展提供配套条件、经费及后勤保障。

（2）负责聘任实验室主任、常务副主任、副主任，确定实验室编制和人员安排；聘任学术委员会主任及组成人员。

（3）对实验室进行年度考核。

（4）根据学术委员会的建议，协助实验室制定研究发展方向、年度目标任务和工作计划。

河北省科学技术厅、河北省财政厅、河北省发展和改革委员会作为河北省钢铁产业重点实验室的管理部门，河北省工业和信息化厅作为河北省钢铁产业重点实验室的行政主管部门，应支持建设河北省钢铁产业重点实验室，指导河北省钢铁产业重点实验室运行和管理，为河北省钢铁产业重点实验室建设和运行提供配套经费和必要的保障条件。

3. 支持政策

要制定支持河北省钢铁产业工程技术中心和重点实验室建设的专项政策，加强能力建设，支持钢铁企业申报国家级和省级工程技术研究中心或重点实验室。对于申报成功国家级和省级工程技术研究中心或重点实验室的企业，应给予重奖，奖励资金用于工程技术研究中心或重点实验室能力建设。

根据河北省钢铁产业实际情况，建议对申报成功国家级和省级工程技术研究中心或重点实验室的企业，分别给予1000万元和500万元的后补助奖励。

（二）支持钢铁企业申报专利

“专利”指专有的利益和权利。专利一词来源于拉丁语 Litterae patentes，意为公开的信件或公共文献，是中世纪的君主用来颁布某种特权的证明，后来指英国国王亲自签署的独占权利证书。

专利是受法律规范保护的发明创造，指一项发明创造向国家审批机关提出专利申请，经依法审查合格后向专利申请人授予的在规定的时间内对该项发明创造享有的专有权。

专利权是一种专有权，具有独占的排他性。非专利权人要想使用他人的专利技术，必须依法征得专利权人的同意或许可。

《中华人民共和国专利法》第二条明确了“发明创造是指发明、实用新型和外观设计。”其中，发明是指对产品、方法或者其改进所提出的新的技术方案；实用新型是指对产品的形状、构造或者其结合所提出的适于实用的新的技术方案；外观设计是指对产品的形状、图案或者其结合以及色彩与形状、图案的结合所作出的富有美感并适于工业应用的新设计。

《中华人民共和国专利法》第二十二条规定：“授予专利权的发明和实用新型，应当具备新颖性、创造性和实用性。”

新颖性，是指该发明或者实用新型不属于现有技术；也没有任何单位或者个人就同样的发明或者实用新型在申请日以前向国务院专利行政部门提出过申请，并记载在申请日以后公布的专利申请文件或者公告的专利文件中。

创造性，是指与现有技术相比，该发明具有突出的实质性特点和显著的进步，该实用新型具有实质性特点和进步。

实用性，是指该发明或者实用新型能够制造或者使用，并且能够产生积极效果。

现有技术，是指申请日以前在国内外为公众所知的技术。

由此可见，被授予专利权的发明和实用新型，是科技创新的成果；申请专利，是对科技创新成果的保护；一个钢铁企业获得发明专利授权的数量，是其科技创新的能力和水平的体现。

河北省钢铁产业获得发明专利授权的数量与其在我国钢铁产业中的地位极不相称，全省钢铁企业中国专利发明授权、发明公布数量低于宝钢、安钢、武钢、首钢、山东钢铁等钢铁企业（集团），且主要集中于河北钢铁集团和新兴铸管。这从一个侧面反映了河北省科技创新能力的薄弱。

支持钢铁企业申请专利，特别是发明专利，是对河北省钢铁产业提高科技创新能力和水平的直接鼓励。

支持采取物质奖励与精神奖励相结合的方式，对于每项发明授权给予10万元左右奖励，用于发明人奖励和专利维持。按照2009~2014年数据，不包括首钢位于河北省行政区域的钢铁企业，全省钢铁企业获得发明授权382件，年均63.7件，按照每件10万元奖励计算，每年需要资金约640万元；若不包括央企新兴铸管在内，全省钢铁企业获得发明授权248件，年均41.3件，需要资金约420万元。在政策鼓励下，即使发明授权达到每年100件，年需资金为1000万元。

（三）支持钢铁企业申请认定高新技术企业

高新技术企业是指在《国家重点支持的高新技术领域》内，持续进行研究开发与技术成果转化，形成企业核心自主知识产权，并以此为基础开展经营活动，在中国境内（不包括港、澳、台地区）注册一年以上的居民企业。

国家重点支持的高新技术领域中涉及钢铁产业的内容包括四个大类，分别是：

第四大类新材料技术第（一）类金属材料第2项高性能金属材料及特殊合金材料生产技术，具体包括超细晶粒的高强度、高韧性、强耐蚀钢铁材料生产技术；为提高钢铁材料洁净度、均匀度、组织细度等影响材料性能，提高冶金行业资源、能源利用效率，实现节能、环保，促进钢铁行业可持续发展的配套相关材料、部件制造技术；高强度、高韧性、高导性、耐腐蚀、高抗磨、耐高（低）温等特殊钢材料、高温合金材料、工模具材料制造技术；超细组织钢铁材料的轧制工艺、先进微合金化、高均质连铸坯、高洁净钢的冶炼工艺，高强度耐热合金钢及铸锻工艺和焊接技术，高性能碳素结构钢、高强度低合金钢、超高强度钢、高牌号冷轧硅钢生产工艺（高能耗、高污染的“地条钢”和一般建筑用钢、常规铸造、常规机加工项目除外）。

第四大类新材料技术第（一）类金属材料第10项金属及非金属材料先进制备、加工和成型技术，包括用来制造高性能、多功能的高精、超宽、薄壁、特细、超长的新型材料及先进加工和成型技术；超细和纳米晶粒组织的快速凝固制造技术及超大形变加工技术；高速、高精、超宽、薄壁连铸连轧和高度自动化生产板、带、箔技术；金属半固态成型和近终成型技术；短流程生产工艺技术。

第六大类新能源及节能技术第（四）类高效节能技术第1项钢铁企业低热值煤气发电技术，包括钢铁企业余压、余热、余能回收利用关键技术，包括高炉煤气余压能量回收透平发电技术（TRT）、低热值煤气燃气轮机联合循环发电技术（CCPP）等；

第 2 项蓄热式燃烧技术，包括工业炉窑和电站、民用锅炉的高效蓄热式燃烧技术等；第 3 项低温余热发电技术，包括水泥、冶金、石油化工等行业低温余热蒸汽发电关键技术；第 4 项废弃燃气发电技术，包括高炉煤气、焦炉尾气等工业废弃燃气发电关键技术（高热值燃气发电技术及产品除外）；第 5 项蒸汽余压、余热、余能回收利用技术，包括冷凝水、低参数蒸汽等回收利用新技术；第 9 项能源系统管理、优化与控制技术，包括工业建筑领域的能量系统优化设计、能源审计、优化控制、优化运行管理软件技术，特别是能量系统节能综合优化技术。

第七大类资源与环境技术第（一）类水污染控制技术第 2 项工业废水处理技术，包括有毒难降解工业废水处理技术，煤化工等行业高氨氮废水处理技术与装置；第 3 项城市和工业节水和废水资源化技术，包括各类工业废水深度处理回用集成技术，城市污水处理再生水生产的集成技术。

第（二）类大气污染控制技术第 5 项其他重污染行业空气污染防治技术，包括高性能除尘滤料和高性能电、袋组合式除尘技术，特殊行业工业排放的有毒有害废气、二噁英、恶臭气体的控制技术，工业排放温室气体的减排技术，碳减排及碳转化利用技术。

第七大类资源与环境技术第（三）类固体废弃物的处理与综合利用技术第 2 项工业固体废弃物的资源综合利用技术，包括利用工业固体废弃物生产复合材料，冶金废渣等废弃物的资源回收与综合利用技术，废弃物资源化处理技术。

第七大类资源与环境技术第（六）类清洁生产与循环经济技术第 1 项重点行业污染减排和"零排放"关键技术，包括冶金、钢铁等行业污染减排关键技术和工艺过程中废气、废水、废物资源化回收利用技术；第 4 项绿色制造关键技术，包括绿色基础材料及其制备技术，高效、节能、环保和可循环的新型制造工艺及装备，绿色制造技术在产品开发、加工制造、销售服务及回收利用等产品全生命周期中的应用。

第八大类高新技术改造传统产业第（一）类工业生产过程控制系统第 1 项现场总线及工业以太网技术，第 2 项可编程序控制器（PLC），第 3 项基于 PC 的控制系统，第 4 项新一代的工业控制计算机等。

河北省目前在有效期内的高新技术企业只有 5 家钢铁联合企业，远远低于其他产业。被认定为高新技术企业，是对钢铁企业科技创新能力的肯定，其享受的优惠政策也为其发展提供了良好的环境，对其进一步提高创新能力起到良好的推进作用，两者具有良性互动。因此，应出台鼓励钢铁企业申报高新技术企业，对于被认定为高新技术企业的钢铁联合企业，一次给予不低于 50 万元的奖励。

第三节 机制保障

机制指在科技创新过程中各环节、各要素之间的紧密关联、相互作用的逻辑结构从而实现科技创新活动的内在机理和制度，其中包含主体的技术水平和内外部的各种影响因素。

河北省钢铁产业科技创新应建立完善科技创新动力机制、运行机制、保障机制、扩散机制（技术转移机制），这是促进河北省科技创新的重要任务，也是河北省科技创新的重要保障。这部分内容在第四章已有论述，这里不再赘述。

机制保障主要是指要建立科技创新的保障机制、激励机制和评价机制。

一、保障机制

保障机制包括投入、管理制度、风险管理等，是钢铁企业进行科技创新活动的保障，对科技创新的顺利开展起着重要的保障作用。

比较充足的资金、合理的人才配置是河北省钢铁产业科技创新的支撑，必要的科技活动经费和人才投入是保证河北省科技创新顺利进行的基础。政府应建立相应的资金，支持钢铁产业科技创新活动的开展；钢铁企业既可自己投入，也可向社会招募资金，还可寻求企业间合作或战略联盟，并可申请国家和/或省市级科研项目资金作为支持，目前以钢铁企业投入为主。

管理制度包括政府对河北省钢铁产业科技创新的规章、规范性文件和评价指标体系等，钢铁企业自身科技创新管理体系、规章制度和政策等。

风险是某一事件发生的概率和其后果的组合，风险管理是指导和控制某一组织与风险相关问题的协调活动。风险管理是钢铁企业应对科技创新压力和竞争时提高其创新能力和技术水平、培养其核心竞争力的风险化解能力的管理机制，钢铁企业可通过科技创新项目的立项评审、过程控制和终止制度及与之相伴随的风险评估、风险处理、风险承受和风险沟通来降低其科技创新的风险。

二、激励机制

激励主要对于钢铁企业和自然人而言。

（一）人才激励

河北省钢铁产业科技创新，需要大量的人才。没有人才，科技创新就是空中楼阁，没有相应的基础。

河北省钢铁产业人才应立足培育，积极引进，施行两条腿走路。要吸引高端人才参与河北省钢铁产业科技创新工作，特别是两院院士和取得博士学位的专业人才。

1. 鼓励有条件的钢铁企业设立博士后科研工作站

博士后科研工作站指在企业、科研生产型事业单位和特殊的区域性机构内，经批准可以招收和培养博士后研究人员的组织。博士后科研工作站为我国高技术人才与企业搭起了桥梁，是产、学、研相结合的新路子。

1994 年宝钢设立第一个工作站，大型企业建立博士后科研工作站在我国开始起步。根据国家有关规定，钢铁企业申请设立博士后科研工作站，应当具备以下基本条件：

（1）具备独立法人资格，经营或运行状况良好；

（2）具有一定规模，并具有专门的研究与开发机构；

（3）拥有高水平的研究队伍，具有创新理论和创新技术的博士后科研项目；

（4）能为博士后人员提供较好的科研条件和必要的生活条件。

建有省级以上研发和技术中心，承担国家重大项目的钢铁企业可优先设立工作站。工作站的设立，由拟设站的钢铁企业提出申请，河北省人力资源和社会保障厅组织初评后报人力资源和社会保障部。经专家评议，由人力资源和社会保障部审核批准。

钢铁企业博士后工作站是校企合作与产学研联合的新形式。博士后科研工作站为钢铁企业招收博士后时，国家规定必须与高校、科研院所博士后流动站联合培养博士后，实行双导师制度，即在钢铁企业与高校、科研院所分别选聘导师，钢铁企业博士后导师有利于博士后在钢铁企业顺利进行科研活动，流动站导师有利于在理论方面对博士后的指导，联合培养有利于博士后充分利用高校、科研院所完备的科研设施等。钢铁企业博士后工作站搭起了钢铁企业与高校、科研院所的桥梁，是产学研联合的新形式。通过企业博士后工作站，钢铁企业得以在全社会范围内运用人才和技术资源，对其优化配置，增强企业的竞争能力。钢铁企业可以充分利用与高校、研究院所联合培养博士后的有利时机，以多种形式与高校、研究所建立长期的合作关系，促进科技优势逐步转化成经济优势和竞争优势。

企业博士后制度真正实现了人才流动。博士后制度的精髓是流动，即人才的流动；钢铁企业博士后科研工作站作为博士后制度实施的载体，也成为人才流动的有效渠道。

钢铁企业建立博士后科研工作站，是钢铁企业真正成为科技创新主体的重要举措，可以把高校知识创新资源与钢铁企业技术应用平台充分结合，充分发挥科研机构与钢铁企业作为创新价值链上两个最重要环节的作用，促进科技成果转化。钢铁企业博士后科研工作站的建立，有利于发挥钢铁企业作为科技创新投入与行为的主体作用，使其充分融入国家创新体系。

钢铁企业博士后工作站的成立，将研究机构以及高校和企业紧密地结合起来；对于钢铁企业，只有将科研成果、最新技术应用于钢铁生产过程，才能加快企业科技进步，推动经济的发展。钢铁企业博士后工作站为研究机构和高校的科技成果的主要载体——研究人员提供了一个和钢铁企业沟通的平台，帮助钢铁企业从事技术开发和人员培训，也可以和钢铁企业一线技术人员进行实践上的沟通，使钢铁企业博士后工作站成为博士后和钢铁企业基础技术人员交流的中介和载体。

河北省钢铁企业博士后工作站可以采用两种模式建设：一是有条件的钢铁企业独立申请设立博士后科研工作站，二是钢铁企业组合联合申请设立博士后科研工作站。有条件的钢铁企业独立申请设立博士后科研工作站，应按照规定条件和程序申请；钢铁企业组合联合申请，可由河北省冶金行业协会或即将成立的、作为河北省钢铁产业科技创新体系重要组成部分的河北省钢铁产业生产力促进中心代表河北省钢铁企业设立、管理和运作，服务于河北省钢铁产业的所有企业，特别是缺乏科技人才、科技力量薄弱的民营钢铁企业。

对于钢铁企业独立申请设立的博士后科研工作站，一次性给予50万元奖励资金；对于钢铁企业组合联合申请设立的博士后科研工作站，一次性给予100万元奖励资金，作为日常运行费用。

2. 支持建立河北省钢铁产业院士工作站

院士工作站是由政府推动，以企事业单位创新需求为导向，以中国科学院院士、中国工程院院士及其团队为核心，以省内研发机构为依托，联合进行科学技术研究的高层次科技创新平台。院士工作站旨在促进科技成果产业化，培养创新人才队伍，为增强企事业单位的自主创新能力提供强有力的支撑。

院士工作站的职责是：

（1）根据本单位或产业发展的技术需求，组织院士及其团队与本地研发人员开展联合研究，研究重大理论、方法，研发重大新技术、新产品、新工艺、新装备，培育具有自主知识产权的主导产品品牌。

（2）开展产业发展及学科发展战略咨询。

（3）引进院士及其团队具有自主知识产权的科技成果，共同进行转化和产业化。

（4）与院士及其团队联合培养科技创新型人才。

（5）与院士及其团队联合开展高层次学术或技术交流活动。

河北省钢铁产业可进行机制创新，设立产业院士工作站，其工作内容为：

（1）开展河北省钢铁产业及钢铁企业发展战略咨询和技术指导。

（2）围绕河北省钢铁产业发展急需解决的重大关键技术难题，组织院士及其创新团队与河北省钢铁产业研发人员开展联合攻关。

（3）引进院士及其创新团队的技术成果，在河北省钢铁企业共同开展转化和产业化，培育自主知识产权和自主品牌。

（4）与院士及其创新团队共建研究生培养基地，联合培养河北省钢铁企业创新人才。

河北省钢铁产业科技创新院士工作站可由河北省冶金行业协会或河北省钢铁产业生产力促进中心负责建立、管理和运行，在体制上可以和博士后科研工作站合署办公，为全省钢铁企业提供科技创新方面的服务和咨询。

（二）成果奖励

对重大技术创新、关键品种研发和新工艺研究、试验、推广等方面取得重大突破和显著成绩的机构和人员，给予专项奖励；完善科技成果奖励机制，在省科技进步奖中设立钢铁产业科技创新奖。

1. 专项奖励

重大技术创新，关键品种研发和新工艺研究、试验是钢铁产业科技创新成果的集中体现，对取得这些方面突破的机构和人员，可给予专项奖励，颁发证书和奖章，发放适度金额的奖金。

科技创新成果的推广，是科技成果从一个高校、一个科研机构、一个钢铁企业或者一个自然人等向河北省钢铁企业甚至河北省钢铁产业整体进行的技术转移，可以使科技创新成果在河北省钢铁产业发挥极大的作用，产生最大的经济效益、环境效益和社会效益。

科技创新成果推广，显现其效应，将其应用于钢铁产业，是河北省钢铁产业科技创新工作的终极目的，也是科技创新的真正意义所在。科技创新推广，也是科技创新工作不可或缺的一个重要组成部分。

科技创新成果的推广，需要根据钢铁企业实际，进行大量的工作，也是一个再创新的过程。无论是科技创新成果的原创者，还是提供服务的中介机构，都有推广科技创新成果的职责。

对于在科技创新成果推广中作出突出贡献和显著成绩的机构和人员，也应给予专项奖励。

2. 成果奖项

河北省人民政府设立了省级科学技术奖，奖励种类之一为科技进步奖，授予在技术开发和应用推广先进科学技术成果中做出突出贡献的下列公民、组织：

（1）在实施技术开发和高技术产业化项目中，完成重要科学技术创新、科学技术成果转化，创造显著经济效益的。

（2）在实施社会公益项目中，长期从事科学技术基础性工作、社会公益性科学技术事业和科学技术普及工作，经实践检验，创造显著社会效益的。

（3）在实施重大工程项目中，率先应用新技术、新方法，使工程达到国内领先水平的。

钢铁产业是河北省主要支柱产业，对于河北省社会经济发展有重大影响。为鼓励河北省钢铁产业科技创新，可为河北省冶金行业协会分配河北省科技进步奖推荐限额，并在河北省科技进步奖中单设钢铁产业科技创新进步奖。

三、评价机制

评价是指为达到一定的目的，运用特定的指标，按照统一的标准，采取规定的方法，对事物做出价值判断的一种认识活动。促进河北省钢铁产业科技创新和技术升级，在建立保障机制和激励机制的同时，还要建立相应的评价机制。

评价机制是组织机构的一种制度安排，旨在运用科学评价手段增强人和事物内在的运行动力并调节各方面的制约关系，确保项目的科学决策，保证运行和管理目标的实现。

河北省钢铁产业科技创新，要把评价作为一项非常重要的工作，形成责任明确的评价机构、合理有效完善的评价指标体系、完整的评价制度和丰富而科学的评价手段，使河北省钢铁产业科技创新评价工作制度化、规范化，形成系统而科学的评价体系，评价对象和内容体现全寿命、全过程并涉及所有相关人员。

河北省钢铁产业科技创新评价工作，可由河北省钢铁产业科技创新领导小组办公室组织。对河北省钢铁产业、河北省钢铁产业科技创新示范企业科技创新能力、绩效和相关科技创新平台、科技创新团队、科技创新人才等进行评价，并建立动态调整机制，实行定期评价和定期复核相结合、定期评价和不定期评价相结合的评价机制。

河北省钢铁产业科技创新的顺利、持续开展，需要建立相应的评价机制进行保障，主要有科技创新能力评价、科技创新绩效评价、科技创新团队评价、科技创新人才评价和科技创新平台评价。

评价指标，指被评价的因素，被评价的全部因素的集合称为指标体系。广义的指标体系不仅包含各项指标的集合，而且包括各项指标的权重系数以及各项指标的标准。科技创新评价，要建立相应的评价指标体系。科技创新评价指标体系的设计遵循一定的原则。综合学者研究结果，在研究科技创新评论指标体系中普遍认可的有系统性原则、开放性原则、创新性原则、协作性原则、科学性原则和可比性原则，其中系统性原则和科学性原则是科技创新评价指标设计的基本要求，其他原则从不同方面反映了科技创新评价指标设计中的可操作性与指标的应用性。

（一）科技创新能力评价

作为科技管理的重要组成部分，科技创新能力评价是加强科技创新能力、提高科技创新绩效的关键之一。对河北省钢铁产业和钢铁企业科技创新能力进行系统评价，对促进河北省钢铁产业科技创新具有重要的现实意义，有助于河北省钢铁产业和河北省钢铁企业认清自身的优势与不足，调整科技发展战略。科技创新能力评价，还可使政府科技管理部门及时了解和掌握河北省钢铁产业科技创新能力，优化公共科研资源配置，促进河北省钢铁产业科技创新管理的科学化和规范化。

1. 科技创新能力

创新能力是在创新过程中，充分利用现代信息与通讯技术，不断将知识、技术、信息等要素纳入社会生产过程中所具有的一种能力，即将知识转化为新产品、新工艺、新服务的能力。科技创新能力是钢铁产业和钢铁企业在钢铁科学技术领域具有的发明创新的综合实力，是钢铁企业获得持续竞争力的源泉。

企业的科技创新能力涉及多要素和多层级，其内涵包括两个方面，科技创新要素和科技创新过程。

（1）科技创新要素。科技创新需要多种创新要素的综合参与，包括主体行为要素和客体整合要素。对于钢铁企业层面，科技创新主体行为要素包括管理层、研发部门、协作部门等，其中研发部门是核心主体，管理层是发起源，协作部门是支撑保障。科技创新客体整合要素是所有参与科技创新配置的资源总和，包括科学理论知识、创新工具和创新生产要素，其中科学理论知识是基础，创新工具是载体，创新生产要素是客观要求。科技创新主体只有通过积极的创新行为，对创新客体进行有效整合，才能保证科技创新活动的顺利进行。

（2）科技创新过程。科技创新是一个过程，涉及科学研究、技术开发、成果转化与扩散，涵盖了管理、商业等因素。随着创新理论研究的不断深入，发现科技创新的过程主要遵循两种模式：一是“长链创新”模式，始于基础研究阶段，而后向应用研究发展，最后终于市场实现；二是“短链创新”模式，借鉴已有理论和技术，越过基础研究阶段，直接开始开发阶段研究，进行深度开发。

2. 科技创新能力评价指标体系

现在尚未有统一的科技创新能力评价指标体系，很多学者进行了研究，提出了不同的评价指标体系；各地、各产业根据其实际情况，采用的评价指标体系也不尽相同。

目前最常见的企业科技创新能力评价指标体系多是根据创新过程而建立的具有多个层次的指标体系。一般科技创新能力指标为第 1 层，过程能力指标为第 2 层，影响过程能力的要素指标为第 3 层；如果影响过程能力的要素很多，又可根据具体情况细分第 4 层指标。

在一级指标方面，分类数量从 4 个到 8 个不等。一般研发、投入、组织管理、生产制造、营销能力为基础，增加五大过程能力划分基础上增加实现能力、产出能力、财务能力、创新倾向性、学习能力和战略计划能力等。

比较精练的评价指标体系只有 4 个一级能力指标，即投入能力、产出能力、实现能力和管理能力。企业科技创新能力的构成可分为两个依次相关的层面：外层是创新投入能力和创新管理能力，是企业科技创新能力的基础；内层是创新产出能力以及创新实现能力、营销能力、研发能力、制造能力，体现在产出和实现能力上，是企业科技创新能力的具体的表现。以此作为企业科技创新能力的主结构。

在选取指标时，根据各个子能力特点的要素分解，确定反映各要素必需的指标；各要素所需要的各个指标之间的相关性尽可能小。

另一种较为简练的评价指标体系，包括 5 个一级指标：市场竞争能力、科技创新环境、科技创新资源、科技创新投入、科技创新管理。

对河北省钢铁产业和钢铁企业科技创新能力评价，要结合实际，研究出一套既简练又能反映真实情况的科技创新能力评价指标体系，以开展评价工作，促进河北省钢铁产业科技创新活动。

（二）科技创新绩效评价

1. 绩效

从字面意思分析，绩效是绩与效的组合。绩就是业绩，效就是效率、效果、态度、品行、行为、方法、方式。

绩效是组织中个人（团队）特定时间内的可描述的工作行为和可测量的工作结果，以及组织结合个人（团队）在过去工作中的素质和能力，指导其改进完善，从而预计其在未来特定时间内所能取得的工作成效的总和。

绩效是指组织、团队或个人，在一定的资源、条件和环境下，完成任务的出色程度，是对目标实现程度及达成效率的衡量与反馈。

绩效是一个组织或个人在一定时期内的投入产出情况，投入指的是人力、物力、时间等物质资源，或个人的情感、情绪等精神资源，产出指的是工作任务在数量、质量及效率方面的完成情况。

科技创新绩效，即科技创新活动的投入产出情况。

2. 绩效评价

绩效评价，是组织依照预先确定的标准和一定的评价程序，运用科学的评价方法，按照评价的内容和标准对评价对象的工作能力、工作业绩进行定期和不定期的考核和评价。

科技创新能力评价和科技创新绩效评价是科技创新评价体系中的两个组成部分，服务于科技创新体系建设，两者存在交叉但又不能等同。

动态而客观地评价河北省钢铁产业和各钢铁企业的科技创新绩效，可以全面、系统判断河北省钢铁产业科技创新绩效和钢铁企业科技创新绩效，有利于各钢铁企业互相比较，寻找差距，以寻找最佳的促进钢铁企业科技创新的实践，有利于河北省政府相关部门如科技主管部门、工业主管部门和相关社会组织及时掌握河北省钢铁产业的创新绩效发展态势，为河北省钢铁产业科技创新政策的制定、修改提供依据，激励各钢铁企业开展科技创新实践，提高科技创新绩效。

3. 评价方法

科技创新绩效评价属于多投入多产出的绩效评价。传统的绩效评价方法主要有三大类：一是详细拆分生产过程，构建评判指标，针对各个指标进行对比分析；二是利用回归方法计算的生产函数法，三是非参数的数据包络分析（DAE）方法。

三种方法各有其优缺点。第一类方法操作简单，分析详细，缺点是不适用于大数据量的分析和总体评价；第二种方法对于能详细描述生产过程的评价对象非常有效，但由于对生产过程的假设过于严格，且随机前沿生产函数方法仅适合处理单产出条件下的绩效问题，处理多投入多产出的情况则很困难。

目前多利用第三类方法进行评价。

数据包络分析是以相对绩效概念为基础发展起来的一种崭新的绩效评价方法，使用数学规划模型比较决策单元之间的相对绩效，对决策单元做出评价。DAE 评价模型特别适用于具有多个输入变量和输出变量的复杂系统，对决策单元的规模有效性和技术有效性同时进行评价。这一模型可对经济效益指标进行评价，也可对一些社会效益指标做出客观的评价，尽管这些指标的计量单位、性质不尽相同。对科技创新这样一种既有经济效益又有社会效益的系统，运用数据包络分析评价模型进行评价，突破了常规方法中无法对社会效益问题进行定量分析评价的局限。

尽管数据包络分析方法对处理多输入，特别是多输出问题具有绝对优势，同时可以获得许多有用的管理信息，但评价结果只限于相对绩效是否有效，却不能进行排序。目前关于多指标综合评价较为成熟、应用广泛的方法主要包括聚类分析、多级模糊评价、多层次灰色评价、熵值法、主成分分析等。其中主成分分析是一种应用广泛且客观赋权，进行评价与排序的有效方法，按主成分求得的综合评价函数值进行排序能反映评价对象间的最大差异，但又不像数据包络分析那样直接反映创新综合比。通过综合运用数据包络分析和主成分分析方法，可以进行较为科学的评价分析。

（三）科技创新团队评价

多学科、跨学科合作式的科技创新需要不同专业、不同背景的人员共同完成，知识更新周期也在不断缩短。现实要求人们采用“分工与合作并重”的团队运作模式进行科技创新。在这种大背景下，科技创新团队应运而生、发展壮大。

团队是由两个或两个以上、相互依赖的、承诺共同的规则、具有共同愿景、愿意为共同目标而努力的互补技能成员组成的群体，通过相互的沟通、信任、合作和承担责任，产生群体的协作效应，从而获得比个体成员绩效总和大得多的团队绩效。

科技创新团队，是为了更好地进行科学技术的研究开发工作，由研究领域或方向的学科带头人和一定数量的学术骨干及科研工作人员组成的，通过团队内部的分工合作，创造出具有自主知识产权成果的科技研究群体。科技创新团队通过内部分工协作、优势互补和资源共享，极大地提高了创新效率，作为科技创新的一种有效组织形式，科技创新团队正逐渐成为科技创新活动的重要载体。

科技创新团队特征是具有稳定的研究领域和方向，成员知识结构有相关性和互补性，组织结构扁平化，运行机制良好，能够持续产生创新成果。

河北省钢铁产业要增强自主创新能力，提高综合竞争力，必须要高度重视科技创新团队建设。而科技创新团队的评价，是科技创新团队建设的一项关键内容。

科技创新团队评价，涉及科技创新团队能力、绩效、和谐度等方面。

1. 创新能力评价

团队的创新能力主要表现在学习成长能力、科研能力、承担科研项目及经费等方面；团队的支撑条件主要是团队依托的科研平台及科研条件。

协同创新的本质是企业、高等院校与科研机构间的资源整合和优势互补，促进企业、高等院校和科研院所发挥其能力优势、整合互补性资源，实现各方优势互补，加速技术推广应用和产业化。协同进行产业技术创新和科技成果产业化的活动，是河北省钢铁产业未来科技创新的主要形式。相对于协同制造和开放式创新，协同创新是一种更加复杂的创新组织方式，其关键是通过知识创造主体和技术创新主体间的深入合作和资源整合，产生系统叠加的非线性效应。

团队组成人员的产学研结构，是协同创新能力的主要影响因素；团队与产业的结合度，也是影响团队能力和绩效的重要因素；产学研配置结构，团队产学研合作的深度等，都与团队协同创新能力有关。

2. 团队绩效评价

科技创新团队绩效评价，与钢铁产业科技创新绩效评价、钢铁企业科技创新绩效评价既有联系，又有区别。

科技创新团队绩效评价是团队组成单位运用科学的评价方法，按照预设绩效评价内容和标准，对科技创新团队的绩效目标进行的综合性评价。团队绩效评价是团队管理的一个重要环节，正确的团队绩效评价可以更好地促进团队学习、增强团队成员的责任感和及时为团队成员提供反馈信息等。

科技创新团队绩效评价的内容具有多样性特点，主要有团队的学术贡献、领导与构成、条件、团队运行、团队文化与周边绩效等几个方面。学术贡献方面主要包括科研成果、论文著作、成果转化与技术推广、学科建设和培养人才等；领导方面主要包括团队领导的综合素质和工作实绩；团队构成包含团队规模和结构；团队运行则包括管理制度和运行机制的建立和执行情况；团队文化主要包括愿景的感召性、引导性及其与科研院所战略目标的协同性、学术氛围的民主性与和谐性等；周边绩效主要包括团队成员的品德言行、责任意识、奉献精神、协作精神、自我学习和满意度等。

科技创新团队绩效评价客体具有双重性，涉及科研团队和团队成员两个层面。科技创新团队绩效评价主体具有多层面性，评价主体多元化，进行全方位、多层次的绩效评价；评价主体大致可分五类，即直接主管领导、同行专家、团队领导、团队成员和平行团队。其中团队领导和团队成员既是绩效评价的主体，也是评价的客体，而直接主管领导则居于主导地位。各主体都站在自己独特的立场上，以各自不同的视角来衡量同一团队的绩效状况，使科技创新团队的绩效评价更加全面、客观、公平和准确。

3. 团队和谐度评价

和谐管理理论的核心内容为“和谐主题”“和则”“谐则”和“和谐耦合”四个概念。“和谐主题”并非一成不变，通常情况下，“和谐主题”会因所面临的环境变化而不断发生变化，被称之为“和谐主题的漂移”。和谐主题一旦确定，和则与谐则就会围绕和谐主题进行互动耦合（即和谐耦合），且随着和谐主题的漂移保持相对动态的一致性，在这种状态下组织才会获取竞争优势和良好的绩效。

科技创新团队的和谐度是指在科技创新团队中围绕不断漂移的和谐主题的和则与谐则进行互动耦合的好坏程度。在科技创新团队中和谐度得分高，就可以说其处于高度和谐状态，从而能够及时、间接地说明该团队绩效效果和效率都高。科技创新团队和谐度的特点为全面性、及时性和间接性。和谐度包含了和谐管理的思想，运用它对科技创新团队进行评价可以从人的主观能动性和制度的优化设计两方面进行，使绩效评价过程更具全面性和评价结果更具科学性。和谐度评价得到的并不是直接的团队结果，而是一个间接量，通过这个间接量可以及时、间接得到团队绩效结果。

和谐度评价指标体系包括和则指标与谐则指标。和则指标包括目标清晰度（团队成员对团队当前目标的清晰程度）、创新能力（团队创造新的理论、新的技术等的能力高低）、团队合作精神（团队成员间在工作中相互合作精神强弱）、学习氛围（团队内部弥漫的学习氛围是否有利于科技创新）和团队领导风格（团队领导者的领导风格是否与团队成员相适应）；谐则指标包括评价机制公平度（评价机制在团队绩效评价过程中的公平程度）、成长机制可靠性（成长机制对团队和成员的成长所起的作用）、控制机制有效性（控制机制对团队成员活动控制所起的作用）、风险机制可控度（风险机制对风险预防和控制所起的作用）、沟通机制完善度（团队成员间所用沟通机制的完善程度）、激励机制适合度（激励机制与团队成员激励的匹配程度情况）。

（四）科技创新人才评价

1. 科技创新人才

人才是指在一定的社会历史条件下，具有优秀的内在素质、一定的专业知识、较高的技术和能力，以其创造性的劳动成果，对社会发展、人类进步产生较大影响的人，其特征表现为创新性、流动性、社会性和时代性。

科技人才是科学人才和技术人才的简称，指在科学技术领域中，以科学的探索精神和较高的创造能力，为科学技术发展和人类进步做出较大贡献的人。科技人才的劳动，具有探索性、创造性、精确性、个体性、协作性等特点。科技人才与一般科技人员是两个不同的概念，后者比前者包括的范围更广一些，其中出类拔萃者称为科技人才。他们在科技工作中能创造新的理论，提出新的研究手段和研究方法，利用已有的科学成果，开拓新的应用领域，改进实验技术，完善科研程序，研制出新工艺、新产品，组织科研生产和取得高效科研能力，培育新的科技人才，等等。

《中国科学技术指标》对科技人才的定义为：科技型人才是指实际从事或有潜力从事系统性科学和技术知识方面的工作或研究，进而对科学和技术知识的产生、发展、传播和应用活动具有一定影响的人力资源，既包括已经从事科技活动的科技人才，也包括可能或即将从事科技活动的科技人才。科技人才的特征表现为稀缺性、创新性、流动性、自主性、协作性和激励性。

创新人才的内涵包括两个方面：一是有心理、精神层面的创新，包括智力领域的创新（如创造性思维和创造性智力运用等），情感领域的创新（如敢于、痴迷于、乐于创新的心志和精神等），意志领域的创新（如坚强的、迎难而上的、百折不挠的创新意志和毅力等）；二是有实际操作、动手能力的创新，包括物质生产领域、精神生产领域、社会活动领域的创新，含科技、艺术、日常生活等人类活动无所不及的所有大小环节上的创新。

科技创新人才是具有一定创新意识、创新精神、创新思维、创新能力，并能够解决现实问题，取得科技创新成果的科技人才。“通常具有高尚的思想道德品格，广博的专业知识和文化修养，独立思考的科研精神”。根据科技创新人才的概念，其内涵主要包括四个方面：一是具有一定专业的知识技能，二是从事科学技术工作，三是具有较强的创新能力和多元化的思维结构，四是对科学技术的发展和经济社会经济进步具有较大贡献。

2. 人才评价

人才评价是指对人才的社会影响、社会职能和社会地位等，作出科学的公正的评论和估价的活动和方法。人才评价的内容十分丰富：有对微观人才的评价，有对宏观人才的评价；有对历史人才的评价，有对现代人才的评价；有对人才个体的评价，有对人才群体的评价等。人才产生的社会影响是多种多样的，各种人才产生的社会影响也有差异，人才的社会职能包括很多方面，其社会地位有高低能级之分。人才评价要对上述各方面作好定性、定量的科学化和规范化工作。

人才评价由人才素质评价、人才业绩评价和人才价值评价三大部分组成。素质是业绩的前提和保证，业绩是素质的反映和体现，经过把素质评价和业绩评价相对分开，然后又有机结合起来进行测试，达到客观、公正地评价人才的目的。

（1）人才素质评价。

素质是指个体在先天生理条件的基础上，受后天环境和教育的影响，通过自身习得所形成的一系列基本品质的综合。人才素质评价，又称人才素质测评，主要是运用心理学、管理学、行为科学和计算机技术等相关学科的研究成果，对人的心理素质、智力、特殊能力、个性特征、管理能力和发展潜力等方面的综合测评。科技创新人才的素质测评一般包含政治品德素质、智能素质、身心素质三个方面。政治品德素质反映了对科技创新人才思想素质的要求，是每一位科技创新人才必备的基本素质，一般从思想政治表现、组织纪律和团队精神三方面来进行。智能素质反映了科技创新人才发明创造与取得事业成功的智力要求，是评价科技创新人才的创新能力和创新成果的核心素质，主要包括知识、智力、技能与才能等，可从科技创新能力、技术水平、科技管理和组织指导能力及发展潜能等几方面来测评。身心素质反映了对科技创新人才思想和智力之外的其他一切素质的物质要求，包括身体素质和心理素质，良好的身体素质和心理素质是科研人才成长的先决条件；心理素质测试是对科研人才个体和群体的心理和行为特征、人格因素、心理健康程度等进行测评研究。

具体来说，科技创新人才在创新总体素质方面评价时，应包括创新能力、创新素质、创新思维、创新精神和创新潜能等五个方面。创新能力包括学习能力、分析能力和实践能力，创新素质包括心理素质、生理素质和基础素质，创新思维包括知识结构、逻辑思维和非逻辑思维，创新精神包括自主意识和合作能力，创新潜能包括好奇心、求知欲、想象力和兴趣。

通过素质测评，可以获得科技创新人才的各种能力、个性特征、心理健康水平、人格因素等指标，结合其他科学评价方法，可以更全面、准确地评价科技创新人才。

（2）人才业绩评价。

创新业绩针对创新能力概念提出，它并不代表科技人才的全部创新能力，而是创新能力发挥出来、表现出来的结果，增强科技人才创新能力不一定能改善创新业绩，但创新业绩的提高一定是由于科技人才创新能力得到有效的发挥。创新业绩既是结果又是过程，科技人才的创新能力受到诸多因素的影响和制约，创新业绩便是在多因素综合作用下科技人才发挥创新能力的结果，能够反映科技人才过去的成就。同时，创新业绩反映科技人才运用创新性思维逐渐创新、不断积累知识、持续成长的过程。因此，创新业绩是指科技人才发挥创新能力，提出新发展、新发明、新改进或革新方案所获得的成果。

创新成果的形式有专利、重大科技专项、科技进步奖项目、技术诀窍、商业秘密、现场重大技术难题等，其中对企业贡献最多的创新成果有专利、重大科技专项、科技进步奖项目、技术诀窍。

对科技人才创新业绩进行客观、公正的评价，使其创新成果得到所在单位和社会认可，能够更加有效地激发科技人才的科技创新热情和创新潜力。

在以往的科技创新人才业绩评价中，比较注重数量而忽视质量。如文献计量法，主要以发表的论文数量为主，有的再加上专利数量、课题结题数量等。

科技创新人才业绩主要通过科技创新成果体现，有学者对其评价提出了三个最为重要的维度，即技术评价、经济评价和战略评价，可较为全面地衡量科技创新人才创新业绩。

技术评价维度主要衡量科技创新成果的技术先进程度，是评价科技创新成果价值的关键，包括自主创新程度、项目规模、复杂程度、关键技术的先进程度等指标。其中自主创新程度指项目在技术或产品开发中解决关键技术难题并取得技术突破情况，即自主创新技术在总体技术中的程度；项目规模、复杂程度指项目的综合技术难度，涉及专业领域的广度，参与单位的数量；关键技术的先进程度是指解决复杂、关键技术的数量以及关键技术在国内外所处的位置。

经济评价维度主要衡量科技创新成果创造的经济效益情况，包括直接经济效益和间接经济效益指标。其中直接经济效益是对于提高产量、降低成本、提高市场占有率带来的经济效益；间接经济效益是专利、所获奖项等可能带来的潜在经济收益。

战略评价维度是为了考察科技创新成果对企业和社会科技进步的贡献程度，具有前瞻性，包括科技辐射力和与企业科技创新发展战略的符合度等指标。其中科技辐射力是指对其他科技创新活动的影响力，与企业科技创新发展战略的符合度是指在企业技术创新战略的推进过程中所做的贡献。

（3）人才价值评价。

人才价值的含义为，人才以其自身属性满足社会、他人和自己发展需要以及社会、他人和人才自己发展需要被人才满足的关系。

人才价值有四大表现形式：一是人才的持有价值，二是人才的发挥价值，三是人才的转化价值，四是人才的社会价值。

人才的持有价值即人才在自身素质相对稳定状态下所固有的客观价值。由于人才自身功能各异，能够满足主体需要的程度不同各异，主体主观评价的差别，造成对人才价值的判断和评价差别较大；但人才的有用性确定无疑，即人才对于社会或他人必定有一定的作用。在人才自身素质处于相对稳定状态下，对人才潜在的有用性的判断就是人才的持有价值。

人才的发挥价值即人才自身的基本素质在外化过程中表现出来的价值。发挥价值是人才的内在价值转化为外在价值的桥梁，这里的外化过程，即是指实践活动，通常指人才的业务活动通过劳动表现出来的过程。

人才的转化价值指人才在价值输出后实际转化为具体成果的有益价值。转化价值是将潜在的、隐性的价值形态转化为现实的、具体的价值形态，是由多层次、多要素、定性指标与定量数据构成的复杂系统。转化价值也有其自身的模糊性，很多成果转化的价值难以精确测定。人才的转化价值是价值发挥的载体。

人才的社会价值是指作为客体的人才个体对一定的社会主体的发展需要的满足，简言之，即人才被其所处的客观环境和社会所承认的那部分价值，则称为人才的社会价值。

受各种因素的影响，人才的持有价值和发挥价值并不对等，可呈现出三种态势：一是持有价值和发挥价值基本相等，是较为理想的状态，能够使人才价值得到充分发挥；二是发挥价值低于持有价值，降低了人才的使用效能，使得人才价值得不到充分发挥，造成人才资源浪费；三是发挥价值低于持有价值，是最为理想的状态，人才在实践过程中输出价值时，善于利用其他资源来配合自己，实现了价值增值，大大提高了人才的使用效能。

在人才价值转化过程中通常会出现两种情况：一种是社会价值小于转化价值，人才所创造的成果被贬低；另一种是社会价值大于转化价值，人才所创造的成果被抬高。

人才价值虽有具体的表现形式，但由于其具有复杂性、动态性、主观性和不确定性，量化评价仍是一个难点问题。因此，对科技创新人才的价值评价，是河北省钢铁产业科技创新评价机制中需要深入研究的一个问题。

（五）科技创新平台评价

1. 科技创新平台

美国竞争力委员会 1999 年发表的《走向全球：美国创新新形势》的研究报告提出了创新平台的概念，其内涵主要指创新基础设施以及创新过程中不可或缺的要素，人才和前沿研究成果的可靠性，促进成果向创造财富的产品和服务化的法规、会计和资本条件，使创新者能收回其投资的市场准入和知识产权保护。上述任何一个因素的弱化都会导致整个创新平台的削弱。

产业科技创新平台是某一产业中一系列共享要素的集合。知识、信息、技术、人才、政策及其相互联系，物质性的公共设施与公共组织，形成了一个有利于提出原创性理念、进行研究开发、科技成果转化、收集创新信息、交流与扩散的共享平台。

科技创新平台实质上是创新活动的支撑系统。科技创新平台由创新基础设施及必要的因素组成，包括以企业为基础的创新系统。

科技创新平台主要由产学研政合作平台、技术创新平台和创新服务平台三种类型的平台组成。其中产学研政合作平台是产业科技创新主体层次的创新平台；技术创新平台是产业科技创新平台的核心，包括创新资源整合平台（包括有资金平台、人才平台、知识平台、信息平台等）、技术研发平台；而创新服务平台是整个创新平台的保障，为创新主体进行技术创新活动提供良好的支撑条件和环境，包括管理服务平台、技术服务平台和社会服务平台。

2. 科技创新平台评价

科技创新平台评价包括四个方面的评价，即平台条件建设能力、平台资金支持能力、平台人力资源支持能力和平台科技成果实现能力。

第四节 资 金 保 障

河北省钢铁产业科技创新，需要有巨额资金支撑。作为科技创新的主体，钢铁企业自然应当主动承担和融资。另外，主要依靠争取中央财政资金支撑，加大省级、市级财政资金支持力度，协调京津资金进入，吸引金融机构、社会资金投入。

一、争取中央财政资金支持

（一）中央财政专项资金

中央财政设立了多项支持工业发展的专项资金，河北省钢铁产业应选取优势对口项目，积极争取相应的中央财政资金支持。河北省政府相关部门和河北省冶金行业协会要协助钢铁企业做好前期工作。

专项资金扶持有国家重点产业振兴和技术改造专项资金、淘汰落后产能专项资金（河北省钢铁产业已完成国家规定的落后产能的淘汰）、节能技术改造奖励资金、合同能源管理财政奖励资金、清洁生产专项资金、能源管理中心示范项目中央财政资金补助等。

1. 国家重点产业振兴和技术改造专项资金

为贯彻党中央、国务院出台的扩大内需、促进经济增长的政策措施，保增长的政策措施，充分发挥重点产业振兴和技术改造专项资金的作用，提高资金使用效益，规范技术改造投资项目管理，参照《中央预算内投资补贴和贴息项目管理暂行办法》（国家发展和改革委员会令第31号），国家发展和改革委员会、工业和信息化部制定了《重点产业振兴和技术改造专项投资管理办法（暂行）》，并以发改产业［2009］795号文件发布。

专项资金安排钢铁、汽车、船舶、石化、纺织、轻工、装备制造业、电子信息等符合重点产业调整和振兴规划支持方向的企业技术改造项目。要求项目单位要具有合理的经济规模，已建立现代企业制度，银行信誉良好，企业无违法违规行为。

2. 节能技术改造奖励资金

《国务院关于加强节能工作的决定》（三十四）规定实行节能奖励制度。“各地区、各部门对在节能管理、节能科学技术研究和推广工作中做出显著成绩的单位及个人要给予表彰和奖励。”

为加快推广先进节能技术，提高能源利用效率，实现“十二五”期间单位国内生产总值能耗降低16%的约束性指标，根据《节约能源法》和《国民经济和社会发展第十二个五年规划纲要》，中央财政将继续安排专项资金，采取“以奖代补”方式，对企业实施节能技术改造给予适当支持和奖励。为加强财政资金管理，提高资金使用效率，财政部、国家发展和改革委员会制定了《节能技术改造财政奖励资金管理办法》，2011 年 6 月 21 日以财建［2011］367 号文件印发。

《节能技术改造财政奖励资金管理办法》第四条规定奖励资金支持对象是对现有生产工艺和设备实施节能技术改造的项目。

《节能技术改造财政奖励资金管理办法》第五条规定了申请奖励资金支持的节能技术改造项目的条件：

（1）按照有关规定完成审批、核准或备案；

（2）改造主体符合国家产业政策，且运行时间在 3 年以上；

（3）节能量不低于 5000 tce；

（4）项目单位改造前年综合能源消费量在 20 ktce 以上；

（5）项目单位具有完善的能源计量、统计和管理措施，项目形成的节能量可监测、可核实。

《节能技术改造财政奖励资金管理办法》第六条规定了奖励标准："东部地区节能技术改造项目根据项目完工后实现的年节能量按 240 元/吨标准煤给予一次性奖励，中西部地区按 300 元/吨标准煤给予一次性奖励。"

根据《河北省关于加强节能工作的决定》（冀政［2006］90 号）和《河北省关于印发节能减排综合性实施方案的通知》（冀政［2007］82 号），省级财政将安排必要的引导资金，采取"以奖代补"方式对重点节能工程给予适当奖励，奖励金额按项目技术改造完成后实际的节能量和规定的标准确定。为此，河北省财政厅、河北省发展和改革委员会制定了《河北省节能技术改造财政奖励资金管理暂行办法》，2008 年 7 月 17 日以冀财建［2008］184 号文件印发。

3．合同能源管理财政奖励资金

根据《国务院办公厅转发发展改革委等部门关于加快推行合同能源管理促进节能服务产业发展意见的通知》（国发办［2010］25 号），中央财政安排奖励资金，支持推行合同能源管理，促进节能服务产业发展。为规范财政资金管理，提高资金使用效益，财政部、国家发展改革委员会制定了《合同能源管理项目财政奖励资金管理暂行办法》，2010 年 6 月 3 日以财建［2010］249 号文件印发。

《合同能源管理项目财政奖励资金管理暂行办法》第四条规定了支持对象为"实施节能效益分享型合同能源管理项目的节能服务公司"。

《合同能源管理项目财政奖励资金管理暂行办法》第五条规定了支持范围："财政奖励资金用于支持采用合同能源管理方式实施的工业、建筑、交通等领域以及公共机构节能改造项目。已享受国家其他相关补助政策的合同能源管理项目，不纳入本办法支持范围。"

奖励资金由中央财政和省级财政共同负担，其中：中央财政奖励标准为 240 元/吨标准煤，省级财政奖励标准不低于 60 元/吨标准煤。有条件的地方，可视情况适当提高奖励标准。

4. 清洁生产专项资金

为规范中央财政清洁生产专项资金管理，提高资金使用效益，加快清洁生产技术应用推广，提升企业清洁生产水平，根据《中华人民共和国清洁生产促进法》等有关规定，财政部、工业和信息化部联合制定了《中央财政清洁生产专项资金管理暂行办法》，2009 年 10 月 30 日以财建［2009］707 号文件印发。

清洁生产技术示范项目包括应用示范项目和推广示范项目。应用示范项目指新技术推广前的产业化应用示范项目。重点支持对行业整体清洁生产水平影响较大、具有推广应用前景的共性、关键技术应用示范。示范技术应基本成熟，具备应用条件；推广示范项目指应用成熟的先进、适用清洁生产技术实施的重大技术改造项目。重点支持能够显著提升企业清洁生产水平的中高费技术改造项目。

5. 其他

其他资金还有河北省主导产业技术改造项目贴息资金等。能源管理中心示范项目中央财政资金补助现已停止。

（二）争取设立河北省钢铁产业科技创新专项资金

争取在国家支持下，与科学技术部共同设立河北省钢铁产业科技创新专项资金，每年额度为 10 亿元，主要用于落实河北省钢铁产业科技创新实施意见所确定的重点任务和主要方向。依托国家和区域科技资源，发挥协同创新优势，谋划实施一批重大科技项目，积极争取国家科技资金支持。

二、加大省市财政资金支持力度

围绕突破制约钢铁产业发展的共性关键技术，采取包括前期投入、后补助、奖励等在内的多种形式，加大财政资金对钢铁产业科技创新的支持力度。

（一）省级专项资金

河北省设立的专项资金有支持钢铁产业发展的钢铁产业技术升级专项资金和支持工业发展的河北省工业企业技术改造专项资金、河北省主导产业技术改造项目贴息资金、河北省节能和资源综合利用专项资金、省级节能技术改造奖励资金等。

充分发挥现有河北省“钢铁产业技术升级专项资金”和“自然科学基金钢铁联合基金”的作用，组织实施好相关科技项目。

1. 河北省钢铁产业技术升级专项资金

河北省设立了年度额度 1000 万元的钢铁产业技术升级专项资金，每年确定相应的优先主题。

2. 河北省自然科学基金钢铁联合基金

为全面贯彻落实科学发展观，充分发挥基金引导作用，鼓励和支持高校、科研机构科研人员面向产业需求开展研究，推动产学研更紧密、更全面地结合，提高主导产业科技创新能力，河北省科学技术厅、河北省自然科学基金委员会、河北钢铁集团有限公司、河北联合大学（现华北理工大学）共同设立了“河北省自然科学基金-钢铁联合研究基金”，重点资助河北省钢铁产业发展所需要的新理论、新材料、新技术、新工艺等具有重要科学意义和应用价值的应用基础研究项目。

3. 河北省工业企业技术改造专项资金

《河北省工业企业技术改造专项资金管理办法》（冀财企［2014］25 号）确定了产业发展项目的支持重点和范围：“支持符合国家《产业结构调整指导目录》（2013 年修正）、《河北省重点产业技术改造投资导向目录（2014-2015 年度）》发展方向的技术改造项目。支持工业强基工程和优特钢、汽车、专用设备、石油化工、精细化工、生物制药、高档纺织品、电子信息（含软件）、节能环保、食品深加工等 10 大产业链条实施升级工程，支持企业实施创新能力提高、节能减排降耗、两化深度融合项目建设，重点向‘三个一百’企业、百家优势企业、传统产业龙头企业和十大工业基地、省级及以上新型工业化产业示范基地、省重点县域产业集群龙头企业倾斜。”

申报项目应具备以下条件：

（1）符合《河北省工业企业技术改造专项资金管理办法》相关要求、列入省年度千项技改计划的在建技改项目，且项目已按照有关规定纳入当年投资统计。

（2）产业发展项目总投资不低于 3000 万元（软件、“两化”融合项目、食品检测总投资不低于 1500 万元）。公共服务平台项目固定资产投资不低于 300 万元。

（3）项目核准备案、土地、环评、规划等手续齐全有效，项目建设资金落实到位，已经开工建设且未完工，除投资 5 亿元以上项目外，其他项目核准备案时间不得超过 3 年。

（4）百家优势企业、“三个一百”企业、传统产业龙头企业可申报 2 个项目，其他企业只能申报 1 个项目。

产业发展技改项目支持方式以贷款贴息为主，支持额度不超过 12 个月的利息额。产业发展项目贷款额不低于 2000 万元（软件、“两化”融合项目贷款额不低于 1000 万元）。

4. 河北省节能和资源综合利用专项资金

河北省设立了节能和资源综合利用专项资金，主要用于支持推进以节能降耗和提高资源综合利用等为主要目标的企业节能、节水、资源综合利用和清洁生产等项目建设，引导企业采用有利于节能和提高资源综合利用水平的新设备、新工艺、新技术。

5. 河北省节能技术改造财政奖励资金

根据《河北省关于加强节能工作的决定》（冀政［2006］90 号）和《河北省关于印发节能减排综合性实施方案的通知》（冀政［2007］82 号），省级财政安排必要的引导资金，采取“以奖代补”方式对重点节能工程给予适当奖励，奖励金额按项目技术改造完成后实际的节能量和规定的标准确定。为此，河北省财政厅、河北省发展和改革委员会制定了《河北省节能技术改造财政奖励资金管理暂行办法》，2008 年 7 月 17 日以（冀财建［2008］184 号）文件印发。

财政奖励的节能技术改造项目是指《“十一五”十大重点节能工程实施意见》

（发改环资［2006］1457 号）中确定的燃煤工业锅炉（窑炉）改造、余热余压利用、电机系统节能和能量系统优化、绿色照明等项目。财政奖励资金主要是对企业节能技术改造项目给予支持，奖励金额按项目实际节能量与规定的奖励标准确定。

6. 河北省大气污染防治科技工程专项资金

河北省大气污染防治科技工程专项资金支持的重点之一，是高污染行业污染物排放控制技术开发与示范。包括针对钢铁、水泥、玻璃、电力等行业燃煤锅炉和工业窑炉产生的烟气污染，开发高效除尘和烟气脱 SO_2、脱 NO_x 和除汞的控制技术并示范应用，开发多种烟气污染物的协同控制技术。

（二）设区市资金支持

河北省省级财政科技资金、技改资金、大气污染防治资金优先支持钢铁产业科技创新。有条件的市要设立钢铁产业科技创新专项扶持资金，对于设立专项扶持资金的市，优先给予省级补助资金。

三、协调京津资金进入

借京津冀一体化发展时机，协调北京市、天津市富余资金进入河北省钢铁产业，投入科技创新，特别是河北省钢铁产业节能减排科技创新，改善京津冀共同环境。

四、吸引金融机构、社会资金投入

鼓励金融机构按照风险可控和商业可持续原则，积极给予河北钢铁产业科技创新授信额度支持，用于重大科技项目建设和成果示范推广。支持有条件的钢铁企业设立科技金融服务公司，增强资本运作能力，吸引社会资金，为河北省钢铁行业科技创新提供专业融资支持。编制和发布钢铁产业技术目录或钢铁产业投资指引，引导银行、投资机构、担保机构和社会资金投入，形成多元化投入机制。

政府相关部门积极举办钢铁企业和金融机构、投资机构、担保机构对接活动，为钢铁企业融资提供机会。

第五节 人才保障

河北省钢铁产业科技创新，需要大量的科技创新人才和辅助性人力资源。河北省钢铁产业科技创新人才应立足培育，积极引进，为科技创新提供人才保障。

一、加强钢铁相关学科建设和人才培育

人才培养要注重省内、省外两个方面。首先加强河北省行政区域内的燕山大学、华北理工大学（原河北联合大学）、河北工业职业技术学院等本科、专科、高职院校钢铁相关专业学科建设，强化师资队伍，提高其人才培养能力。

充分利用院士工作站、博士后科研工作站，培养钢铁企业精通工艺、技术和管理

的复合型专业人才。

二、支持钢铁企业建立高等院校实践基地

建立校企密切合作关系，建立钢铁企业与高等院校联合培养、定向培养人才机制，鼓励钢铁企业作为高等院校实践基地。

钢铁相关专业以工科为主，在校学生经过系统学习，整体上具备了相应的普遍理论和专业知识，但其实践动手能力相对薄弱。在钢铁企业的社会实践活动，通过让学生亲身参与生产、管理、技术改造等环节，培养学生动手能力、创新能力和社会责任感，提高学生的综合素质，从而使学生成为符合社会各方面需求的工科应用型高级工程技术和管理人才。

高等院校社会实践基地是为高校学生的社会实践进行服务的平台，对学生顺利开展实践活动具有重要意义。如果缺乏社会实践基地，高等院校就无法保证学生社会实践的稳定性、长期性与连续性，整体学生社会实践活动在工科学校人才培养过程中的作用就难以发挥，与课堂教育间相辅相成的意义和提高学生综合素质的目的就难以实现。高校社会实践基地数量和容量，对于保证高校学生社会实践经验的获得，提高学生的基本能力和职业素质，实现“实践育人”的教育目的具有重大的意义。

钢铁企业建设高等院校钢铁相关专业学生社会实践基地，接受高等院校大学生、硕士研究生、博士研究生来企业进行社会实践，是钢铁企业了解专业学术技术进展、了解高等院校适用于本企业的科研成果的重要途径和机会，对于展示企业风采、吸引高校毕业生来企业工作具有重要作用。

钢铁企业可以作为高等院校钢铁相关专业以提高大学生专业实践能力为目的的科技带动地方和企业发展型社会实践基地，主要加强学生创新与实践能力培养，不断塑造创新性应用人才，主要开展与专业相关的科技攻关、科技产业孵化、地方生产生活技能提高培训等工作。培养主体是具有一定专业理论基础和能力的学生，培养的方式为深入钢铁企业实际，与钢铁企业一起解决技术难题，做好产学研结合工作。

稳定的、高质量的高等院校社会实践基地是学生实践活动稳定、高效的重要保证，可以真正推动高校科技成果的发展与应用，促使学生认知社会和专业能力水平的不断提高，让学校和学生真正从实践活动中有所收获；同时也能更有利于通过学生社会实践活动使科学知识和生产力有效转换，使钢铁企业有所获益。高等院校和钢铁企业需要长期共同努力，达到双赢的目标，保证社会实践基地的稳定性。

钢铁企业作为高等院校钢铁相关专业学生社会实践基地的建设要具有发展性，要与时俱进，紧跟时代发展需要，以满足学生的发展需求为基础，以满足专业需求为导向，以满足社会需求为目标，建立能满足各个方面需求的大学生社会实践基地。通过学生在钢铁企业的实践活动，使其对企业产生认同感，使其愿意成为企业的意愿，或者在其适当的工作岗位上，与企业进行各种合作，提供各种服务。

高等院校大学生、研究生实践活动中，钢铁企业可以结合企业实际，选派实践经验丰富、具备一定理论水平的专业人员担任参与实践大学生、研究生的校外导师，与

校内导师一起，对研究生实践期间的工作进行指导和帮助，同时敦促大学生、研究生按计划推进实践项目。

高等院校具有科技创新、文化传承和立德育人的优势，是科学技术和人才聚集之地。在产学研合作方面，钢铁企业借助其合作，可以增进彼此密切联系，能够表现出钢铁企业在高等学校教学及实践活动中的重要作用，使高等院校认识到钢铁企业的重要价值，使高等院校愿意让学生到钢铁企业进行实践活动。因此，钢铁企业应在高校师生的实践活动中提供必要的物质帮助和相关技术、生产信息，为高等院校科技项目的成果转化工作提供契机和现场效果检验。产学研合作的核心和目标就是推动科技成果的成功转化，科技成果的成功转化对于推动社会实践基地发展也具有重要意义。通过社会实践活动，学生和指导教师可以收集并整理钢铁企业需要研究的科技课题，反馈给高等院校科研部门，由其通过科技项目或课题形式组织科技团队攻关，将成果返回钢铁企业转化为现实生产力，为钢铁企业解决技术难题并带来经济和社会效益。

钢铁企业与高等院校合作，建立研究生实践基地，规范化、系统化地吸纳研究生，可以充分利用高等院校智力资源和人才资源，实现资源共享、优势互补，从而解决钢铁企业特别是民营钢铁企业发展过程中面临的技术创新和经营管理、人才储备等问题，并可节约招聘人才和培训人才成本。

三、引进人才

要加快制定河北省钢铁产业科技创新人才引进和培育的激励政策。结合我省人才发展计划，鼓励钢铁企业引进高端技术人才及其团队，特别是带项目、带成果、带技术的领军人物，加快建设一批院士工作站和创新平台，在进行科技创新的同时，加快科技人才培养。

要制定吸引博士、硕士和本科、专科（高职）毕业生的政策，发挥河北省所属高等院校和河北省行政区域内部属院校的作用，培养河北省钢铁产业所需的科技创新人才和管理人才，充分吸引部属高等院校和其他地区高等院校中河北省生源回到河北省钢铁产业工作，吸引外省市生源到河北省钢铁产业发展。

四、人才培训和继续教育

河北省钢铁产业科技创新人才，需要掌握创新方法和知识管理等创新基础知识，熟悉现代管理方法和知识产权等，并及时更新知识，跟踪钢铁领域科技发展信息。科技创新人才培训和继续教育工作，是科技创新工作的重要组成部分。

要充分发挥相关机构和社会组织的作用，由其为钢铁产业科技创新人才和科技创新示范钢铁企业提供创新方法、知识管理、知识产权、企业管理、标准编制、专利申请等与科技创新、技术进步有关的培训，提供技术资料查询、技术咨询、技术服务。河北省冶金行业协会、河北省科技情报研究院及未来的河北省钢铁产业生产力促进中心等单位可承担上述工作。

参考文献

[1] 河北省统计局．河北经济年鉴2014［M］．北京：中国统计出版社，2014.
[2] 仇耀辉，徐岩，邢世凯．河北省铁矿资源分布现状探析［J］．河北企业，2009（12）.
[3] 李俊峰，牛晓阳，周德林．化工矿产地质［J］．2012，34（1）.
[4] 刘福兰．河北省铁矿资源安全研究［D］．石家庄：石家庄经济学院，2013.
[5] 王敬功，李朝晖，郭秀平．河北省超贫磁铁矿资源的综合利用［J］．矿产保护与利用，2012（2）.
[6] 赵军伟，李中念，郭敏，等，河北省复杂难利用铁矿资源现状及开发利用建议［J］．金属矿山，2010（11）.
[7] 甘德清，李洪宝，陈超．河北省铁矿二次资源的分布特点分析［J］．现代矿业，2015（1）.
[8] 李建民．从煤炭资源的开发看河北省的可持续发展［J］．采矿技术，2008，8（3）.
[9] 姬春旭，曹代勇．河北省煤炭资源利用与现状［J］．中国煤炭，2007，33（4）.
[10] 侯运炳，等．河北省煤炭资源安全预警研究［J］．煤炭学报，2008，33（5）.
[11] 杨森丛．河北省煤炭资源勘查及开发现状［J］．中国煤田地质，2006，18（4）.
[12] 申明新．河北省炼焦煤资源分布与利用［J］．洁净煤技术，2006，12（3）.
[13] 曹晓磊，杨健，梁坤，等．河北省水资源现状及保护对策［J］．水科学与工程技术，2014（4）.
[14] 卞戈亚，陈康宁，黄莉．河北省水资源-产业系统协同度分析［J］．水利经济，2010，28（3）.
[15] 王殿茹，赵淑芹，李献士．节能减排目标下河北省水资源对经济发展压力的动态分析［J］．资源与产业，2009，11（4）.
[16] 张波，周丽晖．京津冀协同发展框架下河北省资源环境承载面临问题与对策［J］．经济研究参考，2014（69）.
[17] 中国钢铁工业协会．钢铁行业2015-2025年技术发展预测［N］．世界金属导报，2015-01-27.
[18] 郑淞阳．产业集群模式下的河北钢铁产业技术创新效率研究［J］．产业与科技论坛，2013，12（21）.
[19] 杨章伟．大型钢铁企业技术创新体系研究［D］．马鞍山：安徽工业大学，2012.
[20] 陈通，李广海，王新立．钢铁企业技术创新研究［J］．工业工程，2006，9（2）.
[21] 王亚飞，郑明慧．国际钢铁企业科技创新的经验与启示——以河北省钢铁产业为例［J］．对外经贸实务，2011（2）.
[22] 王亚飞，荣曼丽，魏金普．国际先进钢铁企业科技创新对河北省钢铁产业的启示［J］．河北科技大学学报（社会科学版），2010，10（4）.
[23] 王新东．河北钢铁集团技术创新与发展战略［J］．河北冶金，2014（7）.
[24] 常有新，杨昌红．河北钢铁企业创新能力分析［J］．河北企业，2008（12）.
[25] 牛顺生．河北省钢铁产业创新体系实证研究［D］．河北工业大学，2006.
[26] 王亚飞，郑明慧．河北省钢铁产业科技创新现状、问题及对策研究［J］．廊坊师范学院学报（自然科学版），2010，10（6）.
[27] 王哲，王东欣，李荣平．河北省钢铁工业技术创新能力现状分析［J］．商场现代化，2007年7月（下旬刊）.

[28] 常友玲，常有新．河北省钢铁企业科技创新能力实证研究［J］．工业技术经济，2010，29（8）．
[29] 郭晓杰．后集团时代下河北省钢铁产业改造升级对策研究［J］．特区经济，2012（10）．
[30] 苏天森．科技创新与钢铁科技进步［J］．耐火与石灰，2007，32（1）．
[31] 袁宇峰．世界钢铁工业主要技术创新领域分析［J］．冶金经济与管理，2011（6）．
[32] 汪琦．日美钢铁业技术创新与贸易竞争优势的实证分析［J］．亚太经济，2006（1）．
[33] 李成龙．我国钢铁产业技术创新中的政府行为研究［D］．沈阳：东北大学，2012.
[34] 马洪凤．我国钢铁行业科技创新能力的研究［J］．科技情报开发与经济，2006，16（21）．
[35] 苏天森．新世纪中国钢铁科技创新发展辨析［J］．冶金经济与管理，2004（5）．
[36] 河北钢铁推动技术改造加快转变发展方式研究课题组．以技术改造推动河北省钢铁产业“十二五”发展研究与建议［J］．冶金管理，2011（3）．
[37] 李纪珍，杨志刚．中国钢铁业技术创新机制演变与产业共性技术创新［J］．技术经济，2008，27（6）．
[38] 张庆芝，何枫，雷家啸．资源消耗、科技创新与钢铁产业技术效率研究［J］．统计与决策，2014（7）．
[39] 徐匡迪．中国钢铁工业的发展和技术创新［J］．钢铁，2008，43（2）．
[40] 崔淼，苏敬勤．技术引进与自主创新的协同：理论和案例［J］．管理科学，2013，26（2）．
[41] 肖黎明，袁敏．技术引进对企业自主创新的影响分析［J］．江西社会科学，2014（7）．
[42] 王文岩，孙福全，苏孟良．技术引进、自主创新与中国的战略选择［J］．中国市场，2008（3）．
[43] 王达政．自主创新还是技术引进——基于我国专利投入产出的实证研究［J］．科技进步与对策，2009，26（24）．
[44] 蔡声霞，贾根良．技术引进与自主创新研究［J］．中国科技论坛，2007（3）．
[45] 赵忆宁．“技术引进”与“自主创新”的论争［J］．瞭望新闻周刊，2003（27）．
[46] 杨勇华．技术创新扩散“适应性学习”演化机制研究——兼论技术引进与自主创新的关系［J］．现代经济探讨，2010（3）．
[47] 王志刚．健全技术创新市场导向机制［J］．求是杂志，2013（23）．
[48] 尚英奇．基于市场导向的企业技术创新影响机理及对策［J］．职大学报，2014（6）．
[49] 田羲．不同类型市场导向对企业创新和经营绩效影响的实证研究［D］．武汉：华中科技大学，2009.
[50] 姜彦竹，顾琴轩．企业技术导向和顾客导向对创新绩效影响的实证研究［J］．西南民族大学学报（自然科学版），2013，39（6）．
[51] 李西垚，李垣．市场导向、企业家导向对技术创新选择的影响分析［J］．现代管理科学，2008（8）．
[52] 孙思思．市场导向的产学研协同创新绩效评价研究［D］．大连：大连理工大学，2013.
[53] 沈毅．市场导向与技术创新之间的关系［J］．观察与思考，2012（6）．
[54] 王华．市场导向与技术创新模式的关系研究［J］．改革与战略，2011，27（5）．
[55] 张婧，段艳玲．市场导向对创新类型和产品创新绩效的影响［J］．科研管理，2011，32（5）．
[56] 王群波．中国钢铁产业技术创新机制研究［D］．北京：中央民族大学，2012.
[57] 王帮俊，王冬．区域产业创新体系的构建及相关政策机制和制度支持研究［J］．现代管理科

学，2011 (5).
[58] 张璞．区域产业创新体系构建研究 [J]. 现代财经，2003，23 (10).
[59] 柯西金．我国钢铁企业创新内涵及路径研究 [D]. 武汉：武汉科技大学，2013.
[60] 柳卸林，张爱国．自主创新、非技术创新与产业创新体系 [J]. 创新科技，2007.6.
[61] 马歆．科技创新激励机制设计研究 [J]. 华北水利水电学院学报 (社科版)，2010，26 (4).
[62] 程郁，王胜光．科技创新人才的激励机制及其政策完善 [J]．中国科学院院刊，2010，25 (6).
[63] 樊慧霞．促进科技创新的税收激励机制研究 [J]. 科学管理研究，2013，31 (2).
[64] 赵兰珍，杨丽君，汪颖，等．民营企业科技创新战略中激励与约束机制研究 [J]. 中国商贸，2014 (20).
[65] 邹和福．企业科技创新机制建设的对策研究 [J]. 当代经济，2007，第 4 期 (上).
[66] 谢旭红，季诚昌，周芊芊．科技创新平台有效运行机制研究 [J]. 中国高校科技，2012 (07).
[67] 王然，李正元．科技创新平台与科技创新外部性的内在化 [J]. 科技管理研究，2011 (6).
[68] 刘敏．科技创新平台建设中的政府职能研究 [D]. 上海：复旦大学，2008.
[69] 许强，杨艳．公共科技创新平台运行机理研究 [J]. 科学学与科学技术管理，2010，31 (12).
[70] 简兆权，陈键宏．公共科技创新平台运行机制研究：广东地区个案 [J]. 科学管理研究，2012，30 (3).
[71] 许强，葛丽敏．行业科技创新平台的虚拟组织运行模式研究 [J]. 科技进步与对策，2009，26 (2).
[72] 李娟．国企科技创新平台建设的若干思考 [J]. 中国造船，2013，54 卷增刊 1.
[73] 周扬．国有钢铁企业科技创新团队激励模式研究 [D]. 武汉：武汉科技大学，2012.
[74] 李巨光，苗水清．基于科技创新团队绩效评价特点的评价方法研究 [J]. 农业科技管理，2013，32 (2).
[75] 段万春，王兰芬，杜元伟．科技创新团队和谐度的评价方法及案例应用 [J]. 现代化农业，2013 (10).
[76] 孟艳．科技创新团队绩效考核研究 [D]. 北京：北京机械工业学院，2008.
[77] 袁军鹏，等．科技创新团队识别标准研究现状分析 [J]. 中国科技论坛，2013，2.
[78] 黄幗，黄佳男，耿玮．科技创新团队带头人领导力素质模型研究 [J]. 农业科技管理，2015，34 (1).
[79] 郭喜，王志平．基于协同信息的科技创新团队成员选择指标体系 [J]. 科学管理研究，2012，30 (2).
[80] 孙永河，段万春，杜元伟．科技创新团队关键和谐要素辨识 [J]. 科技管理研究，2010 (22).
[81] 刘佳敏．重点科技创新团队协同创新能力研究 [J]. 科技通报，2014，30 (5).
[82] 刘毅．战略性产品科技创新团队运行有效性评价的研究——以江苏沙钢特钢股份有限公司为例 [D]. 镇江：江苏大学，2012.
[83] 吕钦，鄢平．创新型人才评价指标体系研究 [J]. 消费导刊，2009.3.
[84] 钱虹．国有钢铁企业科技人才创新业绩评价指标体系的构建 [D]. 武汉：武汉科技大

学, 2010.
[85] 廖碧波. 创新型人才评价体系的设计 [J]. 当代教育论坛, 2006 (5) 上半月刊.
[86] 赵祖地, 左玥. 创新型人才评价体系研究 [J]. 杭州电子科技大学学报 (社会科学版), 2010, 6 (3).
[87] 李云梅, 朱丽娟, 钱虹. 科技人才技术创新业绩评价模型研究 [J]. 当代经济, 2012, 1月 (上).
[88] 李思宏, 罗瑾琏, 张波. 科技人才评价维度与方法进展 [J]. 科学管理研究, 2007, 25 (2).
[89] 李文武. 企业创新人才价值分析 [J]. 山东社会科学, 2013 (3).
[90] 杨志家, 谢振芳, 李恩哲. 山西创新人才评价及激励机制研究 [J]. 太原城市职业技术学院学报, 2009 (11).
[91] 杨志家, 谢振芳, 李恩哲. 山西创新人才评价及激励机制研究 (二) [J]. 太原城市职业技术学院学报, 2010 (1).
[92] 殷凤春. 我国企业自主创新人才评价研究 [J]. 商业研究, 2009 (8).
[93] 辛枫冬. 论知识创新与制度创新、技术创新、管理创新的协同发展 [J]. 宁夏社会科学, 2009 (3).
[94] 王艳, 毕丽华. 知识管理与知识创新的研究综述与展望 [J]. 图书情报工作, 2011 年增刊 (2)。
[95] 王雪晶. 产业科技成果转化的知识创新研究 [D]. 哈尔滨: 哈尔滨工程大学, 2007.
[96] 徐芳, 杨国梁, 郑海军, 等. 基于知识创新过程的科技政策方法论研究 [J]. 科学学研究, 2013, 31 (4).
[97] 薛捷. 管理创新的概念内涵及其生成机制研究 [J]. 科学学与科学技术管理, 2011, 32 (12).
[98] 舒煜洲. 管理创新与企业发展 [J]. 时代金融, 2014 年 8 月期下旬刊.
[99] 王彩霞. 技术创新与管理创新的和谐发展 [J]. 哈尔滨学院学报, 2007, 28 (2).
[100] 苏敬勤, 崔森. 核心技术创新与管理创新的适配演化 [J]. 管理科学, 第 23 卷第 1 期, 2010 年 2 月.
[101] 王欣欣. 论企业管理创新 [D]. 桂林: 广西师范大学, 2005.
[102] 张晶. 论管理创新 [J]. 现代情报, 2004 (12).
[103] 顾巍, 陈御冰. 论制度创新、管理创新、技术创新的关系及其启示 [J]. 经济师, 2005 (4).
[104] 郑华. 企业管理创新实践研究——以安阳钢铁集团有限责任公司为例 [J]. 河南科技, 2011.3 上.
[105] 龙益林. 浅析我国钢铁企业的管理创新策略 [J]. 消费导刊, 2008.4.
[106] 潘永武. 我国钢铁企业的管理现状与创新策略 [J]. 管理世界, 2013·10 中.
[107] 胡素华. 新形势下我国钢铁企业的管理创新 [J]. 湘潭师范学院学报 (自然科学版), 2009, 31 (4).
[108] 高雪梅. 以需求链管理创新钢铁流通管理模式的研究 [J]. 商业研究, 2013 (19).
[109] 张兆国. 企业管理创新与 ERP 的实施 [J]. 改革与开放, 2011 (10).
[110] 李秋慧. 知识经济条件下的企业管理创新 [J]. 知识经济, 2010 (3).
[111] 杜丽燕. 制造业企业管理创新能力评价研究 [D]. 无锡: 江南大学, 2012.

[112] 潘开灵，张亦弛，常哲．钢铁产业链延伸发展模式及分析 [J]. 物流工程与管理，2013，35 (5).
[113] 肖邦国，霍咚梅．钢铁行业产业链延伸研究 [J]. 冶金经济与管理，2014 (3).
[114] 陈祥兵．基于产业链延伸的钢铁深加工发展模式分析 [J]. 武汉冶金管理干部学院学报，2013，23 (1).
[115] 刘军，谢锐，王腊芳．中国钢铁产业链各环节附加值的国际比较 [J]. 财经理论与实践（双月刊），2011，32 (170).
[116] 文雯．中国钢铁产业链的安全性评价 [D]. 长沙：湖南大学，2010.
[117] 张泉，张迪，王鑫鹏．我国钢铁产业链的现状分析及对策建议 [J]. 辽宁经济，2014.10。
[118] 邢军伟．基于循环经济视角的钢铁产业链整合 [J]. 辽宁行政学院学报，2011 (8).
[119] 刘红勤．博思格钢铁产业链延伸策略的深化发展 [J]. 世界钢铁，2013 (6).
[120] 代铭与，李景云．博思格钢铁公司向下游建筑产业链延伸的发展策略 [J]. 冶金管理，2010 (8).
[121] 唐荻，孙蓟泉，米振莉，等．钢铁企业服务化转型与产业链延伸 [J]. 轧钢，2014，31 (4).
[122] 刘延军．基于提升产业链竞争力的钢铁企业钢材加工配送中心建设 [J]. 冶金管理，2011 (6).
[123] 罗非．基于交易成本的我国钢铁产业链分析 [J]. 科技和产业，2009，9 (7).

表 索 引

图 索 引